Julia Mannherz

·

Modern Occultism in Late Imperial Russia

Northern Illinois University Press / DeKalb, Il

2012

Юлия Маннхерц

·

Оккультизм
в последние десятилетия
Российской империи

Academic Studies Press

Библиороссика

Бостон / Санкт-Петербург

2025

УДК 133
ББК 86.42
М23

Перевод с английского Дмитрия Гальцина

Серийное оформление и оформление обложки Ивана Граве

Маннхерц, Юлия.

М23   Оккультизм в последние десятилетия Российской империи / Юлия Маннхерц ; [пер. с англ. Д. Гальцина]. — СПб.: Academic Studies Press / Библиороссика, 2025. — 358 с. — (Серия «Современная западная русистика» = «Contemporary Western Rusistika»).

ISBN 979-8-887199-36-8 (Academic Studies Press)
ISBN 978-5-907918-24-5 (Библиороссика)

Книга Юлии Маннхерц посвящена истории оккультных идей и практик в России. Автор исследует, как на рубеже веков оккультные воззрения, зародившиеся в закрытых салонах, проникли в массовую культуру. В своём исследовании Маннхерц рассматривает дебаты 1870-х годов о спиритических сеансах, анализирует мир популярных оккультных журналов, а также затрагивает тему домов с привидениями, нарративы о которых были распространены и в городах, и в сельской местности. Кроме того, автор изучает реакцию русских православных богословов на оккультизм.

УДК 133
ББК 86.42

ISBN 979-8-887199-36-8
ISBN 978-5-907918-24-5

Благодарности

При написании этой книги я получила поддержку от многих людей и организаций. Финансирование проекта было предоставлено Кембриджским европейским фондом (Cambridge European Trust), Германской службой академических обменов (Deutscher Akademischer Austauschdienst, DAAD), Германским фондом академических стипендий (Studienstiftung des Deutschen Volkes), Гёттингенским университетом, а также историческим факультетом Оксфордского университета, Ориел-колледжем и Фондом Джона Фелла (John Fell Fund). Я благодарна всем этим учреждениям. Я также хотела бы поблагодарить сотрудников библиотек и архивов, где я проводила исследования: университетских библиотек Кембриджа, Гёттингена, Мюнстера и Оксфорда, Российской национальной библиотеки, Российской государственной библиотеки, Библиотеки Российской академии наук, Государственной публичной исторической библиотеки, Баварской государственной библиотеки, Британской библиотеки, Библиотеки школы славянских и восточноевропейских исследований (Университетский колледж Лондона), Российского государственного исторического архива, Государственного архива Российской Федерации, Национального архива Республики Татарстан, Музея циркового искусства, Центрального государственного исторического архива Санкт-Петербурга, Центрального исторического архива Москвы, Музея Бахрушина, Института русской литературы.

Я приношу глубокую благодарность друзьям и коллегам, без чьей помощи я бы не написала этой книги. Хубертус Ян и Сьюзан Морриси помогли мне на начальной стадии формирования проекта. Хубертус оказывал мне помощь, когда проект проходил все стадии подготовки докторской диссертации.

Наташа Астрина охотно помогала мне, когда у меня возникали трудности в области русского языка, и без нее, Татьяны Бальцер и Елизаветы Липхардт исследовательские поездки в Москву, Санкт-Петербург и Казань не прошли бы так гладко. Александр и Ольга Астрины всегда оказывали мне гостеприимство в Москве, Зоя Баландина была моей хозяйкой в Санкт-Петербурге. Вместе с Кириллом Битнером и Елизаветой Липхардт Зоя разыскивала тексты по гипнозу, а Гузель Ибнеева, Ляля Хасаншина и Елена Вишленкова помогали мне найти первоисточники в Казани. Татьяна Богдан, Николай Богомолов, Сандра Далке, Вера Дубина, Джеймс фон Гелдерн, Борис Колоницкий, Полли Макмайкл и Карен Петроне также помогали мне, отыскивая источники или давая советы.

Ирина Хмельницкая сделала для меня больше, чем можно было ожидать от друга: она предоставила мне жилье в Москве, помогла в работе с архивами и библиотечными фондами, с преодолением бюрократических формальностей, а совместно с Дмитрием Проводиным сделала для меня возможным «исследование на месте».

В Гёттингене Манфред Хильдермайер всегда был готов оказать мне поддержку, а в Оксфорде мои коллеги с исторического факультета и из Ориел-колледжа создали для меня по-настоящему благожелательную атмосферу, всячески способствуя моему проекту.

Многие друзья и коллеги читали черновик работы и отдельные главы на разных этапах подготовки книги. Я хочу поблагодарить Клэр Эшдаун, Доминика Коллета, Бруно Карри, Саймона Диксона, Мюррея Фрейма, Яна Форреста, Майкла Хагемайстера, Джейну Хаулетт, Хубертуса Яна, Эмеше Лаффертон, Карлоса Мартинса, Дэвида Муна, Алекс Оберлендер, Уилла Пули, Бернис Розенталь, Стива Смита, Ника Старгардта и Кристин Уоробес за их ценные комментарии. Эми Фарранто и Сьюзан Бин, редакторы из Northern Illinois University Press, внесли значительный вклад в улучшение текста, и я также благодарна Мэрлин Миллер за ее тщательную издательскую подготовку английского оригинала.

Русская версия книги не вышла бы без Сергея Козина, аквизитора издательства «Библиороссика», который курировал процесс перевода и благополучно провел рукопись через различные этапы публикации. Я также благодарна Дмитрию Гальцину за прекрасный перевод, за его упорство в поиске оригиналов наиболее труднодоступных цитат и за его терпение по отношению ко мне. Я также хочу поблагодарить Марию Сапрыкину за помощь с математическими терминами. Также я благодарна Ориэл-колледжу, который предоставил щедрое финансирование для этого русского издания.

Тильман Бауэр всячески поддерживал меня все те годы, которые я занималась оккультным в России; я более чем благодарна за его любовь и присутствие в моей жизни. Эта книга посвящается ему.

Введение

В начале 1890-х годов поэт-символист В. Я. Брюсов открыл для себя область оккультного и в 1893 году стал регулярно посещать спиритические сеансы. Несколько раз в неделю он приходил к знакомым, которые собирались в темной комнате, чтобы соприкоснуться с таинственными, сверхъестественными явлениями[1]. Эти собрания были так важны для Брюсова, что он писал о них в особой черной тетради с пометой «Спиритические сеансы» и упоминал их в своих письмах[2]. Судя по этим свидетельствам, сеансы не только были для Брюсова средством веселого развлечения и поводом для шалостей в эротическом ключе, но и побуждали его, как мыслителя и художника, к размышлению о реальности, служили источником творческого вдохновения. Брюсов был настолько увлечен спиритуализмом[3], что когда он в 1895 году лежал больной в постели, то просил своего друга А. А. Ланга (Миропольского) навестить и развлечь его, добавляя: «Схвати с собой планшетку: попишем и устроим сеанс»[4]. В итоге спиритический опыт Брюсова подсказал ему сюжет романа, повлиял на его поэзию и самовосприятие как художника.

Брюсов, конечно, был выдающимся поэтом, но его энтузиазм по поводу спиритуализма был далеко не исключительным явлением в России того времени. Идеи о мистических и сверхъесте-

---

[1] Об увлечении Брюсова оккультным см. [Богомолов 1999: 279–310].

[2] ОР РГБ. Ф. 386. Карт. 71. Ед. хр. 44; Карт. 1. Ед. хр. 12; Карт. 2. Ед. хр. 6.

[3] В настоящем переводе применяется термин «спиритуализм». В русских текстах рассматриваемого времени обозначения «спиритуализм» и «спиритизм» были взаимозаменяемы. — *Примеч. пер.*

[4] ОР РГБ. Ф. 386. Карт. 2. Ед. хр. 6. Л. 50.

ственных силах играли значительную роль в культурном воображении русского общества конца XIX — начала XX века. В то время как Брюсов шел по вечерней Москве к своим единомышленникам, чтобы поучаствовать в сеансе, тем же самым занимались и многие его современники. У нас нет статистики, чтобы определить абсолютное количество людей, которые, так же как и Брюсов, участвовали в оккультных ритуалах в последние десятилетия XIX века и в первые десятилетия XX века[5]. Те, кто писал об оккультных занятиях в письмах, дневниках или мемуарах, преимущественно были высокообразованными мужчинами, однако значительный корпус источников указывает на то, что очень многие их современники разделяли подобные интересы. Распространенное увлечение оккультным отражалось на сфере печати. В 1881–1917 годах в России появилось свыше 30 периодических изданий, посвященных невидимому миру, но оккультное также было заметной темой в мейнстримной печати [Западов, Черпаков 1959; Беляева и др. 1958–1961]. Дешевые брошюры превозносили оккультные техники, а обычные газеты часто докладывали о сверхъестественных происшествиях. В феврале 1893 года, когда Брюсов посещал сеансы в Москве, популярная «Петербургская газета» печатала серию статей о спиритуалистах в столице под названием «Петербургские спириты»[6]. На протяжении двух недель газета рассказывала своим читателям о самых известных столичных оккультистах, явлении привидений, реинкарнации, помощи духов при написании романов, гипнозе, фотографировании призраков, важности для всего этого религии и тесной связи оккультных феноменов с наукой. Серию открывало интервью с В. И. Прибытковым, и о популярности спиритуализма много

---

5   Попытки предоставить статистику касательно энтузиазма населения в отношении оккультного остаются малоубедительными по причине небольшого количества институционализованных групп, которые бы вели подсчет членов, а также отсутствия достоверной информации о числе подписчиков на оккультные публикации и их тиражи. Мария Карлсон, к примеру, дает такие данные, но не говорит об их происхождении [Carlson 1993: 5].

6   См. [Вик. П. 1893а; Вик. П. 1893б; Вик. П. 1893в; Вик. П. 1893г; Вик. П. 1893д; Вик. П. 1893е].

говорит тот факт, что обращение к нему как к «"официальному" петербургскому спириту, редактору-издателю журнала "Ребус"» не нуждалось в разъяснении: читатели газеты хорошо знали и самого Прибыткова, и его журнал [Вик. П. 1893а].

К началу XX века Брюсов стал своим человеком в кругах, которые описывала «Петербургская газета». Он познакомился с Прибытковым в 1900 году, писал статьи для «Ребуса» и подарил издателю журнала «только что вышедшую книжку своих стихов». Брюсов выразил надежду, что Прибытков найдет в последнем отделе, где он говорит «откровенно о своих заветных убеждениях», несколько стихотворений, не совсем чуждых для себя[7]. Прежде чем отправлять письма Прибыткову, Брюсов тщательно над ними работал, оставляя черновики, что показывает, какую важность он придавал этой переписке[8]. Три года спустя, когда он уже почти 10 лет увлекался спиритуализмом, Брюсов настолько высоко ценился ведущими русскими спиритуалистами, что именно ему выпала честь произносить речь на похоронах А. Н. Аксакова, внесшего крупнейший вклад в распространение спиритуализма в России [Александр Николаевич Аксаков 1903а; Александр Николаевич Аксаков 1903б].

Интерес Брюсова к оккультному, его дружба с авторами, издателями и героями публикаций о сверхъестественном указывают на несколько тем, ключевых для настоящего исследования. Предметом этой книги является значение оккультного в частной жизни современников, его роль в массовой культуре. История оккультного мышления и практики в последний период истории Российской империи прослеживается от истоков в частных салонах к общественным дебатам 1870-х годов, за которыми последовало распространение оккультного в массовой культуре рубежа XIX–XX веков. Брюсов не понаслышке знал о разных подходах к сверхъестественному миру. Его знакомство с Прибытковым

---

[7] ОР РГБ. Ф. 386. Карт. 72. Ед. хр. 20. Л. 1–1 об.

[8] Прибытков подчеркивал неравенство между собой и совсем молодым поэтом, постоянно называя его в письмах Валерием Александровичем (а не Яковлевичем) (ОР РГБ. Ф. 386. Карт. 99. Ед. хр. 38).

и Аксаковым позволило ему войти в контакт с представителями старшего поколения русских спиритуалистов, которые в 1870–1880-е годы пропагандировали свои верования в печати, убежденно настаивая, что оккультные явления можно объяснить научно. Однако сам Брюсов был далек от такого рационального подхода, зато высоко ценил иррациональные ощущения, которые доставляли ему оккультные ритуалы. Помимо спиритических сеансов, он экспериментировал с разными техниками, и такая всеядность с его стороны служит показателем того многообразия проявлений оккультного, которое было характерно для начала XX века.

Популярный оккультизм в Российской империи

В поздней Российской империи оккультизм представлял собой собрание теорий, верований и практик, куда входили спиритические сеансы, квазинаучные теории о математике, рентгеновском излучении и световых волнах, гипноз, упражнения по медитации, теософские дискуссионные группы, телепатия, ясновидение, режимы диеты, молитвы, программы гимнастических тренировок, а также исследование сверхъестественных происшествий в домах. В большинстве текстов того времени оккультное выступало скорее в позитивном ключе: здесь одновременно присутствовали рациональное познание и открытие некоей высшей истины, апеллирующей к чувству. По определению одной энциклопедии, в основе оккультного «лежит двоякое стремление человеческой души — верить и познавать» [Брокгауз и Ефрон 1911–1916, 29: 363][9].

Хотя эти практики были многообразны и разнородны, они составляли единую сферу, и не только потому, что современники

---

[9] Теологические и социологические определения оккультизма см. в [Campbell 1972; Stenger 1993; Gerlitz, Jansen 1995; Hanegraaff 1996; Faivre 2005; Pasi 2006]. В отличие от Пази, Февра и Оппенхайма, я рассматриваю спиритуализм как часть оккультизма, поскольку современники включали его в эту категорию и он проявляет характеристики оккультной теории и практики, описанные ниже [Oppenheim 1985: 85–102].

определяли их как «оккультные», но и потому, что они были ответом на те же базовые запросы. Одним из таких запросов было общее стремление всех оккультистов исследовать скрытое возвышенное измерение реальности и вступить с ним во взаимодействие [Stenger 1993: 20; Pasi 2006]. Во второй половине XIX века желание объяснить тайные аспекты мира, которые, как многие полагали, были до обидного мало изучены, а также пережить опыт соприкосновения с этой тайной получило свое образцовое выражение в модной практике спиритуализма, или спиритизма. Во время спиритических сеансов — то есть собраний в затемненных комнатах с целью установить контакт с духами умерших — спиритуалисты получали загадочные послания, передаваемые через постукивания или записанные неуклюжим почерком на бумаге; они видели светящиеся искры; наблюдали, как незримые силы передвигают мебель, играют на музыкальных инструментах, оставляют отпечатки нематериальных ступней и ладоней на мягких поверхностях. Все эти феномены поднимали вопросы о том, насколько научное знание способно постичь невидимые силы, об отношении между посюсторонним и потусторонним мирами. Как будет показано в главе 1 настоящей книги, спиритуализм стал распространенной практикой в пореформенной России, сформировавшись внутри аристократической салонной культуры и объединив науку с развлечением. Он позволял современникам исследовать их отношение к смерти в эпоху, когда религиозные идеи о бессмертии были серьезно подорваны научными представлениями, а также давал участникам сеансов интенсивное переживание того факта, что сами они были живы. Кроме того, спиритические собрания давали людям возможность выстраивать образ себя как свободомыслящих исследователей неведомых сторон природы или авангардных художников.

В главе 2 исследуются две области знания, которые, согласно оккультистам, проливали свет на то, как работает скрытая реальность: математика и физиологические идеи о гипнозе. Глава начинается анализом ожесточенной публичной полемики, разразившейся в 1878 году по поводу тезиса о том, что неевклидова геометрия и математика высших измерений способны объяснить феномены, происходящие на спиритических сеансах. Глава завершается рассмотрением метаморфозы этой в интеллектуальном смысле довольно элитарной полемики в массовое обсуждение оккультной науки, которое в 1880–1890-е годы в основном вращалось вокруг темы гипноза.

Историки и социологи часто утверждали, что оккультизм появился в качестве реакции на развитие науки и распространение материализма, а оккультизм и рациональность представляют собой непримиримые противоположности [Webb 1976; Oppenheim 1985: 2; Hanegraaff 1996; Doering-Manteuffel 2008]. В реальности отношения оккультистов с наукой были сложными и неоднозначными. Они эксплуатировали научные понятия и надеялись, что их теории будут приняты представителями конвенционной науки, потому многие оккультные тексты подчеркивали рациональные качества оккультизма, представляя исследование тайных областей мира как полноправную инновационную научную дисциплину. Сами названия таких журналов, как «Вестник оккультных наук» или «Маг: журнал оккультных наук», предполагали, что оккультное могло быть предметом науки. В брошюрах восхвалялись «профессора тайных наук», делались ссылки на докторские диссертации в этой области, а Прибытков на страницах «Ребуса» утверждал, что оккультизм исследует учения таинств природы [Прибытков и др. 1894: 271][10].

Усилия оккультистов по снисканию для своих занятий и убеждений ореола научности не были столь уж безуспешными. Спиритуалисты могли указать на то, что некоторые уважаемые ученые пламенно защищали истинность спиритических феноменов. В их числе были химик, член Королевского общества сэр Уильям Крукс, немецкий астрофизик Карл Фридрих Цёлльнер, химик А. М. Бутлеров и зоолог Н. П. Вагнер. Ближе к концу XIX века физиологи все больше стали интересоваться гипнозом — техникой, в которой оккультисты считали себя главными экспертами. Сам факт, что ученые начали изучать такую «таинственную» тему, приветствовался оккультистами как доказатель-

---

[10] См. также [Филимович 1906; Щавель 1912; Зеркало тайных наук 1911].

ство того, что их интересы наконец-то получают признание в официальной науке.

Хотя на попытки поместить оккультное в сферу науки тратилось много энергии, оккультисты также могли быть крайне критичны по отношению к научным представлениям, которые, как они утверждали, не могли объяснить наиболее значимые области человеческого существования, например конечный смысл жизни и смерти. Однако, несмотря на эту критику, оккультисты чувствовали себя глубоко оскорбленными со стороны большинства ученых, не соглашавшихся с их заключениями. Поскольку оккультисты объявляли, что они объясняют природу во всей полноте, и их поддерживали некоторые ученые, а большая часть научного сообщества относилась к ним враждебно, оккультная наука стала темой жарких дебатов в культурно влиятельных толстых журналах, порождая к себе значительный интерес со стороны популярной культуры. В результате споры об оккультной науке в публичной сфере перешли в более широкую дискуссию о том, насколько достоверна научная истина и в каком отношении она находится к современной жизни, переменчивой и неоднозначной.

Таким образом, оккультизм служил местом пересечения несовместимых дискурсов: здесь сходились вера в жизнь после смерти и наука, развлечение и формирование собственного образа, высокоинтеллектуальные споры и популярная культура. Одними из определяющих черт оккультной теории и практики оставались ее высокая приспособляемость и эклектизм [Webb 1976: 15; Faivre 2005; Pasi 2006]. Оккультисты пытались понять спиритические феномены с помощью геометрии, объяснить действие гипноза, апеллируя к электричеству или неврологии, но в то же время обращались к алхимии эпохи Возрождения, еврейской каббале, буддийскому мистицизму, христианскому богословию и кантианской философии. Заимствование разных идей, которые часто противоречили одна другой, порождали ситуацию, когда оккультизм, претендовавший, с одной стороны, на то, чтобы объединить все человеческое знание, оказывался, с другой, лишен всякой интеллектуальной состоятельности. В частности, непонятной оставалась природа оккультных сил. С точки зрения спиритуалистов, эти силы существовали в основном вне тех, кто за ними наблюдал, то есть предполагалось, что оккультные феномены вызываются духами мертвых. Но также пропагандисты спиритуализма предполагали, что эти феномены могут быть вызваны силами, коренившимися глубоко в душах людей, посещавших сеансы [Аксаков 1910]. К концу XIX века граница между внешними и внутренними силами размывалась все больше, а представления о них делались все более туманными. Иногда современники воспринимали отсутствие точности в оккультном мышлении как проблему. В 1892 году в «Ребусе» вышла статья под названием «Значение слов, употребляемых в спиритуализме», в которой делалась попытка более строго определить основные спиритические понятия [Доктор Сириас 1892]. Однако она была обречена на провал с самого начала, поскольку статья опиралась на немецкое сочинение, в котором не принимался во внимание уже существующий опыт российских оккультистов.

Теоретическая несостоятельность и идеологическая всеядность, характерные для всего спектра оккультной теории и практики, делают почти невозможной задачей проведение четких линий между различными школами оккультной мысли. В оккультных самоучителях, к примеру, инструкции по проведению спиритических сеансов соседствовали с техниками предсказания, гипноз — с ясновидением, медитация — с толкованием снов, фольклор — с рассуждениями о четвертом измерении, но при этом здесь же рассматривались свойства корсетов и способности индийских факиров[11]. Об эклектичности оккультизма я буду говорить особо в главе 3, когда обращусь к перемещению оккультных сил из внешнего мира в мир человеческой психики — к эволюции, которая еще более расширила сферу оккультного, присоединив к ней новые, более разнородные практики и верования.

Популярный оккультизм был эклектичен и не поддавался строгой систематизации. Хотя это можно рассматривать и как интеллектуальную слабость, именно в этом заключалась одна из

---

[11] Работой почти энциклопедического охвата было [Зеркало тайных наук 1911].

главных сил оккультизма, поскольку как раз потому оккультизм
и мог восприниматься как нечто всеобъемлющее. В конце концов,
предметом оккультизма было нечто «непроницаемое для обычных человеческих чувств», а также для рацио, хотя это нечто,
несомненно, воспринималось как реальное [Pasi 2006]. К оккультному мышлению нельзя подходить со строгой мерой академического рассуждения, если рассматривать всерьез этот предмет
оккультного исследования. На рубеже XIX–XX веков большинство оккультистов оставили попытки постичь оккультизм при
помощи научных теорий и вместо этого стали ценить опыт
сверхъестественного именно потому, что он не поддавался рациональному осмыслению, зато взывал к эмоциям. Оккультисты
описывали, как опыт сверхъестественного провел их от механической повседневной жизни «в области сердца и чувства»[12].
В этом путешествии они приобретали очень личное видение
высочайшей мудрости, возвышенной любви и величайшей силы.
Один ученик сказал об этом так: «Ощущая таким образом, мы
чувствуем значение»[13]. Вместо того чтобы сойтись на некоем
наборе абстрактных идей и общих практик, различные формы
оккультного проникновения в область высшей мудрости разделяли между собой эмоциональный, а иногда и телесный опыт
благоговейного ужаса и прозрения. Две техники, с помощью
которых можно было достичь такого опыта, рассматриваются
в главе 3: обретение гипнотической силы над другими и так называемая оккультно-ментальная молитва. Первая давала практикующим возможность влиять на себя и других, вторая — чувство принадлежности к сообществу собратьев-единомышленников. Оба упражнения открывали путь к тайной реальности
и учили техникам, которые позволяли поставить себе на службу
могущественные силы, действующие в этой реальности.

Другой общей чертой, которую разделяли между собой различные оккультные идеи и практики, была «общая идеология
искательства» [Campbell 1972: 123], то есть упорный поиск еще

---

[12] ОР РНБ. Ф. 822. № 537. Л. 1.
[13] ЦИАМ. Ф. 2355. Оп. 1. Ед. хр. 145. Л. 30 об.

более глубокой истины, которая придаст смысл всем аспектам повседневного опыта и одолеет тривиальную повседневность, интегрировав все формы знания. Одним из последствий оккультного искательства стало постоянное расширение сферы оккультных проблем и приемов, о которых в России в начале XX века довольно открыто писали в печати[14]. Дешевые брошюры и журналы обещали научить читателей, «как вызвать духов», «развить в себе ясновидение» и достичь «духовного могущества» [Как устраивать 1906; Юм 1906; А-р Михайлович 1906].

На первый взгляд кажется, что массовые издания, посвященные оккультному, — это противоречие. Оккультное, если обратиться к латинской этимологии слова, означает «намеренно сокрытое», таким образом, оккультному меньше всего подобает, чтобы о нем трубили дешевые самоучители. Однако популярный оккультизм, о котором говорится в этом исследовании, был весьма публичным. В обильной печатной культуре поздней царской империи оккультное мировоззрение, которое, как утверждалось, открывалось лишь посвященным, заявляло о себе в журналах, на страницах дешевых брошюр и в газетной рекламе. Оккультная истина, которую раскрывали органы печати, конечно, не давалась в руки просто так — ее все равно нужно было искать и обретать, но она не была ни сокрыта, ни недосягаема. Она пребывала под покровом, но оставалась доступна каждому, кто ее искал, а дешевые инструкции обещали научить читателей, как вести эти поиски. Оккультные знания, которые открывали такие публикации, были тайнами не в смысле недоступности, а, по словам Жака Деррида, в том смысле, что за тайной скрывается ценное открытие [Derrida 1994: 11].

Искательство могло быть индивидуальным и нацеленным на эмоциональное восприятие. Оно также могло открыто проявляться в попытках изучить и объяснить таинственное. В России эпохи поздней империи пищу для подобного анализа предоставляли «неспокойные дома»; разрушительный характер подобных происшествий привлекал к себе внимание как убежденных ок-

---

[14] Сравнение с XX веком см. в [Campbell 1972: 128].

культистов, так и их современников, которые необязательно разделяли веру в сверхъестественное вмешательство. Этим «непокойным домам», которые посещали зеваки, патрулировала полиция, о происшествиях в которых размышляло духовенство и писали журналисты, посвящена четвертая глава. Репортажи о «непокойных домах» часто появлялись в газетах, брошюрах и журналах, знакомя рядового читателя с явлениями, принадлежавшими, казалось, иной реальности. Рассказы о чертовщине своей логикой и структурой напоминали сон, и им не удавалось дать однозначного и непротиворечивого объяснения. В дискуссиях о «неспокойных домах» проявилась основная оккультная традиция — объединения несоединимого в публичном пространстве: хотя этим происшествиям давались самые разнообразные истолкования, ни одно из них не признавалось наиболее убедительным. В репортажах о чертовщине также отражалась склонность к принятию двусмысленности реальности и даже к наслаждению этой двусмысленностью: православный дискурс здесь мешался с медицинским, фольклор — с социальной проблематикой, сельский быт, внутри которого и происходили странные события, — с городской массовой культурой, изнутри коей сочинялись репортажи об этих событиях.

Дискуссии о чертовщине указывают на место оккультизма в культурном ландшафте позднеимперской России. Оккультные идеи и практики главным образом были предметом публикаций в специализированных журналах или печатных руководствах-самоучителях. Но оккультизм также занимал видное место в массовой печати, где его часто обсуждали выдающиеся деятели культуры, науки и искусства страны. Однако в массовой прессе сверхъестественные явления оставались неоднозначной темой. Некоторые газетные статьи намекали на правдоподобность спиритуалистических объяснений, но нередко авторы не высказывали однозначной позиции по этому поводу или принимали насмешливый тон, делая скептические или даже осуждающие комментарии. Таким образом, оккультизм все-таки не был полностью принят в публичной сфере, сохраняя ореол чего-то полулегального [Webb 1976: 15; Gerlitz, Jansen 1995; Laqueur 2006: 117].

В главе 5 я рассматриваю позиции тех, кто наблюдал за оккультизмом со стороны, и анализирую реакцию на него русских православных богословов. В этой главе я показываю, что теологи, как и оккультисты, воспринимали в качестве проблемы новую роль науки как наиболее авторитетной формы объяснения природы и человека. Православные авторы, как и их соотечественники-оккультисты, пытались выработать собственное отношение к индивидуализму новой эпохи, иначе осмыслить понятие бессмертия и значение чудес. Однако, несмотря на это, православных мыслителей удерживало в рамках христианское учение, и их ответы на эти вопросы оставались в русле богословской традиции. Православные писатели, в свою очередь, критиковали оккультистов за отказ от основных положений христианской веры. К примеру, они утверждали, что оккультизм не побуждал верующих стремиться к личному спасению, а кроме того, в нем отсутствовала искупительная фигура Христа. Для оккультистов и в самом деле не очень важны были божество или личные отношения с Богом. Вместо этого, как было сказано выше, они свободно смешивали различные религиозные и философские традиции. Несмотря на свое сходство с наукой и верой, оккультизм был отвергнут официальной церковью, как ересь, и осужден видными учеными за свою иррациональную природу. На оккультизм, таким образом, также влияло его место в обществе. В России времен поздней империи он находился на периферии религиозного, научного и общественного дискурса, несмотря на свою центральную роль в культуре.

Богословы и оккультисты отличались не только своими идеями, которые у первых должны были отвечать церковному учению, а у вторых ограничивались только фантазией авторов. Первые и вторые были в разной мере связаны с социальными институтами. Если православные авторы были непосредственно связаны с церковью, то интеллектуальную свободу оккультистов не сдерживала никакая организация. В отличие от религиозных общин, оккультисты не создавали ни организаций, ни пасторских служений; не было даже никакого сообщества собратьев по оккультизму, которое имело бы определенные границы. Как следствие, очень трудно было установить идентичность оккультиста. Непросто было разобраться, кто здесь спиритуалист, кто гипнотизер, а кто в собственном смысле оккультист. Что касается оккультного сообщества, то движущий стимул искательства действовал в нем как центробежная сила. В поисках индивидуального опыта обретения скрытого смысла мужчины и женщины поздней царской империи вели себя как покупатели на духовном рынке; очень немногие из них были последовательно преданы только одному из многочисленных доступных учений и практик, остальные же переходили от одного к другому. Так, Прибытков и Аксаков на протяжении нескольких десятков лет оставались пламенными проповедниками спиритуализма, однако они при этом увлекались и гипнозом. Интерес Брюсова к спиритуализму тоже сохранялся в течение десятилетий, но поэт также пробовал йогу и упражнялся в медитации [Богомолов 1999: 37–42][15]. Другие позже сообщали о своих интересах, вспоминая, что сочетали спиритуализм с йогой, телепатией и тренировкой гипнотических способностей [Юсупов 2001; White 2006]. Кроме того, занимаясь подобными гетеродоксальными практиками, оккультисты, как правило, утверждали, что остаются православными русскими людьми[16]. И если Прибытков, Аксаков и Бутлеров оставались верны своим в широком смысле этого слова оккультным убеждениям на протяжении десятков лет, то прочие их современники могли свободно браться за оккультную практику и так же свободно ее бросать.

Хотя в поздней имперской России оккультизм не смог воплотиться в организованное интеллектуальное, религиозное или социальное движение, все же он оставался особым феноменом культуры, во многом существуя в качестве культовой среды (cultic milieu), согласно социологу Колину Кемпбеллу. Культовая

---

[15] Другие примеры см. в [Carlson 1993: 83–85].

[16] Такое сохранение сильной православной идентичности противоречит утверждениям некоторых исследователей о том, что оккультисты порой выражали резко антихристианские взгляды [Oppenheim 1985: 67; Faivre 2005; Pasi 2006].

среда представляет собой слабо связанную группу людей, которых объединяют общие подписки на определенные периодические издания, интерес к некоему набору различных практик, круг чтения. За всем этим стоит определенная, часто меняющаяся общая система верований. У культовой среды нет обусловленных границ — есть лишь зачаточные формы организации, а основополагающие, общеобязательные ритуалы отсутствуют. Культовая среда широкодоступна, толерантна к различным направлениям мысли внутри общего спектра оккультного (и даже за его пределами), и к ее членам практически не предъявляется никаких требований [Campbell 1972]. Несмотря на такие характеристики, культовая среда представляет собой социальное единство, и не только потому, что отдельные практики участвуют в различных ее проявлениях и таким способом сохраняют ее существование, но и потому, что их объединяет общее сознание собственной девиантности, потребность оправдывать свои взгляды и чувство общей симпатии и взаимоподдержки [Hanegraaff 1996: 15–16].

Именно такие слабые связи отличают популярный оккультизм, предмет настоящего исследования, от других движений — эксклюзивных, подчеркнуто иерархичных и собирающихся тайно. Такие общества, как масоны, мартинисты, «Золотая заря», сектантские группы и в меньшей степени теософские объединения, были четко структурированы, имели предписания для своих членов, придерживались определенных систем верований и располагали стабильными институтами, тогда как популярный оккультизм не имел в себе никакого организационного принципа. Учения и писания эксклюзивных оккультных групп могли становиться частью области популярного оккультизма, когда они выходили за институциональные границы, поставленные этими группами, через публикации или открытые лекции, но тайна собраний таких обществ и их ревниво оберегаемые посвятительные иерархии препятствовали их полному слиянию с популярной культурой. Напротив, публичная открытость спиритуализма и стала причиной, по которой о нем столько сказано в этом исследовании: спиритический сеанс, центральная спиритуалистическая практика, был достаточно прост, чтобы его мог провести любой желающий, а связанные с ним идеи было легко понять и нетрудно усвоить, обратившись к популярной прессе. К тому же в спиритуализме не было никакой центральной организации — он был анархичен по своему характеру: практики собирались в частных помещениях. Их объединяли общие интересы, убеждения и круг чтения. Популярный оккультизм в широком смысле этого слова, таким образом, был неорганизованным «образом мысли» (frame of mind), для которого особенно важно было понятие искательства [Webb 1976: 3][17].

Оккультизм и современность

Для многих наблюдателей успех оккультизма в пореформенной России стал шоком, поскольку вера в другую скрытую реальность, недоступную для рационального ума, вступала в противоречие с идеями эпохи Просвещения о современном человеке, свободном от сверхъестественных сил и обладающем могучим знанием, которое он со все большим успехом использует, чтобы подчинять себе природу. Современная рациональная личность XIX века была воплощена И. С. Тургеневым в романе «Отцы и дети» (1862) в образе Евгения Базарова, не верившего ни в сверхъестественные силы, ни в ценность эмоций [Тургенев 2008]. Базаров и подобные ему люди в реальной жизни подтверждали значимый тезис Макса Вебера о том, что современность — мир, свободный от таинственных сил, окончательно «расколдованный» [Вебер 1990]. Оккультизм сделался значимой и скандальной темой именно потому, что расцвел в тот период, когда, по убеждению многих, вообще не должен был существовать. Тем не менее некоторые социологи определяют оккультизм как феномен XIX века, во многом тесно связанный с секуляризацией: либо в качестве реакции против нее [Faivre 2005; Pasi 2006], либо как возрождение

---

[17] Таким образом, я использую термин «оккультное» иначе, чем те, кто подчеркивает в нем иерархичность и прескриптивную организацию, см. [Gerlitz, Jansen 1995; Owen 2004: 75; Harvey 2005].

давней эзотерической традиции в эпоху «расколдовывания» [Hanegraaff 1996: 520–521][18]. Хотя подобные подходы подчеркивают различие между оккультизмом и современным миром (которое может пониматься как отношение зависимости), в этой работе нам важнее их родство.

До сравнительно недавнего времени большинство историков следовали тезису Вебера, уравнивая современность с рационализмом и отрицанием таинственных сил [Thomas 1991; Уинтер 2023: 78; Heretz 2008]. Однако за последние 20 лет историки религии показали, что вера и индивидуальный опыт сверхъестественного на протяжении XIX века оставались очень важны; более того, стали говорить о религиозном возрождении в этот период [Blackboum 1993; Blaschke 2000; Harris 2000; Paert 2010]. Исследователи гетеродоксальных верований, в свою очередь, также стали подчеркивать значимость подобных убеждений в эпоху модерна и важность того, как с их помощью пытались решить проблемы текущего времени и как сама гетеродоксия складывалась под влиянием этих проблем[19].

Подобные наблюдения требуют переоценки модерна. Традиционные определения рисуют его статическим состоянием общества, в котором сочетаются индустриальная экономика, рационализация управления, участие общества в политике, когнитивный реализм и вера в прогресс. В недавних работах на передний план выходит культурный модернизм, в котором акцент делается на саморефлексию, все ускользающее, быстротечное, иррациональное и противоречивое. Именно это стало отличать как высокую, так и популярную культуру современности, модерна[20]. Как и некоторые поэты XIX века, эти новые исследователи замечают: опыт современности неизменно сопровождается об-

---

[18] Согласно Ханеграафу, именно существование оккультизма в контексте секуляризованной культуры отличает его от более старых форм эзотерики, например эпохи Возрождения.

[19] См., например, [Harris 1997; Энгельштейн 2002; Owen 2004; Smith S. 2008b].

[20] Определения современности см. в [Маркс, Энгельс 1955: 449; Berman 1988; Bauman 1991; Giddens 1991; Gluck 1993; Стейнберг 2022; Benite, Bhambra et al. 2011].

остренным ощущением, что на первый взгляд стабильные константы жизни — социальные структуры, экономический уклад, религиозные традиции, нравственные ценности, политические учреждения — постоянно меняются или даже распадаются, а жизнь становится переменчивой и непредсказуемой. Исследователи позднеимперского периода истории России неизменно рисуют картину общества, в котором процессы перемен, дезинтеграции и перестройки происходят на всех уровнях; жить в это время означало сталкиваться с неопределенностью. В качестве наиболее значимых перемен историки указывают политические реформы, индустриализацию, урбанизацию и тяжелые последствия этих процессов: массовую миграцию; изменение социальных и культурных границ между классами, национальностями и гендерами; расширение публичной сферы; появление массовой культуры, внутри которой развернулись идеологические противостояния, закреплявшие такие дихотомии, как самодержавие и революция, технологический процесс и религиозная вера, страх перед наукой и ностальгия по доиндустриальному прошлому, традиционный патриархат и феминизм, русский шовинизм и толерантность с призывами к национальной автономии[21]. Как показывают эти примеры, опыт современности не только был опытом неопределенности, но и характеризовался чувством, что противоположности могут сосуществовать и что современникам приходится иметь дело с «одновременностью неодновременного» [Schlögel 2002: 21]. Таким образом, опыт современности был связан с чувством присутствия при конце старого, обещанием новых лучших времен, но в то же самое время — с ностальгией, не позволявшей прошлому умереть внутри современности и предупреждавшей, что будущее может таить угрозу[22].

Ничто лучше не иллюстрирует двусмысленности настоящего (одновременность быстротечности, исчезновения и пребы-

---

[21] См. [Стайтс 2004; Brooks 1985; McReynolds 1991; Neuberger 1993; Frank, Steinberg 1994; Clements et al. 2002; McReynolds 2003; Круз 2020; Morrissey 2007; Dowler 2010].

[22] Об утопии см. [Бойм 2019].

вания, сосуществование противоположностей, а также ускользающее обещание нереализованного будущего), чем оккультное и видения эфирных духов. В оккультизме совпадали прошлое, настоящее и будущее. Оккультное мышление сочетало в себе интеллектуальные традиции, восходившие к эпохам раньше Просвещения, и новейшие научные теории, обещая новые откровения, которые произведут революцию в понимании человеком мира и самого себя[23]. Жак Деррида говорит, что явления духов сами по себе суть моменты острой временной амбивалентности, поскольку присутствие того, кого больше нет, но чья сохранившаяся личность способна предсказывать будущее, соединяет хронологически несовместимое [Деррида 2006]. Кроме того, сверхъестественные феномены — так же как современная жизнь — эфемерны и изменчивы, их невозможно ни предсказать, ни контролировать. Духи являются и исчезают сами по себе, а иногда не приходят, даже когда живые усиленно их зовут. Хотя у живых в уме присутствуют образы призраков, эти сущности остаются неуловимыми, поскольку у них нет тела. Все это делает сверхъестественное хорошим символом современности, поскольку, по словам французского поэта-декадента Шарля Бодлера, она составляет «переходную, текучую, случайную сторону искусства; вечное и неизменное определяют другую его сторону» [Бодлер 1986: 292]. В этой книге оккультное анализируется как способ мыслить, чувствовать и описывать мир, который воспринимался через опыт европейской современности.

Оккультизм и историография

Несмотря на важность оккультизма в жизни отдельных людей и российской печати конца XIX века, увлечение современников сверхъестественным либо игнорировалось, либо активно вычеркивалось из исторического повествования. Особенно показателен

---

[23] Об изобретении традиции Возрождения в оккультизме см. [Harvey 2005]. Об утопических проектах см. [Аксаков 1910].

в этом отношении пример Брюсова[24]. В дневнике и письмах другу Лангу мысли молодого Брюсова об искусстве, о философии и литературе неразрывно переплетались с повествованиями о спиритических сеансах и сексуальных приключениях. Уже первая запись в дневнике задала тон: здесь описывается, как прошел сеанс[25]. В первой записной книжке Брюсов скрупулезно описывает собственную спиритическую деятельность и свой роман с Еленой Масловой, который разворачивается на светских приемах и спиритических собраниях. Брюсов открыто заявляет, что декаданс, спиритуализм и страсть — важные компоненты его художественной программы. В одной из дневниковых записей мы читаем:

> Найти путеводную звезду в тумане. И я вижу их: это декадентство и спиритизм. Да! Что ни говори, ложны они, смешны ли, но они идут вперед, развиваются, и будущее будет принадлежать им, особенно если они найдут достойного вождя. А этим вождем буду я! Да, я! И если у меня будет помощником Елена Андреевна. Если! Мы покорим мир[26].

В советских изданиях дневников спиритуализм исчез из повестки. От пары «декадентство и спиритуализм» осталось одно «декадентство», а роман Брюсова с Еленой Масловой превратился всего лишь в легкий флирт на именинах поэта [Брюсов 1927: 12]. И не только в советских изданиях так обращались со спиритуализмом. В английском издании дневников поэта любые упоминания невидимого мира были подвергнуты еще более суровой цензуре[27]. Биографии других известных и уважаемых

---

24 О том, что спиритуализм вычеркивался из жизни Брюсова, говорил уже Богомолов [Богомолов 1999: 281].

25 ОР РГБ. Ф. 368. Карт. 1. Ед. хр. 12. Л. 3.

26 ОР РГБ. Ф. 368. Карт. 1. Ед. хр. 12. Л. 29 об.

27 Если в советском издании хотя бы упоминается сеанс с Лангом, то из английской версии исчезает даже это упоминание. То же касается ремарки Брюсова о неевклидовой геометрии, которую современники связывали с оккультным. Издательница английского перевода ссылается на рукопись и цитирует ее, то есть она была вполне осведомлена о важности спиритуализма в жизни и художественном развитии Брюсова [Bryusov 1980: 35–37].

современников, разделявших спиритуалистические взгляды Брюсова, также подвергались цензуре. К примеру, генерал А. А. Брусилов, герой Первой мировой войны и выдающийся красный командир, верил в реальность общения с потусторонним миром. Хотя эта вера отражена в оригинальной версии его мемуаров 1929 года, она исчезает из последующих советских изданий, а потом — и из английского и французского переводов [Brusilov 1929; Брусилов 1929: 31–35; Brusilov 1930; Брусилов 1943; Брусилов 2002][28].

Даже если спиритуалистические убеждения видных деятелей культуры или исторических лиц не отрицались напрямую, они тем не менее оставались источником смущения для биографов. В случае химика Бутлерова в биографиях и энциклопедических статьях его интерес к спиритуализму упоминается кратко с некорректной оговоркой: «К счастью, Бутлеров проводил строгую границу между приверженностью к медиумизму и всей своей остальной научной, педагогической и общественной деятельностью» [Быков Г. 1961: 164][29]. Такое смущение ученых верованиями тех людей, о которых они пишут, сохраняется по сей день. Когда тему невозможно было обойти, биографы актрисы и певицы Марии Пуаре в недавней работе взялись утверждать, что их героиня никогда по-настоящему не верила в оккультные манифестации, считала оккультизм греховным и занималась им, чтобы угодить своему мужу, который далее оказывается в этой истории злодеем [Уколова, Уколов 2002: 106–107]. Тенденция игнорировать оккультные убеждения не ограничивается исследованиями русской культуры. Биографы, историки и литературоведы часто занижали ту роль, которую оккультное сыграло в жизни и интеллектуальном развитии влиятельных фигур в истории культуры Британии, Франции и Германии[30].

---

[28] Я благодарна Карен Петроне, обратившей мое внимание на эти издания.

[29] См. также [Gillespie 1970–1980, 2: 620–625; БСЭ 1970–1981, 4: 463–465].

[30] Среди недавних работ, в которых высказываются сожаления по этому поводу, — [Luckhurst 1999: 56; Owen 2004: 5–6; Treitel 2004: 24–26; Zander 2007; Harris 2010: 170–186].

Если историкам трудно признать оккультные интересы исторических фигур, чьи достижения оказали влияние на общественный уклад и систему ценностей настоящего, то увлечение потусторонним со стороны тех, чьи проекты не сработали или оказались осуждены, признается гораздо охотнее. В случае с русской историей разочарованные монархисты и либералы говорили, что Николай II совершал политические просчеты, поскольку имел склонность к оккультному. Большевики постоянно указывали на увлечение аристократов и декадентов-буржуа мистикой[31]. В то же время критики революции выставляли ее бурную историю как следствие зачарованности мистическим и продукт масонских заговоров; даже причину сталинского террора можно было усмотреть в эзотерическом фатализме[32]. Описание оккультного как типичного времяпрепровождения антигероев истории — это такой же интернациональный феномен, как и его маргинализация в биографиях ее героев. Во Франции и в Германии, к примеру, люди с оккультным складом ума регулярно ассоциировались с врагами республики, а оккультное мировоззрение провозглашалось одним из важных факторов формирования национал-социалистических идей[33]. Возможно, такой подход к оккультному связан с агрессивным осуждением, которому оно подвергалось с эпохи Просвещения по эпистемологическим причинам. С тех пор оккультное высмеивалось во многих текстах. В 1880-е годы написал свою желчную критику Фридрих Энгельс [Энгельс 1953: 28–37], а в XX веке Теодор Адорно заявил, что «склонность к оккультизму есть симптом инволюции сознания» [Адорно 2022: 293]. Оккультист, согласно этому аргументу, по собственной воле отвергает голос разума и поворачивается спиной к прогрессу знания. Эта интеллектуальная традиция оставалась влиятельной среди историков, многие из которых подвергали оккультистов

---

[31] См. [Плеханов 1928: 291; Троцкий 1924; Берберова 1986; Витте 1924; Крюков 1997, 1: 245–294; Юсупов 2001].

[32] См. [Smith N. 1968; Rosenthal 1997a; Эткинд 1998; Брачев 2002].

[33] См. [Webb 1976: 34–36; Goodrick-Clarke 1985; Harvey 2005: 125; Edelstein 2006; Boutry 2007; Monroe 2008; Staudenmaier 2009].

насмешкам[34]. Таким образом, в историческом нарративе оккультизм оказался низведен до занятия неспособных правителей, праздных капиталистов, бессовестных обманщиков или заблуждающихся.

В последние годы такое отождествление оккультного с негативными качествами начало подвергаться пересмотру, по мере того как историки культуры и литературные критики стали анализировать его значение и творческий импульс в культуре рубежа XIX–XX веков[35]. Ряд специалистов по русской культуре обратили внимание на вдохновение, которое поэты, писатели, художники, режиссеры и философы черпали в оккультном[36]. Поскольку литература этого рода фокусировалась на хорошо известных фигурах, оккультизм здесь описывался исключительно как интерес художественной элиты, стоявшей особняком от остального общества. В исторических исследованиях другого направления внимание обращается на крестьянство, веру сельских жителей в духов, роль магии и практик сельского врачевания и традиционную дивинацию[37]. Оба эти направления исследований наталкивают на вывод о том, что интерес к сверхъестественному миру, выходящий за рамки официального православия, был детерминирован социальным положением: он был либо сконцентрирован в кругу социальной интеллектуальной элиты, либо в своем фольклорном изводе распространен в необразованном «народе».

Поскольку здесь я анализирую роль оккультного в качестве медиатора между элитной и массовой культурой, эта книга выходит за рамки прежних исследований. Рассматривая оккультное внутри культуры мейнстрима, где опыт сельской жизни перепле-

---

[34] См. [Webb 1976: 9; Уинтер 2023: 78–109; Buse, Stott 1999: 1–20, 205; Gordin 2004].

[35] См. [Owen 1989; Owen 2004; Pytlik 2005; Laqueur 2006].

[36] См. [Carlson 1993; Grossman 1995; Rosenthal 1997b; Weiner 1998; Богомолов 1999; Davidson 2000; McCannon 2001; Maydell 2005; Vinitsky 2009; White 2006].

[37] См. [Померанцева 1975; Haase 1980; Oinas 1985; Криничная 1993; Вигзелл 2008; Райан 2006; Warner 2000; Криничная 2001].

тался с городской культурой и механизмами капиталистического рынка, я отхожу от прежней традиции проводить грань «между шарлатанством, дешевой популярностью, "базарным оккультизмом" и оккультизмом серьезным, хранимым малым количеством "ведающих", посвященных» [Богомолов 1999: 19]. Представление о том, что серьезный оккультизм был занятием образованных элит, впервые было выражено в XIX веке ниспровергателями оккультизма[38]. Хотя я далека от того, чтобы отрицать оккультные интересы видных деятелей культуры или представителей аристократии, цель настоящего исследования — сфокусироваться на более широком культурном контексте, внутри которого они действовали, поэтому я рассматриваю причины привлекательности сверхъестественного для тех современников, кто не принадлежал к образованным кругам, оставившим после себя много письменных источников. Впрочем, взгляды тех, кто не брался за перо, чтобы описать свои контакты со сверхъестественным, часто трудно определить и приходится лишь делать предположения на их счет.

Чтобы прикоснуться к запутанной сфере оккультного, которая охватывала одновременно высокую и популярную культуру, я использую публикации и архивные источники. В числе первых — пособия-самоучители, газетные репортажи, журнальные статьи и художественная литература, в которой речь идет о сверхъестественных феноменах. Этот материал предназначался для массового рынка. Сюда же входят реклама, фильмы, фотографии и иллюстрации, показывающие действие сверхъестественных сил. Литературные качества этих текстов чаще всего оставляют желать лучшего, но их успех на рынке говорит об их культурном значении. Я утверждаю, что противоречивые послания, которые несли в себе самоучители, газетные статьи и репортажи о сеансах, оказались более влиятельны, чем те послания от закрытых элитарных кругов, что изучались прежде. Сведения из этих источников дополняются неопубликованными документами, которые показывают более индивидуальные и интимные

---

[38] См., например, [Снегирев 1871; Толстой 1960–1965, 11: 119–228].

мотивы людей. В эту вторую категорию документов входят полицейские и церковные рапорты, частные письма, дневники и неопубликованные протоколы спиритических сеансов. Поскольку оккультная деятельность была частью частной жизни и современники проводили собрания неформально, со своими знакомыми, невозможно всякий раз устанавливать, кто и где именно занимался оккультизмом. Сохранившиеся документы о сеансах рассыпаны по различным архивам, и оккультные темы не значатся ни в каких справочных указателях. В то же время планы, которыми современники делились устно, конечно, не оставили следов даже в архивах. Однако сохранилось достаточно материала, чтобы можно было комбинировать тексты массовой продукции с личными документами для оценки популярности оккультизма и отношения между привлекательностью сверхъестественного в целом и его субъективным значением на индивидуальном уровне.

Значимость явлений духов в конце XIX — начале XX века поднимает вопросы об их эфемерной идентичности. Историки, социологи и литературоведы — вторя дискуссиям между самими оккультистами о том, являются ли духи частью внешнего мира природы или внутреннего мира человека, — утверждали, что во время Реформации «настоящие» призраки средневековой культуры перестали тревожить европейцев телесно, но оказались интернализованы. Постепенная миграция этих эфирных созданий в человеческую душу, согласно этому аргументу, подстегивалась Просвещением и оказалась завершена к концу XVIII века. Таким образом, к началу XIX века привидения, как утверждается, полностью превратились в порождения фантазии или литературные метафоры; в любом случае они уже не обладали реальностью вне человеческого ума [Вебер 1990; Davidson 2000: 2][39].

Идея о том, что сверхъестественные явления происходят лишь в сознании тех, кто их испытывает, тесно связана с процессом

---

[39] Чаще всего, когда в наше время заходит речь о призраках, их по умолчанию воспринимают как метафору, см., например, [Zizek 1994; Etkind 2009]. Хороший обзор разных подходов к призракам см. в [Gantet, d'Almeida 2007: 17–48].

становления психологии как академической дисциплины, то есть с попытками разделить и определить рациональные и иррациональные действия ума [Joravsky 1989; Treitel 2004][40]. Согласно взглядам ранних психоаналитиков, многие из которых проявляли глубокий интерес к оккультному, опыты сверхъестественного представляли собой внешние манифестации скрытых желаний[41]. К. Г. Юнг, к примеру, исследовавший явления на спиритических сеансах для своей докторской диссертации, утверждал, что манифестации духов на собраниях спиритуалистов — действие независимо проявляющего себя подсознания одного из участников, спроецированное на повседневную реальность. Эти опыты, полагал Юнг, имеют значение не только для индивида, поскольку совместные попытки людей вступить в контакт с миром сверхъестественного создают прецеденты «спонтанных попыток бессознательного стать сознательным в коллективной форме» [Jung 2008: 147].

Если обратиться к другой стороне спектра объяснений, некоторые фольклористы и историки утверждали, что взаимодействия с привидениями, демонами или вампирами — это изображение естественных явлений, пропущенных через призму культурного восприятия, при котором в картину добавляется действие сверхъестественных сил. Среди ученых, разделяющих этот взгляд, те, кто предлагает наиболее натуралистические объяснения, утверждали, что либо взаимодействия с невидимыми существами вызваны галлюцинациями, связанными с болезнью или случайной интоксикацией, либо истории о призраках представляют собой объяснения, даваемые трезвомыслящими умами естественным явлениям, физической природы которых их свидетели не понимали и которые поэтому не могли адекватно описать[42]. Более сложный аргумент, предложенный Дэвидом Хаффордом, предполагает, что определенного рода ночное видение «эмпирически укоренено» в соматическом опыте сонного паралича, который

---

[40] См. также [Вяземский 1904; Певницкий 1904].

[41] См. [Фрейд 2012: 122–150; Фрейд 1995; Gay 1988: 354–355; Фрейд 2020]; об истории психоанализа в России см. [Эткинд 1994; Miller 1998].

[42] См., например, [Barber 1988; Matossian 1989].

еще более отягощается культурными объяснениями. Для Хаф-
форда этот опыт разделяют спящие по всему миру; это не признак
болезни, а описание его не есть следствие непонимания физиологических процессов [Hufford 1982][43].

Хотя лично я никогда не видела духов и никаким иным образом
не воспринимала их присутствия, моя задача здесь — принять
тех, кто заявлял обратное, всерьез. Меня не интересует, что же
действительно происходило, когда люди взаимодействовали
с невидимым миром. В России эпохи поздней империи современники сами не могли договориться о том, что же происходит во
время спиритических сеансов, медитативных упражнений или
в домах с чертовщиной: было ли это действие духов умерших, не
открытых еще законов природы, нервной системы, мошенников.
Со стороны же историка, пишущего об этом 100 лет спустя,
утверждать, что он сейчас решит вопрос, было бы одновременно
нескромным и нечестным. Кроме того, я не думаю, что, установив
однозначную причину этих происшествий — физическую, пси-
хологическую или сверхъестественную, — я бы сделала нечто
интересное. Меня не интересуют события как таковые — меня
интересуют люди, с которыми они происходили, поэтому настоящий анализ сосредоточен на том, как современники подходили
к своим переживаниям, сами объясняли себе и другим, что
происходит. Анализируя их изучение оккультных феноменов,
я предлагаю свои исторические объяснения. Поступая так, время
от времени я буду обращаться к идеям психоаналитиков и психологов. В частности, я нашла вдохновляющими идеи Фрейда
о конструировании через оккультный опыт многослойной
и неоднозначной системы значений[44].

[43] См. также [Hufford 1995].

[44] В отличие от Фрейда, сохранявшего материалистическую ориентацию, аргументы Юнга часто аналогичны аргументам спиритуалистов с тем различием, что Юнг заменяет духов и их сверхчеловеческие способности свойствами психики. Такая идейная близость объяснений Юнга оккультизму
делает их малопригодными в качестве теоретической рамки для критиче-
ского прочтения оккультных текстов, ср., например, [Zöllner 1878a] и [Юнг
2008: 341–342]; см. также: [Jung 2008: 175–183].

Частный оккультизм
и автократическое государство

Российское уголовное право определяло религиозное диссидентство как политическое преступление, и историки в значительной мере следовали законодательству империи, рассматривая гетеродоксальные формы верований и практик с точки зрения, которая противопоставляла светскую и религиозную власть простому народу[45]. В работах о неортодоксальных формах религиозности внимание фокусировалось на отдельных сектантских группах или кружках интеллигенции, составлявших отдельные сообщества и обладавших самовосприятием, основанным на конфликтных отношениях с государством[46]. Как и другие исторические работы, эти сочинения делали упор на социальный конфликт и общественную фрагментацию, утверждая всеобъемлющий характер политического[47]. Не так давно значительное внимание со стороны ученых стало уделяться также гражданскому обществу [Hafner 2004; Брэдли 2012]. Историки открыли сферы автономной частной инициативы, но, опять же, рассматривают их в отношениях с автократическим государством либо как оппозицию, либо как коллаборацию. В этой работе я принимаю, что в России существовала независимая публичная сфера, и сосредоточиваю внимание на том, как современники воплощали в жизнь «частную Россию», воспринимали ее.

Преимущественно политическое прочтение индивидуальной инициативы в области религии или вне ее задавало подход историков к духовному поиску в прошлом России. Сравнительно небольшое число работ было посвящено частному измерению

[45] См. [СЗРИ 1842; Scherrer 1973; Энгельштейн 2002; Etkind 2003; Beer 2004; Колман 2024].

[46] См. [Scherrer 1973; Carlson 1993; Энгельштейн 2002; Колман 2024; Maydell 2005].

[47] Хотя историки культуры и пытались отойти от обсуждения политики, тем не менее они по-прежнему задаются вопросами о власти. К примеру, дискуссии о сексуальности и вырождении анализировались для того, чтобы выяснить участь политического либерализма [Энгельштейн 1996; Beer 2008].

веры, вне ее конфликта с государством и обществом[48]. В настоящем исследовании я опираюсь не только на немногие труды, которые вышли по этой теме, но и на изучение бытовой сферы потребления и ее символического мира[49]. Оккультное в особенности дает возможность проникнуть в частные, внеполитические области жизни современников, которые для большинства, стоит признать, были куда важнее забот об управлении государством. В магических текстах редко упоминается политика, а власть, со своей стороны, нечасто обращала внимание на мистические собрания. Для историка это сложная ситуация: с одной стороны, это существенно ограничивает объем источников, доступных для исследования оккультного, поскольку только небольшое число документов о мейнстримном оккультизме можно обнаружить среди полицейских дел; с другой, такая ситуация призывает нас подумать о том, чем реально жили тогда многие люди, отвлекаясь от традиционной сосредоточенности на внутреннем конфликте и противостоянии общества и государства.

Обычно историография отличается телеологическим подходом к истории поздней Российской империи: этот период рассматривается в свете грядущей революции. Хотя ни один историк не сможет забыть о событиях 1917 года, это исследование, фокусируясь на истории царской России, имеет целью вернуть субъективную и культурную сложность обществу, которое, несмотря на увлечение ясновидением, не жило ожиданием некоей будущей даты. В этом потерянном настоящем поздней империи происходили самые разные процессы, возможно, присутствовало почти все.

В целом позитивное отношение к оккультному и его аполитичный характер изменились с началом Первой мировой войны. В последней главе рассматривается, как сначала сверхъестественное стало патриотическим, а потом все оккультное начали рассматривать сквозь призму упадка и ответственности элит за катастрофу. Летом 1914 года разговоры о духах исчезли из публич-

---

[48] См. [Стейнберг 2022; Шевцова 2010; Steinberg, Coleman 2007; Manchester 2008].

[49] См. [Brooks 1985; Neuberger 1993; Jahn 1995; McReynolds 2003].

ной сферы, уступив место патриотическим святым православной церкви. Полтора года спустя, после того как Россия понесла много тяжких поражений, потеряли привлекательность и такие националистические образы. В скандальном судебном деле 1916 года граф Алексей Орлов-Давыдов, один из богатейших аристократов империи, член Думы и близкий друг знаменитых политиков, заявил, что его вторая жена, актриса Мария Пуаре, обманула его со своими оккультными увлечениями. Этот процесс показывает, как накануне революции все оккультное стало ассоциироваться с богатыми и со знаменитыми, с аристократией, имперскими государственными деятелями и постыдным вырождением коррумпированных элит. Такое наследие войны оказалось очень живучим, как видно на примере издателей, которые ощущали необходимость удалить упоминания оккультного из дневников и биографий Брюсова и его современников.

Глава 1
Лаборатория в гостиной

Как в Россию пришел спиритуализм

Истоки широко распространенного увлечения потусторонним в Российской империи рубежа XIX–XX веков следует искать на полстолетия ранее, в 1850-х годах, когда в Россию впервые проник спиритуализм, или спиритизм (spiritualism)[1]. Поначалу спириты составляли небольшую закрытую группу образованных людей высокого социального статуса. Однако к концу XIX века спиритуализм существенно расширил свою социальную базу, что решительно изменило сам характер спиритической практики и лежавшую в ее основе теорию. В настоящей главе рассматривается история спиритуализма в России (с момента его появления здесь до обретения им широкой популярности), а также анализируется влияние на его развитие научной мысли того времени и различных форм социального взаимодействия, характерных для аристократической среды.

Спиритуализм попал в Россию из Соединенных Штатов через Западную Европу[2]. Рождение современного спиритизма можно

---

[1] Об обращении интеллигенции к духовности см. [Scherrer 1973; Rosenthal, Bohachevsky-Chomiak 1990; Grossman 1995; Deutsch Komblatt, Gustafson 1996; Евтухова 2021].

[2] Русское название, закрепившееся за движением («спиритизм»), говорит о том, что оно прижилось на русской почве преимущественно под влиянием французской и в меньшей степени немецкой литературы. В 1890-е годы, когда наиболее авторитетными считались британские тексты, наряду с термином «спиритизм» часто использовалась транскрипция английского тер-

довольно точно датировать 31 марта 1838 года, когда две девочки-подростка, Кэйт и Маргарет Фокс, услышали у себя дома в Хайдсвилле, городке в штате Нью-Йорк, странные стуки, которые, по их утверждению, происходили из мира иного. Вскоре, опять же по их утверждению, девочки установили общение с духом, а газеты быстро стали разносить новости об этом общении по всей Америке [Carroll 1997: 2]. Многие современники последовали примеру сестер Фокс и тоже стали общаться с мертвыми, в результате чего появился ритуал спиритического сеанса (spiritualist seance). Сеансы представляли собой собрания в темной комнате, на которых участники благодаря чувствительности нервов медиума ожидали сверхъестественных явлений. Даже периодически раскрываемый во время подобных сеансов обман с имитацией подобных явлений не препятствовал распространению спиритуализма по всему миру[3]. Американский спиритизм вскоре проник в Европу, и Британия стала родиной одного из влиятельных направлений спиритуализма Старого Света. Британские медиумы получили широкую известность: английские теоретики спиритуализма отличались научным подходом к исследованию феномена сеансов, и многие европейцы с континента, в том числе русские, гордились своим членством в прославленных

мина «спиритуализм». В русском переводе будет использоваться термин «спиритуализм» для перевода стандартного английского термина spiritualism, который автор применяет по отношению к явлению эпохи fin-de-siècle, однако иногда (из стилистических соображений) будет применяться и вариант «спиритизм». О спиритуализме в России см. [Berry 1985; Carlson 1997; Богомолов 1999; Gordin 2001; Vinitsky 2009]. О спиритуализме в Америке и спиритизме в Европе см. [Moore 1977; Oppenheim 1985; Barrow 1986; Owen 1989; Carroll 1997; Sawicki 2002; Treitel 2004; Monroe 2008].

[3]   О разоблачении медиумов см. [Owen 1989: 61–63]. Разоблачение известнейшего медиума Эусапии Паладино в 1895, а потом в 1910 году стало настоящим ударом для спиритического сообщества, которое публично отстаивало подлинность явлений на сеансах; кроме того, эти разоблачения имели большой общественный резонанс, как показывают целые коробки, наполненные газетными вырезками на эту тему. Однако после обоих скандалов Паладино продолжила свою карьеру «профессионального медиума» без особых трудностей (SPR Archive. Eusapia Paladino, box 1).

британских спиритических ассоциациях[4]. Другое, более мистическое направление спиритуализма развилось во Франции под началом Аллана Кардека, который связал практику общения с духами и собственную сложную теорию реинкарнации[5]. В России сторонников обрел спиритизм как британского, так и французского стиля.

Спиритуализм в России впервые стал темой салонных разговоров в 1850-е годы. Юрист А. Ф. Кони писал в мемуарах, что наряду с игрой в лото, которая была «чрезвычайно распространена на вечерах», популярностью пользовалось

> доверчивое занятие с говорящими столиками. Под влиянием пришедших с Запада учений о спиритизме многие страстно увлекались этим занятием; ставя на лист бумаги миниатюрный, нарочито изготовленный столик с отверстием для карандаша, клали на него руки тех, через кого невидимые духи любили письменно вещать «о тайнах счастия и гроба» [Кони 2003: 86].

Впоследствии русские адепты точно датировали появление спиритизма в России зимним сезоном 1852 года. «Вскоре повсеместно завертелись столы, шляпы и тарелки, начались разговоры посредством стуков ножкой» [Краткий очерк 1887: 207][6]. Новый толчок развитие русского спиритуализма получило в 1858 году, когда империю посетил Дэниэл Данглас Юм (Home)[7]. Возможно, он был известнейшим медиумом своего времени. Юм родился в Шотландии, но вырос в Новой Англии, где и обнаружил медиумические способности. У него никогда не было другой профессии, кроме спиритуалистических занятий, и Юм остался единственным медиумом, который ни разу не был пойман на обмане.

---

[4] См., например, с какой гордостью написано о том, что А. М. Шилов был принят членом Общества психических исследований в Лондоне, в: Ребус. 1885. Вып. 4. № 12. С. 115.

[5] Аллан Кардек — псевдоним Ипполита Ривеля [Monroe 2008: 95–149].

[6] Часть этой статьи также появилась как [A-Russian-Spiritualist 1887].

[7] О Юме см. [Home 1877; Burton 1944; Gauld 2004; Оболенский 2005: 178–179].

В 1858 году он посетил Рим, где повстречал свою будущую жену, 17-летнюю Александру Кроль, чьим крестным отцом был русский царь. В том же году, женившись на Александре, Юм вместе с ней посетил Россию, ее родину, где чета прожила почти год. Он давал многочисленные сеансы, на которых собирались представители самой рафинированной аристократии, в том числе Александр II. Однако, несмотря на такие длительные гастроли, деятельность Юма не вошла в число гласных причин распространения спиритизма в империи. По-видимому, его аудитория была слишком изысканной, чтобы сеансами смогли увлечься сколько-нибудь широкие слои российской публики.

Позже спиритуалисты сетовали, что сеансам в 1850-е годы «не придавали особой серьезности» и они «служили в большинстве случаев не чем иным, как модной салонной забавой праздных людей» [Краткий очерк 1887: 207]. В самом деле, увлечение спиритизмом в 1850-е годы прошло относительно незаметно и оставило по себе мало письменных источников, печатных или рукописных. Послания духов из-за гроба были столь же туманны, как и их предполагаемые авторы; мода на сеансы возникала спорадически и быстро гасла, пока вовсе не сошла на нет почти в одночасье[8]. Статьи в русских церковных журналах подтверждают такое впечатление, описывая спиритические сеансы исключительно как быстротечную западную моду [В. 1869]. Как утверждал В. Снегирев, лишь немногие русские аристократы знакомились со спиритизмом, когда они, «путешествуя по Западной Европе, от нечего делать приносили домой всякие диковинки» [Снегирев 1871: 16]. Вполне возможно, что Снегирев имел в виду гастроли Юма и его дружбу с отечественной знатью, поскольку медиума вновь пригласили посетить империю в 1865 году, когда он проводил сессии с императором. Снегирев заключил свои рассуждения предсказанием: «Нет сомнения, что, так или иначе, рано или поздно спиритуализм перейдет в народ» [Снегирев 1871: 16]. Через несколько лет это предсказание исполнилось.

---

[8] О раннем российском спиритизме см. [Vinitsky 2009: 3–20].

Рис. 1. Изображение планшетки — устройства, использовавшегося на сеансах, чтобы записывать потусторонние послания [Храповицкий 1907]

В феврале 1871 года Юм получил очередное приглашение посетить Россию. В Санкт-Петербурге на его сеансах стали появляться химик А. М. Бутлеров и А. Н. Аксаков. Юм был также представлен Юлии Глумилиной, свояченице Бутлерова, и почти сразу же с ней обручился (Александра Кроль умерла от чахотки в 1862 году). Этот союз укрепил связь между знаменитым медиумом, российской интеллигенцией и русским обществом в целом. В конце концов Юм настолько стал ассоциироваться с Россией, что его стали называть не иначе как «русский медиум Юм» [Спиритизм 1905: 43].

Юм и производимые им спиритические феномены получили горячую поддержку у Аксакова и Бутлерова. Первый впоследствии стал самым убежденным, ревностным и известным русским спиритуалистом[9]. Александр Николаевич был членом почтенного клана Аксаковых, племянником писателя С. Т. Аксакова, кузеном славянофилов Ивана и Константина Аксаковых. Получив образование в Александровском лицее, он с юных лет увлекся философией и религией, изучая в том числе труды Сведенборга [Аксаков 1870]. В 1852 году Аксаков принял участие в экспедиции П. И. Мельникова-Печерского по старообрядческим общинам Нижегородской губернии, а в 1868 году поступил на государственную службу.

Позже он писал, что вопросы, связанные со спиритуализмом, интересовали его с 1855 года, но его первый опыт личного участия в сеансе состоялся лишь в 1870 году [Аксаков 1910: 3]. Этот опыт убедил его в подлинности спиритических феноменов, и Аксаков потратил остаток своей жизни и личного состояния, пропагандируя учение спиритуализма. Когда Юм в 1871 году посетил Россию, Аксаков опубликовал брошюру «Спиритуализм и наука», в которой он рассмотрел эффекты, производимые медиумом на сеансах [Аксаков 1872]. Ее название знаменательно тем, что Аксаков видел себя поборником новой науки, которая исследует

---

[9]   Об Аксакове см. [Aksakov 1896; Прибытков 1900: 387–388]. См. также некрологи: [Александр Николаевич Аксаков 1903a; Александр Николаевич Аксаков 1903b; Petrovo-Solovovo 1903].

мир по ту сторону могилы и произведет революцию в научном и религиозном познании [Аксаков 1910: 25, 29]. Однако, в отличие от своего друга Бутлерова, Аксаков не обладал никаким формальным научным образованием. Два года в молодости он посещал лекции по анатомии, физиологии, химии и физике в Московском университете как вольнослушатель, но не смог получить диплом ни по одной из этих наук (и ни по каким другим); об этом факте он почему-то умолчал в своих отнюдь не отличающихся скромностью автобиографических заметках, написанных в 1890-е годы [Aksakov 1896]. Тем не менее Аксаков писал, что его неформальное образование в Москве оказалось для него важным, поскольку снабдило его необходимыми знаниями, при этом научив «не капитулировать перед авторитетом науки» («um sich nicht durch die Autorität der Wissenschaft imponieren zu lassen»), когда ученые выражали несогласие с его спиритуалистскими убеждениями [Aksakov 1905, 1: LXXX].

* * *

Усилия Аксакова по пропаганде спиритуализма подражали методам, принятым в научном сообществе. Во время сеансов Александр Николаевич вел подробный протокол, который добросовестно архивировался и был доступен годы спустя[10]. Иногда он пользовался измерительными приборами, такими как термометры и барометры, чтобы зафиксировать влияние погоды на спиритические явления [Vagner 1875]. В 1890-е годы и, возможно, позже Аксаков, совсем как университетские профессора, брал себе в ассистенты студента[11]. Академические устремления Аксакова также отражались на его издательской деятельности. В 1874 году он основал в Лейпциге финансируемый им журнал «Psychische Studien»; подобно научным периодическим изданиям, тот выходил регулярно и публиковал отчеты о недавних сверхъестественных происшествиях, описания экспериментов на сеан-

---

[10] ОР РГБ. Ф. 231/II. Карт. 1. Ед. хр. 31. Л. 5.
[11] РО ИРЛИ. Ф. 341. Оп. 1. № 624.

сах и теоретические рассуждения на спиритические темы. Аксаков также сразу же выпустил немецкое издание брошюры «Спиритуализм и наука» [Aksakov 1872]. Как и свой журнал, Аксаков первоначально издал свой magnum opus «Animismus und Spiritualismus» на немецком в Лейпциге, прежде чем появились русская, французская и итальянская версии трактата [Aksakov 1890]. Аксаков сам заявлял, что целью его немецких публикаций было «привлечь внимание [немецких] ученых к вопросу», чтобы поспособствовать научному исследованию и признанию со стороны научного сообщества [Aksakov 1894: 2]. Знаменательно, где и на каком языке вышел труд. Немцы играли ведущую роль в науке Российской империи, а немецкий язык выступал в качестве lingua franca научного общения в XIX веке; Аксаков таким способом заявлял о своих академических амбициях. Кроме того, подражая космополитизму науки, он стремился действовать на международном уровне, переписываясь с европейскими единомышленниками и много путешествуя за рубежом[12].

Не забывал Аксаков и России, активно пропагандируя спиритуализм у себя на родине. Он неустанно рассылал свои сочинения видным знакомым, в том числе выдающимся деятелям культуры — историку, юристу, обществоведу К. Д. Кавелину, писателю Н. С. Лескову, философу В. С. Соловьеву, художнику М. О. Микешину[13]. В ответ на эти дары Аксаков ожидал, что его корреспонденты публично выступят в поддержку спиритизма. В числе получателей «Спиритизма и науки» был историк и публицист М. П. Погодин. В конце 1820-х годов он издавал журнал «Московский вестник», служивший форумом для кружка любомудров, мыслителей-идеалистов, которые «смотрели на мир как на живое произведение искусства» [Валицкий 2013: 89]. Погодин

---

[12] Cambridge University Library, SPR Tracts Biog. I. О том, насколько Аксаков был связан с международным сообществом спиритов, говорит тот факт, что он завещал после своей смерти Обществу психических исследований 3 805 фунтов, 3 шиллинга и 1 пенс (Journal of the Society for Psychical Research. 1903–1904. № 11. P. 57–58).

[13] РО ИРЛИ. Ф. 435. № 1; Ф. 612. № 232. Л. 1; ОР РГБ. Ф. 548. Оп. 3. Д. 23; [Соловьев В. 1909: 225].

сохранил свой интерес к философии и духовности и в феврале 1872 года посетил два спиритических сеанса Юма, где также присутствовал Аксаков[14]. Зная интересы Погодина, Аксаков ожидал, что тот благосклонно отнесется к его трудам, но Погодин никак не отреагировал на присланную ему публикацию. Тогда Аксаков, опасаясь, что его сочинение лежит забытым где-то в углу, счел нужным написать Погодину снова. В этом письме он выразил надежду, что ошибается насчет местонахождения присланной книги, и прибавил: «Но если не ошибаюсь, то считаю своим долгом хотя бы разок напомнить Вам об этом чтении именно теперь, летом, когда, полагаю, Вам досуг заняться посторонним, по-видимому, для Вас предметом»[15]. Неизвестно, подействовало ли на Погодина это настойчивое требование. Впрочем, год спустя историк напечатал свою духовную автобиографию, в которой он неуважительно отозвался о двух сеансах Юма, характеризуя их как «детские шалости» [Погодин 1873: 469]. Такая характеристика глубоко разочаровала Аксакова. Тем не менее, когда в 1874 году он узнал, что Погодин планирует выпустить автобиографию вторым изданием, то послал ему длинную записку, приложив к ней другие свои публикации о спиритуализме в надежде, что историк пересмотрит определенные части своего сочинения[16].

Настойчиво пытаясь сделать из своих знакомых таких же поборников спиритуализма, как он сам, Аксаков выставлял себя ученым, а спиритизм — интеллектуальной дисциплиной, которая исследует определенный разряд естественных явлений. «Человек науки [каковым Аксаков считал себя] <...> видит в этих шалостях указание на нечто новое в природе, требующее дальнейшего исследования»[17]. Таким образом, все современники, которые были с этим не согласны, отклонялись от пути объективного познания. Аксаков продолжал:

[14] ОР РГБ. Ф. 231/II. Карт. 1. Ед. хр. 31. Л. 5.

[15] Там же. Л. 3 об.

[16] ОР РГБ. Ф. 231/II. Карт. 1. Ед. хр. 31.

[17] Там же. Л. 6.

> Спиритизм не видит в этих явлениях ничего *сверхъестественного* — он стремится отыскать и определить те условия, при которых они проходят, законы, которые они утверждают и в числе которых они становятся *естественными* явлениями; таким путем область психологии расширяется, чудное, таинственное ставится на почву точного, положительного знания[18].

Уверенность Аксакова в том, что он настоящий современный ученый, в значительной степени подкреплялась поддержкой спиритуализма со стороны двух знаменитых профессоров — химика А. М. Бутлерова и зоолога Н. П. Вагнера. Бутлеров считается одним из основоположников русской химии [Половцов 1896–1918, 3: 528–533; Быков Г. 1961]. Он также прославился своей деятельностью в области женского образования и пчеловодства. Бутлеров происходил из среды казанского дворянства. Он окончил Казанский университет и преподавал там, пока в 1868 году не переехал в Петербург. К этому времени Бутлеров уже обладал серьезной научной репутацией. В 1861 году он опубликовал свою теорию химического строения, предсказавшую существование изомеров; в 1866 году Бутлеров синтезировал изобутан, а спустя два года открыл множественные связи в ненасыщенных органических соединениях. Когда он впервые столкнулся со спиритизмом, то был настроен весьма скептически [Бутлеров 1875]. Только переехав в Санкт-Петербург и сдружившись с Аксаковым, родственником своей жены, Бутлеров (под влиянием Юма) превратился из скептика в энтузиаста спиритуализма. Его так впечатлили сеансы британского спиритуалиста, что он даже предпринял попытку вместе с Аксаковым учредить первую в России научную комиссию для исследования спиритических феноменов[19]. Хотя этот план ничем не закончился, благодаря поддержке Бутлерова спиритуализм стал достоянием широкой общественности. В статье Н. П. Вагнера от 1875 года имя Бутлерова упоминалось в неразрывной связи с областью спиритического.

[18] Там же. Выделено в оригинале.
[19] О комиссии см. [Прибытков 1900: 126; Burton 1944: 244].

Бутлеров и Вагнер знали друг друга еще со студенческих лет в Казанском университете. Как и Бутлеров, Вагнер вел бурную деятельность в самых разных областях науки, общественной жизни и искусства [Венгеров 1895; БСЭ 1970–1981, 4: 225]. В 1876–1878 годах Вагнер издавал журнал «Свет» и способствовал популярности поэта С. Я. Надсона. Помимо этого, Вагнер был известен своими литературными произведениями, в особенности «Сказками Кота-Мурлыки». Кроме того, как и Бутлеров, Вагнер был признанным ученым. В 1861 году он открыл педогенез у некоторых видов насекомых. Первоначально научное сообщество отнеслось к его выводам весьма скептически, но потом за эту работу он удостоился престижной Демидовской медали от Академии наук. Как и Бутлеров, в 1870-е годы Вагнер перебрался в Петербург, получив там университетскую позицию. В 1881 году он основал зоологическую исследовательскую станцию при Соловецком монастыре; позже это учреждение перебралось на Кольский полуостров, где функционирует по сей день в качестве одного из институтов Академии наук.

В 1871 году Вагнера поразила новость о том, что Бутлеров увлекся медиумизмом. Бутлеров убедил его посетить сеансы Юма, и, хотя тот остался под впечатлением от стуков по столу и движения стола, Вагнера эти феномены не убедили. Все изменилось в 1874 году, когда Петербург посетил Камиль Бредиф, французский торговец фарфором с медиумическими способностями[20]. Аксаков, Бутлеров и Вагнер были среди тех, кто посещал сеансы Бредифа, и на этот раз зоолог оказался убежден удивительными явлениями (включавшими материализацию руки; играющую гармонику, висевшую в воздухе; другие необъяснимые эффекты), которые подвергались определенной проверке [Вагнер 1875].

---

[20] Бредиф — загадочная фигура; все, что известно о его жизни, — это то, что он жил в XIX веке и его изучал Фламмарион, сообщивший, что Бредиф действительно мог производить странные видения [Berger, Berger 1991]. Ни биографические справочники, ни энциклопедии о нем не упоминают. О посещении им России см. [A-Russian-Spiritualist 1887; Прибытков 1900: 127].

Вагнер не стал держать при себе веру в спиритуализм и рассказал о своем обращении в длинном письме к редакции «Вестника Европы», которое было напечатано в апрельском выпуске 1875 года [Вагнер 1875]. Аксаков сразу же отметил эту публикацию в своих «Psychische Studien» как несомненный успех: спиритизм стал темой, которую обсуждают широко читаемые толстые журналы [Der Spiritismus 1875]. Действительно, статья Вагнера сыграла в истории русского спиритизма судьбоносную роль. В ней автор упомянул Бутлерова — другого известного ученого, которого убедили явления медиумизма, — и таким образом втянул химика в дискуссию, вскоре разгоревшуюся в печати. После желчных нападок прессы Бутлеров был вынужден опубликовать статью на тему спиритуализма в другом толстом журнале, защищая свои спиритические убеждения [Бутлеров 1875][21].

Бутлеров и Вагнер, как и Аксаков, описывали феномены, происходившие на сеансах, научным языком, подчеркивая свой признанный статус выдающихся ученых. К тому же они постоянно упоминали научные регалии других спиритуалистов — математика М. В. Остроградского (который умер в 1861 году), немецкого астрофизика К. Ф. Цёлльнера и британского химика, члена Королевского общества и энтузиаста-спирита Уильяма Крукса[22], при этом о научном статусе противников спиритуализма они часто предпочитали умалчивать [Aksakov 1876c]. Вагнер также напоминал читающей публике о своем открытии педогенеза в начале 1860-х годов, когда лишь немногие сочли результаты его исследования убедительными: этим он намекал на то, что его новые спиритуалистические убеждения тоже однажды будут признаны верными [Вагнер 1875].

---

[21] Редактор «Вестника Европы» к этому моменту уже устал от спиритизма, но благорасположение Каткова, редактора «Русского вестника», обеспечило энтузиастам спиритизма новую публичную площадку для распространения своих идей, ничуть не менее популярную и уважаемую, см. ОР РГБ. Ф. 120. Карт. 51. Ед. хр. 35; РО ИРЛИ. Ф. 293. Оп. 1. № 287. Л. 1–2.

[22] Там же; [Butlerov 1874; Professor Friedrich Zöllner 1878].

* * *

Именно такие претензии на научность разозлили оппонентов спиритуализма и поспособствовали ожесточенности последовавшей схватки. Главным последствием выступлений защитников спиритуализма стало учреждение так называемой менделеевской комиссии[23]. Химик Д. И. Менделеев, коллега Бутлерова и Вагнера по Петербургскому университету, был глубоко обеспокоен их попытками в популярной прессе подвести под спиритуализм научную базу. По инициативе Менделеева была учреждена комиссия для расследования спиритических феноменов при Физическом обществе. Аксаков, Бутлеров и Вагнер согласились помогать комиссии как свидетели-эксперты. Аксаков пообещал найти медиумов, чью деятельность смогла бы исследовать комиссия, и сразу же подал объявления в международную спиритическую печать, предлагая желающим проверить свои способности в Санкт-Петербурге и обещая полное возмещение всех расходов. Спиритуалисты в Нью-Йорке составляли шорт-лист кандидатов, а Аксаков отплыл в Британию, чтобы лично принять участие в отборе европейских участников [Herr Staatsrath 1875; Olcott, Blavatsky 1875].

Работа менделеевской комиссии принесла травматический опыт как спиритуалистам, так и их оппонентам. К весне 1876 года оба лагеря окончательно рассорились. Те и другие приступили к расследованию с ожиданием, что их искренние убеждения будут подтверждены авторитетом Физического общества. Спиритуалисты надеялись, что беспристрастные официальные эксперты подтвердят действие во время сеансов независимой силы, а Менделеев и его коллеги по комитету — что будет публично доказано: в основе спиритизма лежит обман. В результате ни одна из сторон не принимала всерьез взглядов оппонентов. Спиритуалисты не

---

[23] О менделеевской комиссии см. [Aksakov 1875; Aksakov 1876d; Aksakov 1876b; Менделеев 1876; Аксаков 1883б; Rawson 1978; Gordin 2004: 81–110; Vinitsky 2008b]. Замечательная работа Гордина, впрочем, явно склоняется в полемике на сторону Менделеева.

признавали обмана медиумов братьев Петти, которых Аксаков привез в Россию, вместо этого заявив, что их медиумические способности были попросту «слабыми» (schwach). Менделеев, с другой стороны, 15 декабря 1875 года, задолго до того срока, когда комиссия должна была вынести свое заключение, выступил с публичной лекцией, где заклеймил любой спиритизм как мошенничество. Он также часто нарушал порядок заседания комиссии. Возникали споры о том, кто уполномочен вести протоколы комиссии и что должно входить в них, при помощи каких инструментов следует изучать движение летающих столов и кто должен обыскивать Мэри Маршалл, нового медиума, которую Аксаков пригласил в Петербург[24]. Другой спор возник по поводу распорядка работы комиссии, когда стало понятно, что после длительного периода, в течение которого для нее подыскивались новые медиумы, она не сможет исследовать 40 сеансов до мая 1876 года, как было запланировано. К началу марта 1876 года все эти многочисленные конфликты привели к расколу в комиссии, и Аксаков, Бутлеров и Вагнер вышли из нее[25]. Далее началась

[24] Она фигурировала под псевдонимом мадам Клайер; после замужества она стала мадам Сен-Клер. Согласно Аксакову, она представилась комиссии псевдонимом, желая сохранить инкогнито [Aksakov 1905, 1: LXVII]; см. также [A-Russian-Spiritualist 1887]. В литературе на ее счет существует большая путаница.

[25] Роусон считает, что спор между Менделеевым и его коллегами Бутлеровым и Вагнером имел поколенческий характер, а также был противостоянием выходцев из провинции и уроженцев столицы. Я не разделяю такого взгляда: Менделеева и его противников-спиритуалистов разделяли всего пять или шесть лет возраста, и он сам, как и Бутлеров с Вагнером, происходил из провинции. Гордин полагает, что спиритуалисты в основном были из дворянства и посредством спиритизма стремились «создать новую видную общественную роль для знати», тогда как их оппонент Менделеев выступал поборником буржуазных идеалов научности и меритократии. Я не разделяю и этого взгляда, поскольку все участники полемики декларативно действовали в соответствии с одинаковыми представлениями о чести. К тому же как спиритуалисты, так и антиспиритуалисты могли в равной степени принадлежать как к высоким аристократическим кругам (Аксаков, Бутлеров, А. В. Г., Марков), так и к мелкому дворянству (Менделеев, Достоевский, Вагнер) [Rawson 1978; Gordin 2001: 98–99].

общественная кампания, в ходе которой обе стороны вели себя крайне враждебно по отношению к оппонентам.

Спиритуалисты и их противники пытались донести до общественности свое видение событий. Менделеев был довольно талантлив как лектор, и он успешно убеждал свою публику, что спиритизм основан на обмане (средства от публичных лекций при этом передавались на благотворительность). Не менее убедителен он был в своих газетных статьях и книге «Материалы для суждения о спиритизме» [Менделеев 1876; Gordin 2001]. Аксаков, Бутлеров и Вагнер тоже публиковали свои версии событий в русской периодической печати и журнале «Psychische Studien»[26]. В 1883 году Аксаков напечатал книгу о работе комиссии под названием «Разоблачение» [Аксаков 1883б][27]. В публикациях спиритуалистов Менделеев выставлялся несносным деспотом, препятствовавшим работе комиссии, а главное — с самого начала настроенным против спиритизма. Позже Аксаков даже заявлял, что Менделеев страдал от галлюцинаций, которые заставляли его слышать и видеть лишь то, что он хотел [Прибытков 1901: 4–6]. Спиритуалисты также часто напоминали своим читателям об открытом письме, подписанном 1 230 уважаемыми петербуржцами и напечатанном в «Санкт-Петербургских ведомостях» (и, конечно, перепечатанном в «Psychische Studien»), где роспуск комиссии после всего восьми заседаний провозглашался возмутительным, где выдвигалось требование, чтобы она возобновила работу[28]. Для спиритуалистов сюжет с менделеевской комиссией стал важнейшей частью истории собственного движения, в которой постоянно повторялись мотивы преследования и враждебности со стороны оппонентов.

Однако самым значительным последствием событий 1875–1876 годов стало появление темы спиритуализма в публичном

---

[26] См. [Aksakov 1876a; Aksakov, Butlerov 1876; Aksakov 1876b; Vagner 1876a; Vagner 1876b].

[27] Ответ Аксакова появился в печати лишь через семь лет после инцидента, поскольку он был занят семейными разбирательствами о том, как он потратил — или не потратил — доверенные ему деньги, см. [Прибытков 1901: 4–6].

[28] Санкт-Петербургские ведомости. 1876. 4 мая. С. 122; [Protest 1876].

пространстве. Как выразился в 1914 году ярый противник спиритизма В. П. Быков, «серьезную рекламу этому движению сделал в 1874 году ярый противник спиритизма профессор Д. И. Менделеев» [Быков В. 1914: 76]. Попытки Менделеева пресечь то, что он считал новой формой суеверия, особенно опасной по причине своих претензий на научность, провалились, поскольку популярность спиритизма и интерес к нему со стороны публики только возрастали. Сеансы, общение с духами, материализации стали расхожими темами светских бесед и литературных произведений, таких как, например, «Анна Каренина» (1875–1877), где выводится медиум, похожий на Юма, и «Плоды просвещения» (1890) Л. Н. Толстого; «Дневник писателя» (1873–1881) и «Братья Карамазовы» (1879) Достоевского; «Клара Милич» (1883) Тургенева[29]. Эти тексты, а также продолжившаяся в 1878–1879 годах полемика о спиритуализме надолго сделали эту тему частью культурной памяти России[30]. В 1881 году русские спиритуалисты упрочили свое положение, основав первый русскоязычный спиритический журнал «Ребус». Его редактором стал В. И. Прибытков, но с самого начала решающее влияние оказывалось Аксаковым, и даже редакция журнала располагалась в его доме на Невском проспекте, 6.

О Прибыткове известно сравнительно немного: учился в Военно-морской академии и служил офицером российского военного флота, прежде чем стал редактором «Ребуса»[31]. Он заинтересовался медиумизмом в 1874 году, вскоре после своей свадьбы, когда у его жены Елизаветы Дмитриевны проявились медиумические способности [Прибытков 1896–1897][32]. Возможно, Прибытков был родственником В. И. Прибытковой (она могла быть его сестрой), писательницы и спиритуалистки[33]. Многочисленные сеансы

---

[29] ОР РГБ. Ф. 336/II. Карт. 56. Ед. хр. 12. О спиритизме в «Дневнике писателя» Достоевского см. [Gordin 2001].

[30] О продолжении дискуссии о спиритизме в 1878–1879 годах см. главу 2.

[31] О Прибыткове: [Прибытков 1883; Вик. П. 1893а; Ясновидящий 1895; В. И. Прибытков 1910; Мартынов, Чистяков 1910].

[32] Статьи этих лет позже были изданы в виде брошюры [Прибытков 1897].

[33] ОР РГБ. Ф. 336/II. Карт. 56. Ед. хр. 12; Ф. 93/II. Карт. 1. Ед. хр. 185.

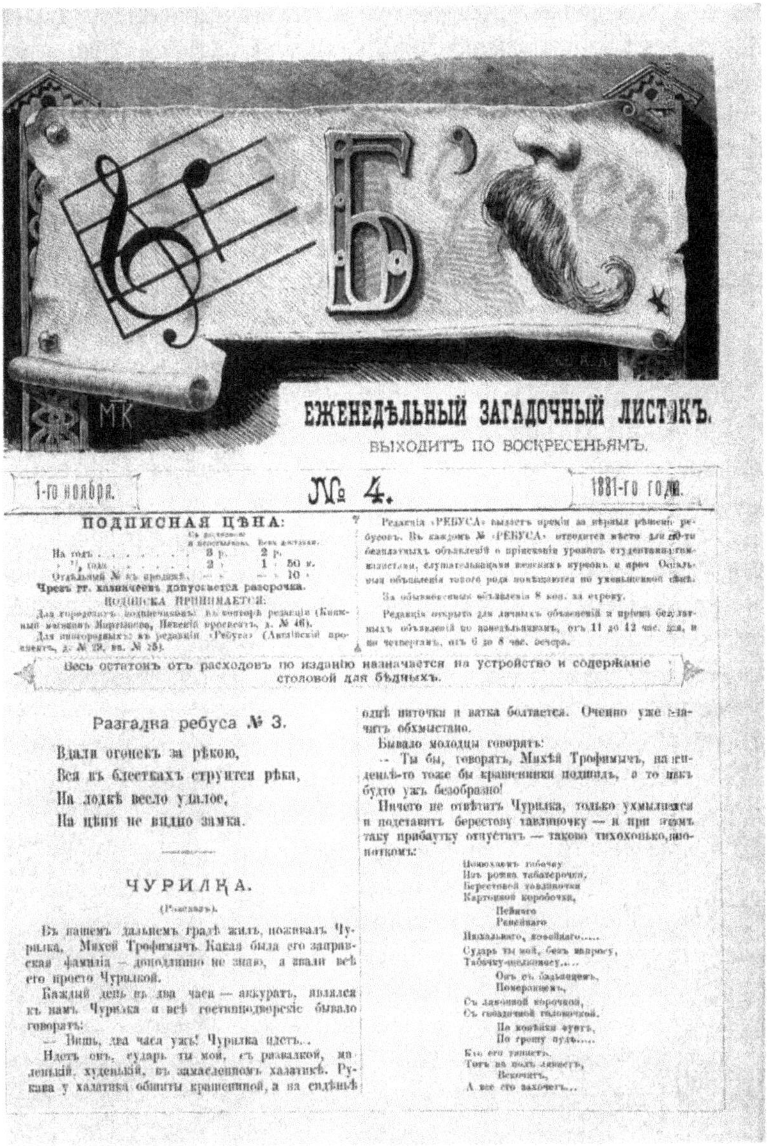

ЕЖЕНЕДѢЛЬНЫЙ ЗАГАДОЧНЫЙ ЛИСТОКЪ.

ВЫХОДИТЪ ПО ВОСКРЕСЕНЬЯМЪ.

1-го ноября. № 4. 1881-го года.

ПОДПИСНАЯ ЦѢНА:

	Съ доставкою и пересылкою.	Безъ доставки.
На годъ	3 р.	2 р.
» ½ года	2 »	1 » 50 к.
Отдѣльный № въ продажѣ	— »	— » 10 »

Чрезъ гг. казначеевъ допускается разсрочка.

ПОДПИСКА ПРИНИМАЕТСЯ:

Для городскихъ подписчиковъ: въ конторѣ редакціи (Книжный магазинъ Мартынова, Невскій проспектъ, д. № 46).

Для иногородныхъ: въ редакціи «Ребуса» (Англійскій проспектъ, д. № 29, кв. № 25).

Редакція «РЕБУСА» выдаетъ преміи за вѣрныя рѣшенія ребусовъ. Въ каждомъ № «РЕБУСА» отводится мѣсто для 10-ти безплатныхъ объявленій о прінсканіи уроковъ студентами, гимназистами, слушательницами женскихъ курсовъ и проч. Остальныя объявленія тогого рода помѣщаются по уменьшенной цѣнѣ.

За обыкновенныя объявленія 8 коп. за строку.

Редакція открыта для личныхъ объясненій и пріема безплатныхъ объявленій по понедѣльникамъ, отъ 11 до 12 час. дня, и по четвергамъ, отъ 6 до 8 час. вечера.

Весь остатокъ отъ расходовъ по изданію назначается на устройство и содержаніе столовой для бѣдныхъ.

Разгадка ребуса № 3.

Вдали огонекъ за рѣкою,
Вся въ блесткахъ струится рѣка,
На лодкѣ весло удалое,
На цѣпи не видно замка.

ЧУРИЛКА.

(Разсказъ).

Въ нашемъ дальнемъ градѣ жилъ, поживалъ Чурилка, Михей Трофимычъ. Какая была его заправская фамилія — доподлинно не знаю, а звали всѣ его просто Чурилкой.

Каждый день въ два часа — аккуратъ, являлся къ намъ Чурилка и всѣ гостинодворскіе бывало говорятъ:

— Вишь, два часа ужъ! Чурилка идетъ...

Идетъ онъ, сударь ты мой, съ развалкой, маленькій, худенькій, въ замасленномъ халатикѣ. Рукава у халатика обшиты крашениной, а на спинѣ однѣ ниточки и ватка болтается. Оченно уже [illegible] чать обхмыстано.

Бывало молодцы говорятъ:

— Ты бы, говорятъ, Михѣй Трофимычъ, на [illegible] день-то тоже бы крашенинки подшилъ, а то какъ будто ужъ безобразно!

Ничего не отвѣтитъ Чурилка, только ухмыльнется и подставитъ берестову тавлинючку — и при этомъ таку прибаутку отпустить — таково тихохонько, шопоткомъ:

Понюхаемъ табачку
Изъ рожка табатерочки,
Берестовой тавлинотки
Картонной коробочки,
Пейнаго
Ренейнаго
Нижальнаго, ковейнаго.....
Сударь ты мой, безъ запросу,
Табачку-шелкоросу.....
Онъ съ бадьянцемъ,
Померанцемъ,
Съ лавровой корочкой,
Съ гвоздичной головочкой.
По копѣйки фунтъ,
По грошу пудъ.....
Кто его тянетъ,
Тотъ на полъ лянетъ,
Вскочитъ,
А все его захочетъ...

Рис. 2. «Ребус» в 1884 году, развлекательный журнал

в кругу семьи убедили Прибыткова в реальности действий духов, и он задался целью распространить свои убеждения в обществе.

Деятельность Прибыткова на посту редактора «Ребуса» значительно способствовала популярности спиритуализма в России, снискав ему уважение со стороны прочих спиритуалистов. Согласно Илье Виницкому, Аксаков испрашивал разрешения печатать первый российский спиритуалистский журнал еще в 1876 году, но получил отказ [Vinitsky 2008b: 93][34]. Пять лет спустя Прибытков подал новое прошение, однако, памятуя о том, что прежние, «бывшие уже ранее попытки основать в России спиритический журнал потерпели неудачу», теперь он просил разрешения учредить журнал, «слегка только касаясь спиритизма». Как он вспоминал впоследствии, Прибытков «ограничился самою скромною программою, как то: "ребусы, шарады, загадки, романы, повести, рассказы и фельетон"» [Прибытков 1901: 31].

Эта стратегия сработала, и Прибытков получил разрешение выпускать «еженедельное литературное издание под названием "Ребус"»[35]. Первый номер вышел в октябре 1881 года. «Ребус» выглядел как развлекательная семейная газета. В последующих прошениях, подаваемых в цензуру, Прибытков постепенно отводил все больше места для той темы, которая интересовала его в первую очередь, и в начале 1883 года ему было разрешено публиковать «обозрение новых открытий и исследование явлений природы»[36]. Под наукой он подразумевал явно не то же самое, что Менделеев. Постепенно из газеты начали пропадать ребусы и шарады, а также обещания призов за их решение; оформление стало более серьезным, в нем появились мистические мотивы, под заголовком — девиз: «Человек — ближайший и труднейший из ребусов». В «Ребусе» начали возникать рассказы о сверхъестественных происшествиях, философские эссе, отчеты о научных открытиях, которые редактор считал имеющими отношение

---

[34] У журнала «Psychische Studien» была в России своя читательская аудитория, но она ограничивалась теми, кто свободно читал по-немецки [Nachricht 1876].

[35] ГАРФ. Ф. 102. Оп. 77. Д. 17.

[36] РГИА. Ф. 777. Оп. 3. Д. 68; Ф. 776. Оп. 8. Д. 72; [Прибытков 1901: 32].

к спиритуализму, а также развлекательные художественные рассказы. Большая часть материалов была написана спиритуалистами, но многие отчеты перепечатывались из других газет и журналов, часто — иностранные статьи, переведенные на русский. К сожалению, не сохранилось сведений о тираже газеты.

«Ребус» был сравнительно дорогим изданием. В 1881 году годовая подписка стоила 2 руб.; номер можно было купить за 10 коп. К 1890 году цены повысились до 4 руб. и 15 коп. соответственно. Видимо, большинство подписчиков принадлежали к довольно состоятельным слоям общества. Тем не менее «Ребус» стал широко известен по всей империи, оказавшись после 1881 года главным средством пропаганды спиритуализма. Газета стала самым известным оккультным периодическим изданием царской России, просуществовав дольше, чем все прочие[37].

Мария Карлсон утверждала, что на раннем этапе «Ребус» лишь скрывался под маской семейно-развлекательного журнала, чтобы обойти цензуру [Carlson 1993: 25]. Однако тот факт, что Прибытков выбрал для своего издания именно такой способ маскировки, довольно знаменателен. Название «Ребус» было для спиритического журнала весьма удачным. Позже Фрейд будет описывать шарады-ребусы по аналогии со снами, поскольку в обоих случаях комбинируются образы, которые обычно никак не связаны друг с другом [Фрейд 2008б: 288–289]. В 1884 году передовица номера была украшена именно ребусом: на ней красовались четвертная нота ре второй октавы (РЕ), прописная буква Б с апострофом, отменявшим звук «э» в алфавитном названии буквы (Б), и часть мужского лица с длинным усом (УС) (см. рис. 2). Сами по себе эти элементы не имели никакой связи; кроме того, одна нота не делает музыку, из одной согласной буквы не составить высказывания, а лицо без глаз не выглядит как лицо. Однако спириты как раз ценили подобные комбинации знаков как потенциальный источник глубоких прозрений: сама загадка спиритизма состояла в том, чтобы примирять кажущиеся про-

---

37 Популярные газеты регулярно ссылались на «Ребус», см., например, [Воскресные негативы 1888; Черти 1893].

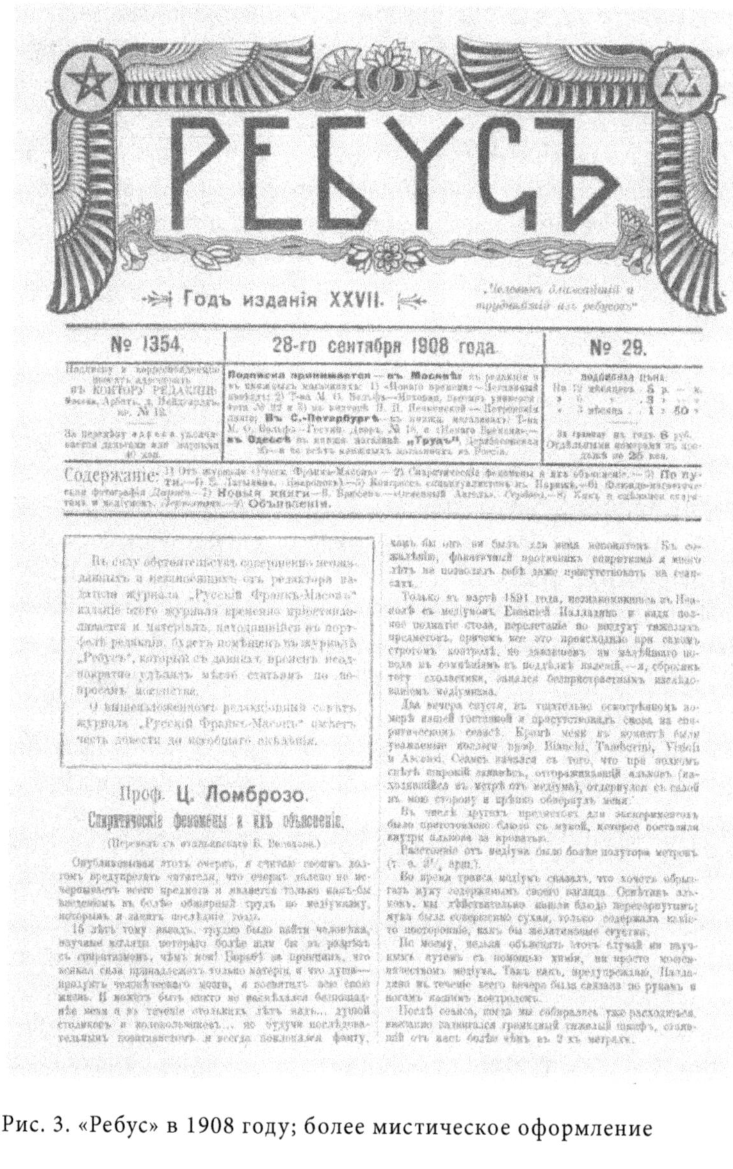

РЕБУСЪ

Годъ изданія XXVII.

„Человѣкъ ...“

№ 1354.	28-го сентября 1908 года.	№ 29.

Содержание: ... Новыя книги ... Объявленія.

Проф. Ц. Ломброзо.

Спиритическіе феномены и ихъ объясненіе.

Рис. 3. «Ребус» в 1908 году; более мистическое оформление

тиворечия и открывать все более глубокие слои смысла, которые за ними таятся. Такой способ интерпретации мог быть применен и к толкованию снов, которые в православной традиции иногда считались видениями, способными открыть человеку значимые истины [Worobec 2007: 26]. Таким образом, журнал «Ребус» и ребус-загадка имели для спиритуализма символическое значение, поскольку делали возможным плодотворную интерпретацию, способствующую неким прозрениям.

«Ребус» одновременно был изданием маргинальным по причине своей дороговизны и вполне популярным на основании своей известности. Его страницы обещали объяснить читателям природу спиритуализма. С одной стороны, материалы газеты (а потом — одноименного журнала) постоянно ссылались на некие «факты»; обычными заголовками были такие: «Два факта», «Интересный факт», «Странный факт», «Замечательный факт», «Факт последних дней», «Медиумический факт». В тексте подобных статей такие «факты» могли приводиться как «доказательство» существования духов и подтверждение того, что в мире действуют силы, которые неизвестны ученым (во всяком случае, большей их части). С другой, на страницах «Ребуса» также часто появлялись «загадочные» факты, которым журнал предпочитал не давать рациональных объяснений (под заголовками вроде «Повторение необъяснимых явлений» или просто «Необъяснимое и необъясненное»). «Ребус» отдавал дань позитивизму и мистицизму одновременно.

В статьях, печатаемых в «Ребусе», серьезные попытки дать рациональное объяснение явлений, наблюдаемых во время сеансов, соседствовали с развлекательными материалами, предназначенными для легкого чтения. Рядом с отчетами о спиритических «фактах» и обзорами книг о спиритуализме, вышедших в России и за рубежом, «Ребус» размещал шарады и собственно ребусы (с неизменно мистическим флером), а также приключенческие рассказы и повести, герои которых преодолевали испытания на пути к обретению духовного просветления. Помещая подобные тексты разных жанров бок о бок, издатели «Ребуса» ассоциировали все эти темы с единой областью духовной жизни, семантически увязывая их со спиритуализмом. Сообщая о видениях отдельных лиц или их отношениях с умершими родственниками, они также стирали грань между личной и семейной жизнью спиритуалистов и публичной сферой, в которой и действовала периодическая печать, но главное — «Ребус» претендовал на то, чтобы разрушить границу между жизнью и смертью, утверждая, что спиритические феномены вызваны духами умерших, и показывая, как умершие могут играть активную роль в повседневной жизни живущих.

Такое же объединение противоположностей можно было обнаружить и в самом спиритуализме. После 1875 года его известность превратила феномены, исследуемые на приватных сеансах, в события, имевшие в России общественное значение, хотя тот факт, что претензии Аксакова на их научное объяснение были отвергнуты большинством современников, означал, что спиритические идеи останутся маргинальными. Кроме того, и сам Аксаков, и его соратники не могли разрешить противоречие, которое лежало в самом сердце их комплекса спиритических воззрений: с одной стороны, они стремились быть позитивистами и давать спиритическим феноменам чисто научное объяснение; с другой, они не могли расстаться с представлением, что в природе человека есть необъяснимый, таинственный компонент, поэтому и в спиритическом журнале серьезные исследования сочетались с семейными развлечениями, а жизнеутверждающий тон одних публикаций оттенялся размышлениями о смерти, которыми были полны другие. Но более всего исследование и развлечение, жизнь и смерть, частное и общественное переплелись в самом спиритическом ритуале сеанса, сложившемся в 1870-е годы.

Салон

Сеансы были порождены салонной культурой[38]. История русского салона восходит к 1718 году, когда по указу Петра I были учреждены так называемые ассамблеи — регулярные встречи

---

[38] О русском салоне см. [Bernstein 1996; Аронсон, Рейсер 2001; Рейтблат 2001; Keller, Sharandak 2003; Юнггрен А. 2006; Прокопов 2006; Леонов 2009].

в частных домах, на которых представители обоих полов ели и пили, курили табак, играли в разные игры и наслаждались светской беседой. Царское повеление было охотно воспринято в обществе, и салон вскоре стал важнейшей составляющей жизни знати [Weber 1738: 226–227]. В салонах давались концерты, маскарады, проводились литературные чтения.

В первой половине XIX века салоны играли важную роль в культуре, поскольку они позволяли писателям находить себе аудиторию, покровителей, следовательно, добиваться славы [Рейтблат 2001]. В пореформенной России салоны перестали быть прерогативой аристократии, но принципы их проведения остались теми же. Это были сообщества избранных, собиравшиеся в частных домах. Новичков должны были представить старые участники салона. Собрания были регулярными; обычно салон открывал двери по определенным дням недели. Собравшиеся предавались беседе, обсуждая, к примеру, определенную тему из области литературы, философии или общественной жизни. Кроме того, в салонах бывали литературные чтения, игры и театральные представления. В этом смысле салон был эгалитарен: «В салоне нет жесткого подразделения на творцов и публику. Потенциально здесь все — художники» [Рейтблат 2001: 106]. Сходен с салоном был и другой, сугубо русский институт, который, как правило, включал в себя меньше участников, — кружок, то есть неформальное сообщество, собиравшееся в частных домах и посвященное научному самообразованию или литературе.

Русская салонная культура, кроме того, тесно переплеталась с культурой масонских собраний[39]. Масонство еще в XVIII веке стало частью общественной жизни России и в этом своем качестве испытало влияние со стороны различных салонов, кружков и обществ, оказав, в свою очередь, на них обратное влияние. Как и салоны, масонские собрания проводились в частных домах; как и пореформенные салоны, ложи приветствовали представителей разных социальных страт и национальностей, и в идеале внутри

---

[39] О русском масонстве см. [Smith N. 1985; Серков 1997; Смит 2006; Вернадский 1999; Vinitsky 2008a].

ложи не было места иерархиям повседневной жизни (хотя в России в масонские ложи по преимуществу не допускали женщин). Масоны, как правило, собирались по вечерам. Братья ужинали, пели гимны и слушали нравоучительные речи. Масоны стремились «обработать дикий камень», то есть преобразить самих себя, живя добродетельно. Предполагалось, что это со временем приведет к появлению нового, этически более совершенного общества. Для этой же цели в ложах обыкновенно имелись благотворительные кассы, куда собирались взносы со всех членов [Смит 2006: 21–54].

Принципы салона и масонской ложи отразились на спиритических собраниях. Участники этих собраний, так же как вольные каменщики, составляли закрытую группу. Когда поэт Валерий Брюсов в 1900 году пожелал вступить в один московский спиритический кружок, ему понадобилась рекомендация Прибыткова, чтобы перед ним открылись двери гостиной А. И. Бобриной на Смоленском бульваре[40]. Когда новичкам удавалось войти в избранный круг, они начинали посещать собрания регулярно. Сам Прибытков каждую неделю давал в Петербурге вечера, длившиеся до 11 ч[41]. Аксаков проводил у себя сеансы каждый вторник в 8 ч вечера[42]. Собрания спиритуалистов по своему пестрому составу напоминали званые ужины: участники часто приводили своих супругов, которые также принимали участие в ритуале[43]. Сеансы проводились по вечерам, как салоны и масонские ложи. С одной стороны, это было общим временем отдыха от трудов, с другой — спиритические феномены требовали темноты.

Когда заходила речь о занятиях спиритизмом, также подчеркивался игровой, досуговый характер этих занятий. Обычно об участниках спиритических ритуалов говорили, что они «увлекаются спиритизмом». Названия дешевых пособий по спиритизму тоже подчеркивали его развлекательную функцию. В этом

---

[40] ОР РГБ. Ф. 386. Карт. 99. Ед. хр. 38. Л. 2.

[41] Там же. Л. 9–10.

[42] РО ИРЛИ. Ф. 119. Оп. 1. № 36.

[43] ОР РГБ. Ф. 231/II. Карт. 1. Ед. хр. 31. Л. 5 об.; [Butlerov 1875].

смысле знаменательно название книги, написанной «Молдаванином Алхазаром-Товием» (А. М. Земским), — «Чрезвычайно интересная и необыкновенно забавная для семейных вечерних спиритических сеансов домашняя волшебная книжка» [Молдаванин Алхазар-Товий 1883]. «Инструменты», необходимые для успешного сеанса, представляли собой обычные предметы быта, что еще более способствовало ассоциации спиритизма с домашним досугом. Важнейшим среди атрибутов сеанса был стол, вокруг которого собирались участники, держась за руки. Обыкновенно это был ломберный стол, на котором горело несколько свечей[44]. Обычные обеденные столы использовались только тогда, когда нельзя было достать ломберный. Другими постоянными инструментами были колокольчики, бумага (или грифельные доски) с карандашами, гармоники, пианино. Они либо находились рядом, либо помещались на стол. Сам ломберный стол, обычно предназначавшийся для игры в карты, и чудеса, которые происходили с этими предметами, наводили на мысль о салонных забавах. Знаменательна описка Брюсова, который в своем спиритическом дневнике однажды назвал действо «спектаклем», но потом зачеркнул это слово и надписал: «Сеанс»[45].

Как и салонные мероприятия, сеанс был эгалитарен по своему характеру. Особенно эта уравнительность проявлялась тогда, когда на сеансе не было медиума. В таком случае все участники располагались вокруг стола, одновременно выступая как контактеры и аудитория. Часто друзья собирались в темноте и просто ждали, что произойдет, как это делалось на сеансах, которые посещал Брюсов. Считалось, что медиумические способности всех участников совокупно дадут достаточно медиумической энергии для того, чтобы породить спиритические феномены.

Что касается ожидаемых спиритических феноменов, в этом смысле типично описание сеанса Юма в 1872 году, на котором присутствовали Аксаков и Погодин, сошедшиеся в том, что они

---

[44] ОР РГБ. Ф. 231/II. Карт. 1. Ед. хр. 31. Л. 5; Брюсов тоже использовал для своих сеансов стол этого рода: ОР РГБ. Ф. 386. Карт. 2. Ед. хр. 6. Л. 21.

[45] Там же. Л. 20.

наблюдали. Сначала стол «довольно сильно задрожал, стал двигаться и затем наклоняться во все четыре стороны»; затем он «поднялся... всеми четырьмя ножками сразу, совершено горизонтально, вершка на два или на три от полу»[46]. После этого явления Погодин «мысленно пожелал шесть ударов, и было сделано шесть ударов» с другой стороны стола. Далее Юм взял гармонику за одну из клавиатур так, что меха стали медленно растягиваться под тяжестью коробки: «Гармоника заиграла и продолжала играть под вашими глазами». Бутлеров, также присутствовавший на сеансе, посмотрел под стол и увидел «ясный контур темных пальцев на клавишах». Спустя несколько мгновений Погодин ощутил, как чьи-то пальцы «перебирают» у него на колене. Что-то подняло рукав на его правой руке, и «голый палец тронул руку». Погодин взял колокольчик, но его тут же забрали у него невидимые пальцы: колокольчик остается несколько секунд в воздухе и опускается на подушечку пустого кресла, причем до этого кресло стояло поодаль, но оказалось придвинуто ближе к участникам [Ярковский 1897: 188][47].

В «Ребусе» появлялись сотни подобных отчетов с описанием аналогичных явлений. Другим распространенным феноменом было спонтанное появление света. Однажды в феврале 1897 года спиритические явления продолжались даже тогда, когда члены кружка, который собирался каждую неделю, закончили сеанс и пошли ужинать. Помимо прочих чудес, за ужином они наблюдали свет у себя под столом: «...мы, нагнувшись, могли ясно рассмотреть светящийся голубоватый шар величиною с грецкий орех» [Ярковский 1897: 188][48]. Кроме того, во время сеансов часто спонтанно возникали письменные послания на бумаге или грифельных досках. Иногда бумагу и карандаш или доски и грифель для этой цели специально помещали в запечатанную коробку,

[46] ОР РГБ. Ф. 231/II. Карт. 1. Ед. хр. 31. Л. 5 об.

[47] Похожие описания встречаются, например, в: ОР РГБ. Ф. 231/II. Карт. 1. Ед. хр. 31. Л. 6.

[48] См. также [М. Б...кин 1894; Стано 1899]; SPR Archive. Journals and Proceedings. Sambor, batch 2.

которую открывали лишь после сеанса. В своем спиритическом дневнике Брюсов зафиксировал письменные послания, полученные на заседаниях его кружка: «Ты не спирит»; «ЕЛЕНА»; «Это / 1234 / Бог»; «С 1234 / esti te X»; «Не ищи спирита, а ищи духа»; «Она обманывает тебя»; «out of my way / Tats out of my way» (с нарисованным рядом треугольником)[49]. В рукописном тексте Брюсова эти пассажи написаны особым неразборчивым почерком. Спиритические манифестации своей вершиной имели так называемые материализации духов: так именовались редкие случаи, когда можно было видеть светящуюся белую фигуру; чаще являлись одни только руки.

Для Аксакова каждый феномен, наблюдаемый во время сеанса, имел научное значение. На сеансе, в котором он участвовал вместе с Погодиным, Бутлеровым и Юмом, по словам Аксакова, наблюдали следующее:

1) движение неодушевленных предметов;
2) изменение тяжести предмета без видимой на то причины;
3) стуки или удары, ничем, по-видимому, не производимые, «отвечающие» на мысль вашу;
4) мелодическую игру на инструменте при держании его одной рукой, не касающейся клавиш;
5) образование временного, постороннего, орудующего тела, как два пальца или две руки[50].

Эти явления, по мнению Аксакова, поднимали вопросы о физических силах, которые действуют в подобных случаях и, следовательно, требуют рационального исследования.

Большинство историков, исследовавших спиритуализм, отмечали, что современников привлекало в нем именно сочетание научного и духовного. Рациональное мировоззрение Аксакова и прочих, по утверждению этих исследователей, предполагало характерный для XIX века оптимизм в отношении технологического прогресса и рационализации культуры. Тот факт, что это

---

[49] ОР РГБ. Ф. 386. Карт. 2. Ед. хр. 6. Л. 13, 14, 17, 22, 25.

[50] ОР РГБ. Ф. 231/II. Карт. 1. Ед. хр. 31. Л. 7.

Рис. 4. Фотография материализованной руки, сделанная
Н. П. Вагнером в Петербурге и опубликованная А. Н. Аксаковым
в [Aksakov 1890]

мировоззрение обратилось к области сверхъестественного, закономерен в свете научного энтузиазма, который охватил тогдашнее поколение[51]. Другая причина популярности сеансов, о которой говорят историки, — это утешение, которое, по их мнению, спиритические собрания давали людям, потерявшим близких [Oppenheim 1985: 29; Owen 1989: 82–85; Monroe 2008: 12]. Свидетельства, оставленные участниками сеансов рубежа веков, часто действительно подтверждают такой вывод. «До прошлого года я не верил ни в какие "призраки" и вещие сны, — писал, рассказывая о своем духовном пробуждении, В. Анзимиров. — <...> 9 января 1904 года в 6 ч утра умер от скарлатины и воспаления мозговой оболочки мой старший сын Александр — самый близкий и дорогой мне человек на земле». Только спиритизм мог утешить осиротевшего отца в его горе, поскольку показывал, что его сын продолжает существование и после смерти и что с ним даже возможно общаться через спиритические ритуалы [Анзимиров 1905][52].

Однако не все современники утверждали, что во время сеансов им удалось постичь что-то важное. Погодин, в отличие от Аксакова и Анзимирова, был разочарован тем, что он там увидел. «Напрасно А. Н. Аксаков как бы недоволен моим выражением: детские шалости, — писал он, — как же называть иначе, как не детскими шалостями?»[53] Другие также критиковали спиритизм за то, что он не давал никакой значимой информации. Банальность спиритических феноменов и бессмысленность клишированных посланий, получаемых в ходе сеансов, разочаровывали современников, которые ожидали получить откровения через манифестации духов. Когда философ В. С. Соловьев в начале 1870-х годов впервые стал посещать спиритические сеансы, он был убежден в их «важности и даже необходимости... для уста-

---

[51] См. [Nelson 1969; Oppenheim 1985; Owen 1989; Carroll 1997; Noakes 1999; Treitel 2004]. Мур рассматривает спиритуализм как реакцию против доминирующего влияния науки [Moore 1972].

[52] См. также [Александр Михайлович 1999: 472; Богомолов 1999: 305].

[53] ОР РГБ. Ф. 231/11. Карт. 1. Ед. хр. 31. Л. 7.

новления настоящей метафизики» [Соловьев В. 1909: 225]. Однако к середине 1880-х годов он отвернулся от спиритизма, разочарованный «ограниченностью и несостоятельностью человеческою», которую он наблюдал в практиках спиритов. Именно от такой ограниченности, по мнению Соловьева, «мы ищем убежища в религии» [Соловьев В. 1912: 279][54]. Погодин, скорее всего, согласился бы с оценкой спиритуализма Соловьевым и едким замечанием немецкого психолога Вильгельма Вундта, что «духи показали живущим довольно мрачную картину ожидающей их загробной жизни: они утратят приобретенное на земле знание орфографии, а их вечный покой будут беспрестанно тревожить медиумы, вызывая их на сеансы» [Treitel 2004: 12].

Почему же столько людей продолжали десятилетиями заниматься спиритизмом? Что им давали эти ритуалы? Я утверждаю, что одной из причин привлекательности спиритуализма — и в том числе привлекательности банальных манифестаций во время сеансов вроде таких посланий, как «Это / 1234 / Бог», или явления темных пальцев, звонящих в колокольчик, — было торжество жизни, точнее говоря, утверждение жизни самих участников сеанса. Спиритуалисты описывали потустороннюю реальность как продолжение земной жизни, в которой духи предавались тем же занятиям, каковые увлекали их в мире живых. Мужья оказывали своим семьям финансовую поддержку и напоминали женам о необходимости страхования, Пушкин по-прежнему писал стихи, а убийцы Александра II продолжали из загробного мира свою революционную пропаганду и оправдывали собственные террористические акты[55]. «Смерть производит... мало изменения в положении человека», — гласила запись в оккультных бумагах тайного советника С. П. Фролова[56]. На полях другой рукописи, в которой говорилось, что со смертью начинается совершенно новое существование, он с негодованием оставил комментарий:

---

[54] См. более подробный разбор критики Соловьева в главе 5.

[55] ГАРФ. Ф. 102. Дел-во 3. Д. 350; [Загробное стихотворение 1899; Выдающийся случай 1901].

[56] ОР РНБ. Ф. 822. № 535. Л. 2.

«C'est impossible»[57]. Одержимость спиритуалистов бессмертием отражала их стремление к продлению земной жизни на неопределенный срок и отрицанию смерти[58]. Если принять это во внимание, совершенно неудивительно, что само событие смерти спиритуалистов совершенно не интересовало.

В своем эссе о смерти Фрейд утверждает, что современный человек, в сущности, не способен поверить в свою смерть: «...или, что то же самое: в бессознательном каждый из нас убежден в своем бессмертии» [Фрейд 2008a: 49]. Чтобы сохранять веру в свою вечную жизнь, продолжает Фрейд, человек изгоняет смерть из жизни. В результате возникает такое отношение к умершему, при котором мы «чуть ли не восхищаемся им как осуществившим нечто очень сложное» [Фрейд 2008a: 50]. Однако избегание смерти в повседневном опыте приводит к обеднению человеческого существования, поскольку высочайшая ставка, сама жизнь, не может быть поставлена на кон в «играх жизни» (Lebensspiele). Согласно психоаналитику, человек компенсирует недостаток риска в жизни литературой и искусством. «В сфере вымысла мы находим то множество жизней, в котором нуждаемся. Мы умираем в идентификации с одним героем, но все же переживаем его и готовы умереть такими же невредимыми во второй раз с другим» [Фрейд 2008a: 51]. Однако, согласно Фрейду, человек не способен игнорировать смерть, когда она забирает кого-то, кого он любит. Но даже в этом случае его отношение к умершему амбивалентно: с одной стороны, он оплакивает умершего; с другой, смерть близких оставляет у современного человека чувство некоего удовлетворения, поскольку он их пережил[59].

Спиритуалисты, по-видимому, относились к смерти и умершим именно так, как современный человек из эссе Фрейда.

---

[57] «Это невозможно» (фр.). ОР РНБ. Ф. 822. № 537. Л. 9.

[58] О ностальгии и ее ориентации на утопическое прошлое см. [Бойм 2019].

[59] По Фрейду, желание смерти любимых — неотъемлемая часть амбивалентных эмоций, свойственных человеческой психике, даже если сознательно человек стыдится таких чувств [Фрейд 2008a: 57–59].

С одной стороны, спиритуалисты явно горевали, когда умирали их родители, дети, братья и сестры; с другой, однако, сеансы были торжеством жизни в первую очередь самих спиритуалистов. Вот почему для них таким значением обладали нелепые послания, получаемые во время сеансов, и феномены наподобие движения стола. Это объясняет, к примеру, почему Аксаков писал серьезные письма знакомым вроде Погодина, разбирая явления, которые адресату казались совершенно ничтожными и смехотворными. Как и смерть героя на сцене, феномены во время сеанса обостряли у спиритуалистов ощущение, что они живы: послания от духов вроде «Это / 1234 / Бог» льстили умственным способностям живых; физические действия, которые легко могли выполнить живые, явно превосходили стуки по столу, а с таким трудом осуществляемые умершими материализации одного пальца или отдельной руки подчеркивали целостность тела живых. Спиритический сеанс, таким образом, выражал двусмысленность отношения его участников к смерти: с одной стороны, сеансы убеждали их в бессмертии: они оплакивали умерших близких и выражали свое восхищение «отошедшими в лучший мир»; с другой, они ясно показывали преимущества живых перед мертвыми.

Вполне возможно, что успешность научных объяснений мира в пореформенной России и возникновение марксистского и атеистического мировоззрения повысили в обществе градус беспокойства, связанного с сомнениями в бессмертии души[60]. Существует соблазн заключить, что это одна из причин, по которым спиритуализм оказался столь популярен именно в 1870-е годы, а не при Николае I. По крайней мере, это объясняет то, почему такие верующие, как Достоевский и Соловьев, а также убежденные атеисты в конце концов отвернулись от спиритических идей. Спиритуализм не был нужен этим людям, чтобы устранить сомнения: они и так были убеждены либо в бессмертии своей души

[60] В классической литературе критика подобного научного мировоззрения дана Тургеневым в образе Базарова из «Отцов и детей» (1862). См. также [Koblitz 1988].

в соответствии с христианским учением, либо в своей конечности, о которой говорил атеизм.

К концу XIX века сеансы уже не воспринимались как источники научных открытий — они стали одним из новых способов саморепрезентации, создания своего образа. Участие в спиритических сеансах дало возможность Брюсову, который подходил к созданию своего имиджа в обществе очень серьезно, позиционировать себя как декадента[61]. Как и символистское движение в литературе, спиритуализм дал Брюсову возможность отвергнуть общественные нормы, заявить о бунте против эмпирического мира и выражать идею всеобщего упадка в русле культурного пессимизма. Участие в спиритических сеансах выглядело органичным для человека с подобными воззрениями, поскольку на этих собраниях не соблюдалась принятая в обществе иерархия, нарушались нормы сексуального поведения. Спиритуалисты перестали стесняться иррационального и «нервического», полностью отринув научный подход Аксакова.

Часто само собрание участников сеанса за круглым столом уже представляло собой «ритуализированное нарушение культурных норм» [Owen 1989: 203]. В одной комнате собирались представители разных общественных слоев, а самые знаменитые медиумы нередко происходили из низов или национальных меньшинств. Алекс Оуэн утверждает в отношении амплуа медиума в викторианской Англии следующее: «...спиритуалистическая культура давала возможность привлечь общественное внимание, сделать карьеру и приобрести статус для тех, кому иначе было в этом отказано» [Owen 1989: 4, 67]. Во время спиритического сеанса привычные отношения власти и социальные связи переворачивались с ног на голову, поскольку происходящим на собрании полностью распоряжался медиум. Он принимал решение о том, как следует освещать комнату, какие предметы понадобятся для сеанса; приказывал остальным участникам петь, молиться или молчать. Духи порою нарочно портили прически знатных петер-

---

[61] Брюсов также очень продуманно подходил к созданию своего имиджа [Grossman 1985: 22; Богомолов 1999: 280–310].

буржцев и даже били их. Сеансы Яна Гузика, дубильщика из Царства Польского, были чрезвычайно популярны, несмотря на творившийся там балаган: иногда из-под участников этих собраний выбивали стулья, духи наносили собравшимся крепкие удары, а однажды в 1913 году один из присутствующих даже получил серьезную травму [Leaf 1905; О членовредительных сеансах 1913; Смоленский 1913][62]. Все это было бы совершенно недопустимо вне контекста спиритического сеанса. Помимо Гузика, были и другие простолюдины, ставшие знаменитыми медиумами. Даже более известен был С. Ф. Самбор, мелкий чиновник телеграфного стола на Волыни, который стал настоящей гордостью спиритов. Люба Морозова из Владикавказа, которая «подняла известный шум в русской прессе весной 1904 года», была дочерью местного рабочего[63].

У спиритуалистов из высших сословий было противоречивое отношение к успеху медиумов-простолюдинов. С одной стороны, они одобряли демократизм спиритуализма; с другой, в представителях социальных низов на сеансах они часто видели угрозу себе. Спиритуалист Михаил Петрово-Солово сетовал, что Самбор, несмотря на свой энтузиазм, «лишен интеллекта и культуры». На страницах «Ребуса» развернулся желчный спор о том, насколько правомерно на сеансах Гузика получали тумаки представители высшего света [Leaf 1905][64]. Критики скандальных сеансов в большей степени благоволили медиумической деятельности таких дворянок, как Е. Д. Прибыткова или мадам Андропова (жены Прибыткова и одного петербургского банкира соответственно). Их социальное положение не позволяло им, как Гузику и Самбору, публично заявлять о своих медиумических

---

[62] Об успехе карьеры Гузика можно судить по его заработкам в качестве медиума. Один из его посетителей сообщил, что он собирал по 30 руб. за вечер, что существенно превышало ежемесячное жалованье рабочего [Шванич 1905; Зарин 1916д].

[63] О необразованности медиумов см.: ОР РГБ. Ф. 93/II. Карт. 10. Ед. хр. 5.

[64] О Самборе см.: Detailed report on the Seance of December 8th (Nov. 26th). SPR Archive, Mediums Files, Sambor; [О членовредительных сеансах 1913; Смоленский 1913].

занятиях. Но и на тех частных сеансах, что проводили они, социальные нормы все равно нарушались, коль скоро управляли всем происходящим на них представительницы слабого пола [Прибытков 1897; McReynolds 2009][65].

Участники сеансов искали в спиритических феноменах щекочущих нервы ощущений, и даже сама перспектива сидеть в темноте, держась за руки, представляла собой увлекательное приключение для людей, стесненных жесткими нормами поведения в обществе. В описаниях сеансов вполне откровенно говорится, что у спиритуализма была сексуальная сторона, которая весьма привлекала спиритов[66]. Один из духов, которых часто призывал на свои петербургские сеансы Самбор, называл себя 12-летней девочкой Олей. Эта девочка не только «контролировала» самого Самбора, «входя» в него во время транса, но и воздействовала на чувства других участников. Некоторые посетители сеансов Самбора вспоминали, насколько были впечатлены, когда им удавалось подержаться за «маленькие, тонкие ручки» Оли, а полковник Z. даже сообщил, что «чувствовал, как "Оля" села ему на колени, и даже ощупал ее ноги» [Ш-н 1898; Петрово-Соловово 1899б].

Известен по крайней мере один случай, когда участники сеанса испытывали настолько интенсивные сексуальные переживания, что стали истерически кричать и падать в обморок. Этот «интересный случай» произошел на одном из сеансов Самбора в Петербурге, когда г-н Д., сидевший рядом с медиумом, ощутил, как в нем поднимается странное чувство. «Я чувствовал себя как-то странно, не по себе, как-то неловко и как будто бы стал бояться Самбора, — вспоминал он впоследствии, — в особенности тогда, когда он стал встряхивать свою руку вместе с моей (я стал его руку держать сильнее, то есть крепче); колено его плотно прижалось к моему колену, и я чувствовал его ногу; затем я стал нервно вздрагивать и вскрикивать». Когда остальные участники спросили у Д., что случилось, тот попросил их не обращать на него внимания. Когда после небольшого перерыва

---

[65] О роли непрофессиональных медиумов-женщин см. [Owen 1989: 49–73].

[66] О сексуальных обертонах спиритического сеанса см. [Owen 1989: 218].

сеанс возобновился, Д. сел не рядом с медиумом, а напротив него (Самбор тоже испытывал странные чувства от соседства с Д.). Однако спустя 15 мин Д. вновь почувствовал себя совсем странно. Теперь он начал стонать, снова прося все-таки не обращать на него внимания. Тем временем белая светящаяся масса отделилась от плеч другого участника, г-на М. Эта белая масса обрела очертания большой руки и потянулась к г-же Л., испугавшейся, что эта рука ее «хочет схватить». Г-жа Л. поднялась с места, не разбивая, впрочем, круга из сомкнутых рук, потому что Д. «между криком просил не разрывать рук». Белый призрак обрел очертания человеческой фигуры, которая проползла по полу и исчезла, слившись с креслом, на котором сидел г-н М. Тот тут же воскликнул: «Какая гадость!» Самбор забился в конвульсиях, еще одна участница, г-жа П., потеряла сознание, и сеанс был окончен. М. позже вспоминал, что белая субстанция была шелковистой на ощупь и что при ее передвижении раздавался шорох [Петрово-Солово 1899a]. Чувственные аспекты сеансов одновременно внушали страх и интерес. В конце концов, хоть г-н Д. и продолжал стонать, он настаивал на продолжении сеанса.

На сеансах, о которых в своей записной книжке писал Брюсов, постоянно случались происшествия сексуального характера. Согласно его записям, поэт Александр Ланг (Миропольский), друг Брюсова, который вместе с ним посещал спиритические собрания, сообщил 20 марта 1893 года, что почувствовал, как «к лицу... прикасались губы»[67]. Десять дней спустя на другом сеансе Ланг оказался стащенным с дивана и распростертым на полу. Ланг сам оставил письменный рассказ об этом происшествии на листке, который Брюсов позже прикрепил к своему дневнику. «Я начал ощущать странные прикосновения другой какой-то руки, мягкой, похожей на женскую, — сообщает Ланг. — Она была теплой. Прикосновения шли сверху вниз и были похожи на обыкновенные движения гипнотизера. Затем меня начали целовать в лоб, губы, щеку. Горячее дыхание обдавало мне лицо». Когда Ланг спросил: «Кто ты?» — таинственное явление отвеча-

---

[67] ОР РГБ. Ф. 386. Карт. 2. Ед. хр. 6. Л. 33.

ло: «Елена, твоя Елена»[68]. Как показал Богомолов, сам Брюсов был в своем дневнике еще более откровенен, описывая собственные сексуальные приключения среди спиритуалистов. Вот что он пишет: «Вчера был на сеансе. С Ел<еной> Андр<еевной> стал нагло дерзок. Это хорошо. Щупал ее за ноги, чуть не за п.... Хватать ее за груди для меня уже шутки». На другом собрании той же группы поэт продвинулся выше по ноге Е. А.; у него, по его словам, «даже была эрекция»[69].

Сеансы давали пространство для любовных приключений. Е. А. Маслова, молодая женщина, о которой писал Брюсов, в то время была помолвлена с М. Е. Бабуриным, но на спиритических собраниях, по-видимому, ее помолвка не мешала ей обмениваться эротическими ласками с Брюсовым, Лангом и, возможно, собственным женихом, который тоже участвовал в сеансах. Послания духов часто были посвящены любовным темам; к примеру, спиритам сообщалось: «Я люблю — Елена» или «Веруй. Любовь не мыслит зла»[70]. Сеансы проводились в темноте, при которой можно было преступить нормы сексуальной морали; здесь, в атмосфере возбуждения от нарушения запретов, можно было совершать даже в присутствии женихов и невест или близких родственников такие действия, о которых в другом социальном контексте не могло быть и речи. Но, кроме того, сеансы внушали ощущение безопасности и могли быть завершены в любой момент по желанию любого из участников. К примеру, Брюсов сообщает о собрании 31 марта 1893 года, которое оказалось прервано именно так. Видимо, не будучи расположена к эротическим играм, «после того как ВАП почувствовала прикосновение руки, она попросила прекратить сеанс»[71]. Таким образом, сеанс был идеальным форматом для сексуального

---

[68] Там же. Л. 37–38.

[69] ОР РГБ. Ф. 386. Карт. 1. Ед. хр. 12. Л. 19, 26; цит. в [Богомолов 1999: 280].

[70] ОР РГБ. Ф. 386. Карт. 2. Ед. хр. 6. Л. 49, 54; см. также: Ф. 386. Карт. 71. Ед. хр. 43. Л. 7–10.

[71] ОР РГБ. Ф. 386. Карт. 2. Ед. хр. 6. Л. 41. Подобный случай см. в: Ф. 120. Карт. 51. Ед. хр. 35.

развлечения. Он мог быть завершен по требованию участников, а вера в присутствие сверхъестественных сил снимала с участников всякую ответственность за происходящее.

Брюсов, впрочем, видел за своими эротическими эскападами определенную цель. Содержание его записной книжки (в отличие от дневника) говорит о том, что он намеревался написать книгу и, возможно, опубликовать ее[72]. Позже Брюсов написал на основе своих спиритических впечатлений прозаическое произведение. Богомолов убедительно показывает, что для него увлечение спиритизмом было одним из компонентов «аморализма», который он считал непременным атрибутом декадента [Богомолов 1999: 292; Grossman 1985: 4, 21]. Брюсов был не единственным поэтом, который использовал спиритуализм для того, чтобы создать собственный образ. Георгий Иванов вспоминает в мемуарах, как символист А. Д. Скалдин создавал вокруг себя атмосферу таинственности, чтобы произвести впечатление на него, начинающего автора [Иванов Г. 1989: 413–420].

Спиритические сеансы и оккультные ритуалы давали Брюсову, Лангу, Скалдину и другим возможность позиционировать себя как модернистов, поскольку здесь они могли в несколько карнавальной манере бросить вызов принятым нормам пристойности и морали, подобно тому как духи, вызываемые спиритами, и сами медиумы подрывали принятую социальную иерархию. Однако было бы чрезмерным упрощением считать, что сеансы представляли собой всего лишь вечерние собрания, где несколько циников дурачили доверчивое большинство. Хотя одной из причин, по которой Брюсов участвовал в таких собраниях, несомненно, было сексуальное экспериментирование, его, как и современников, также привлекали неизведанное состояние сознания. Спиритуалистов интересовали трансовые состояния, в которые впадали на сеансах медиумы, нервные болезни, от которых они часто страдали, и участники сеансов стремились постичь

---

[72] На это указывает, в частности, почерк, которым выполнены эти заметки: таким почерком Брюсов писал тексты, которые потом посылал издателям, а заметки для себя он писал совершенно по-другому; см.: ОР РГБ. Ф. 386. Карт. 72. Ед. хр. 20; см. также: [Богомолов 1999: 279–310].

связь между подобными психическими особенностями и способностью устанавливать контакт с иной реальностью [Vagner 1875; Стучит 1893; Аксаков 1910]. Этот интерес следует рассматривать в контексте более широкой проблемы, которая захватывала людей того времени, причем не только спиритов и декадентов, но и едва ли не в большей степени медиков, — проблемы невроза, который считался болезнью, непосредственно связанной с современной жизнью[73]. С помощью спиритуализма Брюсов хотел бежать от рационализма своего века. В очень эмоциональном письме Лангу, которое он написал одной летней ночью 1890 года, он признался, что, поначалу поддавшись соблазну эпикурейства, заново открыл для себя веру «фантазии, мечте... всему миру грез и мечтаний»[74]. Очарованность аномальными состояниями сознания вела и к экспериментам с веществами (алкоголь, опиум, морфий) во время спиритических сеансов [Крупенская 1905; Богомолов 1999: 292; Прокопов 2006: 274][75].

Спиритические сеансы привлекали участников по разным причинам. В 1850-е годы они служили развлечением и сохранили такой характер и в последующие десятилетия. В 1870-е годы сеансы обещали новые открытия в науке, но к концу XIX века стремление Аксакова сделать спиритуализм сугубо научным предприятием уже казалось устаревшим. Теперь спиритические практики использовались для того, чтобы испытать опыт альтернативного восприятия реальности и исследовать иррациональные стороны сознания.

Выводы

На рубеже XIX–XX веков спиритические сеансы заставляли задуматься об аномальных состояниях сознания, но и в предшествующие десятилетия такие практики отражали идеи о бессо

---

[73] См. [Ховрин 1898; Юнггрен М. 2001; Groys, Hagemeister 2005: 22; Morrissey 2007; Beer 2008; Jung 2008: 31, 157].

[74] См. также: ОР РГБ. Ф. 386. Карт. 71. Ед. хр. 43. Л. 1.

[75] ГАРФ. Ф. 102. Оп. 3. Дел-во 60. Ч. 26.

знательном, которые все еще не были четко сформулированы. Согласно Фрейду, «то, что мы называем нашим "бессознательным", самые глубокие слои нашей души, состоящие из импульсов влечения, вообще не знает ничего негативного, никакого отрицания: противоположности в нем совпадают» [Фрейд 2008a: 56]. Эти слова применимы и к спиритуализму XIX века. Его энтузиасты хотели, чтобы он стал интеллектуальной дисциплиной, которая послужит мостом между позитивистскими, материалистическими способами рассуждать о реальности и метафизикой. Эмпирические свидетельства, на которых Аксаков основывал свою защиту спиритуализма, были добыты во время сеансов, служивших досужим развлечением и способом бегства от реальности, а не только средством получения «фактов», которые представляли главный интерес спиритуалистов, ориентированных на научное познание. Сами сеансы в обществе воспринимались неоднозначно. Спиритуалисты часто эксплуатировали традиционные атрибуты авторитета, представляя, к примеру, свои ученые звания, но в то же время сеансы были пространством, где часто теряли свое значение общепринятые правила морали и социальная иерархия. Брутальные сеансы Гузика можно истолковать как форму социального, даже политического протеста — бунт медиума, происходившего из польских рабочих, против представителей российской элиты, чьи прически оказывались испорчены им (или духами, вызванными с его помощью) [Brooks 1985; Neuberger 1993; Стейнберг 2022]. Но сеансы также можно рассматривать и как пространство, где среди споров о левитирующих столах происходило формирование «недостающего среднего» (missing middle) Российской империи [Balzer 1996]. Спиритуализм давал простор для создания собственного имиджа: ученого-исследователя (независимого медиума) или декадента (обитателя современного города). Кроме того, спиритизм был очень частным и одновременно публичным предприятием; с одной стороны, на сеансах можно было проявить личные чувства скорби и потери, они давали возможность канализировать эротическое влечение и поддерживали в участниках жизнеутвер-

ждающий оптимизм. С другой, скандалы, сопутствовавшие
спиритам, превращали явления духов в общественные события,
выходящие за пределы частной сферы салона. В результате спиритуализм находился одновременно на границе академической
респектабельности и в центре современной культуры, что делало
сеанс утопическим проектом, где уживались неразрешимые
противоречия. Спиритуализм стал средством трансценденции
однозначности; здесь проживалась современность во всей своей
двусмысленности, связывающей несоединимое.

Глава 2
Оккультная наука
и русская публика

Петербург имеет не три измеренья — четыре; четвертое — подчинено неизвестности и на картах не отмечено вовсе... говорить об этом не принято как-то при составлении географических карт, путеводителей, указателей; красноречиво помалкивает тут сам почтенный Бедекер.

Андрей Белый «Петербург» (1913)
[Белый 1981: 298, 296]

Во время частных сеансов спиритизм давал возможность испытать индивидуальный опыт переживания иной реальности. Однако в предыдущей главе уже говорилось, что феномены, связанные с сеансами, иногда выходили за пределы личного опыта участников, становясь причиной публичных дискуссий. Притязания Вагнера на научность спиритизма породили общественный скандал, разразившийся после того, как свернула работу так называемая менделеевская комиссия 1875–1876 годов. Этот эпизод был далеко не последним случаем масштабной полемики, в которой оказался замешан спиритизм. Менее известный спор о математике и спиритических феноменах разгорелся зимой 1878–1879 годов; он продемонстрировал, что всякое обсуждение спиритизма в обществе было, с одной стороны, связано с попытками дать однозначное определение «рациональному» и «научному», с другой, включалось в более широкую полемику об актуальных социальных вопросах.

Если утверждавшие, что в объяснении спиритизма может помочь математика, единодушно считали, что обязаны основывать свои аргументы на строго научных основаниях, полемика по поводу гипнотизма протекала иначе. В отличие от математики, гипноз был весьма амбивалентной техникой, обладавшей свойствами как науки, так и магии. Если дебаты о спиритизме и математике велись людьми с высшим или по крайней мере средним образованием, тема гипнотизма интересовала куда более широкие круги.

Таким образом, именно через гипнотизм российская публика в основном приобщалась к оккультной науке, и в сфере массовой культуры оккультные мотивы получали самые различные трактовки, создавая теоретическую путаницу. Такой недостаток интеллектуальной ясности лишь способствовал успеху идей о сверхъестественном и открывал возможности для новых определений оккультной науки.

Спиритизм и геометрия XIX века

Зимой 1878 года русский химик, член Императорской академии наук А. М. Бутлеров опубликовал статью во влиятельном журнале «Русский вестник» под заглавием «Четвертое измерение пространства и медиумизм», в которой утверждалось, что феномены, наблюдаемые во время спиритических сеансов, могут быть объяснены научно при помощи последних открытий в области математики [Бутлеров 1878]. В частности, Бутлеров заявил, что геометрия узла может открыть нам существование «нематериальных существ» [Бутлеров 1878: 965].

Статья Бутлерова вызвала множество самых эмоциональных реакций. Развернулась полемика, в которой приняли участие такие выдающиеся ученые, как сам Бутлеров, минералог А. В. Гадолин и геолог Н. А. Головкинский, выступавшие на страницах «Русского вестника» и «Вестника Европы» [Головкинский 1878; А. В. Г. 1879][1]. Педагоги, публицисты и литераторы также взялись за перо, чтобы ответить Бутлерову. Е. Л. Марков высказал свои

---

[1] Авторство Гадолина можно установить по: [Zöllner 1878b, 3: 84–104; Масанов 1956–1960, 1: 35]. Гадолин и Головкинский нашли союзника в анонимном авторе, который, судя по содержанию его памфлета, также был респектабельным ученым: [Новые реформаторы 1878].

соображения об аргументах Бутлерова в либеральной газете «Голос», а Достоевский написал о спиритизме в газетной статье для «Нового слова» и в романе «Братья Карамазовы» [Марков 1878; Достоевский 1879: 396; Достоевский 1972–1990, 14; 214; Достоевский 1972–1990, 30, I; 16][2].

Поводом для дебатов стал ряд сеансов, проведенных астрофизиком Иоганном Карлом Фридрихом Цёлльнером и американским медиумом Генри Слейдом в Лейпциге в 1877 году. Во время этих сеансов происходили уже привычные явления: раздавались стуки, по воздуху пролетел нож. Для развернувшейся дискуссии, впрочем, важнее всего оказались два других феномена: во-первых, отпечатки двух стоп, появившиеся на покрытой золой дощечке, которая была предварительно запечатана; во-вторых, новые узлы, появившиеся на бечевке, оба конца которой были связаны узлом, а узел запечатан воском (см. рис. 5) [Zöllner 1878a].

В статье о математике и спиритизме Бутлеров объяснил такие внезапные «проявления материи» во время сеанса, как, например, появление ног, оставивших следы, через аналогию, в которой событие, совершающееся в трехмерном мире, описывается с точки зрения двумерного мира:

> Представим себя точку, помещенную на плоскости, внутри замкнутой линии, например в круге. Двигая эту точку *только* в означенной плоскости, то есть по двум измерениям, нельзя ее вынести за пределы круга без нарушения его целости. Для существа двумерного, находящегося в той же плоскости, разрешение задачи представлялось бы невозможным, а осуществление переноса точки за круг было бы чудом. Но, пользуясь третьим измерением — имея возможность перемещать точку не по двум только, а по трем измерениям, — мы разрешаем задачу очень просто: приподнимаем точку с плоскости (то есть перемещаем ее по *третьему* измерению) и переносим за круг *через* линию, его очерчивающую, опуская там ее снова на прежнюю плоскость [Бутлеров 1878: 961].

---

[2] Бутлеров ответил на эти в основном критические отклики 97-страничной апологией своих убеждений: [Бутлеров 1879].

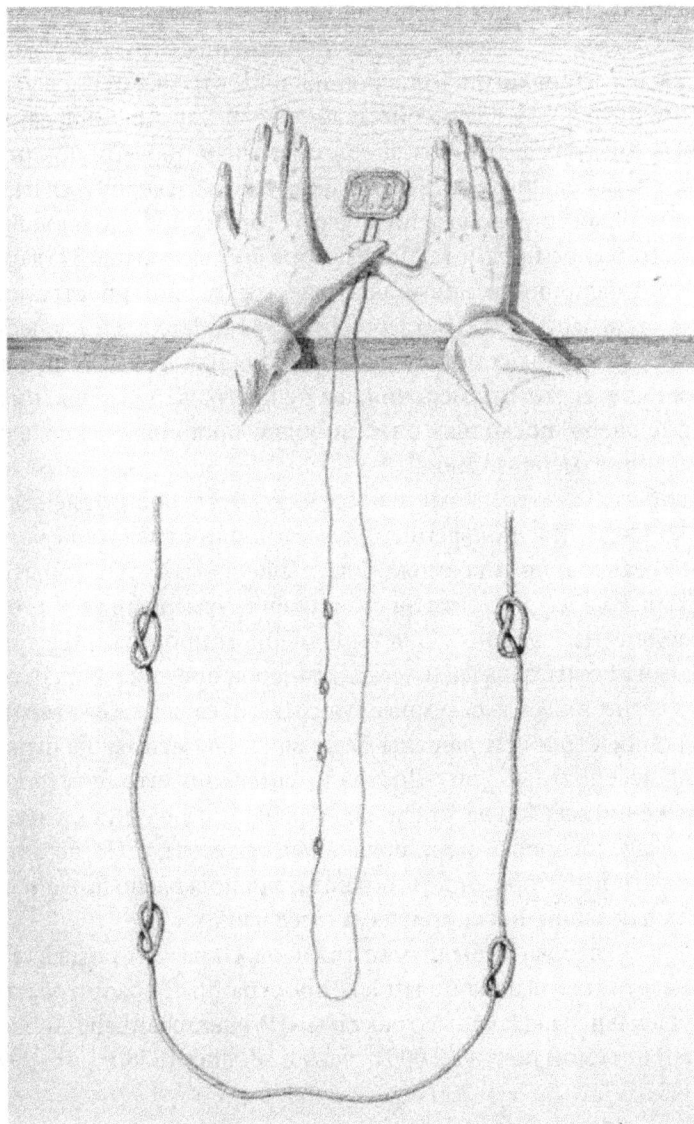

Рис. 5. Бечевка с узлами, применявшаяся на сеансе Слейда, которая и вызвала спор о значении геометрии высших измерений для спиритизма [Zöllner 1878a]. Предоставлено: Courtesy of Niedersächsische Staats- und Universitätsbibliothek Göttingen

Существо, живущее в двумерном пространстве, не сможет ни понять, что произошло, ни дать объяснения этому феномену. Рассуждая по аналогии, Бутлеров заявлял, что то же самое верно и применительно к трехмерному пространству: предмет, заключенный внутри сферы, может удивительным образом покинуть ее, соприкоснувшись с четвертым измерением, и вернуться назад, в трехмерный мир, но уже по другую сторону прежде заключавшего его в себе предмета. Таким образом, заключал Бутлеров, принцип «непроницаемости материи в трехмерном пространстве может быть нарушаем» [Бутлеров 1878: 961]. Материя и «существа четвертого порядка» могут внезапно появляться и исчезать при помощи четвертого измерения; им не преграда ни стены, ни закрытые двери, поскольку они свободно проникают сквозь эти барьеры трехмерного мира.

Прибегая к четвертому измерению, Бутлеров объяснял не только внезапное появление предметов или отпечатков ног во время сеансов, но и возможность вышеупомянутых «опытов» с узлами. В своей аналогии он сравнивал трехмерный узел с кольцом в двух измерениях[3]. В четырехмерном пространстве такие узлы могут быть завязаны легко. Бутлеров предположил, что во время сеансов Слейда разумные существа, обитающие в четвертом измерении, были приглашены медиумом завязать эти на первый взгляд невероятные узлы. Достойно замечания, что Бутлеров на протяжении всей статьи старательно избегал слова «дух», а вместо этого везде говорил о «нематериальных существах». Но, несмотря на такую предосторожность, его читатели прекрасно поняли, что известный защитник спиритизма имел в виду.

Идеи Бутлерова не были оригинальны. Сама его статья в «Русском вестнике» вышла почти как пространный обзор трехтомника Цёлльнера «Научные трактаты» (Wissenschaftliche Abhandlungen) объемом почти в 2 000 страниц [Zöllner 1878b, 1: 16–297][4].

---

[3] Бутлеров не знал, что математики определяли узел как одномерную конструкцию, включенную в трехмерное пространство.

[4] Цёлльнер прославился своими исследованиями комет и спектральным анализом звезд [Meyers 1908: 982–983]. О скандале, который он вызвал в Германии своей поддержкой спиритизма, см. [Treitel 2004: 3–17].

Бутлеров начинает свое эссе с философских размышлений о пространстве, которые он — как и Цёлльнер до него — свободно заимствовал у Канта. Бутлеров и Цёлльнер приписывали Канту понятие «абсолютное пространство», лишь малая часть которого воспринимается нами[5]. Бутлеров нашел подтверждение своему пониманию абсолютного пространства в недавних математических открытиях, в частности в неевклидовой геометрии и геометрии высших измерений.

Свыше 2 000 лет евклидова геометрия, основанная на ряде аксиом, которые сегодня по-прежнему преподают в средней школе, была основным способом описания пространства[6]. Однако пятая аксиома Евклида, или постулат о параллельности, согласно которому через точку, не лежащую на прямой, можно провести только одну прямую, параллельную данной прямой (см. рис. 6), не была математически доказана.

В начале XIX века дух критицизма и тенденция проявлять подозрительность по отношению ко всем недоказанным допущениям захватили и европейских математиков. В 1826 году, за 50 лет до публикации Бутлерова о математике и спиритизме, Н. И. Лобачевский, математик Казанского университета, впервые выступил с проектом геометрии нового типа. К 1830 году, помимо Лобачевского, об этом заговорили венгерский ученый Янош Бойяи и немец Иоганн Карл Фридрих Гаусс, независимо от него и почти одновременно с ним разработавшие геометрические системы,

---

[5]   В кантовской философии термин «абсолютное пространство» лишен смысла. Кант не воспринимает пространство как ньютоновский абсолют, скорее видя в нем форму наших внешних чувств. Однако Кант согласился бы с Цёлльнером и Бутлеровым, что мы можем воспринимать только малую толику вещей: мы воспринимаем их явления, а вовсе не вещи сами по себе [Kant 1998: 97–105]. Я благодарю Юн Чой (Yoon Choi) за разъяснение учения Канта о пространстве. О том, как Цёлльнер понимал Канта, см. [Stromberg 1989].

[6]   Аксиомы Евклида следующие: 1) любые две точки можно соединить прямой линией; 2) любой отрезок прямой можно продолжать бесконечно в качестве прямой; 3) можно описать окружность с любым данным отрезком прямой в качестве радиуса и одним из концов данного отрезка в качестве центра; 4) все прямые углы равны.

для которых постулат о параллельных линиях более не был актуален [Lobachevskii 1840; Лобачевский 1945]. Эти геометрии отличались от традиционной евклидовой целым рядом свойств. В случае Лобачевского, через точку, не лежащую на данной прямой, можно провести бесконечное количество прямых, параллельных данной. Кроме того, сумма внутренних углов всех треугольников оказывается меньше 180°. В другой форме неевклидовой геометрии эта сумма может превосходить 180°. Вдобавок прямые, определяемые как параллельные, в этих новых геометриях не всегда будут находиться друг от друга на одинаковом расстоянии. Как становится очевидно из этих описаний, новые геометрии описывали искривленные пространства.

Ни Лобачевский, ни Бойяи не получили признания за свои революционные открытия [Vucinich 1962]. Первый столкнулся с насмешками и полным равнодушием со стороны математиков Академии наук в Петербурге, которые отказались печатать его труды в академических изданиях. Второй ушел из математики ради карьеры в армии. Гаусс, который ныне считается величайшим математиком XIX века, не обнародовал своей теории, опасаясь неодобрения, которое неизбежно вызвала бы его новая геометрия. Подлинное признание идей Лобачевского пришло только спустя 10 лет после его смерти, в 1860-е годы, когда в свет вышли материалы переписки Гаусса, где ведущей темой была неевклидова геометрия.

Помимо неевклидовых многообразий, вызов привычным представлениям о пространстве бросали и другие математические открытия. С середины XIX века четвертое пространственное измерение постепенно входило в математику как чисто абстрактная категория [Klein 1926: 167–191][7]. К 1870-м годам «новым молодым поколением» было принято понятие высших измерений [Klein 1926: 171]. В отличие от неевклидовой геометрии, у пространства высших измерений не было своих «первооткрывателей». Математические идеи о высших измерениях постепенно продвигались различными мыслителями, среди которых в осо-

---

[7] Высшие измерения пространства не следует ассоциировать со временем.

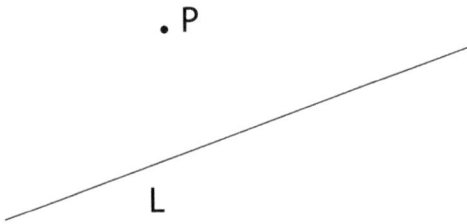

Рис. 6. Согласно пятой аксиоме Евклида, только одна параллельная прямая может быть проведена через данную точку, лежащую вне данной прямой

бенности важную роль сыграли Жозеф-Луи Лагранж, Юлиус Плюкер, Бернхард Риман и прусский школьный учитель Герман Грассман [Klein 1926: 171–182].

Геометрия высших измерений была независима от неевклидовой геометрии, не будучи даже связана с ней. Более того, геометрия высших измерений Грассмана была явно евклидовой. Однако две геометрии можно было совместить. В 1854 году это сделал Риман в своей получившей широкую известность лекции в Гёттингене, в которой он предложил новую геометрию, основанную на понятии геодезических линий и кривизне многообразий в произвольных измерениях [Riemann 1867]. Эта лекция, опубликованная в 1867 году и популяризированная физиологом Германом фон Гельмгольцем, обрела всеевропейское значение, обеспечив принятие в обществе неевклидовой геометрии и геометрии высших измерений.

Как и многие его современники, Бутлеров не понимал онтологической разницы между неевклидовой геометрией и геометрией высших измерений. Хотя он подчеркивал значение открытий Лобачевского и тот факт, что он был знаком с великим математиком лично, важнейшие аргументы в его статье были основаны на геометрии высших измерений, а не на неевклидовой геометрии. В откликах на статью Бутлерова эти геометрии тоже не различаются. Было несколько причин такой ошибки. На самом базовом уровне неевклидова геометрия и геометрия высших измерений, вероятно, ассоциировались друг с другом, потому что ту и другую трудно вообразить визуально. Другая причина — лекция Римана, в которой математик предложил неевклидову геометрию, приложимую к пространству любого измерения, связав открытие Лобачевского с идеями о высших пространствах. К тому же неевклидова геометрия и геометрия высших измерений смешивались, поскольку многие современники настаивали на введении искривленных пространств в евклидовы пространства, для чего требовалось дополнительное измерение. «Всякую же кривую поверхность мы должны неизбежно относить к трем измерениям», — писал анонимный русский критик неевклидовой геометрии [Новые реформаторы 1878: 53]. Так и появилось распространенное заблуждение, что геометрия Лобачевского была фундаментально связана с высшими измерениями[8]. Согласно Бутлерову, математики показали, что возможна геометрия, следовательно, и пространство, отличные от того, с которыми мы сталкиваемся в обыденном опыте. Это новое, недоступное нам пространство, настаивал он, и объясняет спиритические феномены.

Четвертое измерение, спиритизм и русская публика

Выводы Бутлерова, напечатанные в «Русском вестнике», шокировали его читателей, далеких от спиритизма. В отзывах на его статью кипит возмущение химиком, который публикует свои оккультные идеи в самых уважаемых и читаемых журналах страны. В развернувшемся споре рассматривались темы отношения между сверхъестественными силами, с одной стороны, и математикой в частности и наукой вообще, с другой, но также это был повод высказаться о социальном развитии пореформенной России. Противники Бутлерова критиковали попытки химика примирить спиритические сеансы и науку, поскольку, как они

---

[8] Согласно Головкинскому, трехмерное пространство было евклидовым, а четырехмерное — римановым [Головкинский 1878: 456]. Пример подобного заблуждения см. в [Vucinich 1970: 173].

считали, это угрожает обществу. Хотя большинство поддерживало современные математические открытия, некоторые из критиков Бутлерова также отвергали неевклидову геометрию и геометрию высших измерений как пути к умственной, нравственной и общественной деградации.

Чтобы распространить свои спиритические убеждения, Бутлеров обратился к области науки, обретшей в то время беспрецедентное значение в обществе. В пореформенной России, как и вообще в тогдашней Европе, точные науки стали наиболее авторитетной объяснительной моделью. В Российской империи, кроме того, либеральные реформаторы отождествляли научное мировоззрение с общественно-политическим прогрессом [Vucinich 1970; Koblitz 1988; Hachten 2002; Bradley 2008]. Чувство, что всем явлениям, в том числе спиритическим, необходимо найти научное объяснение, было настолько глубоким, что О. С. Шаховская, скептически относившаяся к спиритуализму, выражала беспокойство: будущие поколения «будут над нами смеяться, потому что то, что для нас — загадка, станет простым и ясным»[9]. Бутлеров в своей статье обещал именно такие объяснения, при этом выступая на стороне спиритизма. Он неустанно подчеркивал собственные научные заслуги, научные заслуги Цёльнера и прочих соратников по спиритизму. К тому же Бутлеров, что знаменательно, избегал в своей статье термина «дух / духи», вместо этого говоря о «существах высшего порядка». Этим Бутлеров признавал эпистемологическое превосходство науки, но стремился ввести в науку спиритизм, используя рациональные доводы.

С точки зрения минералога Гадолина, блестящего армейского офицера и придворного с консервативными взглядами, объединение спиритизма и науки было ошибкой Бутлерова, поэтому в своем ответе Гадолин стремился разъяснить читателям, почему сеансы были ненаучными, а попытки Бутлерова объяснить их научными методами — несостоятельными. Гадолин отвергал притязания Бутлерова на научность, указывая, что спиритические

---

[9] ОР РГБ. Ф. 336/II. Карт. 56. Ед. хр. 12. Л. 4.

сеансы, в отличие от научных экспериментов, не могут быть повторены, а спиритисты не могут предсказать явлений, которые случатся во время этих сеансов [A. B. Г. 1879: 268–269]. Более того, Гадолин утверждал, что не существует никакого положительного определения «спиритических феноменов». Единственная общая характеристика, которую все они разделяли, состояла в том, что они не могут быть объяснены, исходя из нынешнего состояния науки [A. B. Г. 1879: 270]. Показывая, что научность, на которую претендует спиритизм, мнимая, Гадолин надеялся ослабить его губительное влияние на русскую публику.

Самым тревожащим из утверждений Бутлерова было предположение, что наш обычный пространственный опыт некорректно отражает реальность. Критики химика-спиритиста акцентировали противоположную точку зрения, подчеркивая, что в науке и природе все надежно и регулярно. Успех их аргументации зависел от того, как на самом деле соотносятся геометрия и физическое пространство. Прежде чем были разработаны идеи неевклидовой геометрии и геометрии высших измерений, геометрия как таковая казалась наиболее успешной академической дисциплиной, поскольку она предоставляла убедительную теорию, полностью верифицируемую на практике [Richards 1988: 2]. С появлением новых геометрий все изменилось. По мере того как математики разрабатывали свой формальный язык, главным в дисциплине становились алгебраические импликации, а дескриптивный анализ отошел на задний план. Если математические утверждения имели под собой неопровержимую доказательную базу и не противоречили принятым правилам дисциплины, с точки зрения математики они были верны. Однако теперь появились вопросы о природе нашего познания и о том, как математика соотносится с реальностью (как она дана в опыте человека).

Математики, физики и другие ученые десятилетиями спорили о том, в каком именно отношении к реальности находятся новые геометрии, и этот вопрос стал в полемике о спиритизме и математике центральным. Лобачевский называл свою геометрию «воображаемой» (по аналогии с воображаемыми числами), но был уверен, что некоторым образом эта геометрия все же относится к реальности[10]. Вопрос об отношении между математическим и физическим пространством так и не был решен, когда спириты и их противники стали смешивать неевклидову геометрию и геометрию высших измерений. Среди математиков, впрочем, само предположение о прямой связи между математическим и физическим пространством вызывало протест. В статье под названием «Über die sogenannte Nicht-Euklische Geometrie» («О так называемой неевклидовой геометрии») математик Феликс Кляйн посчитал нужным на протяжении страницы уверять читателей: «Нижеследующие размышления суть... чисто математического характера. Они не касаются вопросов о том, какую пользу сии результаты могут принести для понимания пространства или объяснения природы» [Klein 1873: 112–113].

Критики Бутлерова в русской прессе были солидарны с мнением Кляйна. «Пространства с четырьмя измерениями» попросту описывают «ту область математического анализа, в которой имеется дело с четырьмя переменными независимыми», — провозглашал Гадолин на страницах «Вестника Европы» [А. В. Г. 1879: 261]. Было бы глупо пытаться применить этот математический метод к физическому пространству. С этим соглашался Головкинский, добавляя, что четвертое измерение физически немыслимо. Если бы оно существовало, тогда возможно было бы и существование двумерного мира. Если в этом четырехмерном пространстве обитают «разумные существа», которые наблюдают за трехмерными людьми, по аналогии и люди должны были бы открыть двумерный мир, в котором живут более простые, чем они сами, двумерные обитатели. Поскольку дело обстоит не так, Головкинский не считал адекватными аргументы Бутлерова о том, что «существа четвертого порядка» передвигают предметы и вяжут узлы на спиритических сеансах [Бутлеров 1878: 958].

---

[10] Лобачевский рассматривал возможность измерения треугольников, две вершины которых находились на двух полюсах земли, а третья — на одной из звезд, чтобы установить, какая геометрия — евклидова или неевклидова — лучше описывает Вселенную [Daniels 1975].

Напротив, утверждал геолог, мир может быть понят только в том случае, если его воспринимать как трехмерный: «...не только самые низшие организмы непременно бывают и всегда были трехмерные, но всякий неорганический предмет, всякая материальная частица столь же непременно была трехмерной от начала мира» [Головкинский 1878: 453][11].

Установив в прессе трехмерный характер природы, антиспиритисты принялись за спиритические феномены. Иосиф (Осип) Николаевич Ливчак, учитель механики из Вильны, посетил Петербург в марте 1878 года и сообщил своему знакомому Достоевскому, что разгадал трюк с узелками. Достоевский, живо интересовавшийся спиритизмом и пристально следивший за полемикой о четвертом измерении, написал в газету «Новое время»:

> [Г-н Ливчак] разрешил задачу Цёлльнера и Слейда, касающуюся «четвертого измерения», о которой, как известно, был поднят в последние два месяца довольно любопытный спор в печати и в публике. Я видел даже и документ: нитку, припечатанную к бумаге печатями с завязанными на ней узлами, а на этой же бумаге и 12 подписей лиц, бывших свидетелями успешного разрешения г-ном Ливчаком хитрой задачи [Достоевский 1972–1990, 30, I: 16][12].

Объявление Достоевского пробудило у публики огромный интерес к Ливчаку. Менделеев позвал механика к себе домой, где в присутствии хозяина, Достоевского и спиритистов Аксакова, Бутлерова и Вагнера Ливчак продемонстрировал свою «остроумно техническую операцию завязывания», секрета которой тем не менее он предпочел не раскрывать [Бутлеров 1879: 793; Достоевский 1972–1990, 30, I: 268].

В отчаянии от демонстрации Ливчака Бутлеров констатировал: «...один глубокоученый математик лично говорил мне, что нельзя оспаривать возможность открытия г. Ливчаком серьезного

---

[11] См. также [Новые реформаторы 1878: 17].

[12] О знакомстве Ливчака и Достоевского см.: ОР РГБ. Ф. 93/1. Карт. 6. Ед. хр. 29; Ф. 93/II. Карт. 6. Ед. хр. 26.

метода завязки узлов, так как геометрия положений разработана еще крайне мало» [Бутлеров 1879: 794][13]. Несколько месяцев спустя Аксаков и Бутлеров узнали с огромным облегчением, что Ливчак был не более способен завязывать узлы на веревке с запечатанными узлами, чем любой другой смертный: он просто изобрел устройство, позволявшее незаметно и быстро распечатывать и запечатывать веревку, не вызывая подозрений у публики. Конечно, они сразу же сообщили об этом читателям «Русского вестника» [Бутлеров 1879: 793].

Таким образом, согласно спиритистам, математическое исследование пространства было напрямую связано с физической реальностью и могло быть подкреплено экспериментально. Цёлльнер даже утверждал, что подтвердил «визионерские», но до сей поры чисто теоретические идеи Римана [Zöllner 1878b, 1: 227]. В то время как математики уходили от дескриптивного способа концептуализации геометрии, предпочитая разрабатывать формальный язык анализа, в котором математические явления валидны, если они не вступают в противоречие с другими математическими утверждениями, спиритисты (и некоторые их убежденнейшие критики) продолжали держаться мнения, что математическое исследование требует эмпирически верифицируемых фактов о пространстве.

Дебаты о спиритизме и математике касались не только вопроса о том, в каком отношении математика находится к пространству, или о том, открыты ли научные объяснения природы для представлений о сверхъестественном. Большинство противников спиритистов, которые ратовали за интуитивно понятное евклидово физическое пространство, увязывали это свое требование с состоянием пореформенного российского общества, которое,

---

[13] Топология, или geometria situs, то есть раздел математики, описывающий — в числе прочих объектов — узлы, появилась немногим ранее. Однако с середины 1870-х годов Кляйн и другие смогли продемонстрировать, что если в трехмерном пространстве на веревке с запечатанными концами невозможно завязать узлы, то это можно сделать в четырехмерном пространстве. Знакомый Бутлерову математик просто был не в курсе этих исследований [Klein 1875].

совсем как неевклидово пространство и высшие измерения, казалось все менее предсказуемым.

По мнению либерала Маркова, Бутлеров пропагандировал опасный обскурантизм и потому ставил под угрозу достижения Великих реформ. Либеральный публицист и педагог Марков в 1860-е годы активно выступал против влияния православной церкви на начальное и среднее образование [Брокгауз и Ефрон 1911–1916, 25: 755–758]. В этом контексте он воспринимал и статью Бутлерова. Марков сравнивал спиритистов с придворными магами и намекал на хорошо известный энтузиазм, который к мистическим практикам всегда питал императорский двор[14]. Он говорил, что Бутлеров воздвигает «бастион... против окопов науки и здравого смысла» на глазах у ничего не подозревающего российского читателя. Однако общество обязано защищать прогресс и отражать все попытки «привить к науке язву суеверия» или заменить «разум общества» «грезами больного» [Марков 1878]. Марков, сам обладавший докторской степенью, настаивал на том, чтобы все, что хотя бы отдаленно напоминает мистицизм, было строго отделено от науки. Он боялся, что Бутлеров и другие «хотят сообщить самой фантасмагорической и бессодержательной мистике формы науки, чтоб мистика вплыла в науку и наука вся расплылась в мистике»; их победа «была бы гибелью человеческого просвещения» [Марков 1878]. Таким образом, спиритизм, по мнению Маркова, угрожал подорвать общественный прогресс, который он, как и очень многие современные ему либералы, увязывал с рационалистическим мировоззрением и распространением научного образования, в коем не было места сверхъестественным агентам.

Напротив, консервативные ученые, публицисты-общественники и высокопоставленные чины церкви опасались, что Бутлеров угрожает общественной стабильности, потрясая научные, общественные и религиозные основы. Они резко возражали

---

[14] Его читателям было известно, что спиритуалисты и прочие мистики наносили визиты Александру II и пользовались покровительством великого князя Константина, который в 1878 году проводил сеансы вместе со Слейдом [Aksakov 1878: 181; Марков 1878; Burton 1944; Витте 1924: 214–226].

против положения Бутлерова о том, что научными методами можно объяснить трансцендентное, и его заявлений о том, что пространство — это не незыблемая категория, но нечто относительное, обладающее способностью к изменению и таким образом ненадежное. Консерваторы сходились с либералами в том, что заявления спиритистов в особенности угрожали русскому обществу, поскольку они делаются публично.

Гадолин и автор статьи «Новые реформаторы о "четырех измерениях" в религии и науке» критиковали публичные дебаты о таких опасных предметах, как спиритизм, на том основании, что они смущают российского читателя[15]. В отличие от образованной и интеллектуально независимой немецкой публики, утверждали они, русский читатель не готов к тому, чтобы встретиться с бесцензурной печатью; он не может решить для себя, какие утверждения в газетах и журналах заслуживают доверия, а какие представляют собой смехотворную чушь [Новые реформаторы 1878: 14]. Гадолин писал:

> Книгу г-на Цёлльнера, думали мы, вряд ли будут читать многие, кроме философов по профессии, и те пускай уже судят, как знают; но затем явилась статья г. Бутлерова, написанная как раз для круга неспециалистов, и в ней идеи Цёлльнера рекомендуются русской публике как нечто авторитетное. Тут уже трудно не сказать несколько слов в предостережение этой же публики [А. В. Г. 1879: 255].

Автор «Новых реформаторов» был самым яростным критиком современной математики и спиритизма в России. По его мнению, последний угрожал стабильности общества, а неевклидова геометрия и геометрия высших измерений подрывали умственное

---

[15] Гадолин происходил из влиятельной семьи финляндской аристократии, быстро сделал военную карьеру и был консервативным членом царской свиты [РБС 1896–1918, 4: 103–106; Ланнан 1969]. Его критическое отношение к прессе и спиритизму разделял К. П. Победоносцев, обер-прокурор Святейшего синода [Быков Г. 1961: 162]. О практиках публикации в пореформенной России см. [Rigberg 1965; Russo 1983; Todes 1984; Foote 1991; McReynolds 1991; Foote 1994].

здоровье тех, кто с ними соприкасался. Только в больных умах, утверждал он, могли зародиться идеи о контринтуитивной геометрии; в неевклидовой геометрии и геометрии высших измерений нет никакой логики [Новые реформаторы 1878: 10, 43]. Спиритизм, так же как новые геометрии, есть продукт больных умов. Критик подчеркивал, что визионер Иммануил Сведенборг и спиритист-социалист Роберт Оуэн, любимцы русских спиритистов, окончили свои дни в состоянии помешательства. Такая же участь, напоминал он своим читателям, ждала и отца неевклидовой геометрии Лобачевского, а Цёлльнер уже начал проявлять бесспорные признаки потери рассудка [Новые реформаторы 1878: 10, 43, 54]. Все это далеко не случайно: наш ум так тесно связан с физическим телом, что мы не можем безнаказанно идти против здравого смысла и опыта [Новые реформаторы 1878: 43]. Анонимный критик описывал научное объяснение мира как красивое, симметричное зрелище, видимое в калейдоскоп; смятенному уму мир предстает иначе:

> ...в дряхлых, дрожащих руках или в руках человека, которого бьет лихорадка страсти, безумного самолюбия, зависти, суеверных страхов, необузданного воображения, калейдоскоп прыгает в руках — и то же количество осколков ежеминутно группируется в новые и новые фигуры [Новые реформаторы 1878: 57].

Природа и мир, полагал автор, сложны и прекрасны, наделены строем, который могут постичь здравые умы. Однако эта симметрия ускользает от слабых интеллектом и нравственно ущербных спиритуалистов и сторонников неевклидовой геометрии. Они выдвигают идеи, в которых нет никакого порядка, никакой основательности и красоты. Анонимный автор, таким образом, обвинял спиритуалистов и математиков в том, что они создавали теории нестабильности и перемен — тех черт, которыми, в сущности, отличается опыт модерна [Новые реформаторы 1878: 62][16].

---

[16] О нестабильности и модерне см. [Baudelaire 1964; Schorske 1981; Berman 1988; Schlögel 2002; Стейнберг 2022].

Кроме того, автор «Новых реформаторов» увязывал опасности потенциально ненадежного пространства с социальной мобильностью. Его опасения по поводу спиритизма и меняющегося общества он артикулировал, рассуждая о «джентльменстве»[17]:

> Чтобы побудить ученых, вроде г. Цёлльнера, заняться этим делом как чем-то серьезным, потребовалось уснащение приемов обыкновенных фокусников наглостью и престижем джентльменства вроде того, которым обладают в такой высокой степени почти все дантисты, куаферы, кельнера грабительских отелей и приказчики грабительских магазинов любого большого города Европы [Новые реформаторы 1878: 58][18].

Таким образом, он намекал, что медиумы-спиритисты — мошенники, которые несут угрозу почтенным членам образованного общества. В самом деле, как уже говорилось в предыдущей главе, знаменитые медиумы часто происходили из низших классов или числа этнических меньшинств. Рассуждения о «джентльменстве» и упоминание европейских городов, возможно, говорят о том, что анонимный критик считал подобное поведение чуждым России и импортированным с Запада. Спиритизм и геометрия высших измерений, полагал автор, были силами, которые подрывали социальную организацию Российской империи и вполне буквально были привиты в ней извне.

Помимо этого, спиритизм угрожал религиозным истинам. Хотя сами спиритисты с жаром настаивали на том, что они возвращают в христианское учение веру, являя доказательства

---

[17] Гордин утверждает, что понятие «джентльменство» активно использовалось спиритуалистами, большинство которых принадлежали к дворянству и пытались таким способом «создать новую общественную роль для знати». Менделеев, их оппонент, напротив, стремился заменить «веру людям» научным методом. Я не разделяю такого взгляда. Все участники полемики заявляли, что поступают, руководствуясь честью. Кроме того, представители лагеря спиритов и их противники в равной степени принадлежали как к высшей знати (Аксаков, Бутлеров, Гадолин, Марков), так и к неаристократическим слоям (Менделеев, Достоевский, Вагнер) [Gordin 2004: 98–99].

[18] См. также [Новые реформаторы 1878: 59, 60, 64].

вечной жизни, ни светские, ни духовные критики не одобрили
их попыток примирить естественное и сверхъестественное. Для
одних спиритизм был сродни сектам, которые разрывали русское
общество по конфессиональным линиям. Других печалил тот
факт, что спиритисты пытались объяснить сверхъестественное
через материалистические теории, сводя религию к форме рационального знания. Марков сокрушался:

> Теперь образы личной веры, сновидения раздраженной
> мечты, разные своеобразные упражнения усталых, разоча-
> рованных или больных умов, все вообще капризные про-
> дукты субъективной психики, в которых больше возбужден-
> ного чувства, чем работающей мысли, и которые так часто
> приобретают характер эпидемический, ошибочно прини-
> маемый за объективность, весь этот пестрый духовный
> сумбур теперь усиливаются систематизировать в верховный
> кодекс разума; теперь, с помощью философского жаргона
> и фальшивых математических выкладок, усиливаются
> возвести в основные факты науки даже гадание шаманов
> и шутки фокусников! [Марков 1878: 2].

Чтобы сохранить баланс между наукой и религией, Марков
призывал к разделению этих двух сфер. «Самое большое, что
вправе вывести г. Цёлльнер из неясных и отрывочных цитат,
набираемых им у разных авторов, — это то, что человеческий ум
понимал свою ограниченность и считал свои сведения о мире
условными человеческими, а не абсолютными и не божествен-
ными» [Марков 1878]. Такая точка зрения была недалека от
убеждений православных богословов, которые говорили, что
научные истины слишком ограничены и не могут поведать ничего значимого о религиозных верованиях[19]. Достоевский, сам
глубоко верующий, писал нечто подобное в том фрагменте
«Братьев Карамазовых», который по иронии истории вышел
в «Русском вестнике» в обрамлении двухчастной статьи Бутле-

---

[19] См., к примеру, [Глаголев 1893]. Подробно богословские реакции рассматриваются в главе 5.

рова, где тот отвечал своим критикам. Иван Карамазов рассуждает так:

> ...если Бог есть и если он действительно создал землю, то, как нам совершенно известно, создал он ее по эвклидовой геометрии, а ум человеческий с понятием лишь о трех измерениях пространства. Между тем находились и находятся даже и теперь геометры и философы, и даже из замечательнейших, которые сомневаются в том, чтобы вся вселенная или, еще обширнее — все бытие было создано лишь по эвклидовой геометрии, осмеливаются даже мечтать, что две параллельные линии, которые, по Эвклиду, ни за что не могут сойтись на земле, может быть, и сошлись бы где-нибудь в бесконечности. Я, голубчик, решил так, что если я даже этого не могу понять, то где ж мне про Бога понять. Я смиренно сознаюсь, что у меня нет никаких способностей разрешать такие вопросы, у меня ум эвклидовский, земной, а потому где нам решать о том, что не от мира сего. Да и тебе советую об этом никогда не думать, друг Алеша, а пуще всего насчет Бога: есть ли он или нет? Все это вопросы совершенно несвойственные уму, созданному с понятием лишь о трех измерениях [Достоевский 1879: 396; Достоевский 1972–1990, 14: 214][20].

В то время как церковь и ее консервативные сторонники опасались, что их паства уходила от православия либо в религиозное сектантство, либо в набирающий популярность атеизм, спиритизм представлял собой особо серьезный вызов, поскольку он напоминал сразу обе эти опции[21]. Консервативные критики, такие как автор «Новых реформаторов», ностальгировали по русскому прошлому, в котором все подданные царя разделяли одни и те же традиционные ценности и неизменные взгляды на

---

[20] Разумеется, было бы некорректно предполагать, что взгляды персонажа художественного произведения автоматически соответствуют взглядам его создателя. Однако в этом случае воззрения Ивана Карамазова и Достоевского на спиритизм очень близки [Достоевский 1972–1990, 22: 32–37, 99–101, 126–132].

[21] О русских сектах см. [Буткевич 1915; Эткинд 1998; Энгельштейн 2002; Breyfogle 2005; Колман 2024].

Бога и природу. Картина этого золотого века прискорбно контрастировала с современностью, когда читающая публика охотно впитывала спиритические идеи, упорно не желая прислушиваться к мудрым предостережениям. Критики спиритизма воспринимали его как символ всеобщей дезориентации, потери ценностей и размывания представлений о вере, морали и об этике.

Спиритисты соглашались со своими критиками в том диагнозе, который они выносили русскому обществу. Спиритисты тоже считали, что негативные стороны жизни в царской империи были вызваны духовной дезориентацией. Но, в отличие от своих критиков, они были убеждены, что именно ритуал сеанса способен помочь преодолеть ее. Бутлеров утверждал, что общение с ушедшими отвечало на наиболее жгучие вопросы человеческой жизни: «Существует или нет другой мир или все ограничивается миром чувств, бессмертна ли душа или она только продукт материи и разрушается вместе с телом после смерти?» [Бутлеров 1879: 29]. Ответы на эти вопросы имели прямое отношение к благополучию страны. Общества, не основанные на общих незыблемых убеждениях, полагал Бутлеров, обречены, поскольку их члены теряют «уверенность в вечности и в сверхчувственном назначении человека». Без этих истин человек становится «эгоистическим чувственным существом», неспособным к «самопожертвованию, к цивилизации» [Бутлеров 1879: 35–36]. Таким образом, спиритуалисты и их противники, либералы и консерваторы равно считали, что русскому обществу угрожает дезориентация. Однако они расходились по вопросу о том, следует ли считать просвещенческий рационализм в образе научного материализма, православное христианство или спиритизм частью проблемы или средством решения текущих социальных проблем.

На кону в развернувшейся полемике стояло пореформенное понятие общественности, то есть свободных публичных дебатов и плюрализма мнений[22]. Желчные битвы между спиритуалиста-

---

[22] О сфере общественности и социальной миссии периодической печати см. [Хабермас 2016]. В русском контексте — [Bradley 2002; Хэфнер 2002; Hildermeier 2002; Брэдли 2012; Russo 1983; Kitaev 2007].

ми и их оппонентами были бы невозможны без появления после Великих реформ публичной сферы, но несогласие полемистов друг с другом показывает, что отношение противников к этой области оставалось сложным. Обе стороны страстно стремились навязать публике некоторые истины, которые могли — вернее, должны были — быть приняты всеми; обе стороны сетовали на отсутствие в обществе единодушия. Математика и спиритизм стали лишь поводом отреагировать на возникновение множества новых и разнообразных взглядов на науку, религию и общество[23].

Во время полемики обе стороны неявно и явно подчеркивали важность публичной дискуссии и просили поддержки у читателей. Если бы не влияние «Вестника Европы», «Русского вестника», «Нового времени» и других периодических изданий пореформенной России, Достоевский, Головкинский, Марков и Гадолин не считали бы нужным выступать против Бутлерова, который, по их мнению, нападал на рационализм или традиционные верования. Если бы Бутлерова не интересовал отклик публики на его статьи, он бы не стал осаждать редактора «Вестника Европы», чтобы ответить Гадолину в том же журнале, который прежде напечатал статью за авторством А. В. Г.[24] Как и Марков, Бутлеров явно обозначил свою либеральную миссию, заявляя: «Под именем же свободного служения разумом со стороны ученого я понимаю то, которое совершается пред всем читающим миром», ибо в условиях свободы печати «всегда найдутся несколько самостоятельно мыслящих лиц... и они» сбросят «с себя самих иго несовершеннолетия» [Бутлеров 1878: 971]. Однако, несмотря на поддержку свободы печати (а значит, и пореформенных перемен в обществе), обе стороны воинственно объявляли о том, что только их мнение представляет собой истину, предостерегая от опасностей, которые неизбежно принесет плюрализм.

---

[23] Обсуждение спиритизма также имело весьма существенные практические преимущества, поскольку оно позволяло обойти проблемы с цензурой. Такие приемы были распространены повсеместно [Foote 1994].

[24] РО ИРЛИ. Ф. 293. Оп. 1. № 287.

Судьба четвертого измерения в русской культуре

Спиритисты и их противники так и не разрешили своего спора о том, может ли математика объяснить феномены, происходящие во время сеансов. Отвечая своим критикам, Бутлеров отошел от некоторых слишком резких своих заявлений, но, в сущности, позиции не изменил [Бутлеров 1879]. После того как запал полемики зимы 1878–1879 годов прошел, угас и общественный интерес к духам, четвертому измерению и соотношению между физикой и геометрией. Однако сама проблема не ушла из культуры. Размышления об отношении геометрических построений к физическому пространству стали в России благодатной почвой. Такие философы, как неокантианец А. И. Введенский, рассуждали о касательстве неевклидовой геометрии Лобачевского к физическому пространству; П. А. Флоренский и П. Д. Успенский выстраивали философские системы, в которых четвертое измерение помещалось в области мистического [Sabaneev 1961; Misler 1996; Успенский 2000]. Четвертое измерение прочно обосновалось в городской массовой культуре. Толстой высмеивал Цёлльнера как изобретателя четвертого измерения в своей популярной драме «Плоды просвещения» [Толстой 1960–1965, 11: 199]. В 1901 году «Новости и биржевая газета» писали, что,

> ...как бы ни смеялись над спиритами, не подлежит спору, что в спиритизме скрыта известная доля истины. <...> Мир, отражающийся при посредстве наших внешних чувств в нашем представлении, есть только часть, и, может быть, небольшая только часть, реального мира, нас окружающего. <...> Утверждают, что предметы внешнего мира имеют какое-то четвертое измерение [Научные новости 1901].

С. Е. Шмурло уравнивал оккультизм с четвертым измерением в своем дешевом введении «Очерки оккультизма», которое продавалось за 25 коп. [Шмурло 1912: 51–54, 34].

Наиболее продолжительное влияние на популяризацию неевклидовой геометрии и геометрии высших измерений оказали литература и искусство[25]. В своих сочинениях футуристы и су-прематисты: Михаил Ларионов, Наталья Гончарова, Казимир Малевич — говорили о четвертом измерении и стремились к формированию высшей формы сознания[26]. Уничтожая перспективу, к примеру, и стремясь изображать предметы сразу со всех сторон, связывая четвертое измерение со временем и показывая предметы в разные моменты на одном плане картины, эти художники следовали спиритуалистам и тем философам, которые утверждали, что трехмерный мир — продукт «несовершенного зрения и несовершенного психического устройства» человека [Henderson 1978: 182]. Картины, рождавшиеся в рамках такой эстетической программы, показывают, как распадаются характерные для реализма формы, на которые можно было бы положиться. Это тот самый взгляд через сломанный калейдоскоп, которого так боялись критики спиритизма в конце 1870-х годов.

Одним из авторов, кому нравились таинственные аллюзии на четвертое измерение, был Андрей Белый, описавший столицу Российской империи в романе «Петербург», впервые вышедшем в 1913–1914 годах, как «страну загробного мира» [Белый 1981: 295]. В этом романе и эссе, которые он писал в то же время, Белый, следуя основателю антропософии Рудольфу Штайнеру, изображал четвертое измерение как область трансцендентного, обитель сверхъестественных существ и источник мыслей и идей [Aleksandrov 1982: 13][27]. В главе 6 романа один из героев, Александр Иванович Дудкин, встречает демоническую фигуру

---

[25] См. [Compton 1976; Henderson 1978; Henderson 1983; Parton 1993; Niederbudde 2006].

[26] Историки искусства объясняли это художественное творчество через прочтение Успенским Чарльза Говарда Хинтона, труды которого о четвертом измерении и познании выходили в 1888 и 1904 году. Согласно этим историкам, в России узнали о теме из английских сочинений в 1909 году. Только признав более ранние влияния, можно понять, отчего в сочинениях авангардистов так часто всплывает тема спиритизма.

[27] Магуайр и Мальмстад отмечают, что в статье 1912 года «Круговое движение» Белый описывает обитателей четвертого измерения как ангелов [Белый 1912]; цит. в [Maguire, Malmstad 1987: 142].

Шишнарфнэ: «В эту комнату вошел плотный молодой человек, имеющий три измерения; прислонившись к окну, он стал просто контуром (и вдобавок — двумерным); далее: стал он тонкою слойкою черной копоти» [Белый 1981: 297]. Несколько мгновений спустя исчезает даже копоть: «Материя эта превратилась вся, без остатка, в звуковую субстанцию, оглушительно трещавшую — только вот где? Александру Ивановичу казалось, что трещала она — в нем самом» [Белый 1981: 297]. Изнутри Дудкина Шишнарфнэ описывает столицу как место, где встречаются реальное и сверхъестественное:

> Петербург имеет не три измеренья — четыре; четвертое — подчинено неизвестности и на картах не отмечено вовсе, разве что точкою, ибо точка есть место касания плоскости этого бытия к шаровой поверхности громадного астрального космоса; так любая точка петербургских пространств во мгновение ока способна выкинуть жителя этого измерения, от которого не спасает стена; так минуту пред тем я был там — в точках, находящихся на подоконнике, а теперь появился я... [Белый 1981: 298].

Шишнарфнэ, обладающий паспортом потустороннего мира [Белый 1981: 297], последовательно принимает в комнате Дудкина трех-, двух- и одномерное обличье, прежде чем вернуться к себе на родину, в четырехмерное пространство духов. Трансформация Шишнарфнэ повторяет метаморфозы самого Петербурга, который на картах обозначен одномерно, как точка, но в то же самое время — двумерно, поскольку эта точка представлена кружками: «Петербург не только нам кажется, но и оказывается — на картах; в виде двух друг в друге сидящих кружков с черной точкою в центре» [Белый 1981: 10]. Перспектива Невского проспекта, символа города, в прологе романа также двумерна, но город кажется трехмерным своим обычным обитателям, будучи четырехмерным для посвященных. Хотя Белый нигде прямо не называет ни Цёлльнера, ни Бутлерова, рассуждения Шишнарфнэ и его превращения иллюстрируют положение химика-спиритиста о том, что «существа высшего порядка» способны превозмогать двумерные границы круга, перенося заключенную в нем точку через третье измерение за его пределы, при этом также имея доступ к четвертому измерению. Когда Белый, сын выдающегося математика, получивший солидное математическое образование, писал свой роман, он работал над формулировкой философской системы, в которой идеи создают реальность. «Мозговая игра», имеющая в «Петербурге» ключевое значение, «указывает на то, что через человеческий разум действует потусторонняя сила», переводя мысль в реальность [Aleksandrov 1982: 17–18]. Город Петербург — где разворачивалась полемика между Бутлеровым и его критиками, где Ливчак демонстрировал Достоевскому свой опыт с узелками — становится в произведении Белого «одновременно произведением искусства и творцом — он есть часть области трансцендентного, откуда творческие силы проникают в рассказчика через мозговую игру, но в то же время и произведение этой мозговой игры» [Aleksandrov 1982: 22]. Следуя такому пути рассуждения, Белый решил проблему, которая так беспокоила Бутлерова и его критиков: обретая четвертое измерение, пространство высшего измерения становится физической реальностью: «...и из этой вот математической точки, не имеющей измерения, заявляет он энергично о том, что он — есть: оттуда, из этой вот точки, несется потоком рой отпечатанной книги; несется из этой невидимой точки стремительно циркуляр» [Белый 1981: 10].

Современники Белого говорили о его романе примерно так, как о предположении Бутлерова, что четвертое измерение связано со сверхъестественным, говорили его критики. Согласно Н. А. Бердяеву, в романе

> ...теряются твердые грани, отделяющие одного человека от другого и от предметов окружающего мира. Твердость, органичность, кристаллизованность нашего плотского мира рушится. Один человек переходит в другого человека, один предмет переходит в другой предмет, физический план — в астральный план, мозговой процесс — в бытийственный процесс. Происходят смещение и смешение разных плоскостей [Бердяев 1918: 17].

Но если Достоевский, Гадолин, Головкинский, Марков и анонимный автор «Новых реформаторов» яростно нападали на Бутлерова за то, что он сокрушает эти границы, то Бердяев, напротив, приветствовал начало новой эры, которую он видел в «Петербурге»: объединяя идеальное и реальное, Белый создал универсальную истину.

Оккультная наука в городской массовой культуре. Гипнотизм

Если прежде современники в основном пытались разобраться в области оккультного, прибегая к геометрии, то начиная со второй половины 1880-х годов место геометрии в этом смысле прочно занял гипнотизм. Техника гипноза буквально завораживала публику. Медленные пассы руками или концентрация на блестящих объектах переводили пациента в состояние, подобное сну, в котором приказания гипнотизера могли вызвать внезапное изменение самоощущения или спровоцировать поведение, совершенно не соответствующее характеру пациента. Хотя все больше людей стремилось разгадать механизм действия этой техники, никто не мог удовлетворительно объяснить феномены, наблюдаемые современниками на многих тысячах гипнотических сеансов.

Когда в конце 1870-х годов разворачивался спор между Бутлеровым, Гадолиным и прочими об отношениях спиритизма и математики, все его участники были единодушны во мнении, что истину следует искать при помощи научного метода и что математика (по большей части) удовлетворяет требованиям рационального мышления. С гипнозом как техникой, которая могла бы быть подтверждена наукой, дело обстояло сложнее. Начиная с последней четверти XIX века врачи считали исследование гипноза своей исключительной научной прерогативой, но не все с ними соглашались. Спиритисты в равной степени заявляли о своей компетентности в вопросах гипнотизма; более того, Аксаков был уверен, что гипноз послужит убеждению научной общественности в существовании духов [Aksakov 1872: XIV]. В России, как и на большей части Европы, гипноз стал популярной темой в печати в 1880–

1890-е годы и достиг пика своей славы в 1910-е годы. Пограничность гипнотизма и его привлекательность для публики вывели споры о его статусе как научной или оккультной дисциплины в широкие общественные круги, и по крайней мере в популярной печати он успешно примирял науку и оккультизм.

На протяжении всей истории гипнотизма его техники всегда находились в опасной близости к тому, что врачи тех лет определяли как «шарлатанство» и «суеверие» [Вяземский 1904; Сухова-Осипова 1904]. Гипноз и все те наименования, под которыми он фигурировал в речи современников (месмеризм, [животный] магнетизм, гипнотизм, суггестия), с одной стороны, ассоциировались с медицинской практикой и физиологическим исследованием, с другой, неуловимо оказывались связаны с исцелениями верой, чудесами, заговорами, ведовством и даже обманом и подлогом. Это семантическое богатство сближало гипнотизм в дискурсе эпохи fin-de-siècle с диалектикой идеального и реального у Белого. Как и «мозговая игра» Белого, гипнотизм, казалось, объединял строгое научное мышление, интеллектуальные спекуляции и опыт трансцендентного.

Важными причинами повсеместного интереса к гипнотизму были сенсационность его техник и то обстоятельство, что их описание было понятно для всех. В отличие от полемики по поводу новых геометрий, спор о гипнотизме не требовал особого образования, поэтому статьи о нем появлялись не только в академической периодике или интеллектуальных толстых журналах, но и в массовых изданиях. В результате сложился очень многообразный, полифоничный дискурс о природе гипноза. Через эту полемику оккультная наука шагнула за пределы, очерченные спором Бутлерова с его оппонентами, искавшими единую математическую истину; теперь оккультное звучало множеством разных голосов и мнений.

Гипноз впервые стал обсуждаться публикой в XVIII веке, когда венский врач Франц Антон Месмер применял эту технику в Париже, что вызвало большой скандал[28]. Месмер верил, что гипноз

---

[28] О гипнозе см. [Дарнтон 2024; Parssinen 1979; Weyant 1980; Gauld 1995; Winter 1998; Mayer 2002].

оперирует оккультной силой, флюидом, который истекает от гипнотизера к пациенту. Он называл эту силу животным магнетизмом. Месмер применял настоящую технику, чтобы лечить пациентов, чьи болезни, как он утверждал, были вызваны «преградами» в течении флюида через тело. Комиссия ученых, назначенная королем Франции Людовиком XVI, заключила в 1784 году, что месмеризм — шарлатанство. Месмеру пришлось бежать из Парижа, и такой поворот дел существенно подорвал репутацию животного магнетизма и затруднил его практику. Однако 50 лет спустя месмеризм получил новый импульс, когда комиссия в Париже в 1831 году напечатала о нем благосклонный отчет. В 1840-х годах хирурги и антрепренеры по всей Европе эксплуатировали различные его аспекты: обезболивающие, целительные и развлекательные. Стремясь освободить эту технику от ауры сверхъестественного, которой был окружен месмеризм, британский медик Джеймс Брейд назвал в 1842 году феномен месмеризма hypnosis, производя его от имени греческого бога сна Гипноса. Брейд не разделял идеи Месмера о том, что на пациента воздействуют флюиды, вместо этого предлагая физиологические объяснения [Milne Bramwell 1896; Gauld 1995: 279–288].

Разница между месмеризмом, животным магнетизмом и гипнотизмом, таким образом, заключалась не в различии феноменов, которые производили эти практики, а в том, как они проводились и объяснялись. Элисон Винтер утверждала, что в викторианском гипнотизме, в отличие от месмеризма, отсутствовали сексуальные аллюзии, представление о магнетических флюидах и утверждения о том, что один ум вторгается в другой [Winter 1998: 184–185]. В России нельзя четко провести подобные различия. Наблюдения Винтер вполне приложимы к сфере науки, но в культуре мейнстрима, с которой она взаимодействовала, идеи о флюидах, сексуальные аллюзии и умы, способные повелевать другими, были постоянными темами, а термины «месмеризм», «животный магнетизм», «гипнотизм», «гипноз» и «внушение» казались взаимозаменяемыми.

В контексте академической науки расцвет гипноза пришелся на 1875–1900 годы, когда значительное число уважаемых ученых принялось за исследование этой темы [Gauld 1995: 297]. Эти ученые, преимущественно неврологи, анатомы или гистологи, изучая гипнотические феномены, в основном концентрировались на поведении организма, а не психики. Соответственно, их объяснения были по большей части физиологичными. В 1880-е годы светилом в области изучения гипноза был французский невролог Жан-Мари Шарко, описывавший это явление как аномальное состояние нервной системы, связанное с истерией и вызванное биологической предрасположенностью. В конце 1880-х годов взгляды Шарко были оспорены Ипполитом Бернхеймом и его так называемой нансийской школой, отвергавшей связь истории и гипноза. Согласно Бернхейму, гипноз действует в силу психологических факторов, поэтому такая техника может быть применена к кому угодно, не только к истерикам. Кроме того, по мнению Бернхейма, гипнотическое состояние не является альтернативной формой сна, поскольку гипнотическое воздействие также можно наблюдать, когда пациент бодрствует. Согласно Бернхейму, это состояние ума отличается от обычного сознания восприимчивостью к внушению. Гипноз, таким образом, мог применяться для лечения функциональных, то есть неорганических, заболеваний. Однако Бернхейм также допускал, что гипноз может производить функциональные изменения, которые, в свою очередь, имели силу исцелять даже органические недуги. Сам врач использовал гипноз для лечения широкого спектра заболеваний, таких как хорея, паралич и даже болезни сердца [Gauld 1995: 337].

Психологические взгляды Бернхейма со временем получили признание, и к концу XIX века врачи воспринимали «гипнотерапию» как средство для лечения только функциональных расстройств. Однако оставалось меньшинство «более предприимчивых индивидов», которые «бросали гипноз на лечение почти любой болезни» [Gauld 1995: 337]. Главным различием между медицинским и оккультным восприятием гипноза, таким образом, стал ответ на вопрос, можно ли с его помощью лечить не только функциональные, но и органические заболевания. Невролог В. М. Бехтерев, к примеру, в 1897 году утверждал, что случаи исцеления гипнозом органических заболеваний следует списать на ошибочный диагноз, при котором гипноз лишь принес пациенту облегчение психологического характера [Bekhterev 1998: 36]. Оккультисты, с другой стороны, настаивали на «чудесных» качествах гипнотического исцеления, которое способно справиться с любыми болезнями, в том числе органическими.

Если ученые обращались к гипнозу, ожидая обнаружить важные свойства человеческой физиологии, спиритисты также считали эту тему своей, полагая, что феномен подтверждает их убеждения. Для Аксакова гипноз представлял собой «тот клин, который пробьет стены научного материализма»[29]. Вместе со спиритизмом, полагал Аксаков, гипнотизм подтолкнет науку к исследованиям, которые заставят ее признать «разумные силы», что приведет к долгожданной революции «в науке и религии» [Aksakov 1872: XIV; Aksakov 1874: 2]. Аксаков был не единственным спиритистом, который выражал подобные надежды. Цёлльнер в своих «Wissenschaftliche Abhandlungen» сравнивал гипнотическое состояние с опытом четвертого пространственного измерения. Бутлеров в 1880-е годы проводил многочисленные эксперименты с гипнозом. Вагнер прочитал курс лекций по теме, подчеркнув важность явлений гипнотизма для изучения физиологии[30]. Спиритисты заключали, что гипнотизм дает представление о тех скрытых силах природы, которые аналогичны силам, проявляющимся во время сеансов. Подобное сну состояние загипнотизированного субъекта для спиритистов было сродни трансу, в который впадали спиритистские медиумы [Евгений К. 1887][31]. В 1896 году в «Ребусе» провозглашалось, что гипноз и медиумический транс, в сущности, одно и то же, с той разницей, что при гипнозе гипнотизер видим, а состояние транса достига-

[29] РГИА. Ф. 1284. Оп. 188; [Труды 1906; Оноре 1907: 4].

[30] См. [Zöllner 1879: 96]; ОР РГБ. Ф. 93/II. Карт. 1. Ед. хр. 131; [Zielinski 1968: 84; Бутлеров 1885a; Бутлеров 1885б].

[31] Еще в 1930 году Большая советская энциклопедия будет определять слово «медиум» как «малоиспользуемый термин» в отношении находящегося в гипнотическом состоянии [БСЭ 1926–1947, 17: 60].

ется при помощи контакта с невидимым гипнотизирующим агентом [Прибытков 1896–1897: 413].

Как и в случае с полемикой о спиритизме и математике, для объяснения своей гипотезы спириты применяли научные понятия в комбинации со спиритическими представлениями. Доктор М. В. Погорельский был одним из подобных научно ориентированных спиритистов, кто толковал гипноз в контексте физиологии, физики и оккультизма. В нескольких статьях и памфлетах под названием «О животном магнетизме» Погорельский описывал опыты, которые он проводил при помощи гейслеровой трубки — устройства, наполненного разреженным газом, который испускал свет, когда через трубку пропускали электрический ток. Погорельский заметил, что магниты и человеческие тела разделяют общую способность индуцировать или рассеивать этот свет. Он пришел к выводу, что в человеческих телах заключена «физиологическая поляризированная энергия», которую он стремился увеличить, выстраивая цепь из нескольких людей (от двух до пяти) [Погорельский 1898–1899; Погорельский 1899; Погорельский 1912]. Если гейслерова трубка была обычным инструментом науки, цепь из нескольких человек, взявшихся за руки, напоминала приемы спиритического сеанса, поскольку в том и другом случае целью было увеличить предполагаемую таинственную силу. Считая ее чем-то сродни электричеству, Погорельский повторял идеи XVIII–XIX веков об электромагнетизме, которые часто приводили в свою защиту месмеристы [Быков В. 1914].

Однако спиритисты не пытались объяснить спиритические феномены исключительно как события, вызванные человеческим электричеством. Напротив, определение невидимой человеческой силы было лишь первым шагом в раскрытии тех сил, которые лежали по ту сторону происходящего на сеансах и еще не были открыты конвенционной физикой. В своем opus magnum «Анимизм и спиритизм» Аксаков пишет о трех типах энергий, которые вызывают спиритические явления, как то: «персонизм», сила, заключенная в человеческом теле и в чем-то похожая на электричество Погорельского; «анимизм», составленный из энергий, которые представляют собой часть индивидуальной психики, но действуют «вне пределов телесной сферы»; собственно сила «спиритизма», которая имеет свой исток «вне нашей сферы бытия» — во внешнем источнике по ту сторону индивидуальной личности [Aksakov 1894: XXX–XXXIII; Аксаков 1910: 7–9]. Аксаков не давал однозначного ответа, сравнима ли эта последняя сила с такими физическими силами, как магнетизм или электричество. С одной стороны, он настаивал, что трио этих сил подобно традиционным, физически фиксируемым природным силам и что их может изучать наука. С другой, он провозглашал «спиритизм» «разумным» и «независимым» и, таким образом, подразумевал, что он может быть уравнен с волей умерших индивидов. Пытаясь примирить две точки зрения, Аксаков предполагал, что эта «новая» сила отличается от «обычной» физической силы тем, что она обладает особенным качеством силы, которая не действует по прямой траектории [Aksakov 1894: 329]. Эта метафора отсылала к качеству искривленных пространств, ключевому для новых геометрий, о которых шла речь выше. Как и в случае с математикой, Аксаков принял представления современной науки, но обогатил их сверхъестественными элементами. Как и его друг Бутлеров со своими ускользающими «существами высшего порядка», Аксаков, впрочем, не желал называть эти силы «духами». Тем не менее в публикациях 1890-х годов и последующего времени для широкой аудитории эти сверхъестественные агенты без стеснения назывались своим привычным именем. Популярные памфлеты и газетные статьи не стремились оставаться в рамках (устаревших) физических объяснений, в одно и то же время свободно ассоциируя гипнотизм с медициной, спиритизмом, христианскими чудесами и народными ритуалами исцеления.

Ассоциация магнетизма с христианским чудотворством особенно сильно проявлялась в прессе. Успешные внушения гипнотизера О. И. Фельдмана, по мнению журналистов, представляли собой «эффекты, которые положительно граничат с чудом», как было сказано в «Русском листке» от 4 февраля 1893 года [У О. И. Фельдман 1893]. Чудесный (и магический) характер гипноза только подчеркивался тем обстоятельством, что гипнотизеры исцеляли одним лишь воздействием своей личной силы: они не прикасались к пациенту и не давали ему лекарств. Для гипнотического лечения достаточно было пассов, то есть медленных повторяющихся движений руками по направлению к пациенту или вдоль и поперек его тела, движения маятников и тому подобных фокусов для концентрации, а также ясных и властных приказаний.

Такие техники целительства окружали гипнотизеров сверхъестественной аурой, которая была связана с христианскими концепциями исцеления, поскольку в христианстве исцеление традиционно приписывалось божественной силе, как в библейских рассказах о чудесах Христа, житиях святых, повествованиях о чудотворных мощах и иконах. Ассоциация между гипнозом и христианским чудом увязывала в воображении публики свершения Фельдмана и его коллег-гипнотизеров с сообщениями о чудесах Иоанна Кронштадтского[32]. Харизматичный священник отец Иоанн, служивший в приходской церкви в Кронштадте под Петербургом, снискал себе широкую славу тем, что его молитвы творили чудеса. К его приходу за помощью стекались люди всех занятий и социальных классов. Как и сеансы современных ему гипнотизеров, чудесные исцеления Иоанна с энтузиазмом освещала пресса, причем язык этих публикаций часто походил на слог сообщений о гипнотических явлениях [Сила молитвы 1885; По молитве 1893; Быков В. 1905]. Иногда прямо писали, что Иоанн мог использовать некую форму гипноза [Строганова 1901; Еще об исцелении 1901]. О том, насколько тесно гипноз ассоциировался с Иоанновыми исцелениями, говорит слух, который распространился по поводу гипнотизера Л. Л. Оноре. Когда тот открыл свою «гипнотическую общедоступную амбулаторию» в крупнейшем городе Алтая, ходили слухи, что «в Барнаул приехал Иоанн Кронштадтский» [Оноре 1907: 5].

Однако не только сенсационная пресса способствовала укреплению ассоциации между гипнозом и христианским чудом — врачи и духовенство делали то же самое: первые, поскольку они

---

[32] Об Иоанне Кронштадтском см. [Kizenko 2000].

вообще отрицали реальность чудес и стремились объяснить все удивительные явления научно; вторые, поскольку они всеми силами стремились проводить различие между гипнозом и чудом. Некоторые медики заявляли, что библейские чудеса и чудеса святых были в реальности случаями гипноза, которые их свидетели не смогли верно истолковать [Bekhterev 1998: 31–149]. Хотя такой аргумент был направлен на дискредитирование любых «суеверий», врачи, повторяя его, невольно укрепляли ассоциации между гипнозом и исцелением верой.

Позиция духовных лиц была более сложной. С одной стороны, они настаивали на реальности чудес, с другой, соглашались также с идеями о физической и физиологической природе действия гипноза. Православные авторы говорили о гипнотизме в тех случаях, когда невозможно было однозначно придать удивительному исцелению божественный характер. К примеру, церковники отвергали утверждения эльзасца Шлаттера или «братца» Иоанна Чурикова, что их целительные способности происходили напрямую от Бога [Боголюбов 1907; Иеромонах Вениамин 1911][33]. В глазах клириков это были не чудеса, а обычный гипноз. Хотя православные писатели настаивали на четком разграничении истинных и ложных чудес (то есть гипноза), их постоянные утверждения, что исцеления, в которых последователи Чурикова видели чудеса, на деле были результатом гипноза, только показывали, насколько разные явления могли пониматься в то время под гипнозом.

Другой областью, с которой постоянно ассоциировался гипноз, была народная магия [Байкова-Семигановская 1907: 157, 254–255; Новая книга 1911][34]. В прессе часто писали, что деревенские знахари и колдуны действовали при помощи гипноза. К примеру, в 1892 году в «Правде» гипноз открыто увязывался со знахарством, а два года спустя в обзоре петербургских предсказателей и целителей фигурировали знахари, колдуны, деревенская нечисть, спириты, и Фельдман в их числе, а наряду с ними — Иоанн Крон-

---

[33] О позиции церкви по вопросу о чудесах и оккультном см. главу 5.

[34] О живучести ассоциаций между гипнозом и народной магией см. [Бехтерев 1925].

штадтский [Знахари и знахарство 1892; Отшельник 1894: 87–88, 98]. Та же стратегия была у неврологов вроде Бехтерева, который описывал известный случай чудесного исцеления в одной из московских церквей у старой деревенской целительницы как нераспознанный случай гипноза [Пясковский 1895; Бехтерев 1903: 36]. Наблюдатели видели сходства между традиционными формами целительства (или, напротив, порчи) и гипнотизма, поскольку в обоих случаях акцент делался на речи, приказаниях и воздействии на расстоянии. Кроме того, и гипнотизм, и традиционная магия разделяли представление о том, что такие объекты, как вода, воск или еда, могут служить передатчиками колдовского или гипнотического воздействия [Елеонская 2002]. Значимость подобных представлений в городском контексте иллюстрируется тем фактом, что известные петербургские гипнотизеры заряжали неодушевленные объекты своей ментальной энергией. В 1872 году Д. Тани раздавал магнетизированную воду петербуржцам, которые обращались к нему в надежде на исцеление от недугов; 20 лет спустя гипнотизер Фельдман послал В. П. Батурину свое «сильное, доброе сердечное внушение» через визитную карточку[35].

С начала XX века благодаря пособиям по самообучению гипнозу гипнотизм в глазах читательской публики стал еще больше ассоциироваться со всевозможными свойствами магии. В. Д. Филимович связывал гипнотизм с хиромантией; «Календарь для дам» провозглашал, что предсказание есть проявление гипнотизма; С. Д. Волков-Давыдов, автор «Среды загадок бытия», роскошной брошюры с тисненой серебряной пентаграммой на обложке, перекидывал мост между гипнозом, с одной стороны, и одновременно спиритизмом, предсказаниями, кристаллографией, толкованием снов, графологией и волшебной силой пентаграммы, с другой [Филимович 1906; Волков-Давыдов 1907; Календарь для дам 1911][36].

Гипноз мог ассоциироваться с такой вредоносной деятельностью, как черная магия и преступность. Ученые горячо спорили

---

[35]   ЦГИА СПб. Ф. 487. Оп. 1. Д. 1214; ОР РГБ. Ф. 218. Карт. 188. Ед. хр. 14.

[36]   Те же ассоциации см. в [Храповицкий 1907; Сон- 1907; Личное влияние 1909; Зеркало тайных наук 1914].

по следующему вопросу: способен ли гипнотизер заставить субъектов своего воздействия совершать преступления против их воли? Это скандальное допущение обеспечило гипнозу заметное место в массовой печати[37]. Такое предположение вызывало беспокойство по поводу насилия и сексуальности, а периодическая пресса публиковала сенсационные репортажи, чтобы подогревать это волнение. Сообщалось о молодых женах, которых доводили до самоубийства мужья, стремившиеся получить страховые средства; о порядочных дамах, которые оказывались жертвами изнасилований; о юных девицах, обманом вводимых в брак, которого они не желали[38]. В начале XX века такие истории все реже изображались как частные происшествия и все чаще как опасности, которые грозят всему русскому обществу в целом. В 1913 году несколько газет сообщали, что русские патриоты становились предателями под воздействием иностранных гипнотизеров [Петербургские «сатанисты» 1913; Анатолий Б. 1913а; Анатолий Б. 1913б]. В скандальном судебном процессе 1914 года, который получил подробнейшее освещение в прессе, ответчики заявляли, что отклонились в ересь под гипнотическим воздействием со стороны вождя секты [Дело «охтинской богородицы» 1914].

Многочисленные ассоциации, связанные с гипнозом, приводили к различиям в оценке гипноза, которые, однако, в целом были положительны. В памфлетах обычно писали о внезапных и неожиданных исцелениях, которые в особенности поражали незадачливых докторов, пользовавших больных. Сначала обычно следовали краткое описание пациента или пациентки, характеристика болезни и описание отчаяния, которое вызывали все новые неудачные попытки справиться с ней средствами медицины. К примеру, в 1890 году читатели «Новостей и биржевой газеты» узнали о судьбе Г. А. Фельцера, ветеринара из Самары, годами страдавшего от затрудненного глотания и желудочных спаз-

---

[37] Об ученых спорах по этому поводу см. [Harris 1989: 155–207; Бехтерев 1903: 25–26].

[38] См. [Краткие заметки 1891; Гипнотическое преступление 1897; Жертва гипноза 1901; Л. Э. О. 1908].

мов. Фельзер искал помощи у профессоров из Казани, Москвы и Петербурга, но те не могли облегчить его симптомы. В 1890 году он прочитал о «магнетизме» в «Новостях и биржевой газете», а 15 апреля того же года встретился с г-ном Тани, петербургским гипнотизером, о котором повествовал фельетон: г-н Тани рассылает намагниченную воду петербуржцам. Фельзер вспоминал потом: «После первого [гипнотического] сеанса, длившегося 10–15 мин, я ничего особенного не заметил, исключая уменьшение неловкости в гортани». После второго сеанса Фельзер «мог уже свободно проглатывать куски хлеба, с маслом и сухого. После третьего сеанса... съел котлету. <...> После четвертого и затем пятого сеанса все болезненные явления исчезли». Теперь он чувствовал себя «совершенно здоровым человеком» [Фельзер 1890]. Фельзер отдавал должное «просвещенному взгляду на вопросы, еще малоисследованные в области науки», со стороны редакции, благодаря которой он узнал о гипнозе, исцелившем его.

Многие популярные газеты рекламировали какого-то определенного гипнотизера, героя этого конкретного издания, и некоторые из этих гипнотизеров приобретали таким способом всероссийскую известность. В 1880–1890-х годах несомненным светилом среди них был О. И. Фельдман, а в 1910-е годы его затмил своей славой Л. Л. Оноре. Оба давали туры, во время которых их постоянно сопровождали журналисты; они показывали свои целительские способности по всей стране и даже за рубежом. Репутация Фельдмана была такова, что он не нуждался в представлении ни при жизни, ни 10 лет спустя после смерти. Когда в 1893 году «Русский листок» взял у Фельдмана интервью, читателям даже не надо было объяснять, кто это такой. Репортер только посчитал необходимым отметить, что Фельдман немного пополнел за время пребывания в Соединенных Штатах Америки, но в целом предполагалось, что и сам целитель, и его удивительные способности довольно хорошо известны публике [У О. И. Фельдман 1893][39]. Тремя годами ранее, в 1890 году, Толстой, лично

---

[39] В статье о гипнозе 1926 года Бехтерев упоминает Фельдмана, не считая, что тот нуждается в каком бы то ни было представлении [Бехтерев 1926].

знавший Фельдмана, высмеял его вместе с Цёлльнером в пьесе «Плоды просвещения». В этом случае писатель тоже был уверен, что его аудитория без труда узнает прототип «известного угадывателя мыслей» Гросмана[40].

Сатира Толстого показывает, что не все были согласны с положительной характеристикой, которая давалась гипнотизму в периодической печати. Как показал Виницкий, Толстой был глубоко озабочен видимой способностью гипноза подрывать свободу воли [Vinitsky 2009: 136–155]. Наряду с философскими и моральными вопросами, которые поднимались в свете этого метода лечения, также возник спор о том, кому следует разрешить его практиковать.

Медики все более воспринимали гипноз как часть собственной дисциплины, что демонстрирует включение обсуждения гипнотизма в программу IV Всероссийского съезда русских медиков в 1891 году. По мере того как гипноз все более становился частью медицины, врачи со все большей настойчивостью выступали против практики гипноза непрофессионалами. Чтобы подкрепить свои аргументы, они предостерегали от отрицательных последствий гипноза в тех случаях, когда им занимаются недипломированные медики. Таким образом, медики подогревали распространенное беспокойство о возможном злоупотреблении гипнозом. «Вестник психологии, криминальной антропологии и гипнотизма», печатный орган Санкт-Петербургского психоневрологического института, редактором в котором был Бехтерев, в 1904 году в числе других изданий сообщал, что Фельдман повреждал внутренние органы своих юных пациентов [Сухова-Осипова 1904]. Бехтерев, который писал о Фельдмане как о своем сопернике, повторил эти аргументы более чем 20 лет спустя [Бехтерев 1926][41]. П. Я. Розенбах, видный психиатр, автор

---

[40] В этой пьесе Толстой также высмеивает спиритуалистов — «изобретателей» четвертого измерения «Германа Шмита и Иосифа Шмацофена» [Толстой 1960–1965, 11: 119–228]. Об их знакомстве см.: РО ИРЛИ. Ф. 123. Оп. 1. № 1137.

[41] Эти заявления расходятся с другими утверждениями Бехтерева о том, что гипноз способен воздействовать лишь на психологические расстройства [Бехтерев 1903: 37].

статьи о гипнотизме в энциклопедии Брокгауза и Ефрона, высказывал опасение, что внушение, если им будут пользоваться недостойные гипнотизеры, может привести субъектов к совершению преступлений против воли; что они могут сделать гипнотизируемых жертвой преступников и насильников [Розенбах 1893]. Гипноз вне границ врачебной профессии, не уставали повторять медики, опасен и чреват самыми серьезными последствиями.

Врачам удалось убедить российских законодателей прислушаться к их аргументам. В ответ на предостережение медиков в 1890 году закон обязал врачей присутствовать на любой гипнотической сессии. В тот же год гипноз как форма развлечения был запрещен, а его практика специальным указом была разрешена только докторам [Розенбах 1893; БСЭ 1950–1957, 11: 403–405]. В 1903 году был принят новый закон, который предусматривал, что во время практики гипноза должен присутствовать врач. В 1910 году закон опять разрешил практику суггестии только врачам; этот закон был вновь принят в 1926 году [Розенбах 1893; БСЭ 1950–1957, 11: 403–405]. Постоянные колебания законодательства говорят о том, что роль гипнотизма в обществе оставалась неопределенной. К тому же все эти новые законы издавались, судя по всему, потому, что их очень редко соблюдали.

В самом деле, массовая печать часто сообщала о конфликтах гипнотизеров с законом. В 1900 году «Петербургская газета» защищала медиума-спирита Самбора, который незадолго перед этим открыл в себе гипнотические способности. Принявшись за гипноз, Самбор почти сразу же попал в историю: провинциальные «гипнократы» сообщили о нем властям, стремясь запретить его деятельность, поскольку он не имел «особого свидетельства от медицинского департамента». Несмотря на это, радостно возвестила газета, «Самбору ничего не оставалось сделать, как только получить указанное свидетельство, чего он достиг после того, как излечил безнадежно больного на глазах представителей науки и властей» [Медиумы прогрессируют 1900]. «Петербургская газета» была не одинока в своей защите прославленного гипнотизера. В 1910-е годы «Петербургский листок» часто сообщал о затруднениях, которые из-за новых регуляций испытывал Оноре. В статье 1910 года «Поход против гипнотизеров» сообщалось, что ему следует предоставить официальное разрешение практиковать гипноз [Поход против гипнотизеров 1910]. Это разрешение, однако, по-видимому, так и не было выдано: в 1911 году Оноре арестовали в Ялте за незаконное занятие гипнозом, а в 1915 году он предстал перед судом по такому же обвинению [Инцидент 1911; На сеансах 1915]. Тем не менее «Петербургский листок» по-прежнему защищал своего героя, рассказывая о чудесных исцелениях, которые совершал Оноре, и обрушиваясь с критикой на его обличителей, а иногда и прямо осмеивая их. Позднейшие исследователи гипноза в России утверждали, что только спиритические издания, такие как «Ребус», пропагандировали гипноз и защищали немедиков, которые им занимались, тогда как основная масса изданий стремилась их разоблачить[42], однако дело обстояло вовсе не так. Гипнотизеры находили широкую поддержку даже в массовых ежедневных изданиях.

Принимая сторону тех, кого врачи объявляли шарлатанами и фокусниками, печать примиряла науку и оккультное. В. В. Битнер, популяризатор науки, в своем буклете со знаменательным названием «Чудеса гипнотизма» совмещал магию, спиритизм и физиологию [Битнер 1894]. Гипнотизеры и спириты, сочинявшие дешевые пособия по своему ремеслу, сами говорили, что гипноз в равной степени принадлежит науке и оккультизму одновременно. А. Храповицкий, автор книги «Магическое письмо», писал, что энергия магнетизма (для него магнетизм значил то же, что гипноз) помещается в солнечном сплетении. По его словам, магнетизм действует как вторая форма сознания, позволяя тем, кто способен к аутосуггестии, соприкоснуться с запретным знанием. Чтобы развить эту силу, то есть соединить солнечное сплетение с мозгом, читатели его памфлета должны были выполнять упражнения с планшеткой — маленьким устройством, помещенным на колесики; спиритуалисты использовали его для

---

[42] Это, в частности, утверждает Виницкий [Vinitsky 2009: 145].

автоматического письма [Храповицкий 1907]. Сочетание неврологических рассуждений Храповицкого с отсылками к тайному знанию и спиритуалистским техникам полностью снимало границы между наукой и оккультизмом.

В определенной степени это распространенное слияние оккультного и научного принималось и самими представителями академической науки. Как и Храповицкий, ученые публиковали памфлеты о гипнотизме, адресованные широким слоям неспециалистов, снабжая их сенсационными заголовками, которые мало чем отличались от названий, даваемых сочинениям авторами, более склонными к сверхъестественному в этих вопросах [Бехтерев 1913]. В одной подобной книге в заглавии даже заявлена оккультная тема, тогда как в самом тексте рассматриваются исключительно медицинские вопросы [Щавель 1912]. К тому же тот факт, что истоки гипноза, в отличие от неевклидовой геометрии и геометрии высших измерений, лежали вне плоскости академической науки, по-видимому, способствовал тому, что между спиритистами, гипнотизерами-самоучками и врачами установилось своего рода осторожное сотрудничество. Например, в 1890 году спиритист Вагнер читал доклад о гипнотизме на VIII съезде русских естествоиспытателей и врачей. Он был одним из основателей Общества экспериментальных психологов (Society of Experimental Psychologists) и сотрудничал с учеными, отвергавшими его спиритуалистские взгляды [Zielinski 1968: 84–85]. Ученые, в свою очередь, находили интересные объекты изучения среди предсказателей [Певницкий 1904]. В силу этого сотрудничества Фельдман и Оноре, прославившиеся тем, что посрамили медицину своими целительскими способностями, тем не менее могли продолжать взаимодействовать с некоторыми представителями врачебной профессии. Так, с 6 до 8 ч вечера Фельдман принимал пациентов в хирургическом кабинете доктора Штробиндера в Мамоновском переулке, а Оноре работал с доктором Ястребовым в Барнауле и профессором хирургии В. М. Мышем в Томске[43].

---

[43] ОР РГБ. Ф. 218. Карт. 188. Ед. хр. 14; [Оноре 1907].

Сообщения, подобные рассказу об исцелении Фельзера, достижения гипнотизеров, которые ставили в тупик академическую науку, и вместе с тем сотрудничество между врачами и «магнетизерами» — все это показывает, что статус науки в обществе стал меняться. В 1870–1880-е годы Бутлеров и Аксаков обращались к науке как к методу, который подтвердит их спиритические убеждения, сделав их достойными веры; теперь же, в 1880–1890-е годы, пресса скорее считала достойными доверия методы, чей научный статус был сомнителен, а иногда, как в случае с исцелением верой, те, что полностью находились вне принятого наукой. Это не значит, что научные объяснения утратили свой авторитет. Просто авторитет теперь имел более широкое распределение. К профессиональным врачам по-прежнему относились с уважением, но к ним прибавились гипнотизеры, не имевшие специального академического образования.

Как и в споре о новых геометриях, все практики гипноза утверждали не только то, что их техника способна исцелять людей, но и то, что именно они приносят большую общественную пользу, ибо как раз им суждено решить многие проблемы, с которыми столкнулась Россия. Однако, в отличие от математической полемики, в этом случае все практики боролись с одними и теми же проблемами тем же самым способом: искоренить алкоголизм, преступность и антисоциальное поведение призван был гипнотизм [Розенбах 1893; Фельдман 1897; О лечении пьянства 1899; Гипнотизм и алкоголики 1900]. На страницах «Ребуса» Фельдман подчеркивал, какие перспективы открывает гипноз в деле лечения зависимостей; Оноре утверждал, что в период с 15 марта 1905 года по 1 февраля 1906 года вылечил 885 алкоголиков в Барнауле; А. А. Певницкий, студент Бехтерева, в 1904 году заявлял, что его программа лечения алкоголизма, основанная на гипнозе, дает успех в 80 % случаев [Фельдман 1897; Оноре 1907: 8; Herlihy 2002: 44]. Другой областью потенциального приложения сил гипнотизеров была борьба с преступностью. Писали, что они способны разоблачать воров; выдвигались предложения полиции пользоваться услугами гипнотизеров, например при допросе [Медиумы прогрессируют 1900][44]. Гипноз также виделся удобным средством социальной инженерии, поскольку его можно было использовать для корректировки поведения: им, как утверждалось, можно отучить кусать ногти, победить упрямство в детях и помочь слабовольным [Антоньева 1888; Вяземский 1904][45]. «Магнетизер» Иосиф Григорович вылечил девушку, «страдавшую» дурным поведением, которая, «не стесняясь никого, произносила самые дурные, неприличные слова и била попадающуюся ей под руку посуду». Утверждалось, что после сессии гипнотического лечения это поведение прекратилось [Антоньева 1888]. В 1893 году Фельдман внушил общественные нормы материнства одной из своих пациенток, которая не уделяла достаточного времени своим детям, сделав из нее любящую мать и жену [У О. И. Фельдман 1893]. В 1914 году Оноре вылечил женщину от ревности, а в другом случае помог девочке, которая так боялась школы, что потеряла дар речи, стать ребенком, который просил вернуться в общество своих учителей и одноклассниц [На сеансах 1914а; На сеансах 1914б]. Таким образом, наука, оккультная или любая другая, ценилась в России главным образом за свою способность справиться с насущными проблемами текущего момента.

Выводы

С конца 1870-х годов и по 1910-е годы оккультная наука становилась все популярнее, а круг ее почитателей расширялся. Все начиналось с попыток образованных людей объяснить феномены, случавшиеся в темных гостиных, но постепенно в дело вступили популярная магия и массовый рынок. В результате оккультная наука утратила свои первоначальные очертания, оказавшись подверженной различным толкованиям, став более доступной

---

[44] Впрочем, Фельдман невысоко ценил такое применение гипноза. Он считал себя прогрессистом, тогда как полицейское дознание под гипнозом походило на практики инквизиции, а не на справедливые юридические процедуры [Краткие заметки 1886; Гипноз на скамье подсудимых 1895].

[45] См. также: Музей циркового искусства. Р_выр/154.

и сенсационной. В 1870–1880-х годах такие образованные спиритуалисты, как Аксаков и Бутлеров, пытались ввести силы из иных миров в контекст устоявшихся форм научного мышления. Тем самым они показывали, что разделяют взгляд на мир, в котором главенствующий авторитет как объяснительной системы отводится науке; говоря о действии «нелинейных» сил, они прибегали к новейшим течениям в науке, таким как новые геометрии. Так в глазах общества они стремились наделить свои спиритические убеждения авторитетом, которым располагала наука, добиться принятия этих убеждений обществом. Однако к концу XIX века наука больше не имела эпистемологического верховенства в популярной культуре. Массовая печать вовсе не обязательно стремилась придать оккультному правдоподобие, апеллируя к авторитету науки. При описании гипноза сверхъестественное и научное сочетались таким образом, что обе сферы оказывались равноправными. Возможно, это говорит о том, что популярное понимание науки очень отличалось от сциентизма, который часто воспринимался как главная отличительная черта мировоззрения XIX века [Bauman 1991; Холквист 2011; Beer 2004]. Массовую культуру отличал гибкий подход к науке. В сфере популярной печати она могла наделяться таинственными и сверхъестественными чертами, но вовсе не выступала антонимом всего мистического и оккультного.

На новую науку оказывало влияние, с одной стороны, изменившееся отношение к позитивизму, с другой, те媒 медиа, которые ее пропагандировали. К концу XIX века абсолютная вера в научную истину и ее универсальность оказалась подорвана философами-идеалистами и литераторами-символистами [Vucinich 1962: 234–259]. В популярной прессе это было заметно по тому отсутствию принципиальности и последовательности при сообщении о научных фактах, которое всегда ее отличало [Brooks 1985: 259].

Таким образом, история оккультной науки в последние четыре десятилетия царской России — это история возрастающего плюрализма. Ожесточенная полемика о значении новых математических исследований для понимания феноменов на спиритических сеансах не могла состояться, если бы в пореформенной

России не возникла сфера общественного мнения; подобным образом в массовой печати никогда бы не появилась скандальная и полифоничная картина гипнотизма, если бы не ослабление цензуры после 1906 года. В 1870-х годах споры о новых геометриях, пусть и открытые, были отмечены беспокойством об исчезающих истинах, заставлявшим и спиритуалистов, и их разоблачителей постулировать единую теорию, вокруг которой следовало сплотиться всей стране и которая могла бы обеспечить общество, по выражению Бутлерова, «высшей идеей». К концу XIX века, однако, гипноз стал символом оккультной науки, которая сама по себе отличалась двусмысленностью. Мешая слова ученых со словами магов, целителей верой и деревенских знахарей, гипнотизм отлично демонстрировал, насколько равнозначны были различные «культуры», существовавшие в империи, и насколько все они нуждались друг в друге.

Глава 3
Оккультный метрополис

Как найти практическое применение сокрытому

В начале XX века сфера оккультного претерпела метаморфозу: если в конце 1870-х годов в России интересовались феноменами, случавшимися на спиритических сеансах, и мучительно искали им научное объяснение, в новом столетии перед нами предстает целое поле разнообразных практик. Огромные толпы специалистов, именующих себя оккультистами, мистиками, спиритуалистами и теософами, наперебой предлагали публике свои учения, а их современники, продолжая проводить спиритические собрания, теперь также стали заниматься медитацией и йогой, ходить к предсказателям, читать оккультные романы и со знанием дела оценивать, как сверхъестественное представлено на театральной сцене, цирковой арене и экране кинематографа[1]. В поисках индивидуального опыта встречи с трансцендентным современники обращаются к целому спектру оккультных услуг; мало кто из них был сугубо привержен лишь одному из многочисленных доступных тогда учений и практик. К примеру, поэт-модернист Валерий Брюсов, продолжая ходить на спиритические сеансы, также включается в дискуссионные встречи теософов, обучается йоге и пробует себя в медитации. В этом он не представлял исключения [Богомолов 1999: 37–42][2]. Другие потом будут вспоминать,

---

[1] Об оккультном в сфере развлечения см. [Mannherz 2012].

[2] О других столь же разносторонних оккультистах см. [Carlson 1993: 83–85].

как одновременно интересовались спиритизмом, телепатией и тренировкой гипнотических способностей [Юсупов 2001; White 2006]. В публикациях, посвященных этому предмету, «оккультное» понималось как широкая область практик и теорий, от квазинаучных рассуждений на тему рентгеновских лучей и световых волн до общения с умершими, гипноза, ясновидения, режимов диет, молитв и гимнастических упражнений. Новая многообразная сфера оккультного отличалась от популярного спиритизма 1870–1880-х годов рядом признаков: она объединяла в себе куда больше голосов, чем прежде, а главное, она была ориентирована скорее на практическое применение, чем на рациональное объяснение. Реклама на задней части обложки одного из номеров журнала «Голос всеобщей любви» показывает разнообразие практических применений таинственного (рис. 7). В 1908 году «оптик (спиритуалист)» рекламирует свои «новейшие очки Uni-Bifo для смотрения вблизи и вдаль с одинаковою ясностью». Рядом с его объявлением некая компания сообщает о своем «автомагнетизере», представляющем собой «прибор для магнетизации частей человеческого тела без магнетических пассов по методам проф. Дюрвелля, д-ра Энкос (Папюса), д-ра Льюис, Манья и др.». В наличии имелось пять типов устройства: одно — для «для магнетизации головы (магнетический венец)» за 6 руб., другое — «для магнетизации груди, спины, боков, поясницы, живота» за 5 руб.; столько же стоил аппарат «для магнетизации рук и ног» и «для интимных магнетизаций». Ниже размещалось объявление о брошюре, предлагавшей читателям «лечение магнитными волнами головных болей (мигреней, на почву переутомления, неврастении и т. п.), зубных болей, личной невралгии, носа; болей груди, желудка, поясницы» и прочего с обещанием, что она «высылается по первому требованию бесплатно». Продавались черные кристаллы «для развития ясновидения» за 40 коп. и «сенсационная книга», из которой читатели могли узнать о «могуществе человека», согласно американскому философу Р. В. Трайку[3].

---

[3] Голос всеобщей любви. 1908. Вып. 3. № 27. С. 432.

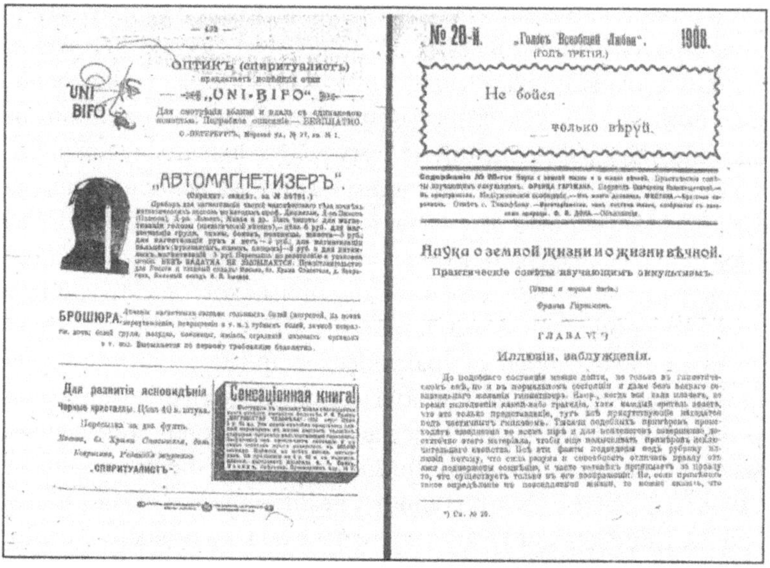

ОПТИКЪ (спиритуалистъ)

„UNI-BIFO“.

С.-ПЕТЕРБУРГЪ

„АВТОМАГНЕТИЗЕРЪ“.

БЕЗЪ ЗАДАТКА НЕ ВЫСЫЛАЮТСЯ.

БРОШЮРА.

Для развитія ясновидѣнія

Черные кристаллы. Цѣна 40 к. штука.

Пересылка за два фунта.

„СПИРИТУАЛИСТЪ“.

Сенсаціонная книга!

№ 28-й. „Голосъ Всеобщей Любви“. 1908.

(ГОДЪ ТРЕТІЙ.)

Не бойся

только вѣруй.

Наука о земной жизни и о жизни вѣчной.

Практическіе совѣты изучающимъ оккультизмъ.

Франца Гартмана.

ГЛАВА VI *)

Иллюзіи, заблужденія.

*) См. № 26.

Рис. 7. Реклама в «Голосе всеобщей любви» и начало статьи «Наука о земной жизни и о жизни вечной» (1908)

Практическая направленность подобной рекламы только подчеркивалась названиями статей вроде «Не бойся — только веруй». Однако январский выпуск «Голоса всеобщей любви» 1908 года также демонстрирует, что это периодическое издание оставалось верным проблематике прежних десятилетий: одна из статей называлась «Наука о земной жизни и о жизни вечной».

Такие объявления и заголовки призывают к рассмотрению ряда тем, которые составляют предмет настоящей главы. Эти темы — легкомысленная коммерциализация индивидуального духовного опыта и более серьезные и последовательные попытки получить оккультные прозрения по ту сторону тривиальных повседневных забот. Подобные усилия испытать непознанное меняли представление о собственной личности (visions of the self). Брошюры и журналы задавались вопросами о самоопределении личности, ее автономии, развитии и власти над окружающим миром. Привычные пределы рационального мышления оспаривались, когда речь заходила о техниках, обещавших выход к сокрытым аспектам личности, в область, которую скоро назовут бессознательным. Оккультный опыт здесь описывался как эмоция, а оккультная «теология» определялась не столько связными учениями, сколько определенными ощущениями. Часто оккультное чувство возникало из ритуализированных действ, для которых важны были секретность и непосредственное переживание возвышенного.

Для рассмотрения подобных тем в этой главе мы обратимся к двум системам оккультных практик.

Первая из них — гипноз, с которым мы уже встречались в предыдущей главе в связи с его отношением к науке. Оккультные публикации часто содержали рекламу практического применения гипноза, поскольку эта техника, как утверждалось, позволяла тем, кто ей овладеет, влиять на собственное поведение и на поведение других. Суггестия предполагала высокое значение индивидуальности, автономию личности и в конечном счете имела своей целью наделение гипнотизера властью над окружающим миром.

Другая техника — так называемая оккультно-ментальная молитва, ритуал, который был связан с опытом духовного сообщества.

Хотя эти техники на первый взгляд противоположны друг другу, их объединяло общее внимание к личному развитию и росту.

Контекст публикаций

Оккультные учебники стали в большом количестве появляться в печати в последние десятилетия царского режима, а когда после 1905 года случилась либерализация цензуры, их тиражи стремительно возросли. Чаще всего такие учебники представляли собой брошюры на дешевой бумаге; они стоили несколько копеек и обещали научить оккультным техникам, которые всячески улучшат жизнь читателей. Примером подобной публикации может послужить «Магнетическое письмо» А. Храповицкого, дешевое издание на 32 страницах в приятной розовой обложке [Храповицкий 1907].

Значительная часть этих брошюр была адресована малообразованным горожанам, мелким служащим и рабочим. Это видно по их цене, дешевой бумаге, на которой они печатались, языку, которым они были написаны. Такие сочинения рекламировались в популярных газетах, таких как «Петербургский листок», «Газета-копейка», «Маленькая газета», тоже нацеленных на читателя из низших классов[45]. Тот факт, что подобная литература рекламировалась в самых читаемых газетах, говорит о том, насколько широк был спрос на оккультное, и означает, что брошюры, обещавшие оккультные откровения и силы, вовсе не имели в виду нишевую или незначительную аудиторию.

Издательские стратегии также показывают, сколь широки были круги, на которые была рассчитана такая литература. Некоторые учебники, к примеру, заявляли, что научат читателя (который их купит) ритуалам, наделяющим удачей, хотя на самом деле вся книга представляла собой рекламу других, более дорогих изданий. Таков учебник «Мистические тайны: брошюра, указывающая источник интереснейших сведений, касающихся учения об оккультизме и о наиболее выдающихся проявлениях его»: покупатель с разочарованием получал на его страницах лишь обещание, что если он потратит еще 7 руб. (огромная сумма для рабочего или мелкого служащего), то получит возможность применять оккультное знание для достижения богатства и счастья [Мистические тайны 1907][6]. Сходным образом пособие под

---

4   См. [Нострадам 1893; Спиритуалист 1906; Личное влияние 1909; Сверхъестественный случай 1914; Свет на пути 1916; Полная книга 1916; Знахарство 1916].

5   О читателях этих газет см. [Западов, Черпаков 1959; Hagen 1982: 144–148; Brooks 1985; McReynolds 1991].

6   Заголовки внутри книги также намекали на то, что здесь раскрывается самая оберегаемая оккультная тайна. Пособие 1907 года «Новейший фокусник и чародей» [Новейший фокусник и чародей 1907] вообще не содержало никаких сведений о практическом оккультизме и отрицало существование сверхъестественного. В книге Седира [Седир 1909] тоже не содержится никаких практических указаний.

названием «Оккультные науки: полный практический курс гипнотизма, личного магнетизма и внушения», написанное «профессором-оккультистом» Щавелем, не содержало в себе ничего сверхъестественного. Это был научный трактат о гипнозе, составленный ученым медиком [Щавель 1912]. По этим примерам видно, насколько хорошо продавалось все оккультное, если издатели специально снабжали свою продукцию оккультными заголовками, даже если в самих сочинениях не было вообще ничего связанного с таинственным.

Об успехе оккультного книжного рынка также можно судить по тому, как часто переиздавались подобные брошюры. Памфлеты, обещавшие обучить оккультному знанию, нечасто имеют указание на тираж и издание, но некоторые из них выпускались не раз. Особенно впечатляет «Закон ментализма» Виктора Сегно, который к 1912 году выдержал 47 публикаций [Сегно 1912].

Хотя многие книги этого рода были адресованы покупателю из низших классов, на рынке в широком доступе находились и продукты для более состоятельных и образованных покупателей. Примером элитного издания в мире оккультной литературы можно считать «Предсказания графа Брюса для каждого человека из его первобытного календаря, изданного при государе Петре I, с биографией графа Брюса». Это книга альбомного формата, изданная на добротной, качественной бумаге, богато украшенная, в роскошном переплете красной кожи. В издании не значится цена, но, поскольку на его страницах присутствует реклама чайной, получавшей награды на международных выставках, можно заключить, что эта книга была доступна только состоятельным читателям. На это же указывает язык, которым написана книга. «Предсказания графа Брюса» набраны церковнославянским шрифтом, с использованием церковнославянских оборотов, терминов и независимых грамматических конструкций[7]. Только читатели, прошедшие курс формального обучения, могли оценить

---

[7]   В числе архаичных слов и оборотов встречаются следующие: «щастие», «страдати будет», «умети», «учити», «жити», «хощет», «якоже», «сии», «аще» [Брюс 1904].

такой литературный стиль. Кроме того, в книге подчеркивались монархические традиции России и наследие царской власти, превозносимой в тексте до небес, — компонент, который совершенно отсутствует в популярной литературе подобного рода [Brooks 1985: 241].

Пособие по предсказанию «Jeu d'Amour» графини А. Бобринской почти полностью написано по-французски. В глоссарии объясняются только самые необычные термины; предполагается, что остальной вокабуляр читателю известен [Бобринская 1886][8].

Содержание, внешний вид и цена подобных книг показывают, что оккультные самоучители были рассчитаны на широчайший спектр читателей. В частности, становится ясно, что эта литература не адресовалась главным образом женщинам из низших классов, как утверждает Фэйт Вигзелл [Вигзелл 2008]. Большинство практических пособий, в том числе гадательные книги, которые исследовала Вигзелл, обращаются к читателю в мужском роде, а многие вопросы, которые содержат эти книги, релевантны лишь для читателей-мужчин, к примеру благоприятные предсказания об удачной женитьбе или о карьере на государственной службе[9].

С начала XX века оккультные журналы обращались к аудитории столь же разнообразной, как читательская аудитория этих практических пособий. В главе 1 уже говорилось, что самый известный оккультный журнал в России, «Ребус», являясь довольно дорогим ежемесячным изданием, был адресован достаточно образованным людям. В начале XX века, после ослабления законов о цензуре, монополии «Ребуса» был брошен вызов: с 1906 года до падения империи появилось 30 журналов, посвященных оккультным темам [Беляева и др. 1958–1961]. Журнал «Спиритуалист» продержался дольше всех других периодических

---

[8] Другая книга, адресованная читателям из привилегированных слоев, — [В. А. С. 1888].

[9] В некоторых случаях (например, в пророчествах графа Брюса) ¾ страницы занимал материал, предназначенный мужской аудитории, а ¼, которая отделялась от основного текста, адресовалась женщинам [Брюс 1904]. Характерные пособия только для мужчин см. [Волшебное зеркало 1898; Предсказания судьбы 1905; Литвинов 1887; Новейший петербургский оракул 1893].

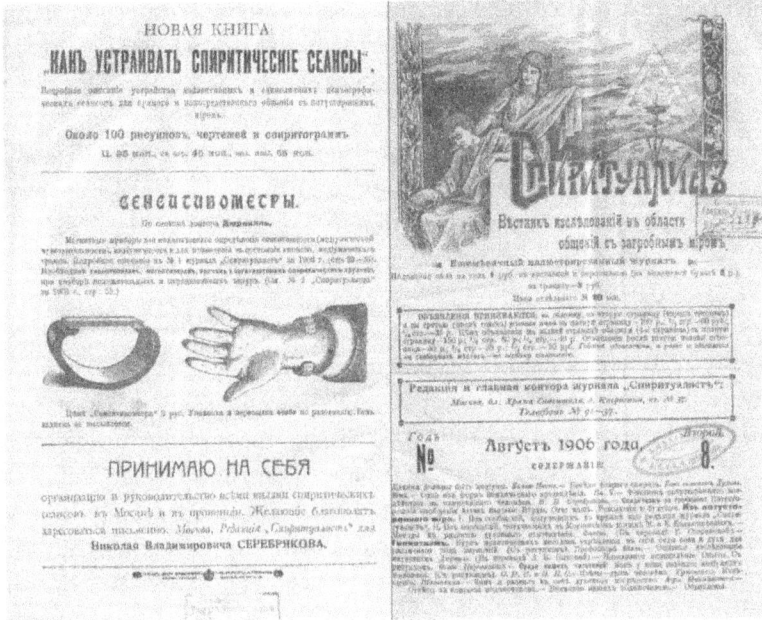

Рис. 8. Обложка «Спиритуалиста»

изданий этой направленности и освещал в своих публикациях самый широкий спектр тем (рис. 8).

«Спиритуалист» был рассчитан на массовый рынок. Он выходил на дешевой бумаге, а статьи в нем были короткими и часто иллюстрированными. В них говорилось о спиритических феноменах, давались предсказания о судьбе России, приводились краткие биографии выдающихся спиритистов, делались сообщения на темы науки и гомеопатии, рассказывались истории о кавказских магах и всяческих чудесах. Журнал отличался тем, что стремился в первую очередь дать читателю практические инструкции по проведению успешных сеансов, а также по гипнозу, духовному ясновидению, овладению духовной и ментальной силой воли и практике оккультно-ментальной молитвы. «Спиритуалист» печатался в Москве В. П. Быковым и был относительно недорогим. Годовая подписка стоила 1 руб., а один номер продавался за 20 коп. Хотя розничная цена была относительно высокой, подписку вполне могли себе позволить обычные рабочие: она стоила значительно меньше, чем годовая подписка на популярную «Газету-копейку»[10]. «Спиритуалист» получил известность в 1907 году, когда Быков, его издатель, стал публично поливать грязью П. А. Чистякова, тогдашнего редактора «Ребуса». Последний утверждал, что «Спиритуалист» — легкомысленный и чисто коммерческий журнал, а Быков возражал, что на «Спиритуалист» в 1907 году подписались 12 000 читателей, тогда как «Ребус» не покупают даже с лотка [Быков В. 1907; Чистяков 1907][11]. Согласно Быкову, успех «Спиритуалиста» заключался в том, что в нем не игнорировались религиозные, нравственные и общественные аспекты спиритизма, а «Ребус» опирался лишь на физические объяснения [Быков В. 1912]. Невозможно проверить, действительно ли «Спиритуалист» имел такой коммерческий успех, какой ему приписывал Быков, поскольку не сохранилось учета подписок. Однако в 1906–1909 годах Быков также издавал «Голос всеобщей любви», журнал, чье содержание удивительно походило на содержание «Спиритуалиста». В «Голосе всеобщей любви» также приводились доклады о сеансах, но вместе с тем печатались статьи теософского характера, что демонстрирует синкретизм, характерный для сферы оккультного в начале XX века[12]. Журнал также отличался практической направленностью: в нем печатались многочисленные инструкции по овладению техниками, которые, как утверждалось, способны вылечить слепоту или холеру. К тому же в «Голосе всеобщей любви» публиковались объявления с предложением услуг или об их поиске. Как гласило одно из таких

[10] Годовая подписка на «Газету-копейку» составляла в 1908 году 3 рубля.

[11] Мария Карлсон утверждает, что «Ребус» заявлял о 16 000 подписчиков в 1905 году, но ничем не подтверждает свои слова [Carlson 1993: 5].

[12] Н. К. Боянус, член Смоленского теософского общества, печатал статьи теософского содержания как в «Спиритуалисте», так и в «Голосе всеобщей любви» [Боянус 1907a; Боянус 1907б; Боянус 1908; Carlson 1993: 83].

объявлений, их подавали «спиритуалисты — спиритуалистам»; в основном это были простые городские жители. Один читатель искал конторскую работу и был согласен на очень скромные условия; одна женщина предлагала уход за больными; другой спиритуалист искал подходящих ему взглядов няню для ребенка[13]. «Голос всеобщей любви» был недорогим журналом, даже дешевле, чем «Спиритуалист». Номер стоил 3 коп., годовая подписка — 1 руб. Тот факт, что Быков стал выпускать еще один спиритический журнал спустя год после основания «Спиритуалиста», означает следующее: его предприятие имело большой коммерческий успех, и издатель надеялся, что оно будет расти и впредь. Ядовитые выпады Чистякова также указывают на успешность Быкова. Однако к 1910 году издательская деятельность Быкова пошла под гору, хотя он вновь обрел известность в 1912 году, вдруг отвергнув прежние спиритические воззрения и приняв традиционное православие [Быков В. 1912]. После этой метаморфозы «Спиритуалист» перестал выходить. Однако успех оккультных периодических изданий демонстрирует, что конец «Спиритуалиста» был связан с обращением Быкова, а вовсе не со снижением популярности оккультных тем.

Не менее успешным, хотя и более дорогим оккультным периодическим изданием эпохи, наступившей после революции 1905 года, был журнал «Изида», выходивший с подзаголовком «Ежемесячный журнал оккультных наук». «Изида» выпускалась с 1906 по 1916 год; в известной степени предназначалась для пропаганды теософии. В 1909 году годовая подписка журнала стоила 4 руб. «Изиду» издавал в Петербурге И. К. Антошевский. Там печатались статьи, посвященные «оккультной традиции»; к примеру, здесь можно было прочитать подробные описания учения Парацельса, узнать о египетских способах бальзамирования тел и получить представление о ламаизме. Однако куда важнее были материалы, учившие читателей различным навыкам, связанным с раскрытием и использованием их внутренних психических сил. Читателю предлагали обучиться гипнозу, теле-

13 Голос всеобщей любви. 1907. Вып. 2. № 31. С. 512.

патии, телекинезу, медиумизму, йоге, *факиризму*, сосредоточению мыслей, управлению сновидениями, а также взглядом, словами и жестами другого человека.

Наряду с такими успешными журналами существовало множество периодических изданий, которые не выходили дольше нескольких лет. Таковы были «Лекции оккультных наук», которые в 1911–1912 годах выпускал в Петербурге С. И. Гальцев (вышло четыре номера), и альманах «Из мрака к свету», детище некоего С. В. Пирамидова, тоже из Петербурга, стремившегося продвигать русскую версию «эзотерицизма». Впрочем, издатели этого альманаха, по-видимому, не обладали основательным знанием своего предмета, поскольку в третьем номере призывали читателей присылать редакции любые доступные материалы по допетровскому мистицизму. Спустя еще два номера журнал перестал выходить. По сравнению со «Спиритуалистом», подписка на который стоила 1 руб., журнал «Из мрака к свету» был дорогим. Подписка на него стоила 5,5 рубля в год, он был напечатан на хорошей бумаге, изящно оформлен в стиле ар-деко и требовал от читателя знания французского. «Лекции оккультных наук» тоже выходили на качественной бумаге и были оформлены с заботой об эстетике. В рекламе говорилось, что полный курс лекций стоил 18 руб., но один номер можно было купить за 50 коп.[14] Еще одним журналом, выходившим в столице в 1911 году, стал «Маг: ежемесячный журнал оккультизма», выпускавшийся А. Лаптевым; журнал выдержал три номера. Один номер стоил 80 коп., а годовая подписка — 6 руб.; это тоже был дорогой журнал. Как и в альманахе «Из мрака к свету», в «Маге» французские и даже древнееврейские цитаты давались без перевода.

Не все оккультные журналы-однодневки были обращены к многоязычной аудитории. Издаваемый В. К. Панченко «Кинематограф: сенсационный еженедельный иллюстрированный журнал» вышел в Петербурге с 1908 года в трех выпусках, а его преемник, «Кинематограф: еженедельный иллюстрированный

---

[14] Издатели ожидали, что журнал проживет долго, хотя в печати появилось только четыре номера.

журнал тайн и ужасов», выходил в 1910 году на протяжении нескольких месяцев. Оба журнала развлекали читателей, насмехаясь над легковерными спиритами и в то же время всерьез преподавая прочие оккультные «науки», к примеру хиромантию и гипноз. В разнообразии оккультного рынка встречались даже «периодические» издания, выходившие всего один раз. Таково было «Возрождение хиромантии» В. Д. Филимовича, единственный выпуск которого увидел свет в Петербурге в 1906 году. Однако его издателю также удалось выпустить брошюру на эту же тему и обучать хиромантии у себя дома, на Екатерининском канале, 12 (ныне канал Грибоедова) [Филимович 1906].

Таким образом, рынок оккультной печати в период между двумя революциями представлял собой совершенно иную картину, чем в конце XIX века, когда его несомненным лидером был «Ребус». В начале XX века оккультные издатели обращались как к тем, кто не располагал большими средствами, так и к зажиточным читателям; к тем, кто читал короткие заметки, написанные простым языком, и эрудитам. Кроме того, спиритизм больше не доминировал среди оккультных практик (о похожих переменах в Западной Европе см. [Owen 2004; Monroe 2008]). Сеансы и медиумы по-прежнему играли значительную роль, но наряду с этим появились другие способы пережить опыт встречи со сверхъестественным. Здесь меньше делался акцент на то, чтобы удостовериться в существовании сверхъестественного при помощи научных аргументов; преобладали практические соображения, и именно они определяли популярность тех или иных методов: в качестве наиболее успешной «оккультной» практики выступал гипноз, но наряду с ним бытовали многие другие. Еще в конце 1890-х годов возник «питательный бульон» из разнообразных техник, которые и определили облик оккультизма начала XX века, но в полной мере новые тенденции возобладали лишь после ослабления цензуры в 1905 году[15]. Кроме того, «новый» оккуль-

---

[15] На это указывают такие явления, как распространенность темы гипноза в 1890-е годы в обычной прессе, восхищение, которое писатели 1900-х годов питали к Минцловой, и основание в России в 1901 году Теософского общества.

тизм XX века отличался от старого большим динамизмом. Журналы, посвященные оккультным предметам, появлялись на прилавках и тут же исчезали, а ревностные пропагандисты спиритизма внезапно превращались в его православных противников.

Гипноз и могущество индивида

Самым популярным и чаще всего рекомендуемым методом поставить оккультные силы на службу отдельному человеку был гипноз. В предыдущей главе уже говорилось, что гипноз стал популярен в 1890-е годы, когда такие знаменитые гипнотизеры, как Фельдман, получили признание по всей стране. С началом XX века гипноз, которым теперь мог заниматься *любой*, стал оккультной техникой, наиболее заметной в печати. Прежде в научных спорах пытались выяснить причину действия гипноза, прибегая к природным силам: определенным физическим энергиям или физиологическим процессам; практический же оккультизм говорил, что гипноз заключается в душе или уме, и обещал улучшение повседневной жизни тех, кто сможет им овладеть. Именно практическое применение сделало внушение популярной темой. Оккультные периодические издания печатали целые курсы по обучению гипнозу, а многочисленные самоучители распространяли эти навыки среди читающей публики. Такие брошюры, как «Зеркало тайных наук, или Отражение судьбы человека: полный курс гипнотизма», обещали наделить читателей гипнотической силой, так же как журнал «Изида» или модный журнал «Лекции оккультных наук»; везде печатался «Курс лекций о гипнотизме» [Курс лекций о гипнотизме 1911; Зеркало тайных наук 1911; Диальти 1915][16]. Гипноз зачаровывал современников, поскольку он обещал гипнотизеру безграничную

---

[16] В экземпляре из библиотеки Академии наук (Санкт-Петербург) страницы «Курса лекций о гипнотизме» вырезаны из номера журнала, что говорит о популярности этой темы в царское или советское время. Другие курсы см. [Белл 1906; Шиллер-Школьник 1910; Щавель 1912].

власть надо всеми, кого он (никогда не «она») изберет предметом своего воздействия.

Во всех курсах первым уроком гипнотизма была выработка силы воли. Такой акцент на воле отражал традиционные представления о магии, а также интересы того времени. Антрополог Марсель Мосс в 1902 году отметил, что, «помимо… всемерной власти над вещами, маг обладает властью над самим собой, и это является основой его силы» [Мосс 2000: 127]. В самоучителях подчеркивалась связь между волей чародея и оккультными силами традиционной магии. Первая описывалась здесь как непременное условие успеха, поскольку только личность с сильной решимостью сможет навязать другой персоне свое желание. Такое уравнивание силы воли с властью заключено в самой многозначности русского слова «воля», которое одновременно означает как «воление, изъявленное желание», «власть», «силу воли», так и «свободу от внешнего принуждения»[17].

Авторы оккультных самоучителей и статей в журналах «Изида» и «Спиритуалист» были согласны в том, что могущественная сила, позволяющая властвовать над другими людьми, находится где-то глубоко внутри каждого человека. «Психофренолог» Шиллер-Школьник знаменательно назвал свою брошюру «Наша сила внутри нас», а «Зеркало тайных наук» вело рубрику «Оккультизм, или Сила внутри нас» [Шиллер-Школьник 1910]. Читателям, как утверждали эти публикации, нужно было найти в себе ту область души, где обитает эта сила. При определенном упорстве это могут все. Храповицкий даже заявлял своей аудитории, что воспользоваться таинственной силой, которую он открыл, — законное право каждого [Храповицкий 1907: 16].

Одержимость оккультизма внутренними силами психики и силой воли была связана со многими аспектами культуры. Утверждая, что у человеческой психики есть могущественная темная сторона, оккультисты следовали духу времени. По всей Европе люди искали путь к тайным областям души. Психоаналитики описывали истерию и сны как врата в потаенные пределы

---

[17] Ср. [Даль 1998, 1: 238–240].

психики, философы разрабатывали идеи о психических силах, а некоторые писатели-модернисты принимали наркотики, чтобы погрузиться в собственное неизведанное. Оккультные самоучители включились в этот рынок постоянно меняющихся идей о сути индивидуальности и личности, как часть которой теперь также принимались темные дремлющие силы и сокрытые чувства.

Самоучители по гипнозу показывают, насколько тесно оккультное переплеталось с другими аспектами жизни эпохи модерна. В российском обществе многие социальные группы оперировали понятием «воля». Не только оккультисты, но и социологи, философы, богословы, революционеры, политики и психиатры извели много чернил, размышляя об этом предмете. Революционеры-народники 1860-х, 1870-х и 1880-х годов называли свои подпольные общества «Земля и воля», «Народная воля»; хотя здесь это слово означало скорее политическую власть и свободу, народники также много рассуждали о почти мистических качествах индивидуальной харизмы, которую они связывали с представлением о «силе характера». К примеру, в 1882 году Н. К. Михайловский, теоретик народничества, в статье «Герои и толпа» утверждал, что власть всегда основывается на силе воли [Михайловский 1896, 1: 95–190].

Кроме того, идеи о природе воли и ее важности для личной власти заставляют вспомнить философские рассуждения Артура Шопенгауэра и Фридриха Ницше, которые также были очень популярны в общественной мысли России того времени. Шопенгауэр сочувственно писал о магнетизме и магии, чем расположил к себе оккультистов вроде Аксакова, перетолковавшего на свой манер мысли философа в своем «Анимизме и спиритизме» (1890). В этом сочинении Аксаков апеллировал к Шопенгауэру, заявляя, что дух, в том числе духи умерших, есть то же самое, что воля; иными словами, феномены во время спиритических сеансов производятся волевыми действиями индивидуальных сверхъестественных сущностей [Аксаков 1910: 666–668][18]. Аксаков

---

[18] Бутлеров тоже прибегал к Шопенгауэру, чтобы защищать свои духовные убеждения [Бутлеров 1879: 800].

никогда не противоречил знаменитым мыслителям, вместо этого в собственных спиритических сочинениях он «адаптировал» их мысли. Так же он поступил и с Шопенгауэром. Представление Аксакова о воле (по Шопенгауэру) как сознательной индивидуальности несовместимо с таким ее определением, как «бессознательное, бесцельное, иррациональное влечение», которое выступает первичным принципом мироздания в трактате Шопенгауэра «Мир как воля и как представление» [Wicks 2009; Шопенгауэр 1999–2001]. Таким образом, «воля» Аксакова представляет собой неожиданный гибрид всемогущего индивида Ницше и первопринципа Шопенгауэра.

Идеи Шопенгауэра горячо обсуждались философами и православными богословами [Склонение 1893: 269][19]. Некоторые православные мыслители даже задумывались над вопросом, нельзя ли определить человеческую душу как комбинацию воли, чувства и ума[20]. В. С. Соловьев отверг теорию Шопенгауэра в статье «Воля в психологии и философии» для энциклопедии Брокгауза и Ефрона, которая стала для России тем же, чем Encyclopedia Britannica — для англоязычного мира [Соловьев В. 1892a]. По Соловьеву, воля — это лишь составная часть индивидуального сознания.

Многие современники считали сильное чувство индивидуальности, наряду с эгоизмом, определяющей чертой сверхчеловека — образа, вводившего в полемику о воле фигуру Ницше. Философия Ницше стала популярной в среде русской интеллигенции в 1890-е годы, первоначально — исключительно в своих эстетических, нравственных, психологических аспектах, а к 1900 году о ней уже говорила вся «литературная провинция» [Rosenthal 1986: 16][21]. Внимание популярной культуры главным образом привлекали идеи Ницше о сверхчеловеке. Коммерчески успешные произведения художественной литературы — «Санин» (1907)

[19] НАРТ. Ф. 10. Оп. 2. Д. 207. Л. 10.

[20] НАРТ. Ф. 10. Оп. 2. Д. 56.

[21] О влиянии идей Ницше на философию, литературу, театр, искусство, архитектуру и музыку см. [Rosenthal 1986; Rosenthal 1994].

М. П. Арцыбашева или бестселлер «Ключи счастья» (1909) А. А. Вербицкой — говорили о героях, в которых угадывался собственно этот новый тип человека. Подобное (вульгарное) ницшеанство было основано на умозаключении, что кто угодно способен стать могущественной личностью, «если только будет работать над своим духовным и физическим освобождением» [Clowes 1986: 320][22]. Именно это обещали пособия по тренировке силы воли и учебники по гипнозу. Сильная воля (наряду с индивидуализмом, аморализмом, эгоизмом) — вот что отличало нового человека от старого.

Современники, стремившиеся подражать ницшеанскому сверхчеловеку, то есть желавшие стать успешными, обладать властью и покорять окружающий мир, пытались воспитывать в себе подобные особенности характера, даже не прибегая к оккультным техникам. Декадент А. М. Добролюбов, друг Брюсова, воспринимавший себя как вождя новой религии, культивировал «крайний индивидуализм» и стремился к «крайнему утверждению индивидуальной воли» [Grossman 1983: VII]. Князь Феликс Юсупов и режиссер Константин Станиславский были в числе тех, кто тренировал свою волю, чтобы получить, по словам аристократа, «сверхъестественную силу и власть над собою и другими» [Юсупов 2001: 98; White 2006: 82]. Современники верили в эффективность такого тренинга. Публицист-антисемит Эмилий Метнер, например, был убежден, что евреи были обязаны своим успехом исключительной силе воли [Ljunggren 1994: 47].

Напротив, отсутствие сильной воли часто воспринималось как заболевание и симптом вырождения [Вяземский 1904; Beer 2008]. Ощущение кризиса нередко сопровождалось разговорами о том, что важным сегментам общества недостает силы воли. В рекламе «Спиритуалиста» потенциальных покупателей информировали:

...в наше время — когда энергия Духа, благодаря хроническому ее искалечиванию, привела не только общественные организации, но и целые семьи к самым ужасным формам распада — нашей стране более чем когда-либо необходимо

---

[22] В романе Вербицкой «Ключи счастья» эпиграфы также взяты из Ницше.

обратиться к воспитанию и укреплению своей силы Воли, своего Духа, и такого укрепления, которое могло бы поднять каждого из нас до властного управления не только самим собою и своими семейными ячейками и детьми, но и целыми массами [Как устраивать 1906: 143].

Таким образом, сила воли была важна для личного и национального благосостояния, а оккультные пособия были частью более широкого культурного контекста, где свою роль играли философия, теология, социология, литература, медицина и издательское дело.

В отличие от психоаналитиков, оккультисты разделяли с популярной литературой представление о том, что любой способен получить власть над сокрытыми, но могущественными частями своей души, если только следовать правильному курсу упражнений. Согласно авторам пособий, чтобы контролировать свой ум, необходимо иметь как ментальные, так и физические навыки. Для того чтобы овладеть тайными навыками ума, сначала необходимо установить владычество над телом, поэтому курсы гипнотизма открывались физическими упражнениями.

В «Изиде» публиковались серии «лекций» различных авторов, посвященных «развитию психических способностей человека», в числе которых выделялась сила воли [Диальти 1915]. В одной из этих лекций А. Лиханов утверждал, что воля тренируется, когда нарабатывается ее превосходство над физическим телом. Диеты, дыхательные практики, физические упражнения — особенно рекомендовалась йога — способствовали достижению этой цели. За этим следовала целая программа развития значительности взгляда, работы над своим голосом, приобретения уверенности в жестах. Самой большой преградой для тренировок по этому методу, предупреждал Лиханов, является сомнение, поэтому он постоянно учил своих читателей никогда не менять своих решений, смотреть людям прямо в глаза, разговаривать громко и ходить прямо [Лиханов 1913–1915].

«Спиритуалист» предлагал другой способ тренировки воли; здесь требовалось известное мастерство. Дабы укрепить волю, советовал журнал, следует иметь волшебное зеркало, при помощи которого можно совершать акты гипноза. Волшебные зеркала — часть традиционных представлений о магии. Отражающие поверхности были неотъемлемым атрибутом святочных гаданий; кроме того, магическому зеркалу приписывалась возможность «всю правду рассказать» о том, что происходит, и отразить магическую атаку[23]. Однако получить такое зеркало было непросто. Вот что рекомендовал «Спиритуалист» в 1906 году: необходимо «взять небольшое количество свинцовой руды, очень хорошо просеянной», положить ее в миску, нагревать руду с оливковым маслом, «чтобы образовалась довольно жидкая масса». Полученное вещество следовало осторожно вылить на «обыкновенное стекло», причем так, чтобы оно равномерно покрыло поверхность. (Откликаясь на жалобы читателей, издатели газеты в последующих выпусках пообещали сообщить ингредиенты, которыми можно заменить оливковое масло — продукт, по-видимому, дефицитный при царском режиме.) После остывания магическое зеркало можно использовать «ежедневно каждое утро после пробуждения»: ученик должен «взять прибор в правую руку, прижав его к ладони руки и окружив края пальцами так, чтобы они представляли собою как бы магнетические точки, через которые истекает флюид». Затем практику следовало «поднести это зеркало приблизительно на расстоянии фута к переносью и в течение 10 мин, не моргая, фиксировать на нем зрение, то есть смотреть в одну точку, не отводя глаз» и на протяжении всего этого времени «имея в мыслях какую-нибудь определенную идею» [Белл 1906: 425]. В «Спиритуалисте» была помещена иллюстрация к этому заданию (рис. 9).

Если следовать такой программе, обещал автор курса, «оператор» сможет видеть картины будущего и применять магическое зеркало, чтобы воздействовать на других, направляя свои магические эманации в мозжечок субъекта (рис. 10).

---

[23] Многочисленные ритуалы в традиционной культуре давали девушкам возможность увидеть в зеркале своего будущего жениха [Райан 2006: 65, 161–164, 324–325].

Рис. 9. Упражнения
с магическим зеркалом
[Белл 1906]

Курсы по усилению воли с конечной целью научиться подчинять себе других людей также включали в себя упражнения по приобретению более глубокого внутреннего духовного видения. В «Изиде» укреплению воли сопутствовали упражнения по самовнушению (аутосуггестии), медитации и введению себя в экстаз. Фиксация взгляда на блестящей поверхности и дыхательные упражнения могли, как утверждал журнал, привести к особому состоянию, с тем чтобы «природа открыла свои тайны, чтобы понять внутренний смысл вещей, язык животных, чужие мысли и т. д.» [Лиханов 1913–1915, № 5: 12]. Похожие упражнения, направленные на достижение способности к ясновидению, печа-

Рис. 10. Суггестия на расстоянии
[Как устраивать 1906]

тались в «Голосе всеобщей любви» и «Спиритуалисте», а также распространялись в брошюрах. Согласно «Спиритуалисту», упражнения по медитации могли привести к мистическим откровениям. Журнал описывает такие практики чрезвычайно детально, советуя читателям: «Уединитесь в тихую, спокойную комнату, убавьте свет, приготовьте на приличном от вас расстоянии белую точку на черном фоне, укрепите эту точку на стене так, чтобы она находилась на уровне с полем зрения». Усевшись «прямо, но не слишком напряженно», следовало по-особому держать руки и дышать глубоко и спокойно, «устремив все время глаза на приготовленную точку». Если следовать ежедневной программе, при которой удавалось задерживать «при каждом вдыхании... воздух в себе на несколько секунд», прежде чем выдыхать через рот, «медленно и ритмично», то можно приобрести способность сверхъестественного видения. Для этого давались следующие инструкции:

> ...откиньтесь на спинку кресла, на котором вы сидите, закройте глаза и уже вдыхайте и выдыхайте настолько медленно, чтобы предупредить удушение. Продолжая держать глаза закрытыми, вы начнете вскоре видеть появление лиц, то неприятных, то небесной красоты. Но, какими бы ни были увиденные вами образы, не пугайтесь. Направляйте ваши мысли так, чтобы подняться в высшие сферы [Р-ва 1906: 94–95].

Это упражнение продолжает спиритическую традицию общения со сверхъестественными существами, но оно отличается от техники сеансов и индивидуального автоматического письма тем, что здесь подчеркиваются важность ментальной силы и ее влияние на физические ощущения. Кроме того, здесь присутствуют отзвуки исихастской традиции «умной молитвы», которая возникла в XIV веке в монашеской среде как личная созерцательная практика и получила распространение в русской культуре в XIX веке. Медитативные техники позволяли как монахам, так и мирянам устанавливать контакт с божественным. Согласно некоторым практикам, дыхательные упражнения и положение тела были важными аспектами этой практики и могли, как и упражнение, описанное в «Спиритуалисте», привести к психосоматическим трансформациям и видениям [Paert 2010: 63–64, 117].

Впрочем, оккультные практики не только были направлены на внутренние переживания мистериального свойства, но и обещали мгновенный контроль над другими людьми — при условии терпения и выполнения дополнительных упражнений. Будущий гипнотизер также должен был заручиться вниманием и симпатией «масс» [Как устраивать 1906: 143]. Для этого его поведение должно быть безупречным, а его внешность — внушать благоговение. Согласно «Голосу всеобщей любви», голос гипнотизера должен приобрести магические свойства. «Спиритуалист» печатал детальные инструкции, как повысить уверенность в себе через самовнушение, культивировать вокруг себя ауру таинственности (к примеру, одеваясь во все черное) и нравственно возвыситься над обычными людьми [Белл 1906; Пероцкий 1907]. Как и в курсе, публиковавшемся на страницах «Изиды», ученик, который решался следовать советам «Спиритуалиста», должен был искоренить малейшее сомнение в своих гипнотических способностях. Помимо этого, важно было держать в совершенном секрете тот факт, что ученик проходил курс гипнотизма. В то же время будущий гипнотизер должен был проводить упражнения с узкой группой людей, которым он властно приказывал, в каком положении держать руки и пальцы. Если у его субъектов при этом полностью расслаблялись мускулы, к примеру, если левая рука субъекта падала, когда гипнотизер приказывал убрать поддерживающую правую руку, это считалось знаком существенного прогресса. Согласно обещаниям «Спиритуалиста», после дальнейших упражнений по выработке гипнотизирующей жестикуляции и словесной суггестии каждый читатель должен быть по крайней мере способен заставить субъекта упасть к нему навстречу (рис. 11), что было довольно скромным достижением, учитывая грандиозные обещания, дававшиеся в начале курса [Белл 1906: 584–587].

Дешевые памфлеты не тратили столько времени на то, чтобы развить у своих читателей прозрение высших истин или способность к видениям, как «Изида» или «Спиритуалист», но обещания ментального контроля над другими, которые они давали своим читателям, были теми же, что и в оккультных журналах. Виктор Сегно, автор бестселлера «Закон ментализма», вообще не говорит о видениях и об иной реальности. После пассажей, превозносивших «ментализм» — мощную комбинацию мысли, эфирных волн и силы воли, — что был им открыт и что «изменит жизнь каждого человека, который познакомится с ним», он раскрывает читателям методы усиления силы воли. Это можно сделать при помощи упражнений по концентрации и посредством ежедневного повторения подобных сентенций: «Я буды управлять своми действиями и поступками. Я никогда не буду сожалеть и раскаиваться в принятом решении» [Сегно 1912: 66, 125]. Поскольку мысли могут производить «колебание воздушных моле-

Рис. 11. Как заставить другого падать по направлению к тебе [Белл 1906]

кул», человек с сильной волей способен сделать две важные вещи: во-первых, он может настроить свой мозг в соответствии с несущими силу мыслями выдающихся людей и таким способом стать причастным к их гению; во-вторых, он в состоянии своими мыслями двигать эфир так, что тот будет направлять движение мысли более слабых людей. Концентрация и сильное намерение — вот и все, что требовалось: «Успех знаменитых людей всегда зависит от ментализма». [Сегно 1912: 28].

Таким образом, многочисленные курсы по гипнотизму были обращены к людям, стремившимся взять жизнь в свои руки и верившим не в судьбу, а в собственные способности. Эта литература отражала совсем другой подход, чем прочие формы тогдашней магической практики вроде медиумизма или предсказаний. Медиум беспристрастно передавал информацию, полученную из потусторонних пределов. Ясновидение было основано на предположении, что вопрошающий (а чаще — вопрошающая) пассивно смирится перед своей судьбой. Но ученик-гипнотизер стремился активно изменить ход своей жизни. Такое принятие ответственности за свою судьбу свидетельствует о глубоком чувстве индивидуальной автономии и личного призвания, об уверенности в себе и о стремлении к личной власти.

Описания фигуры нового оккультиста-практика отличались выраженными гендерными характеристиками. Потенциальные гипнотизеры всегда изображались как мужчины, никогда — как женщины. Катриона Келли предположила, что литература само-учителей, посвященных развитию воли, была адресована белым воротничкам, то есть нижнему классу управленцев на предприятиях и в компаниях, которые не принадлежали к строгой иерархии табели о рангах, определявшей положение государственных служащих. Представителям этого нового класса необходимо было самим производить впечатление на своих подчиненных, начальство и коллег. Согласно Келли, подобные самоучители показывают, как представления о маскулинности трансформировались из «феодальных», где главную роль играет происхождение, в «буржуазные» индивидуалистские идеалы [Kelly 2002: 136]. В самом деле, индивидуальность стала главной темой городской культуры эпохи fin-de-siècle в целом и оккультных пособий в частности. В современном метрополисе, как указывал немецкий социолог Георг Зиммель в 1903 году, опыт пребывания среди огромной толпы сделал невозможным игнорировать вопросы личного самоопределения [Simmel 1964]. Эти вопросы встали и перед русской публикой, когда «водоворот новой жизни потряс прежние идентичности и представления о личности» [Steinberg 2004]. Потребность выразить себя, стать «индивидуальностью» выступает в книге Сегно на первый план: «Цель … моей книги совершенствовать мужчин и женщин и делать их индивидуаль-ными» [Сегно 1912: 69]. Мысли человека с сильной волей, обещал автор «Ментализма», будут определять его индивидуальность, следовательно, его жизнь и судьбу. Оккультные авторы убеждали читателей, что если они будут следовать предлагаемому курсу упражнений, то смогут подняться над массой, а в некоторых случаях — даже увлечь ее за собой. В этом смысле авторы отвечали на вопрос, над которым бились русские радикалы и народники 1860–1870-х годов, об отношениях личности и общества, причем здесь ответ давался явно с западнических, а не славянофильских позиций. Личность оккультиста (но не субъекта, на которого оккультист воздействует) зиждется на утверждении автономии человеческого существа, обладающего врожденным достоинством. Для представления о личности гипнотизера были характерны маскулинно-элитистские качества. Гипнотизер активен, могуществен, полагается на себя, экономически успешен и преодолевает все препятствия, которые встречает перед собой. Это успешная личность, способная «преобразить все, что она встретит в культуре или природе» [Engelstein, Sandler 2000: 7].

Образ всемогущего гипнотизера, который рисовали самоучители, кажется, подтверждает предположение Бернис Розенталь о том, что интерес эпохи fin-de-siècle к сверхъестественному подрывал представления о правах личности и был симптомом презрения к демократии и гражданским свободам [Rosenthal 1997]. В самом деле, пособия по гипнозу никогда не выражают ни малейших сомнений в том, что желания субъектов гипнотического воздействия могут полностью игнорироваться. Кроме того, связь между представлением о гипнозе и подчинением воли была очевидной для современников. Об этом говорят огромные продажи таких пособий, поскольку они указывают на распространенный страх оказаться под гипнотическим влиянием неведомого агента. В 1913 году в журнале «Русский врач» Бехтерев опубликовал статью, где описывалась паранойя некоторых его пациентов из буржуазии, которые заявляли, что находятся под чьим-то гипнотическим контролем. Они сообщали, что на них оказывается ментальное внушение на большом расстоянии, чтобы подтолкнуть их к важным решениям, заставить вступить в брак или принудить выполнять эгоистические желания гипнотизера. Статья Бехтерева позже была опубликована в виде брошюры; то есть статьи на подобные темы пользовались спросом и читались с интересом. Успех статьи Бехтерева, дешевых пособий и газетных отчетов о гипнотизерах говорит о том, что сила гипноза была для значительной части городского общества совершенно реальной [Бехтерев 1913].

Ассоциация власти с гипнозом прочно обосновалась в русской культуре. Писатели-символисты объясняли гипнотическими способностями харизму Анны Минцловой — оккультистки, оказавшей в конце 1900-х годов огромное влияние на их круг. Такое же объяснение современники и потомки давали тому положению, которое при дворе получил сибирский крестьянин Григорий Распутин [Fülop-Miller 1927: 4–5, 64; Pares 1939; Крюков 1997; Богомолов 1999: 58]. Во время революции говорили, что гипнотическим внушением пользуется харизматичный лидер социалистов А. Ф. Керенский (по стечению обстоятельств он предпочитал одеваться в черное): именно гипнозу приписывались истерические припадки, которые происходили с его слушателями. Наконец, успех Ленина относился на счет его исключительной силы воли [Figes, Kolonitskii 1999: 82–84, 102]. Однако, хотя в этих представлениях тоже фигурирует гипноз, литература пособий несла читателям другое послание. Цель всех курсов по гипнотизму — научить читателей верить в собственные способности, взять жизнь в свои руки и переменить окружающий мир в личных интересах. Когда успех харизматичных личностей, действовавших сомнительными с точки зрения морали способами, приписывался гипнозу, это снимало ответственность с символистов, царской семьи, придворных и посетителей митингов, выставляя их пассивными жертвами расчетливых чародеев. Оккультные пособия, напротив, фокусировались на «другой стороне медали», культивируя рациональную, автономную личность. Но там, где присутствует образ могущественного гипнотизера, обязательно должны наличествовать и слабые души, на которые он влияет. В этом заключалась амбивалентность литературы самоучителей, и здесь я не согласна с Розенталь, чей вывод мне представляется чересчур категоричным. Пособия говорили, что все читатели могут стать могущественными индивидами, но это было невозможно без существования бессильных жертв. Подобный конфликт не мог быть разрешен внутри практики внушения. Однако личность оккультиста вовсе не обязательно изображалась лишь в виде одинокого, полагающегося только на себя гипнотизера. В пособиях также присутствует образ независимой личности, действующей внутри оккультного сообщества.

Личность в оккультном сообществе

Помимо руководств о том, как овладеть гипнозом, «Спиритуалист» и «Голос всеобщей любви» печатали инструкции по обретению духовного опыта, который был очень личным и коллективным одновременно, проведению так называемой оккультно-ментальной молитвы [Бесплатная организация 1907; Оккультно-ментальная молитва 1908]. Это упражнение было очень важным для оккультных журналов. За четыре года существования «Голоса всеобщей любви» в каждом номере по крайней мере одна страница была посвящена объединению молящихся читателей. Идея, лежавшая в основе этой оккультно-ментальной молитвы, подсказанная, как утверждалось, одним из подписчиков журнала, была проста. В определенное время участники читали молитву, где бы они ни находились. «Голос всеобщей любви» разъяснял, что

> ...«оккультной» она называется потому, что в нее вложен оккультный принцип так называемой магической или оккультной незримой цепи, которую создают люди, находящиеся в различных местах земного шара и в определенное время, час... объединяют себя одной общей мыслью, одним общим желанием [Оккультно-ментальная организация 1909: 44–45].

Это было похоже на «цепи», которые во время сеансов выстраивали спиритисты, взявшись за руки, и упомянутые в предыдущей главе «цепи» гипнотизеров. Кроме того, здесь сказалась православная практика общей молитвы в определенное время. Текст оккультно-ментальной молитвы менялся каждый месяц. С 25 января по 25 февраля 1908 года молящиеся просили у Бога помочь «тем, которые приступили к изучению наук; тем, которые дали себе слово воздерживаться от употребления спиртных напитков; тем, которые мучатся, страдая от тяжелых продолжительных болезней, и тем, кто страждет от духа тьмы, стремящегося разрушить их семейное счастье». Они надеялись, что «волны... духовной энергии, охотно посылаемой» ими, помогут умам и волям страждущих и позволят им «победить препятствия и зло, обуревающее их» [Оккультно-ментальная молитва 1908].

Как и прочие аспекты современного оккультизма, оккультно-ментальная молитва сочетала христианские представления и технологические обоснования. Отсылки к Богу, изучению наук и энергии в молитвах указывают именно на такой подход. Помимо этого, здесь присутствуют отголоски православных представлений, согласно которым молитва может быть чудодейственной, связывается с практикой созерцания. Более того, «Голос всеобщей любви» настаивал на том, что оккультно-ментальная молитва должна находиться в согласии с принципами христианской жизни, и рекомендовал часто читать Библию. Журнал предписывал читателям простить своих врагов, прежде чем приступать к молитве в 9 ч утра по московскому времени (предпочтительно — встав перед иконой). Подобные указания сочетали в себе отсылки к молитве Господней с требованиями технической точности исполнения обряда. Эффективность молитвы объяснялась действием ментальных волн, которые вырабатывает молящийся, участвуя в ритуале. Повторение молитвы совместно с другими делает ее более действенной. «Голос всеобщей любви» совмещал подобные квазифизические объяснения с традиционными христианскими учениями, приводя библейскую аналогию, чтобы проиллюстрировать, как работает молитва: крик одного человека не так громок, как крик целой толпы, и именно голос многих труб поверг в прах стены Иерихона [Оккультно-ментальная организация 1909][24].

Чтобы обеспечить молитве успех, участники должны были уделить упражнению все свое внимание. «Когда закончите передачу мысленных волн, побудьте в совершенном покое минуты

---

[24] См. также [Женишек 1907].

две-три, дабы восприять направленные на вас волны от других молящихся» [Оккультно-ментальная организация 1909: 47]. Физика молитвы обязательно требовала синхронности. Однако, если участник отставал от установленного времени менее чем на 20 мин, он все равно мог принять в ней участие, «так как в это время он еще будет находиться в периоде движения молитвенных волн» [Оккультно-ментальная организация 1909: 47].

Читатели «Голоса всеобщей любви» и «Спиритуалиста» были не единственной группой, принимавшей участие в молитвах подобного рода. Общую молитву также пропагандировала Оккультно-ментальная организация из Санкт-Петербурга, связанная с журналом «Смелые мысли». Этот журнал тоже издавался Быковым, и именно он оказался преемником «Голоса всеобщей любви» в 1910 году «по не зависящим от редакции [“Голоса всеобщей любви”] обстоятельствам» [От редакции 1909][25]. Примечательно, что Быков и в новом журнале продолжил призывать читателей к оккультно-ментальной молитве и даже публиковал отдельные брошюры, где описывалось это упражнение. Листовка Оккультно-ментальной организации сообщала, что «бесплатная» служба общей молитвы проходит ежедневно в 9 ч утра и 9 ч вечера по петербургскому времени. Ориентация на столичное время была удобнее всего, утверждалось в брошюре, «потому что почти на всех железнодорожных станциях можно без всякого затруднения установить разницу в местном времени с петербургским» [Оккультно-ментальная организация 1910]. Другие оккультные общества, не связанные с Быковым, продвигали похожие практики. «Ребус» запустил свой проект еще в 1900 году; правда, он оказался куда менее успешным. В руководстве, печатавшемся в журнале, давались очень сложные методы вычисления точного момента молитвы для различных временных зон Российской империи, возможно, именно поэтому ритуал не обрел популярности [К статье 1900]. Удачливее оказались члены смоленского отделения Теософского общества, проводившие свою оккультно-ментальную молитву «все ровно в 10:33 по смоленско-

---

[25] Мне не удалось установить эти причины.

му времени, безотносительно того, где они находились» [Carlson 1993: 83].

Согласно «Голосу всеобщей любви», читатели находили этот ритуал удивительно эффективным и писали в журнал, чтобы поблагодарить за него издателей. М. Колесникова описывала молитву как «чудодейственный бальзам для души», который избавил ее от тревог за отметки дочери в школе [Открытые письма 1909]. Другие читатели тоже были полны энтузиазма. О. Липина писала в «Голос всеобщей любви» из Харькова с глубочайшей благодарностью всем участникам молитвы, заявляя, что ритуал исцелил ее от апатии и придал ее жизни смысл, а К. Барканов из Тифлиса утверждал, что его финансовое положение значительно улучшилось с той поры, как он стал выполнять эту практику [Оккультно-ментальная молитва 1908]. Смоленские теософы также находили свою молитву «удивительно эффективной» [Carlson 1993: 83].

Такие читатели, как Липина и Барканов, смоленские теософы и члены Оккультно-ментальной организации, говорили о том, что обряд оккультно-ментальной молитвы дал им ощущение общности и связи с единомышленниками не только в своем городе или селении, но и по всей огромной Российской империи. Таким образом, оккультно-ментальная молитва формировала своего рода опыт поддержки и пребывания внутри сообщества. То и другое служило противовесом образу гипнотизера с его индивидуализмом и опорой только на себя. Хотя письма, превозносившие оккультно-ментальную молитву, возможно, прошли в обоих журналах редакторскую правку, издатели, несомненно, хотели, чтобы они звучали искренне и задевали читателей за живое.

Популярность оккультно-ментальной молитвы среди читателей журналов совпала по времени с возрождением в русской литературе и философии концепции соборности[26]. Соборность, понятие, название которого образовано от слова «собор» в смысле «общности людей, собравшихся с определенной целью», выступала главной богословско-философской идеей, которую за-

---

[26] См. [Scherrer 1973; Tulaev 1993; Zweerde 2001; Lexikon 2002].

щищали в середине XIX века славянофилы А. С. Хомяков
и К. С. Аксаков, пытаясь определить самобытно-русскую форму
сообщества. Хомяков писал, что соборность — это гармоническое
сообщество разных членов, в котором сохраняются и индивиду-
альная свобода, и общинная целостность. Описывая, что такое
соборность, К. Аксаков приводил метафору хора — собрания
отдельных исполнителей, которые сочетают свои голоса в общей
гармонии. Философ Соловьев также опирался на понятие соборности, развивая свое учение о «всеединстве» [Zweerde 2001:
228–233; Kornblatt 2009: 16]. В 1905–1917 годах идеи соборности
воскрешали символисты, в особенности Вячеслав Иванов. Цель
и опыт оккультно-ментальной молитвы отзывались идеями
о гармоничном единении индивидов; особенно подходила для
этого аксаковская метафора хора: здесь отдельные участники
тоже сохраняли свою идентичность и личные устремления, но
оказывались объединены общим чувством сплоченности.

Оккультно-ментальная молитва стала своеобразным компро-
миссом между эгоистичным индивидуализмом систем тренировки личной воли и желанием раствориться в сообществе. Однако
нелегко было достигнуть совершенного баланса между оккультным чувством духовного содружества и индивидуализмом.
Инструкции по гипнозу делали упор на полной автономии личности. Но существовали практики, которые заходили куда
дальше, чем оккультно-ментальная молитва, стремясь свести
индивидов в единое целое. Подобный коллективный опыт, впрочем, был чреват проблемами. Еще в 1897 году московское отде-
ление Теософского общества стало получать отчеты от теософской школы, основанной с целью стать «телом, одухотворенным
единой жизнью, в котором каждый член составлял бы неотъем-
лемую частицу целого и действовал бы как орган единой общей
жизни»[27]. Однако участники инициативы скоро столкнулись
с проблемой битвы самолюбий: «погашения личности», на которое они рассчитывали, просто не произошло[28].

---

[27] ЦИАМ. Ф. 2355. Оп. 1. Ед. хр. 143. Л.3.

[28] Там же. Л. 3 об.

По-видимому, дешевые оккультные журналы и брошюры, выходившие после 1905 года, оказались успешнее теософов в деле формирования сообщества, где сохранялось бы чувство индивидуальности, но при этом также складывалось бы ощущение общности, достигаемое практикой оккультно-ментальной молитвы. Издатели и читатели приблизились к осуществлению отвлеченного идеала соборности. Их устремления и успех издательских инициатив показывают, что читатели и издатели оккультной литературы разделяли чаяния символистов и религиозных мыслителей и в некоторой степени даже пытались воплотить в жизнь теории последних. Кроме того, практика оккультно-ментальной молитвы в очередной раз демонстрирует, до какой степени оккультизм начала XX века был связан с практикой созерцания, а не с абстрактным интеллектуализмом. Эмоциональное начало стало крайне важным для оккультизма. Именно эта трансформация изменила оккультные представления о том, какими качествами обладает всесторонне развитая личность.

Значение ритуала и эмоций

Во всех формах практического оккультизма: в медитационных упражнениях с магическим зеркалом или без него, во внушении или в оккультно-ментальной молитве — особое значение придавалось ритуалу. Практики должны были в определенное время отыскивать уединенное место, зажигать свечи, вставать перед иконой и вслух читать предписанные тексты. Они обязаны были держать тело в обусловленном положении и по-особому управлять дыханием. Хотя брошюры и самоучители обещали осязаемые результаты оккультных упражнений — власть, решение семейных проблем, избавление от долгов, финансовую прибыль, — самый важный компонент подобных ритуалов заключался в телесно-эмоциональном опыте, который они давали. Создавая особенную атмосферу, берущую за душу, эти церемониальные действия превращали оккультный опыт в нечто поистине эффективное само по себе. Оккультные ритуалы уводили последователей от тривиальности повседневной жизни, приближая их к чему-то, что, хотя и оставалось туманным, казалось величественным, возвышенным и абсолютным.

Оккультные практики создавали реальность, отличавшуюся от обычной жизни в городе конца XIX — начала XX века. Как и традиционная магия, оккультизм эпохи модерна задействовал древние символы, архаический язык и экзотические эмблемы, чтобы внести в предписанные операции элемент инаковости и придать им значительность. Обложки оккультных публикаций часто выполнялись в художественном стиле, напоминавшем читателю о древнеегипетской религии, западном мистицизме, об иудаизме, о масонстве или традиционной магии. С 1904 года на обложке «Ребуса» неизменно присутствовал крылатый солнцеподобный диск, похожий на египетские изображения бога Ра. Вокруг этой фигуры располагались пентаграммы, цветы папируса (Cyperus papyrus) и кобры. В прочих оккультных текстах также содержались отсылки к Египту. Издание оккультных романов В. И. Крыжановской украшала фигура сфинкса. Ассоциация любого мистицизма с Египтом была в культуре Серебряного века общим местом. Одно из видений Софии, премудрости Божией, случилось у Соловьева в египетской пустыне, а Николай Аблеухов, главный герой романа Андрея Белого «Петербург», следуя духовному импульсу, в конце произведения уезжает в Египет. Другим экзотическим элементом в оккультных изданиях были репрезентации западноевропейского мистицизма. На обложке журнала «Лекции оккультных наук» был помещен символ Всевидящего ока в треугольнике. Он пришел в Россию с Запада и широко использовался масонами, ввиду этого приобретя ассоциативную связь со всем эзотерическим. На обложке «Спиритуалиста» также присутствовали христианские символы, к примеру образ спящего человека с черепом в руке, позади которого стоит ангел, указующий на пламя, горящее в треугольнике. Издания «Среди загадок бытия: факты из жизни оккультиста» и «Ребуса» с 1904 года также украшала еврейская звезда Давида (см. рис. 3) [Волков-Давыдов 1907; Подписка 1911].

Некоторые оккультные ритуалы эксплуатировали этот географическо-временной экзотизм. В бумагах П. М. Казначеева содержатся конспекты лекции Григория Мёбеса, «доктора герметизма парижской школы герметических наук», прочитанной в 1912 году. В своей повседневной жизни Мёбес преподавал математику и физику в Пажеском корпусе[29]. В конспекте Казначеева не только упомянуты облачения, потребные для различных ритуалов (в зависимости от разных условий — льняные или шерстяные; для неофитов — белые, для более продвинутых братьев — красные), но и приведены (псевдо)латинские заклинания. Эти экзотические и в передаче Казначеева совершенно грамматически неправильные тексты фигурируют в ритуалах, которые, как и дыхательные упражнения, рекомендованные в «Спиритуалисте», были нацелены на соединение сознания с божественным присутствием, «которое спряталось в нас» (Te absconditiris in nobis)[30]. В записях Казначеева также упоминается Папюс, французский оккультист эпохи fin-de-siècle, некогда бывший членом Теософского общества и Герметического ордена Золотой зари, лидер неомартинистов и завзятый славянофил, разработавший своеобразную форму неоренессансного мистицизма. Мёбес и, возможно, сам Казначеев, следуя, по-видимому, Папюсу, пытались придать своим ритуалам дополнительный вес, включая в них экзотические одеяния, древние языки и необычные речевые стили[31].

Экзотизм оккультных ритуалов был частью другой реальности, в которой современники получали опыт сверхъестественного. Она была очень далека от интеллектуализма, рационализма и позитивизма рубежа XIX–XX веков, а ее иррациональность стала отличительной особенностью оккультизма той эпохи. К концу XIX века теология оккультного выглядела скорее как нечто скандальное, чем как рационально постижимая форма связного учения. Теперь ее задачей было предоставить людям выход к иррациональным состояниям ума, способным принести озарения совершенно особого рода. А. Храповицкий, автор

[29] ГАРФ. Ф. 102. Оп. 119. Дел-во 4. № 399. Л. 1.

[30] ОР РГБ. Ф. Казн. Карт. 1. Д. 6. Я благодарю Джулиан Керхекер за помощь с латинским языком при изучении этого источника; см. также [Owen 2004: 103–106; Harvey 2005; Monroe 2008].

[31] Об экзотичности ритуалов Папюса см. [Monroe 2008].

«Магнетического письма», довольно типично охарактеризовал такой подход, когда после долгих попыток описать свою оккультную технику просто резюмировал: «Вообще очень трудно передать словами, как все это совершается, то есть какую именно работу внутри себя каждый должен выполнить, чтобы достигнуть должного состояния; это скорее чувствуется, чем понимается» [Храповицкий 1907: 18]. Другие тексты в равной степени подчеркивали способность оккультистов ощущать «значение» мистического опыта и эзотерических прозрений[32]. По этой причине они особенно ценили музыку. Эта форма искусства отличалась исключительной способностью трогать душу и пробуждать в ней «сильные религиозные чувства» (даже у тех, кто обыкновенно не был склонен к духовности) [Музыка 1909][33].

Предпочтение чувства рациональному пониманию было связано в оккультизме с формированием очень характерного литературного стиля, который часто вызывал смущение у непосвященных. Оккультные авторы писали весьма эмоциональные тексты и наперебой обращались к авторитету греческой и египетской религии, западного мистицизма, а иногда — индийского буддизма. Они неустанно на все лады разглагольствовали о важности эмоционального озарения, при этом не говоря ничего конкретного. В 1910 году министерство внутренних дел посылало своих агентов на лекции Мёбеса, который два года спустя побудил Казначеева вспомнить гимназический курс латыни. Темами Мёбеса были «устройство Вселенной, три плана, человек в трех планах» и «символизме». Агент, посланный полицией слушать оккультиста, с трудом следовал за мыслью Мёбеса и не мог понять, о чем тот вещает. В своем рапорте он отмечает, что лекция была «весьма неясна и туманна», заключая, что Мёбес, по-видимому, политически благонадежен, хотя отсутствие ясности в его выступлении не позволяет ему утверждать это с полной уверенностью[34].

---

[32] ЦИАМ. Ф. 2355. Оп. 1. Ед. хр. 145. Л. 30 об.

[33] См. также: ЦИАМ. Ф. 2355. Оп. 1. Д. 23. Л. 20–21.

[34] ГАРФ. Ф. 102. Оп. 119. Дел-во 4. № 399. Полицейское начальство оставило Мёбеса под надзором.

Посторонние слушатели не могли понять запутанный, замысловатый и сентиментальный стиль оккультной мысли, у которой не в чести были факты обычной жизни[35]. Но постоянные слушатели Мёбеса, те, кто занимался медитацией или (само)внушением, считали, что именно такая форма выражения подходит для этого предмета, а свой духовный опыт полагали крайне ценным. В конце XX века психологи отмечали, что люди, верящие в магические практики, воспринимают несуеверных людей как холодных и лишенных воображения. Напротив, эзотеризм дарит им тепло во враждебной к ним материалистической культуре [Vyse 1997: 220]. Подобным образом и оккультные тексты позднеимперской эпохи показывают, что их авторы и читатели были способны удивляться миру и человеку вне ограничений, налагаемых механистическими законами природы. Это изумление наполняло их сердца сильными положительными эмоциями принадлежности, любви и собственного достоинства. Такие чувства в значительной степени порождались особым литературным стилем, а также церемониями, которые уносили их прочь из тривиальной реальности повседневного бытия и давали чувственное познание иной действительности. Язык оккультных текстов и ритуалы, которым эти тексты обучали, подчеркивали иррациональную, эмоциональную сторону личности и превозносили опыт переживания подобных эмоций над любым рациональным расчетом.

Несмотря на то что оккультный ритуал позволял перенестись из механистической вселенной вглубь эмоционального мира практикующего, он оставался связан с посюсторонней реальностью. Ментальные путешествия вглубь внутреннего космоса предпринимались вовсе не для того, чтобы бежать из повседневности, а, напротив, для того, чтобы вернуться в нее более цельной, вдохновенной личностью. К примеру, автор, писавший под псевдонимом Мистик, говорил о той радости, которую испыты-

---

[35] Это распространенный пункт критики, звучавшей также в адрес творений Елены Блаватской, как среди современников, так и среди историков [Соловьев В. 1892b; Адорно 2022: 293–300; Carlson 1993: 46–47].

вал каждый раз, пробуждаясь, — радости, от которой ему хочется вознести мольбу Богу за то, что тот еще раз дает ему возможность насладиться своим безмерным милосердием, радости от сознания, что его жизнь «является звеном большой цепи, символизирующей собою жизнь всех людей всего мира». Такие чувства давало ему оккультное мировоззрение. Эти переживания напоминали Мистику, что, пока он жив, его «рок еще не выполнен <...> задача еще не окончена», поэтому он «должен сегодня сделать как можно больше хорошего, как можно больше правильного» в этом мире [Мистик 1908]. Другие авторы тоже призывали читателей ценить красоту нашего мира и не пренебрегать своими материальными телами, занимаясь духовным поиском. Понимание потусторонней истины требовало ценить земное как благословение. Обе истины были тесно связаны: к примеру, «гимнастика, по системе Мюллера, с последующими обтираниями и растираниями кожи» представляла собой «лучшее средство при всяких нервных расстройствах и заболеваниях» [Обновляйся 1908]. По тем же причинам оккультные журналы рекомендовали вегетарианство и прочие диетарные режимы, чтобы вести этичную, духовно насыщенную жизнь в здоровом земном теле [Док 1908; Вегетарианец 1908][36]. В особенности рекомендовались фрукты, орехи и овощи. Тело, утверждали эти публикации, напрямую влияет на духовность сознания.

После 1905 года оккультные публикации все больше внимания уделяли социальным потрясениям, связывая их с тем, что беспокоило авторов и читателей более всего, — духовным положением России. В 1906 году «Голос всеобщей любви» напечатал ряд статей, в которых рисовалась печальная картина социального конфликта, насилия и повсеместного смешения ценностей[37]. В последующие годы «Спиритуалист» и «Голос всеобщей любви» обсуждали изъяны духовной (не материальной) жизни тюремных заключен-

---

[36] О связи между вегетарианством, постами, духовностью и жизнью сообразно этическим принципам см. [Brang 2002: 15–23].

[37] См. [Сбились 1906; Нормальный христианский взгляд 1906; Спиритуалист и современные события 1906; Откуда придет спасение 1906].

ных, губительное влияние насилия на духовность тех, кто подвергается смертной казни, и материализм, который отрицает ценности внутренней жизни, а теперь достиг даже самых отдаленных деревень[38]. Авторы этих текстов сокрушались, что ушла ясная нравственная основа, на которой могла быть выстроена гармоничная социальная жизнь. Издатели «Ребуса» подобным же образом в 1910 году описывали настоящее как переходное время, когда большинство современников утратили духовную ориентацию [И. Л. 1910]. В частных документах встречаются такие же жалобы. Сергей Фролов имел в распоряжении оккультный текст, где описывались дезориентированность, склонность к конфронтации и противоречия, характерные для современного мировоззрения, в частности, говорилось о несовместимости духовности и материализма[39]. Знаменитое описание современного мира у Маркса и Энгельса, где «все сословное и застойное исчезает, все священное оскверняется», показывает, что именно не нравилось оккультистам, хотя они говорили об этом другими словами, чем философы-материалисты [Маркс, Энгельс 1955: 449].

Перед лицом этих социальных и духовных проблем оккультисты не были пораженцами. Сетования на современность обычно сочетались с некой позитивной программой. Авторы настаивали на том, что жизнь, в которой человек следует определенным благочестивым практикам, гарантирует личное счастье и наполненность и в итоге приведет к духовному обновлению всей страны. Некоторые из инструкций, как этого добиться, были написаны в характерном оккультном туманно-елейном стиле. Таков текст «Скорее тушите». Как утверждалось, это послание, полученное на спиритическом сеансе от духа Достоевского. Здесь читателей призывали потушить разбушевавшееся пламя, но не вполне раскрывалось, что стоит за этой метафорой [Скорее тушите 1906]. В оккультных рукописях Фролова столь же эмоциональным и туманным языком, полным повторов и преувеличений, сообщалось, что новый мистицизм сможет объединить

---

[38] См. [Князь-Инок 1908; Надеждин 1908; Старик 1908; Богословский 1909].

[39] ОР РНБ. Ф. 822. № 531. Л. 42.

мистику, рационализм, материализм и религию[40]. Было бы слишком просто отбросить эти сентиментальные призывы и путаные пророчества как лишенные всякой ценности. Читатели-оккультисты, судя по всему, бывали тронуты чувством миссии, которую такие тексты в себе заключали. В иных случаях средства, предлагаемые оккультистами, были более конкретны. «Ребус» наставлял читателей, что оккультные практики помогают усилить свою духовную ориентацию и повысить уверенность в себе. «Голос всеобщей любви», в свою очередь, предсказывал образовательную реформу, которая вернет доверие к духовному, восполняя годы материализма [Старик 1908]. Читатели журнала даже собирали деньги, чтобы покупать его номера для заключенных, стремясь вернуть веру, нравственность и цель в жизнь этих несчастных людей [Братья 1908]. Оккультные практики обещали дать разрешение трудно постижимому с интеллектуальной точки зрения ощущению кризиса, — разрешение, которое объединило бы людей и дало бы им эмоциональное удовлетворение, хотя в отношении интеллектуальной ясности и оставалось бы «туманным».

Выводы

В начале XX века оккультизм значительно отличался от увлечений сверхъестественным, характерных для XIX века. Во-первых, он стал более разнородным; во-вторых, рациональные объяснения начали играть в нем меньшую роль. Новый мир оккультного был плюралистичен и эклектичен. С началом нового века научный спиритизм по-прежнему пропагандировался на страницах «Ребуса», но «Спиритуалист», более популярный журнал, обращался к широкому кругу тем и выступал за эмоциональный подход к сверхъестественному. Кроме того, в начале века громче стали слышны другие голоса, не принадлежавшие к лагерю спиритуалистов. Даже «Спиритуалист», журнал с программным названием, пропагандировал ясновидение, пе-

---

[40] ОР РНБ. Ф. 822. № 531. Л. 42.

чатал рассказы о чудесах и воспоминания о перевоплощениях
бок о бок с инструкциями, как загипнотизировать себя и других
или как присоединиться к кругу оккультно-ментальной молитвы.
Спиритические либо теософские идеи возникали в брошюрах
и журналах, которые необязательно четко заявляли о своей
спиритической или теософской направленности. По мере того
как росло число брошюр, книг и периодических изданий, посвященных оккультным темам, в общественном поле появлялись
все новые своеобразные системы оккультной мысли. Сегно
разработал свой *ментализм*, каковой, наряду с другими подобными курсами, таил в себе обещания необычайной силы для
вполне обычных читателей. Неоренессансный мистицизм,
о котором говорил своей аудитории Мёбес, включал в себя экзотические ритуалы и заклинания на древних языках. В целом
чувство ностальгии по утопическому оккультному прошлому
было другой отличительной чертой оккультизма начала XX века.
Разные формы оккультизма обращались к изобретенной мисти-
ческой традиции, сочетавшей в себе элементы египетского
и индийского культов с еврейским символизмом, фольклорной
магией и христианским мистицизмом. Различные идеи, которые
задействовались в оккультных публикациях или ритуалах, были
тесно связаны с текущими заботами настоящего дня. Оккультная
мысль и практика не стояли в стороне от насущных социологи-
ческих, философских, богословских и литературных дебатов,
таких как, например, полемика о воле или соборности, но оккультизм предлагал вполне конкретные решения подобных
споров.

Вместо того чтобы пытаться уловить сверхъестественное научными методами, новый оккультизм предлагал многочисленные
техники, позволявшие исследовать глубину собственной души.
Программы оккультных упражнений обещали духовное озарение
и познание того, что лежит по ту сторону привычного мира,
в самом средоточии бытия, — не интеллектуальное познание,
а постижение через эмоциональный опыт. Эмоции в оккультизме служили для снятия кажущихся неразрешимостей сферы
рационального, поскольку эмоциональные истины, казалось,

убирали любые противоречия. Отблеск иного мира, постижение самой сути бытия давали глубокое и персонально более ценное прозрение, чем любое рациональное объяснение. Именно такое эмоциональное переживание возвышенной мудрости привлекало людей в оккультных техниках. Брюсов писал в дневнике: «На спиритических сеансах испытал я ощущение транса и ясновидения. Я человек до такой степени "рассудочный", что эти немногие мгновения, вырывающие меня из жизни, мне дороги очень» [Богомолов 1999: 39]. Тот факт, что дешевый спиритический журнал учил своих читателей упражнениям, неотличимым от тех, которым вожди антропософии обучали своих последователей — известнейших писателей, поэтов, философов, издателей и художников, — говорит лишь о том, что в последние годы существования Российской империи поиск духовного обновления захватил самые разные слои общества, став для людей наиболее насущной задачей[41].

Эмоциональное прозрение высших истин было связано с новым ощущением индивидуальности. Она была не только рациональна, но и наделена способностью обретать пути к скрытым областям психики, где таились могущество и эмоциональный опыт оккультных переживаний. Тело тоже было важной частью этого нового, эмоционально богатого типа личности. Историки указывают на значимость языка в артикуляции субъектности и самосознания. Интерес же оккультистов к гимнастике, дыхательным упражнениям и экспериментам с телесными ощущениями, вызванными, к примеру, нехваткой кислорода, показывает, насколько существенным оказался в процессе конструирования новой личности и телесный опыт.

Оккультизм раннего XX века был радикально современен[42]. Он был эклектичен, плюралистичен, но ностальгировал по оккультному прошлому. Кроме того, оккультизм был связан с новыми представлениями о личности, которые предполагали, что

---

[41] По этому вопросу я не согласна с Богомоловым; см. [Богомолов 1999: 19].

[42] О современности см. [Baudelaire 1964; Berman 1988; Бойм 2019; Стейнберг 2022].

в ней сокрыта обширная область, потенциально хранящая в себе огромные силы. Оккультные публикации и практики отличал и другой подход, характерный для современности: они описывали оккультиста как всемогущее существо. Если прежние спиритисты пытались покорить мир сверхъестественного, объясняя его рационально, оккультист fin-de-siècle шел дальше: он учился слушать тайные голоса, звучавшие в его душе, развивая самоконтроль, и подчинял себе внешний мир при помощи внутренних сил. Новый оккультист был мужествен, настроен на преобразование мира.

* * *

Изменение характера популярного оккультизма с началом XX века поднимает вопрос о том, насколько такая метаморфоза была связана с эпохальными социально-политическими переменами в Российской империи. Невозможно построить прямую причинно-следственную связь между революционными событиями 1905 года, последовавшей за ними либерализацией общества и государства и складыванием нового оккультизма. Весьма вероятно, что либерализация цензуры после 1905 года значительно повлияла на диверсификацию сферы оккультного, хотя первые признаки плюрализма в этой области, а также возрастающий интерес к сокрытым ментальным силам можно наблюдать уже в 1890-е годы. Кроме того, оккультная сцена становилась в это время все более разнообразной во Франции и в Британии [Owen 1989; Monroe 2008]. Несомненно, однако, что политические перемены в России сопровождались возрастанием интереса к оккультным изданиям и появлением здесь самых разных оккультных учений.

Хотя политические перемены сами по себе не вызвали изменения оккультных интересов, на примере магических практик заметно, какие ценности оказались востребованы русским обществом после 1905 года. Согласно антропологам и психологам, магия вырастает либо из ощущения человеком своего бессилия, либо из уверенности, что он может властвовать над своим окружением[43]. В российском оккультизме начала XX века все говорило о чувстве силы, а не о слабости, даже если порой к нему и примешивалось ощущение небезопасности.

Альфред Адлер, чьи теории оказали решающее воздействие на дискуссии о психоанализе в Российской империи поздних лет, объяснял стремление к превосходству — подобное тому, которое обнаруживалось в самоучителях по гипнотизму, — острым чувством бессилия [Адлер 2003; Адлер 2021; Ljunggren 1994: 68–69]. Такая интерпретация согласуется с тем, как Кит Томас объясняет «упадок магии» в раннесовременной Англии. Согласно такому образу мысли, оккультные руководства обладают значительной популярностью там, где другие способы самоутверждения недоступны. Кит Томас, вдохновлявшийся работами Малиновского, как известно, утверждал, что индивидуальные стремления, представления о самопомощи и возрастающие реальные возможности человека в светском обществе обусловили конец суеверий старой Англии [Thomas 1991]. Однако этот тезис нельзя применить к России. В начале XX века подданные царя получили новые возможности: устремления непривилегированных россиян после 1905 года только возросли. Но вместо того, чтобы свести на нет оккультные практики, изменившиеся условия сделали вполне вероятными перспективы личной автономии, социального роста и материального успеха. Маскулинный и магический характер оккультизма начала XX века показывает, что эти практики вовсе не были адресованы отчаявшимся читателям, отказавшимся от надежд на самоутверждение. Кроме того, если Адлер и Томас были правы, оккультизм как раз должен был апеллировать к наиболее угнетенным группам: этническим меньшинствам, крестьянам и женщинам. Но практический оккультизм, очевидно, распространялся как раз среди русскоязычного мужского населения столиц и городов; содержание оккульт-

---

[43] Б. Малиновский рассматривает оба варианта, хотя больше склоняется к первому; Адлер также делает основной акцент на бессилии оператора магии; Эванс-Притчард и Мосс в большей степени подчеркивают, что магия наделяет могуществом [Адлер 2003; Адлер 2021; Малиновский 1998: 38, 99; Evans-Pritchard 1972: 427; Мосс 2000: 125].

ных публикаций было призвано удовлетворить запросы именно этой группы.

Важно отметить: в популярном оккультизме предполагалось, что приобретение силы осуществляется самим индивидом, его усилиями и ресурсами и что сила не будет дарована ему извне. Однако такое упование только на свои силы порою было чревато сомнением и чувством тревожности. Мантра Сегно «я никогда не буду волноваться или смущаться» предполагает, что методы влияния на других также призваны были помочь с внутренними проблемами. Психологи относят популярность суеверий в определенных группах в Америке конца XX века на счет неопределенности, с которой каждый день сталкиваются представители некоторых профессий [Vyse 1997]. По их утверждениям, оккультные ритуалы дают практикующим уверенность, которая оказывает им реальную помощь. Как позволяет заключить пример Сегно и других оккультных авторов, практический оккультизм в позднеимперской России тоже выполнял похожую функцию или, во всяком случае, призван был ее выполнять.

Существовал и другой аспект практического оккультизма, делавший его проблематичным, несмотря на самоуверенность большинства оккультных публикаций: популярный оккультизм был не способен примирить два противоположных влечения современников: стремление к обретению силы в своих интересах и стремление к обретению сообщества. Но, невзирая на эти антиномии (уверенность и сомнение, самостоятельность и приверженность общей идее), новый оккультизм ратовал за независимость и активизм одновременно. Современники могли искать исключительно достижения личных целей или стремиться к переживанию общности с другими людьми, но самоучители предписывали им взять собственную судьбу в свои руки и работать во имя исполнения личных желаний. В эпоху, когда многие люди (и среди них — самые плодовитые из интеллектуалов) чувствовали себя застрявшими в безвременье, но ожидали, что вот-вот в мире произойдут судьбоносные изменения, практический оккультизм указывал путь активного действия, которое повлечет за собой «революцию духа» и обновление жизни.

Глава 4
Священники, слуги и «непокойные» дома

В конце 1900 и на протяжении всего 1901 года несколько российских журналов и газет сообщали о сверхъестественных происшествиях в доме приходского священника Иоанна Соловьева из с. Лыченцы в 30 км от Переяславля и более чем в 200 к северо-западу от Москвы. Необъяснимые явления стали замечать с 16 ноября 1900 года, когда Соловьев обнаружил, что кто-то забил печную трубу «овчиной, войлоком, мешком и чем-то еще, упавшим в оборот» [Необычайные явления 1900a: 839]. В результате дом Соловьева наполнился дымом. Позже той же ночью по дому будто сами по себе стали перемещаться ковры, мешки, конские попоны и обувь. Соловьев пытался успокоить свое семейство, состоявшее из жены, Дарьи Васильевны, трех дочерей и двух горничных, приводя любые объяснения, которые мог представить, но позже признался, что у него самого «в мысль закралось что-то неладное» [Необычайные явления 1900a: 839]. На следующий день огонь в печке загорелся сам по себе, комнаты вновь оказались в дыму. Когда священник, его жена и старшая из двух горничных хлопотали над печью, они нашли в ее устье войлочные платки и клубок шерсти. Странных происшествий становилось все больше, причем в их центре неизменно оказывалась печь. Вещи в доме перемещались с места на места, а одежда и прочие предметы текстиля постоянно оказывались в печном огне. Отец Иоанн вспоминал:

Вдруг запахло гарью, бросились к печи, а там уже горели ситцевые и фланелевые кофты. Только их вынули и залили, как чрез минуту нашли там три совершенно новых розовых детских платья, висевшие в чайной. В это же самое время в кухне с шестов снято белье и попрятано в ушат с водой, в который чрез минуту незримо для всех затискан был драповый дипломат на меху [Необычайные явления 1900a: 840].

Соловьев был потрясен происходящим в его доме и 17 ноября обратился за помощью к прихожанам. Вскоре жилище батюшки заполонили любопытные, которые впоследствии станут источником показаний для местного благочинного, полиции, чрезвычайного посланника губернатора и журналистов. Шестидесятилетняя Марфа Тимофеевна Ларионова, к примеру, потом вспоминала следующее:

...в пятницу вечером (17 числа) пришла в дом священника вместе с другими прихожанами посмотреть на те беспорядки, которые происходили в его доме, и увидела: в зале стулья поставлены вверх ножками, машинка на полу, две столовые лампы стояли тоже на полу; выходя из зала в соседнюю комнату, услыхала запах гари; у двери и печи в это время стоял народ. Крестьянка Анна Захарова отворила при мне дверку в печь, и мы увидали, что в печи горят не пламенем, а как будто искрятся кофты фланелевые, которые я, Марфа Ларионова, вытащила голыми руками и бросила на пол; боясь зажечь висевшую рядом одежду, снова их бросила в печь, а рук не ожгла. Принесли с водой лохань, я снова вынула эти вещи руками из печи, в печи ничего уже не осталось, и горячих углей в печи не было заметно, бросила горелые вещи в лохань и вынесла на волю. Пока носила я лохань, в печи очутились снова вещи — платья детские; народ и в это время стоял около печи, и никто не заметил того, каким образом очутились вещи в печи [Необычайные явления 1900a: 846].

Другие тоже подтверждали, что находили в печи суконные платья, фартук, «сверток новины аршин около восьми [5,7 м]» и наволочки. Трое свидетелей сообщали, что видели, как «из трубы на шесток стали падать довольно горячими сапоги с промежутками один за другим и парами числом семь» [Необычайные явления 1900a: 841]. Селяне к тому же рассказывали, что квашня, поставленная на кухне, оказалась на полу, ботинки — в сусеках с мукой, а карманные часы — в крынке с молоком [Необычайные явления 1900a: 844, 841].

Семнадцатого ноября, когда священник обратился к пастве за помощью, отец Иоанн также решил провести молебен у себя дома, но, когда тот закончился, невидимые руки рассыпали муку на головы собравшихся для молебна. Казалось, что христианский обряд, вместо того чтобы исправить ситуацию, побудил неведомую силу насмехаться над религиозными обычаями. Через 5 мин после окончания ритуала священник обнаружил, что даже со священными предметами начинают происходить странности: «епитрахиль разостлана в длину по полу, крест лежал посредине ликом к иконам, Евангелие в одной стороне, а требник отброшен в другую» [Необычайные явления 1900a: 840–841]. Так прошло четыре дня; потом Соловьев отчаялся и отправил две телеграммы: одну — епископу Сергию из Владимирского благочиния, другую — харизматичному пресвитеру Иоанну Кронштадтскому. В телеграммах Соловьев просил обоих иерархов «помолиться о храмине, стужаемой от духов злобы» [Необычайные явления 1900a: 842]. После отсылки телеграмм Соловьев обнаружил, что странные происшествия прекратились. Но это было только затишье. Вечером местный служитель полиции осмотрел дом Соловьева. Во время визита фуражка стража порядка вдруг исчезла вместе со шляпой священника. Начальство Соловьева направило к нему самого благочинного, отца Павла Веселовского, прибывшего в Лыченцы утром 21 ноября; подобно прочим очевидцам, он наблюдал, как в печке горели посторонние предметы, и, как и полицейский офицер, написал рапорт[1].

Поначалу события в доме священника были только предметом слухов в Лыченцах и соседних деревнях[2]. Но 15 декабря 1900 го-

---

[1] ГАРФ. Ф. 102. Д-3. Оп. 1901. Д. 47.

[2] Там же.

да «Владимирские епархиальные ведомости» опубликовали 14-страничный отчет о происходящем на основе показаний местного благочинного [Необычайные явления 1900a]. Эту статью тут же стали перепечатывать провинциальные и столичные газеты и журналы, в том числе таблоид «Русский листок» и орган спиритуалистов «Ребус» [Священник 1900; Самопроизвольные 1901; Новые самопроизвольные 1901; Рассказ сотрудника 1901; Соловьев И. 1901]. Новости о чертовщине в Лыченцах так жадно поглощались публикой, что работавшая во Владимире типолитография В. А. Паркова еще до конца 1900 года перепечатала материал из епархиальной газеты в виде брошюры с броской розовой обложкой, а «Русский листок» послал в Лыченцы своего журналиста, написавшего сенсационный репортаж в девяти частях о днях, проведенных в доме Соловьева [Необычайные явления 1900b; Дон-Базилио 1901]. Происшествия в Лыченцах так волновали современников, что три года спустя в журнале «Судебные драмы» появился разбор этого случая на 70 страницах [Титов 1903][3].

* * *

Отец Иоанн Соловьев был не единственным домохозяином, столкнувшимся с неприятностями подобного рода. Если доверять российской прессе, дома, где творилась чертовщина (haunted houses)[4], можно было найти по всей империи от Варшавы до

---

[3] Я благодарю Сандру Дальке (Dahlke), обратившую мое внимание на этот источник.

[4] Автор использует специфическую для англоязычного мира культурную категорию haunting и отвечающий ей топос haunted house / place. Haunting — буквально «навязчивое посещение» — предполагает вторжение в повседневную жизнь людей необычного и неведомого агента, дающего о себе знать с негативными для свидетелей последствиями. Соответственно, haunted house / place — это дом или место, где подобные происшествия случаются, причем чаще всего они относятся на счет призраков и привидений, то есть мертвых, докучающих живым. Хотя для перевода первого из терминов довольно неплохо подходит русское слово «чертовщина», в русском языке, по-видимому, отсутствует техническое обозначение «дома / места, в котором происходит чертовщина». Поскольку в русской традиции наряду с этим

Томска[5]. Репортажи о проделках нечистой силы в изобилии появлялись в 1880-е годы. Их число достигло пика в 1890-е годы и уменьшилось, оставаясь, однако, значительным, в 1910-е годы[6]. Их популярность, о которой свидетельствуют частые перепечатки, показывает, что они чем-то брали публику за душу.

Для спиритуалистов случаи феноменов были значимы как наглядные проявления независимой деятельности со стороны сверхъестественных сил. Однако такие проявления были своего рода спиритическими сеансами наоборот, а потому вызывали ряд серьезных вопросов. Когда творилась чертовщина, сверхъестественные агенты вдруг проявляли свое присутствие среди бела дня, без всякого призыва со стороны собрания спиритуалистов. Кроме того, как правило, здесь наносился какой-то имущественный ущерб, фигурировали предметы домашнего обихода, а не средства мирного досуга (карточные столы, музыкальные инструменты, специально подготовленные отрезки бечевки), как во время сеансов. Поэтому спиритуалисты надеялись, что исследование чертовщины позволит им ответить на важные вопросы о природе сверхъестественных сил, об их источнике и о стимулах, которые вызывают манифестации духов [Юм 1908][7]. В свою очередь, среди широкой публики чертовщина поднимала вопрос о том, насколько вероятно вмешательство сверхъестественного в повседневную жизнь.

объяснением не менее часто привлекается действие домашних духов (домовые, овинники и пр.), а также генерализованной «нечистой силы», я счел неуместным переводить haunted house как «дом с привидениями / призраками». Лучше всего смысловой и эмоциональный оттенок последнего термина передает название главы в булгаковском романе «Мастер и Маргарита» — «Нехорошая квартирка». В прессе, рассматриваемой автором, также применялся термин «непокойные дома». — *Примеч. пер.*

5 См., к примеру, [Проказы 1886; Мельников 1906].

6 Из 101 случая, рассмотренного здесь, 26 относятся к 1880-м, 38 — к 1890-м, 29 — к 1900-м, 9 — к 1910-м годам.

7 В мировом сообществе спиритуалистов русские известия о «непокойных домах» стали предметом международной дискуссии. См., например, [Britten 1884: 361–363; Leaf 1895; Petrovo-Solovovo 1899].

Репортажи о «непокойных домах» были популярным, но проблематичным жанром, поскольку такие происшествия никогда не оставляли наблюдателя равнодушным. Чертовщина заставляла современников задумываться о достоверности нашего опыта, собственных верованиях, морали и психологии. Нарративы, которые разбираются ниже, показывают, что свидетели необычных случаев, те, кто писал о них репортажи, и те, кто их читал, бросали вызов привычным методам рассуждения, ставили под вопрос устоявшиеся авторитеты и соединяли взаимоисключающие идеи в контексте характерного современного мировоззрения, главная черта которого — относительность истины. К тому же эти сенсационные истории демонстрируют, насколько широко был распространен интерес к тайным областям человеческой психики. В качестве определяющих черт современной элитной культуры часто выделяют новые представления о субъектности, другое ощущение своего «я» в сочетании с интересом к бессознательному. Репортажи о чертовщине показывают, как события, ассоциировавшиеся с оккультными силами, способствовали развитию подобных идей в общественной мысли и популярной культуре. Эти тексты также знаменательны, поскольку они дают представление о том, как эпизоды, происходившие в глухой провинции, например в с. Лыченцы, соотносились с подобными случаями в городе и как журналистские стратегии столичных изданий формировали вкусы публики, ставшие частью единой национальной культуры. Кристин Воробец показала, насколько различались в XIX веке «реальности» описаний одного и того же феномена — кликушества — в зависимости от того, кто его описывал: крестьяне, этнографы, медики, клирики или чиновники [Воробец 2023]. Согласно Воробец, различные сословно-профессиональные группы разработали (каждый свое) артикулированное представление о кликушестве. В популярном жанре репортажа о чертовщине дело обстоит аналогичным образом: в различных текстах и у разных авторов различаются не интерпретации, а, собственно, те или иные авторские «реальности», которые стоят за тем или другим описанием феномена в каждом конкретном случае. Невозможность однозначно «диагностировать» природу и причину подобных происшествий означает, что придется преодолеть разрыв между светским и религиозным, элитным и народным.

Содержание рассказов о чертовщине, рассматриваемых здесь детально, свидетельствует о том, что их авторы и аудитория обладали сложным взглядом на человека и мир природных явлений. На структурном уровне эти нарративы фрагментированы, лишены внутренней связности и рациональной логики. Здесь не всегда выдерживается даже нарративная логика; отношения между причиной и следствием тут по меньшей мере двусмысленны, часто не ясны или вовсе не артикулированы. Во всех повествованиях о сверхъестественных происшествиях в жилищах обитателей поздней Российской империи остается непонятным, что является причиной, а что — следствием. Загадкам таких происшествий всегда давались многочисленные «разгадки», но ни одна из них не получила достаточной разработки для того, чтобы обрести необходимую долю убедительности. В то же самое время многочисленные возможные объяснения феноменов частично отвергались. Как и в случае с объяснением гипноза, в результате оставались многочисленные объяснения, каждое из которых выглядело недостаточно убедительным, вопрос без ответа и чувство неопределенности.

Логика повествований о чертовщине, таким образом, приводит на ум скорее логику галлюцинации и сна, чем логику обычного газетного репортажа[8]. В самом деле, рассказы о чертовщине и пересказы сновидений имеют общие черты. Оба «жанра» отличаются абсурдностью содержания и ключевой ролью образов и символов для передачи смысла. Поскольку отношения каузальности здесь ослаблены, а противоречия сглажены ввиду общей атмосферы двусмысленности происходящего, такие истории могут становиться полем для самых разных интерпретаций. В результате они оказываются сверхдетерминированы, то есть их отличает «огромная герменевтическая неопределенность» [Pick, Roper 2004: 13]. Кроме того, у пересказов снов и рассказов

---

[8] См. [Pick, Roper 2004; Фрейд 2020; Paperno 2006; Фрейд 2008б].

о чертовщине есть еще одно сходство. В том и другом случае разворачивающийся нарратив не развивает постепенно некой мысли или идеи. Вместо этого композиция такого повествования позволяет нарративу все более формально «заострять» идею, последовательно задействуя те или иные приемы; но важно, что такая идея с самого начала нарратива уже дана[9]. Фрейд объяснял, что сны — это выражение психического содержания, чья абсурдность позволяет бессознательному манифестировать некий смысл в обход сознания. Повествования о домах, где бедокурят призраки и нечистая сила, также являют нелогичный мир, а потому доносят до публики идеи, которые иначе невозможно было бы артикулировать. В таком доме водятся скрытые истины, потаенные желания, неудобные или спрятанные от сознания факты реальной жизни; короче говоря, эти рассказы, так же как сны, дают выражение тому содержанию, которое обычно остается «непечатаемым» и даже немыслимым.

Однако, в отличие от снов, чертовщина — это не индивидуальный, а коллективный опыт. Она происходит в доме, в жизни которого принимает участие много людей: хозяин и / или хозяйка, дети, прислуга, друзья, соседи. Именно они обретают опыт воспринимаемого воздействия неведомой силы, формулируют первичный нарратив о нем. Как только появляются слухи, те, кто узнал о происшествиях, передают информацию другим, участвуя таким способом в дальнейшем конструировании этого нарратива. Настоящему процессу могут содействовать полиция или церковный аппарат, когда власти начинают опрашивать свидетелей и писать донесения. Если новости о чертовщине доходят до прессы, журналисты и читатели в равной степени становятся частью расширяющегося круга лиц, прямо или косвенно получивших опыт столкновения с неведомым. Как и сплетни, которые должны обрести некую достоверность в конкретном культурном контексте, развитие нарративов о «непокойных домах» зависело от того, насколько они вписывались в общий контекст целого комплекса разделяемых людьми представлений, ценностей

---

[9] О нарративном характере сновидения см. [Юнг 2021].

и эмоций[10]. Все комментаторы обращались друг к другу, полагались на современную рациональность и местные критерии достоверности слухов, чтобы постичь вставшие перед ними непостижимые явления. Так, даже к полицейскому делу об инциденте в Лыченцах в качестве свидетельства была подшита брошюра «Необычайные явления», опубликованная В. А. Парковым во Владимире [Необычайные явления 1900б][11]. Полицейские пытались отыскать в этом коммерчески успешном отчете что-то, что поможет им осмыслить произошедшее в соловьевском приходе. Журнал спиритуалистов «Ребус», не пропускавший ни одного информационного повода, связанного со сверхъестественным, собрал все доступные свидетельства о тамошней чертовщине. В нем перепечатывались целые параграфы из церковного журнала, впервые сообщившего об этом деле, а также из «Русского листка», пока в руках у редакции не оказалось долгожданное письмо непосредственно от Соловьева [Соловьев И. 1901].

Фрейд и Деррида подчеркивали элементы разлома и разрыва, которые неизменно присутствуют в опыте столкновения со сверхъестественным [Фрейд 1995; Деррида 2006]. По Фрейду, такие столкновения вызваны зазором между различными состояниями сознания. «Жуткое» (the uncanny, das Unheimliche), по Фрейду, — это нечто знакомое и хорошо известное, но утерянное или подавленное. Когда то, что прежде было хорошо знакомо, но оказалось отправлено в бессознательное, возвращается, тем самым оно ставит под вопрос, насколько сознание адекватно реальности, и таким способом приобретает качества чего-то неведомого, потенциально опасного и вызывающего тревогу [Фрейд 1995]. Деррида, напротив, считает, что чертовщина — манифестация онтологических, а не только психологических трещин. Почти как спиритуалисты XIX века, он цитирует гамлетовскую фразу «распалась связь времен» (the time is out of joint)[12], харак-

---

[10] О сплетнях см. [Юнг 2021; Smith S. 2008a].

[11] ГАРФ. Ф. 102. Д-3. Оп. 1901. Д. 47.

[12] Спиритуалисты цитировали эту фразу на основе перевода А. И. Кронеберга (1844): «Ни слова боле: пала связь времен! / Зачем же я связать ее рожден». — *Примеч. пер.*

теризуя природу чертовщины [Деррида 2006: 31–42]. В его понимании чертовщина — результат возвращающегося присутствия призрака, который находится по ту сторону познания, поэтому непостижим по своей сути [Деррида 2006: 19–20]. Присутствие призрака, то есть умершего человека, создает разрыв во времени, «несовременность настоящего самому себе» [Деррида 2006: 42]. Поскольку явление призрака призывает тех, кто воспринимает его, действовать, прошлое, настоящее и будущее в привидении соединяются. То, чего уже нет (прошлое), и то, чего еще нет (будущее), объединены в его присутствии [Деррида 2006: 42]. Время, которое «вывихнуло сустав» (буквальное значение гамлетовской фразы), для Деррида, как и для Гамлета, есть указание на несправедливость, и она предполагает возможность зла [Деррида 2006: 42].

Рассказы о чертовщине в поздней имперской России повествуют о времени, «вывихнувшем сустав». Здесь поднимаются вопросы о справедливости и одновременности неодновременного; проговариваются явные и тайные желания, тревоги и надежды, которые в одно и то же время обладали очень интимным характером и предназначались для публики. Современники воспринимали подобные случаи как нечто непостижимое и в то же самое время находили в них что-то до боли знакомое.

* * *

Газетные статьи о приходском священнике Соловьеве были лишь современными вариациями на традиционную тему. Русский фольклор неизменно относил странные звуки, вздохи и постукивания в крестьянской избе на счет домового[13]. Верования, связанные с домовыми, были распространены по всей России и представляли собой довольно последовательную систему. Считалось, что этот дух живет в каждом сельском жилище. Домового никто никогда не видел, но он представлялся в антропо-

---

[13] Литературу о домовом см. [Померанцева 1975; Haase 1980; Oinas 1985; Ivanits 1992; Даль 1996].

морфном виде, и те люди, кого он коснулся, утверждали, что
домовой покрыт мягкой шерстью. В отдельных регионах его
представляли в виде животного, чаще всего кошки или собаки.
Предполагалось, что домовой в целом благорасположен к людям,
но в то же время довольно капризен и любит озорничать. Ночью
он не дает покоя скоту и птице, душит или щиплет спящих,
шаркает и топает ногами, стучит по полу и стенам, завывает
и опрокидывает предметы. «Следы проказ его нередко видны
и днем, — писал В. И. Даль, — например, посуда вся очутится за
ночь в поганом ушате, сковородники сняты с древка и надеты на
рога ухвата, а утварь сиделая, столы, скамьи, стулья переломаны
либо свалены все в одну кучу» [Даль 1996: 18]. Если попадался
добрый домовой, то он гладил людей и ухаживал за скотом. Согласно фольклорным представлениям, домовой активен только
ночью; что он делал днем, непонятно. Некоторые полагали, что
он отдыхает за печкой; другие говорили, что он живет под поро-
гом, на чердаке или в стойле.

В XIX веке вера в домового и прочих духов из фольклора при-
ходила в упадок, но домашний гений (genius loci) оставался очень
узнаваемой фигурой в русской культуре[14]. А. С. Пушкин часто
упоминает домового в стихах, а в черновиках Ф. М. Достоевского
есть рассказ под названием «Домовой» (1880); так же называется
произведение сатирической писательницы Тэффи, творившей уже
в XX веке [Словарь языка 1956–1961, 1: 684–685][15]. А. П. Чехов,
М. Горький и многие другие писатели упоминают это существо
в своих произведениях [Достоевский 1972–1990, 2: 399–402; Чехов
1974–1983, 2: 130]. Фигура домового была всем общеизвестна,
и эти представления повлияли на складывавшийся нарратив
чертовщины. Как показывает сам характер сверхъестественных

---

[14] Об упадке веры в фольклорных духов см. [Н. Х. 1892; Померанцева 1975:
49; Ivanits 1992: 72; Даль 1996: 48].

[15] В 1819 году Пушкин написал стихотворение «Домовому»; домашний дух
упоминается в «Евгении Онегине» и во многих других произведениях
[Пушкин 1977–1979, 1: 320; 5: 93]. См. также [Достоевский 1972–1990, 2].
Рассказ Тэффи был опубликован в 1931 году в эмиграции; домовой оказался литературным долгожителем [Тэффи 1998–, 2: 223–235].

явлений, беспокоивших отца Иоанна Соловьева, русская чертовщина в точности повторяла традиционные проделки домового. Обычно безобразия происходили на кухне и чердаке, неизменно были связаны с печкой, то есть любимым местом отдыха духа, и включали в себя предметы домашнего быта, то есть инвентарь домового. В Лыченцах мебель и утварь перемещались по дому именно так, как рассказывает об этом Даль в своем описании домового. Кроме того, большую роль здесь стали играть предметы, связанные со стойлом, например попона[16].

Однако влияние фигуры домового в случае чертовщины в Лыченцах, как и в других подобных случаях, не было очевидным. Хотя описание явлений приводило на ум именно проделки домового, он ни разу не был упомянут в тех историях. В немногочисленных случаях, когда, сообщая о чертовщине, пресса вместе с тем упоминала домового, это делалось для того, чтобы выставить не в лучшем свете веривших в этот дух. На городском рынке домовой превратился в устаревшую культурную фигуру, а вера в него приводилась как пример деревенской отсталости. Спиритуалисты высмеивали свидетелей, утверждавших, будто сверхъестественный беспорядок был устроен домовым [Бронштейн 1885; Petrovo-Solovovo 1899].

Не один только русский фольклор привлекался для объяснения феномена чертовщины. Православная церковь тоже признавала, что в человеческом жилище действуют невидимые агенты, беспокоящие людей, объясняла их природу и предлагала средства против них. Согласно православному богословию, в домах бесчинствуют бесы. В литературе способность бесов манипулировать домашними предметами связывается с их способностью вселяться в людей, вызывая одержимость [ППБЭС 1913, 1: 429–430]. Церковь подчеркивала, что «духи злобы» действительно суще-

---

[16] Для сравнения: британские «дома с привидениями» (haunted houses) того же периода отличались совершенно другими качествами; они были куда менее «непокойны», чем дома с чертовщиной в России. В Англии сверхъестественные существа обычно являлись хозяину и его семье в виде туманных фигур, но они не разбрасывали домашних принадлежностей и не наносили физического вреда домочадцам [Barrett, Percival Keep et al. 1883; Morton 1892].

ствуют как самостоятельные существа, изображенные в Писании. «Бесами или демонами называются в Святом Писании злые духи, составляющие вместе с их князем, диаволом, темное бесовское царство», — говорилось в православной энциклопедии. Согласно той же энциклопедии, цель бесов — склонить человека ко греху [ППБЭС 1913, 1: 429–430]. Православные авторы с порога отметали предположения, что чертовщину, состояла ли она в перемещении предметов внутри дома или одержимости, можно объяснить, не учитывая действий сверхъестественных существ. Но бесов можно было обуздать церковным ритуалом. Требник (иначе евхологион, «книга молитв») содержит «Молитву о храмине, стужаемой от духов злобы», которую следует применять в подобных случаях. Именно ею отец Иоанн Соловьев попросил помолиться за себя епископа Сергия и Иоанна Кронштадтского. Иоанн Соловьев также прочитал молитву сам, прославляя в звучных церковнославянских формулах божье всемогущество:

> Ей Господи, легеона демонов отгнавый, и глухому и немому демону и нечистому духу удержавшемуся, от человека изыти и исходу невозвратну быти повелевый. <...> Сам Владыко, вышши всякаго вреда и искушения, вся сущия в дому сем сохрани, избавляя их от страха нощнаго, и стрелы летящия во дни, от вещи во тьме преходящия, от сряща и демона полуденнаго, да Твои раби, Твоя рабыни и младенцы, Твоея наслаждающеся помощи, и ангельским воинством храними, яко един вси во единомыслии верно поют: Господь мне Помощник... [Требник 1836: 169–170].

Хотя «молитву о храмине» читали в тех случаях, когда злой дух поселялся в доме, в самом ее тексте явно наличествует связь между демоническим присутствием в доме и одержимостью бесом отдельного человека. Этот фрагмент (в частности, использование выражения «нечистый дух», упоминание «вещи во тьме преходящия», «страха нощнаго» и «демона полуденнаго») показывает, что духи из фольклора, такие как домовой и полудница, воспринимались православной церковью как представители демонического царства[17]. Хотя церковь демонизировала духов фольклора, с этим так и не согласилась народная вера, поскольку в ней всегда сосуществовали страх перед сельскими духами и позитивное к ним отношение.

Как и в случае с домовым, русская светская пресса не проявляла особой веры в могущество бесов, когда перед ней вставала необходимость объяснить случаи чертовщины. Однако православные представления о нечистых духах, как и крестьянские соображения о духах природы и жилища, сохраняли видное место в культуре. В романах Достоевского 1870-х годов фигурируют явления бесов, так или иначе связанные с греховными деяниями героев[18]. На рубеже XIX–XX веков Федор Сологуб создает образ школьного учителя Ардалиона Передонова, который сам именуется «мелким бесом» и подвергается преследованию другого духа — «недотыкомки» [Сологуб 1991].

Когда во второй половине XIX века полицейские чиновники, журналисты и даже православные иерархи давали свои объяснения происходившему в «непокойных домах», они обращались к современным идеям, почерпнутым, в частности, из спиритуализма. Пристав, расследовавший инцидент в жилище отца Иоанна Соловьева, поначалу приписал происходящее «проделкам прислуги — спиритизму»[19]. Согласно спиритуалистам, необычные происшествия вызваны медиумом и / или духом умершего человека. Хотя в рядовых светских публикациях это представле-

---

[17] О демонизации фольклорных духов православной церковью см. [Wigzell 2000]. На самом деле упоминание в молитвах «вещи во тьме преходящия», «страха нощнаго» и «демона полуденнаго» не имели прямого отношения к русскому фольклору, поскольку представляют собой цитаты из Псалтыри (Пс. 90:5–6). Псалом 90 был популярен среди сельского и городского населения как могущественный оберег. Тем не менее зловещие персонажи или явления, на которые намекали его стихи, вполне могли восприниматься так же, как фольклорные духи, и, несомненно, воспринимались принадлежащими демоническому миру. — *Примеч. пер.*

[18] Николай Ставрогин, главный герой «Бесов» (1870), к примеру, исповедуясь отшельнику Тихону, утверждает, что видел бесов [Достоевский 1972–1990, 11: 5–30].

[19] ГАРФ. Ф. 102. Д-3. Оп. 1901. Д. 47.

ние редко проговаривалось, на него встречаются частые намеки[20]. Усопший жилец, таким образом, стал, наряду с домовым и бесом, третьим персонажем, который не фигурирует в нарративах о чертовщине, но присутствие которого в них выдают многочисленные откровенные намеки. Впрочем, в артикулированных попытках объяснить чертовщину существа из мира духов вынуждены были потесниться, чтобы уступить место созданиям из плоти и крови, а именно слугам, которым приписывались медиумические способности.

Чертовщина и мятежная прислуга

В объяснениях случаев чертовщины чаще всего фигурирует прислуга женского пола[21]. Слуги делили с господами кров и даже участвовали в интимной жизни дома, однако не входили в семью и всегда могли оказаться чужеродным элементом жилища. Когда у отца Иоанна в Лыченцах предметы одежды вновь и вновь оказывались в печке, «Владимирские епархиальные ведомости» сообщали, что полиция подозревает в происходящем прислугу [Необычайные явления 1900a: 842]. Когда неведомым образом в Казани в 1884 году из печки полетели картофелины, хозяин заподозрил, что в этом виновата прислуга Саша. Он приказал ей лечь на скамейку в кухне и «велел... думать при этом и желать, чтобы что-нибудь упало и разбилось». Внезапно «на глазах у капитана и денщика упал со стены поднос, а вслед за этим упала и девочка и очнулась, лишь ударившись головой о ножку стола» [МБ 1885]. Как показало дальнейшее расследование, таинственно «падали вещи, преимущественно поставленные на место девочкою» [МБ 1885].

В других рассказах о чертовщине недавно нанятые служанки прямо назывались единственными виновницами невероятных происшествий. В Петербургской губернии богатая крестьянка

---

[20] Такая точка зрения прямо упоминается в [П. М. 1907; Старь и новь 1916].

[21] Ключевая роль слуг — одна из отличительных черт русской чертовщины. В викторианской Британии, например, слугам не приписывается особое отношение к необычным феноменам [Barrett, Percival Keep et al. 1883].

Феодосия Спиридонова сообщила журналисту, что «к ним поступила нянькой девочка крестьянка из деревни Березняки Мария Семенова 11–12 лет. Приблизительно через неделю после ее поступления начались явления: стуки в окна, происходящие будто извне, похожие на бросание комками снега или стук руками» [Притвиц 1896: 88]. Спиридоновы, увидевшие в происходящем действие нечистой силы, по совету соседей повесили напротив окна икону, но она вскоре оказалась на полу. События приобрели угрожающий характер, когда по дому стали сами собой перемещаться ножи; один из них даже оказался воткнут в пол. Куда бы ни пошла Мария, всюду ее преследовали какие-то сверхъестественные явления: «Например, подойдет к углу печки, где стоят ухваты, — начинаются тут движение и падение предметов, поленья дров, лежащие на печке, падают безо всякой видимой причины; один раз слабо прикрепленный на самом верху печки кирпич был брошен по направлению девочки» [Притвиц 1896: 88]. Спиридоновы попросили местного священника провести молебен, но, когда даже это не возымело действия, хозяевам пришлось дать Марии отставку. Все сверхъестественные происшествия сразу же прекратились [Притвиц 1896: 88].

В декабре 1908 года в Петербурге в доме № 60 по Лиговскому проспекту произошли исключительные события. В квартире вдовы О. Л. Берлянд «неожиданно большинство вещей начали скакать на своих местах, причем много вещей оказалось поломанными и побитыми». Подозрение тут же пало на 16-летнюю няню, Пелагею Арбузову, которая сильно бледнела и тряслась, сбиваясь, говорила, что видит покойного барина. Когда она вскричала: «Вот какой беспокойный барин, родственник г. Петковича, подошел к умывальнику, взял из него таз и бросил об пол!» — собравшиеся сразу же «видели, как таз действительно падал с умывальника, разливая по полу воду». Когда Пелагея была в комнатах, «все начинало скакать, биться и ломаться». Когда она выходила на двор, все сразу же стихало. Бедная девушка была так «утомлена и расстроена, что пришлось вызвать врача». Когда новости распространились среди соседей, пошел слух, что кто-то «видел настоящего черта и всего в шерсти, который разбрасывал вещи и опрокидывал столы и стулья» [Вас. Б. 1908б][22].

Этот репортаж, в котором встречаются прямые упоминания бесов и покойного барина, был сходен с прочими повествованиями тем, что здесь подчеркивалась связь между сверхъестественными происшествиями и домашней прислугой[23]. Как именно юная няня была ответственна за падение предметов, оставалось не ясным. В подобных репортажах присутствовали намеки, что сверхъестественные события вызваны медиумическим даром служанки, но в то же время были здесь намеки и на объяснения в духе христианства.

В подобных случаях господа и хозяева оказывались в нелепом положении. В случае с Сашей из Казани комический эффект усиливало еще сословие хозяина: г-н Флоренцов был отставным офицером, и на битву с летающими картофелинами и кирпичами он созвал своих боевых товарищей. Как сообщала местная газета «Волжский вестник», «в квартиру г. Флоренцова собралось много знакомых офицеров (человек десять)», но они не могли пресечь чертовщины. Картофелины, которые сначала просто выпадали из печного устья, теперь «выкатывались из-под мебели, летели от стен, падали с потолка, изредка на место действия явился и кирпич». Одному офицеру картофелина «свалилась сверху на голову, другому ударила в нос, некоторым снаряды невидимого врага попадали в спину, плечи и т. д.». Полицейское расследование тоже ничего не дало:

> ...канонада продолжалась, и один из рядовых получил такой увесистый удар, что чуть не свалился с ног от страха. Тем не менее солдатики выносили картофельный огонь и, преспокойно подбирая снаряды, съедали их на самом месте боя, пользуясь тем, что много из них были сварены [Картофельная канонада 1884].

---

[22] См. также [Вас. Б. 1908a].

[23] Другие репортажи, в которых слуги сразу же попадали под подозрение: [Повторение необъяснимых явлений 1886; Случай самопроизвольных 1888; Лисенков 1981; Четырнадцатилетний медиум 1895; Хлопицкий 1897; Непокойный дом 1899; О Владикавказском медиуме 1904].

Затруднение Флоренцова дало местной газете блестящую возможность высмеять военных и полицию, которые безуспешно сражаются с самыми обыденными вещами, обычно входящими в сферу компетенции кухарок. В других репортажах могли предстать такие герои, как судья, которому досаждают домашние туфли, профессор физики, столкнувшийся с левитирующим детским стульчиком, и многочисленные священники, в том числе отец Иоанн Соловьев, против которых восстал собственный гардероб [Петербуржец 1892; Дон-Базилио 1901; Непокойные явления 1911]. Мужчины, облеченные религиозной и государственной властью, обладающие солидным весом в обществе, вдруг теряют контроль над вещами повседневного быта, находящимися в ведении женской прислуги. Кажется разумным предположить, что комичность подобных изображений могущественных господ хотя бы отчасти объясняет частоту, с которой подобные репортажи появлялись в газетах. Читателям нравились такие истории, а издатели стремились угодить своей аудитории[24].

Впечатление, что слуги каким-то образом провоцировали сверхъестественные события, было связано с ощущением, что они бунтовали против фигур власти, даже если для этого им необходима была поддержка потусторонних сил. Сам термин, который использовала Марфа Ларионова, описывая происходившее в доме священника Соловьева (*беспорядки*), был стандартным канцелярским обозначением бунта. Современники, писавшие о жизни слуг, сходились во мнении, что у них были основания жаловаться на быт и условия своего труда[25]. Условия работы слуг оставались очень тяжелыми, и наблюдатели показывали, что слуги, большинство из которых составляли женщины, вели самую жалкую жизнь среди всех трудящихся своего пола. Они полностью зависели от своих хозяев, должны были беспрекословно

---

[24] О популярности мотива унижения авторитетов см. [Brooks 1985: 166–213; Perrie 1989: 119–143].

[25] О домашних слугах см. [Glickman 1986; Engel 1994; Rustemeyer 1996; Spagnolo 2009].

повиноваться и быть беззаветно преданными им. Несмотря на это (а возможно, и в силу этого), с течением времени хозяева все больше видели в слугах скрытую, но постоянную угрозу. В литературе и газетах постоянно озвучивались страхи, что прислуга будет воровать; в особенности элиту страшили рассказы о слугах, которые замышляли убийство хозяев и иногда успешно воплощали эти замыслы в жизнь [Rustemeyer 1996: 50–52]. Беспокойство по поводу слуг-воров часто сопровождалось представлениями о беспутных хулиганах и сексуально невменяемых нищих; эти дискурсы страха порождали и питали друг друга[26]. Драматург-любитель Дмитрий Сарохтин, к примеру, писал о слугах, бандитах и социалистах совершенно в одном ключе [Rustemeyer 1996: 161]. Существовали специальные предписания конторам по найму прислуги набирать только надежных кандидатов, но подобные меры не достигали своей цели. Образ «кухарки, управляющей государством», преследовал воображение состоятельных петербуржцев и проник в газетную карикатуру (рис. 12) [На злобу дня 1900][27].

Физическая близость хозяев и слуг заставляла первых еще более бояться последних. В случаях чертовщины эта близость, предполагавшая также, что слуги хорошо знали повседневную жизнь хозяев и их тайны, становилась в контексте жутких происшествий особенно пугающей. В таких случаях хорошо известная, покорная девушка-служанка могла обернуться вовсе не той, что обычно: теперь она оказывалась наделена зловещей (unheimlich) силой. В отдельных случаях чертовщина угрожала физическому благосостоянию и даже существованию господ и их семей, напоминая знакомые по газетам преступления. В 1892 году

---

[26] Исследования «непокорных» женщин: служанок, работниц, проституток и прочих представительниц низших классов — см. в [Engel 1994; Лебина, Шкаровский 1994; Bernstein 1995; Энгельштейн 1996; Rustemeyer 1996]. Случаи «непокойных домов» показывают, что этот дискурс был распространен даже раньше, чем полагали Энгельштейн и Нойбергер.

[27] Рустемайер считает, что страх прислуги распространился после революции 1905 года. Эта карикатура показывает, что он был распространен значительно раньше [Rustemeyer 1996: 161–162].

Рис. 12. На злобу дня: во что скоро превратится бюро для найма прислуги [На злобу дня 1900]

в газете «Новое время» был опубликован репортаж о деле, в котором фигурировали сверхъестественные события. Это дело походило на знаменитый случай насилия слуг над детьми хозяев. В канун Нового года профессор Л. с женой вернулись домой из гостей. К их удивлению, слуги были встревожены, мебель в гостиной сломана, а их маленькая дочка даже пострадала физически. По свидетельству одной из горничных, она кормила девочку, когда сверхъестественная сила внезапно разбила лампу, разломала мебель и подняла ребенка в воздух [Петербуржец 1892]. Казалось, что дело 1870 года о няне, которая нанесла вред ребенку, вернулось, как привидение, в дом профессора Л. и на страницы «Нового времени». Согласно Деррида, именно повторяемость феномена и составляет самую главную характеристику чертовщины[28]. В описаниях чертовщины в прессе поздней империи со сверхъестественным связаны одни и те же мотивы: причиняется физический вред детям, летает картофель, сама по себе движется и бьется посуда, безобразничает печь. И всегда рядом — угрожающее присутствие прислуги.

Зловещий характер этих происшествий еще более усиливался в свете традиционного христианского представления о том, что бунт — это зло. В конце концов, архетип мятежа — это бунт, который поднял архангел Люцифер, не пожелавший служить Богу [Weiner 1998: 15–17]. Хотя могущественный и величественный в своем зле сатана западной теологии в русской культуре традиционно отсутствовал, связь между бунтом и одержимостью была столь же крепка в русском воображении, как и на Западе [Weiner 1998; Davidson 2000]. Джефри Брукс показал, насколько такая ассоциация была распространена в популярной литературе; эту мысль также артикулировали ведущие писатели [Brooks 2005]. В «Бесах» Достоевского (1872) именно разрушение общественной иерархии приводит к беспорядку, который использует в своих целях дьявол [Leatherbarrow 2000]. В русской культуре не было характерного для Запада величественного сатаны: русские бесы неизменно мелочны, и им вполне под стать выходки в духе газетных репортажей о чертовщине. За этими случаями не было никакого большого дьявольского плана — просто предметы повседневного быта выходили из привычного повиновения.

Рассказы о «непокойных домах», кроме того, показывают, что необъяснимые феномены могли связываться с нервными болезнями, которыми страдали слуги. Саша из Казани была, согласно свидетельствам, «очень нервна, впечатлительна и подвержена галлюцинациям» [М. Б. 1885]. Наталья Рязанцева, служанка отца Иоанна Соловьева, по рассказам, тоже была больна нервами; Пелагея Арбузова из Петербурга страдала припадками и впадала

---

28 Для Деррида явление призрака — «это вопрос повтора: призрак — тот, кто всегда возвращается. Его появления и исчезновения невозможно проконтролировать, поскольку он начинается тем, что он возвращается» [Деррида 2006: 25].

в состояние, подобное трансу, когда дух ее покойного хозяина бил тарелки, а «тяжелый обеденный стол с легкостью перевортывался, как бы его двигали несколько невидимых рук» [Титов 1903: 35–36; Вас. Б. 1908а]. Представление о том, что слуги, вызывающие сверхъестественные происшествия, тоже больны некой нервной болезнью, было настолько распространено, что автор одной из статей с удивлением отмечал, что горничная, фигурировавшая в его репортаже, была, по всей очевидности, совершенно здорова [Хлопицкий 1897].

Мнение о том, что важным фактором в разворачивании необъяснимых событий в жилых домах было нездоровье, объединяло в одном ассоциативном ряду таинственные силы и болезнь. Эта связь не ограничивалась областью чертовщины в прессе. Крестьяне считали кликуш больными, но также подозревали, что те имели доступ к сверхъестественным силам; спиритуалисты полагали, что медиумический талант был связан с нервными расстройствами, если не напрямую зависел от их наличия [Owen 1989: 206–208; Worobec 2001: 67]. Таким образом, в русской культуре было широко распространено представление, что душевное нездоровье дает доступ к некой высшей истине. Восточное христианство воплотило эту идею в институте юродивых, связав безумие со святостью [Поселянин 1905; Thompson 1987; Forest 1994; Иванов 1994].

Антрополог Й. М. Льюис отметил, что духи избирательно обращают внимание на слабых и угнетенных; те, чья жизнь протекает спокойно и размеренно, утверждает он, как правило, не страдают одержимостью [Lewis 1978: 60–64]. Одержимость, согласно Льюису, есть выражение бунта и агрессивного самоутверждения [Lewis 1978: 158, 182]. Когда в поздней Российской империи происходила чертовщина, слуги, находившиеся в униженном общественном положении, оказывались в центре внимания. Горничная в доме, где сама собой билась посуда, притягивала к себе взоры не только своих нанимателей, но и любопытных, посещавших место происшествия, полицейских, ведших расследование. При подобных инцидентах статус слуги в доме, так же как и статус медиума во время сеанса, невероятно возрастал: приниженные холопы вдруг получали влияние.

Однако для самоутверждения слуг в случаях чертовщины имелись серьезные ограничения. Поскольку постоянно говорили об их недуге, предполагалось, что сверхъестественные феномены вызваны ими ненамеренно. Это следствие либо болезни, либо одержимости нечистым духом. Помимо этого, горничные, порождавшие зловещие «беспорядки», сами подвергались агрессии со стороны сверхъестественных агентов. Бунт прислуги, таким образом, был ограничен определенным культурным сценарием, лишь внутри которого он мог развернуться. Девушка, оказавшаяся в глазах других людей виновницей сверхъестественных явлений в доме своего хозяина, была далека от сознательного восстания. Как отмечает Льюис, сверхъестественный протест происходит «внутри границ, которые имеют свой предел эластичности» [Lewis 1978: 78]. При этих протестах главное, чтобы ни одна сторона не потеряла лицо [Lewis 1978: 78–79]. В России в сюжете о чертовщине принимали участие хозяева, их жены и гости, священники, полиция, журналисты и читатели газет. Горничные были частью культурного спектакля, который создавал для их бунта вполне определенные рамки, зато в них они могли действовать совершенно безнаказанно[29].

Репортажи о чертовщине содержали намек, что через таинственные явления, которые описывались в настоящих репортажах, в этих происшествиях выходили наружу самые потаенные желания и устремления прислуги. Такие намеки отвечали ожиданиям эпохи fin-de-siècle, что сокрытая правда явится через иррациональные состояния сознания: транс, галлюцинацию, гипноз, сон. Но в этих репортажах также могут содержаться полуосознанное признание, что слуги живут в крайне тяжелых условиях, и частичное признание вины, лежащей на нанимателях, за это. Если же рассматривать репортажи о чертовщине как коммунальный опыт, подобный снам, их также можно интерпре-

---

[29] Ссылка на необъяснимые происшествия могла сослужить хорошую службу с прагматической точки зрения. Свалив всю вину на сверхъестественное влияние, прислуга легко уходила от ответственности за проступки. Если тарелки разбил покойный хозяин, а хозяйскому ребенку причинила вред еще какая-то неведомая сила, со служанки снималась всякая вина за невыполнение своих обязанностей.

тировать как желание, чтобы слуги и (по принципу pars pro toto) все непривилегированные классы на самом деле не разделяли революционных настроений, угрожавших положению привилегированных классов, а просто действовали под влиянием внешних сил: сверхъестественных или чисто физиологических[30].

Чертовщина и православное духовенство

Отец Иоанн Соловьев был не единственным сельским священником в России, который оказался в неудобном положении из-за сверхъестественных происшествий в собственном доме. Многочисленные репортажи о чертовщине сообщали, как необъяснимые «беспорядки» начинались в домах служителей церкви[31]. Таким сообщениям добавляло сенсационности то обстоятельство, что, согласно православному учению, духовное звание само по себе должно отпугивать бесов. Современники разделяли это представление, и в репортажах о подобных случаях часто подчеркивалась обескураженность происходящим со стороны клириков. К примеру, служивший в Ланшенском уезде Казанской губернии священник, назвавший себя по фамилии В-ий и пожелавший сохранить анонимность, пришел в отчаяние, когда молебен об изгнании беса не пресек сверхъестественных явлений у него дома [Непокойный дом 1899: 304]. Он сообщил журналистам, что пытался это скрыть, «чтобы избежать лишних толков в среде прихожан, людей малограмотных и суеверных», и продолжал отрицать, что «беспорядки» продолжаются, даже когда они стали предметом сплетен [Непокойный дом 1899: 279–280, 304]. Когда же события приобрели такой размах, что их больше нельзя было держать в тайне, священник В-ий с большим нежеланием обратился к властям[32].

---

[30] Фрейд, конечно, рассматривает сны как выражение желаний [Фрейд 2008б].

[31] См. [Священник Надежный 1884; Непокойный дом 1893; Донарский 1893; КК 1897; Самопроизвольное 1898; Непокойный дом 1899; Священник 1900; Рассказ сотрудника 1901; Дон-Базилио 1901; Петров 1901].

[32] РГИА. Ф. 796. Оп. 445. Д. 345.

Сама неприглядность чертовщины в домах служителей церкви, несомненно, способствовала особой популярности таких случаев. В случае В-ого новости разлетелись быстро; кажется даже, что крестьяне его прихода распространяли сведения о своем батюшке с веселым злорадством[33]. В рассказы местных селян вплетались фольклорные сюжеты из историй, сатирически заточенных против духовенства [Perrie 1989: 124]. Кроме того, речь здесь шла о герое в ситуации личного кризиса, к тому же столкнувшемся с таинственным, а подобные истории всегда пользуются большим спросом. Людям, вероятно, нравилось читать о том, как отец Иоанн Соловьев приходил во все большее отчаяние, когда его попытки справиться с чертовщиной не приносили результата. Иначе почему этот случай приобрел такую известность? Более того, возможно даже, что случаи соприкосновения с чертовщиной были распределены между сословиями более или менее равномерно, однако именно те эпизоды, где фигурировали священники, получали наибольшее внимание прессы; это были сочные сюжеты, за которыми гнались и редакторы, и читатели.

Однако случай в Лыченцах и происшествия в домах других священников выделялись не только успехом у публики. Эти нарративы отличают от других герменевтическая двусмысленность и психологический анализ. В таких рассказах поднимались вопросы о власти и морали. Здесь делался намек, что в основе материального благополучия семьи может лежать зло. Отец Иоанн Соловьев, к примеру, описывается в репортажах в одно и то же время как невинная жертва внешних влияний и человек, преступивший нормы нравственности. В коллективно составленных рассказах о чертовщине, таким образом, предполагалось существование другой реальности, где фигурируют двойники конкретных людей, скрытые желания и подавленные страхи, — реальности, само существование которой пугало. Это та самая онтологическая бездна Деррида, разрыв между реальным и ир-

---

[33] Вряд ли большим утешением для о. В-ого послужил тот факт, что его мусульманский коллега, мулла из соседней деревни Именьки, пострадал от подобных же происшествий [Непокойный дом 1899: 280].

реальным, между познанным и непознаваемым, сознанием и бессознательным, когда «распалась связь времен» и когда становятся возможными несправедливость и зло.

С одной стороны, случаи чертовщины в домах священников могут трактоваться как борьба за власть между настоятелем и прихожанами. В царской империи, где духовенство оставалось закрытым сословием, воспроизводившимся внутри себя вплоть до Великих реформ, конфликты между прихожанами и священниками были обычными[34]. С тех пор как в XVIII веке церковь оказалась в полном подчинении у государства, ее служители воспринимались многими как вторая государственная полиция, а не как выразители интересов паствы. К 1875–1900 годам священники приобрели весьма дурную репутацию. Прихожане постоянно жаловались, что те злоупотребляют своей властью и влиянием. Отношения между клириками и мирянами постоянно портились из-за торгов вокруг крещений, свадеб, похорон и заупокойных служб. Чертовщина в доме у попа могла стать важным аргументом в местном споре крестьян и священника. Если сверхъестественные явления угрожали домашним, священнику нужны были смелые и верные ему прихожане, которые помогли бы ему. Кроме того, паства получала власть над пастырем, поскольку могла распространять слухи о чертовщине у него дома, а иногда даже самостоятельно давать интервью журналистам. В Лыченцах некоторые крестьяне настолько высоко ставили значение местного инцидента, что ожидали, «что приедет даже сам губернатор». В ожидании этого визита местные спорили, какую именно версию событий изложить высокой особе[35].

С другой стороны, рассказы о чертовщине также отражали глубинные страхи, что подлинная реальность очень отличается от той, какой она предстает перед людьми. В первую очередь это

---

[34] О православном духовенстве и его отношениях с прихожанами см. [Freeze 1983]; [Dixon 1991] и другие статьи в этом же сборнике; [Шевцова 2010; Dixon 2006; Freeze 2006; Manchester 2008].

[35] ГАРФ. Ф. 102. Д-3. Оп. 1901. Д. 47. Л. 17. Я не встречала никаких свидетельств о том, что губернатор посетил Лыченцы.

касалось личности священника. В сообщениях из Лыченцов сообщалось, что отец Иоанн Соловьев был популярным приходским попом, которого любили и уважали прихожане. Когда в 1901 году в результате чертовщины он покинул свое село, они с паствой «расставались со слезами»[36]. Но в других рассказах об отце Иоанне говорится, что его на первый взгляд безупречная репутация скрывает жизнь, исполненную порока. Такие намеки придают всему нарративу о чрезвычайных событиях у него дома мрачное звучание. По мере того как становилось известно об обстоятельствах чертовщины в его доме, по словам самого Соловьева, до него дошли слухи, будто его «на селе называют пьяницей», будто он «сговорился с прислугою дурачить людей и пр.» [Рассказ сотрудника 1901: 117]. Такие разговоры подорвали моральный авторитет священника, связав необъяснимые явления в его жилище с греховным поведением. На местном уровне подобная герменевтика вполне могла казаться правдоподобной, поскольку крестьяне знали, что Соловьев действительно прежде был привержен к крепким напиткам, хотя полицейский чиновник в рапорте сообщал, что тот не касался алкоголя три года[37]. Пресса обошла молчанием прежнюю склонность священника к выпивке. Напротив, газеты цитировали его уверения, что слухи об алкоголизме беспочвенны. Однако в целом в позднеимперской России считалось, что сельское духовенство сплошь пьяницы, к тому же сомнительного морального облика [Freeze 1983: 364; Manchester 2008: 14–16]. Этот стереотип резко контрастировал с благожелательными описаниями в прессе несчастного приходского священника, поэтому открывал интерпретативный зазор, который можно было заполнить двумя взаимоисключающими объяснениями.

Отец Иоанн Соловьев настаивал на том, что он не входил в сговор со своей горничной, но при этом подозревал, что именно та стоит за происшествиями. Священник утверждал: «Начало всех ужасов, как я глубоко убежден, совпадает как раз с тем

---

[36] Там же.
[37] ГАРФ. Ф. 102. Д-3. Оп. 1901. Д. 47. Л. 16.

временем, когда мою прежнюю служанку засадили в тюрьму. Наказание это ей было присуждено за кражу, совершенную у меня в первый день праздника Святой Троицы» [Рассказ сотрудника 1901: 105]. Хотя уволенная служанка была осуждена за кражу, сама она «упорно отрицала свою вину», несмотря на «торжественное обещание простить ее, если она сознается» [Рассказ сотрудника 1901: 105]. В селе разошелся слух, что служанка, прежде чем ей вынесли приговор, «бегала к каким-то местным "колдунам"», то есть в качестве мести за свое осуждение она навела на дом священника порчу [Рассказ сотрудника 1901: 105]. Такое объяснение имеет прямые аналоги в книге Кита Томаса, где он анализирует дела о ведовстве в Англии раннего Нового времени [Thomas 1991]. В его интерпретации обвинения в ведовстве становились выражением вины со стороны обвинителя, который не исполнил своего христианского долга милосердия по отношению к обвиняемой ведьме (то есть не поддержал ее материально милостыней). Возможность магического воздаяния истолковывается Томасом в функционалистском ключе — как способ реализовать те самые ценности, отсутствие которых, как считалось, и подало повод к колдовству. В случае с отцом Иоанном Соловьевым современники, в том числе сам священник, вполне могли полагать, что он не выказал христианского сострадания и прощения, когда служанка у него что-то украла. Упорное отрицание горничной своей вины могло даже навести на мысль, что она вправду была невиновна, о чем ее наниматель не хотел и слушать. Сплетня о том, что послужить причиной ужасных событий в доме Соловьева могла прежняя прислуга, возлагала, таким образом, вину за происходящее не на одну только бывшую горничную. Она также ставила под вопрос нравственный облик самого священника. В некотором роде сплетня об уволенной горничной была в чем-то подобна предположению, что Соловьев был пьяницей.

В описаниях необъяснимых происшествий также присутствует намек на то, что эти случаи могли быть вызваны нечистой силой. Горничная Наталья не в состоянии была растопить печь, потому что труба была забита овчиной, войлоком и чем-то еще. Все эти предметы связаны с животным миром. Овчина, попона и «что-то еще» — явная отсылка к домовому, который ассоциировался с домашними животными и скотом [Даль 1996: 16–22]. Конечно, события в соловьевском доме могли быть не только проделками домового. Слова Марфы Ларионовой, что огонь, спаливший одежду детей, был необычным (состоял из одних искр, без пламени), приводят на память фольклор о демонических качествах огня. Еще в XIX веке на селе говорили, что он может быть добрым и злым. Злой огонь создан бесами, когда их прогнали с небес; он горит иначе, чем обычный огонь[38]. Соловьев сам упоминает бесов в своих телеграммах епископу Сергию и Иоанну Кронштадтскому [Необычайные явления 1900a: 842, 844]. О бесах пишет и «Дон-Базилио» (Генрих Иосифович Клепацкий) в своих фельетонах для «Русского листка», хотя и в ироническом ключе. Даже пристав в своем рапорте так описал следы на снегу возле дома о. Иоанна: «Ступня левой ноги как следует, а правая будто бы вывернута назад (среди местных жителей никого такого нет)»[39]. Такие следы традиционно приписывались бесам. Конечно, с христианской точки зрения действие нечистой силы в доме предполагало присутствие в нем греха и греховных поступков.

«Беспорядки» в случаях чертовщины имели строгие правила относительно гендера вовлеченных в них лиц. Зловещая сила всегда ассоциировалась с мужскими фигурами (домовой, бесы из фольклора или церковного учения и даже сам отец Иоанн с его отсутствием христианских добродетелей), и эта сила вторгалась в сферу, традиционно отводившуюся женщинам. Чаще всего чертовщина начиналась на женской половине дома — кухне. В репортажах о чертовщине неизменно фигурируют кухня и печь. Как сообщается одним пострадавшим лицом, сверхъестественные явления происходили «только в кухне, на чердаке и в бане, в остальных же комнатах дома и в кабинете батюшки их не заме-

---

[38] Другие крестьяне делали различие между добрым и злым огнем [Максимов 2002: 307–308].

[39] ГАРФ. Ф. 102. Д-3. Оп. 1901. Д. 47. Л. 14; [Дон-Базилио 1901]; об идентичности Дона-Базилио см. [Масанов 1956–1960, 1: 348].

чали» [Непокойный дом 1899: 297]. В Лыченцах от потустороннего бесчинства пострадали главным образом кухня и гостиная.
Предметы, которые входили в сферу ответственности служанок
или хозяйки, оказывались разбросаны по дому безо всякой логики. В основном это касалось текстиля, который регулярно горел
в печи, но перемещались также гребни, туалетный столик, тазы
и кувшины. На кухне опрокидывались кастрюли. Конечно,
сверхъестественная сила иногда играла и символами мужской
власти, например головным убором полицейского или епитра-
хилью отца Иоанна, но куда чаще внимание обращалось на ку-
хонную утварь или одежду. В Лыченцах из открытой двери гор-
ницы прямо им навстречу «железная клюка (кочерга) пролетела
в коридор» в направлении сельской учительницы Александры Пе-
тровны Ножевниковой и попадьи Дарьи Васильевны Соловьевой,
бывшей на последних месяцах беременности. Как сообщила
полиции учительница, если бы они не успели отбежать, кочерга
«угодила бы в лоб» [Необычайные явления 1900a: 844].

В этом инциденте, как и во многих других, ключевую роль играла печь[40]. В рассказах о событиях в Лыченцах она тесно ассоциировалась с горничными. Прислуга была ответственна за то,
чтобы топить печь, готовить на ней и греть воду. В Лыченцах
прислуга также спала у печки на кухне. Гендерная окраска рассказов о чертовщине сообщала происшествиям сексуальный подтекст.
Он создавался хотя бы тем обстоятельством, что в случае с чертовщиной фигурировала горничная, недавно вошедшая в дом, чье
появление здесь несло с собой (по крайней мере, потенциально)
перемены в сексуальных отношениях семьи. Как говорилось
выше, Соловьев был убежден, что таинственные происшествия
начались после заключения и высылки его прежней горничной.
Но в то же самое время в дом Соловьева служанкой и няней была
взята 14-летняя Наталья Рязанцева[41]. Именно новая горничная,
Наталья (а не Евдокия, или Авдотья, Никитина, другая горничная
17 лет, работавшая к тому времени в соловьевском доме больше

---

[40] См., например, [Картофельная канонада 1884; КК 1897; Засядко 1909].

[41] ГАРФ. Ф. 102. Д-3. Оп. 1901. Д. 47. Л. 17.

года), растапливала печь 16 ноября, когда о себе впервые заявила таинственная сила. Наталья делала это и 17 ноября, когда феномены приняли куда более угрожающий характер. Поговаривали даже, что сверхъестественная сила могла вступить в сексуальную связь с новым человеком, появившимся в доме. Когда крестьянин Иван Михайлов, дежуривший в доме отца Иоанна однажды вечером, ложился спать на кухне, где спали и горничные, он увидел и услышал следующее: «На печке услышал небольшой стук и видит, как с печки летит на него что-то в виде кошки и падает на грудь. Михайлов вскочил, перекрестился и схватил эту вещь. Оказалось, что это платок прислуги Авдотьи Никитиной»[42]. Несколько мгновений спустя шапка и штаны Ивана — маскулинные принадлежности гардероба — «оказались пополам» и «точно так же в это время оказался изорванным сзади от воротника внизу тулуп Михайлова»[43]. Когда же он наконец улегся спать, Михайлов «слышал голос, говоривший ему: "Ты, сотемский [он из д. Сотьмы], уходи. <...> Ты мне мешаешь"»[44].

Похожее на кошку существо, вспрыгнувшее на грудь Михайлова, опять же вызывало ассоциации с домовым, который, принимая облик кота, душил спящих крестьян, сдавливая им грудь [Максимов 1903: 30; Померанцева 1975: 94–113; Даль 1996: 16–17]. Но здесь могли подразумеваться и другие сверхъестественные существа, например огненный змей, который традиционно считался искусителем девушек, или бесы. В любом случае эпизод имел в виду, что чужаки, такие как крестьянин Михайлов, препятствовали отношениям между зловещей силой и слугами. В этой связи не было большой разницы, кому принадлежал платок — Евдокии или Наталье.

Вскоре после этого эпизода в метрической книге, которую отец Иоанн хранил в своем кабинете, была обнаружена «чернильная клякса, имеющая вид горбатой с соском или беременной с горбом человеческой фигуры, в самой середине этой фигуры

---

[42] Там же. Л. 14.

[43] Там же. Л. 15.

[44] Там же.

обрисовывался правильной овальной формы белый круг, не залитый чернилами, с буквою Н. внутри круга» [Титов 1903: 11]. Тот факт, что свидетели увидели здесь женскую фигуру, причем беременную, наделяет вполне конкретными смысловыми обертонами литеру Н (Наталья) и дает повод для сексуальной интерпретации происходящей чертовщины.

В другом доме, где творилась чертовщина, сексуальная тема была еще более явственной. Однажды отец Иоанн Герасимович Менайлов со своей женой и с детьми проснулся и обнаружил, «что около каждого члена семейства, и даже служанки, на кровати около мужчины лежала кукла в виде женщины, а около женщины — в виде мужчины» [КК 1897: 35][45]. Всю последующую неделю происходили обычные «беспорядки»: сами по себе передвигались предметы быта, печь вела себя непредсказуемо, по воздуху летала еда. Когда аскет архимандрит Черниговский отец Адриан, который «особенно избегал... женщин», пытался избавить отца Иоанна Менайлова от глумливого духа, над ним самим сыграли шутку: во время молебна в доме вся мебель вдруг «перевернулась вверх ногами... когда все поуспокоилось, с печки слетела кукла, роста взрослой женщины, стала лицом к архимандриту и начала ему кланяться». Сконфуженный архимандрит тут же покинул дом. Как выяснилось впоследствии, феномены совпали с присутствием в доме Анны Емельяновны Корнух, племянницы Менайлова, которая «была очень, очень красивая, умная, хорошо воспитанная... имела маленький, но очень приятный голос и пела, как птичка» и которая сразу же сделалась предметом воздыханий местных юношей [КК 1897: 35].

Сообщения о чертовщине содержали намеки на такие проявления сексуальности, которые не могли быть выражены более явно по причинам цензуры и культурных табу. Хотя в культуре fin-de-siècle сексуальность занимала важное место в дискурсе писателей, юристов, медиков, социологов и журналистов, до 1905 года эта тема считалась непристойной и не могла проник-

---

[45] Сообщалось, что эти явления имели место еще в 1843 или 1844 году, но рассказали о них только в 1897 году.

нуть в популярную прессу, поэтому в репортажах о чертовщине сексуальность представлена символически. Положение центральной фигуры таких историй — юной служанки — соответствовало традиционным представлениям о том, что одиноким женщинам свойствен сексуальный промискуитет. В русских сельских общинах об одиноких женщинах: о вдовах, солдатках, женах отхожих работников — поговаривали, что они вступают в половые контакты с бесами. Такие отношения наносили человеку вред, и женщины через какое-то время заболевали [Максимов 2002: 305–307; Виноградова 1996]. Служанки и горничные, которых подозревали в том, что они вызывают сверхъестественные происшествия, имели с сельскими вдовами и солдатками много общего. Они тоже были изгоями; у них не было спутников-мужчин, которые могли бы их защитить; они представляли угрозу сложившемуся в доме сексуальному быту; их считали замешанными в общении с потусторонней силой; они часто бывали нездоровы[46].

Помимо этого, значительность роли, которую в инциденте в Лыченцах играла одежда, явно намекала на нагое тело, которое эта одежда призвана прикрывать, а предметы, выходившие из-под контроля (печь, труба, кочерга, ножи), могут быть прочитаны во фрейдистском ключе как сексуальные символы. При такой интерпретации печь будет символически представлять собой тело горничной, а агрессивно ведущие себя ножи, кочерги, подсвечники и трости будут выступать как фаллические символы[47]. При

---

[46] Об освещении темы сексуальных отношений между господами и прислугой в русской литературе в 1880-е годы см. [Rustemeyer 1996: 144; Spagnolo 2009: 145]. Одним из объяснений кликушества (одержимость бесами — с точки зрения церкви, истерия — с точки зрения медиков) в эпоху fin-de-siècle была сексуальная фрустрация. Как говорилось выше, некоторые симптомы кликушества походили на поведение прислуги в «непокойных» домах [Worobec 2001: 170–171].

[47] Кочерга атаковала деревенскую учительницу и Дарью Соловьеву в Лыченцах, нож полетел в Сашу в Чернигове, подсвечник попал в колыбель, а трость обращала дом в хаос [М. Б. 1885; КК 1897: 35; Необычайные явления 1900а: 844]. Классическое психоаналитическое толкование подобных символов см. в [Фрейд 2008б: 386].

подобном прочтении рассказ Марфы Ларионовой о том, как она спасла кофту из печки, напоминает описание родов или аборта, а сопутствующие этому огонь и жар служат привычной метафорой страсти и похоти[48].

В полицейском рапорте есть указание на то, что события действительно могли быть связаны с появлением в доме Натальи и сопутствующим нарушением сексуального быта. Согласно этому тексту, неприятности в семействе отца Иоанна кончились, когда он в начале 1901 года покинул Лыченцы и получил другой, более бедный приход в Дубровах Александровского уезда. Старшая горничная Евдокия последовала за семейством, а Наталья покинула Соловьевых. После переезда, сообщает полицейский документ, сверхъестественные происшествия прекратились[49]. В случае с отцом Иоанном Менайловым сверхъестественные события тоже прервались, хотя и постепенно, после того как семью покинула его племянница и после того как мало-помалу стал забываться эротический интерес, который она вызывала [КК 1897: 36]. Символическое разрешение дома от чертовщины случилось несколько месяцев спустя после отъезда Анны: «В день Воскресения Христова, когда ударили в колокол к заутрене, батюшка уже был в церкви, а матушка и другие семейные были еще дома, вдруг сама собою открылась оконная форточка, и из нее что-то довольно шумно как бы вылетело» [КК 1897: 36]. Такое символическое проветривание на Пасху прогнало из жизни семейства зловещее присутствие.

Навеки останется тайной, что же действительно произошло в соловьевском доме и преступили ли его хозяин и Наталья нравственные нормы. Это не меняет характера рассказов о чертовщине — транслируемых текстов, где имплицитно озвучивались высказывания о сексуальности. Возможно, помимо прочего, чтение репортажей о чертовщине доставляло современникам удовольствие, поскольку позволяло участвовать в эротических фантазиях.

---

[48] Об ассоциации страсти с жаром см., например, [Zorin 2009].

[49] ГАРФ. Ф. 102. Д-3. Оп. 1901. Д. 47. Л. 17.

Непонятно, где именно пребывала нечистая сила, о которой говорилось в рассказах. Физические манифестации указывали на то, что она обитает на кухне или в гостиной, рядом с печкой. Иногда делались намеки, что бесы могут находиться внутри тех, кто замешан в происшествиях. Мысль, что ранее проявившие себя открыто демоны могут переселиться в души людей, откуда их гораздо труднее изгнать, была высказана еще Пушкиным в 1827 году в стихотворении, посвященном Е. Н. Ушаковой. Памела Дэвидсон утверждает, что эта идея стала важной темой в художественной литературе [Davidson 2000: 2; Пушкин 1977–1979, 3: 11]. Она также показывает, что бесовское в русской культуре всегда увязывалось со стремлением к трансцендентному. Чем более святой подвижник, тем могущественнее бесы, которые его искушают; чем большей сакрализации подвергается правитель, тем сильнее его демонизируют [Davidson 2000: 13]. Бесовщина процветает там, где фрустрируется импульс, влекущий к святости [Davidson 2000: 13].

Духи так часто беспокоили дома священников, возможно, именно потому, что демонизация представляет собой оборотную сторону сакрализации. Хозяева такого дома считались людьми, стремившимися к духовному совершенству более последовательно, чем другие члены местного сообщества. Отец Иоанн Соловьев, как неоднократно упоминается в репортажах, был уважаем своими прихожанами, а отец Иоанн Менайлов был известен как священник «самой строгой жизни... его считали за святого». Архимандрит Адриан признавался великим аскетом, был «усерднейший богомолец» [КК 1897: 35]. Такая тесная связь между святостью и бесовщиной позволяла современникам одновременно изображать отца Иоанна Соловьева как благочестивого человека и подозревать, что именно он — причина активности бесов. В «Русском листке» прямо говорилось, что злая сила в Лыченцах может исходить от самого священника. «В одну из таких ночей, когда я дежурил один, — сообщил Соловьев Дону-Базилио, — <...> я ощущал ясно, что рядом со мной» в кровати «лежит что-то огромное, бесформенное, мясистое, отвратительное». Присутствие этого существа было так ужасно, что священник «боялся повернуть в эту сторону голову», потому что чувствовал, что умрет на месте, если увидит это существо. Однако в конце концов любопытство возобладало: «осторожно, не торопясь» отец Иоанн протянул левую руку и нащупал «какую-то грубую массу». Большим усилием, по словам священника, он «поднял часть этой массы и положил себе ее на грудь». А далее было вот что: «Затем я быстро открыл глаза: на груди моей лежала моя правая рука, которая неподвижно все время лежала вдоль моего туловища, сжимая постельное белье» [Дон-Базилио 1901]. Позже Соловьев сказал тому же журналисту: «Они [явления] мне непонятны, и в них я вижу наказующий перст Провидения за мои грехи» [Дон-Базилио 1901].

Такие светские наблюдатели, как Дон-Базилио, упоминали христианские представления о бесах, но пытались описывать чертовщину научным языком и приходили к заключению, что в основе таинственных событий лежало расстройство психики. Пристав, расследовавший дело, тоже учитывал такую версию. Хотя первоначально он заподозрил прислугу, занимавшуюся «спиритизмом», и хотел разыскивать злоумышленника с искалеченными ногами, впоследствии он отказался от попыток искать здесь сверхъестественный элемент, когда удостоверился, что в доме никогда не проводились сеансы[50], при этом он описывал Соловьева следующим образом: «Человек слабонервный, легко подчиняющийся гипнотическому на него воздействию, действовавший бессознательно в состоянии гипноза»[51]. Однако такое предположение не удовлетворяло самого пристава, поскольку оно не объясняло, почему никто не заметил, что это сам загипнотизированный Соловьев является причиной происшествий. Дон-Базилио также задавался вопросом, не может ли инцидент в Лыченцах быть вызван гипнозом и не принадлежит ли служанка, заподозренная в краже, к числу людей «с огромной внутренней силой, которые в зависимости от доброй или злой воли могут вызывать действительно непонятные явления» [Дон-Базилио

50 ГАРФ. Ф. 102. Д-3. Оп. 1901. Д. 47.
51 Там же. Л. 17.

1901]. Однако Дон-Базилио не верил в то, что село подверглось массовому гипнозу, хотя не исключал «массового помешательства». Тем не менее свой очерк он закончил шекспировской тирадой, которая часто приводилась в то время при описании сверхъестественных событий: «Друг Горацио, много есть вещей на свете, которые и не снились нашим мудрецам» [Дон-Базилио 1901]. А. А. Титов, напечатавший пространный анализ чертовщины в Лыченцах в 1903 году, настаивал, что у отца Иоанна было «состояние душевного раздвоения», расстройства, при котором «в нем как бы две личности, из которых одна отрицает другую» [Титов 1903: 68–69]. Соловьев, по утверждению Титова, сам бессознательно создавал таинственные феномены, но его сознание оставалось в полном неведении об этом.

Дон-Базилио, пристав и Титов выражали идеи, которые появились в психологии, — о двойном сознании, множественных личностях и могуществе сокрытых областей психики[52]. Когда они говорят о гипнозе, ясновидении, медиумических способностях в отношении к душевным болезням, становится видно, что дебаты о чертовщине были тесно связаны с развитием нового понимания человеческой природы. Подобно гипнотизерам, психологам и оккультистам, они подчеркивали, что человек — многоуровневое существо. Репортажи о чертовщине, рассчитанные на массового читателя, показывают, до какой степени популярная культура участвовала в модернистской реинтерпретации человеческого «я» и самой реальности. Сознание отца Иоанна, состоявшее из разных уровней, казалось, иногда настолько отдалялось от его физического существования, что священник мог принять собственную руку за совершенно отдельное существо.

К. Г. Юнг утверждал, что процесс передачи и модификации нарративов можно рассматривать как коллективный психоанализ, обнаруживающий сокрытые прежде смыслы [Юнг 2021]. Для него вариации рассказов об одном событии суть знаки «интенсивного внутреннего участия» рассказчиков [Юнг 2021: 62]. Юнг

---

[52] О теориях двойного сознания, множественных личностей, расщепления личности см. [Gauld 1995].

заключает, что сон, «который, как считается, заведомо безвреден и ничего не значит», способен породить злую сплетню, если «он дает подходящее выражение тому, что уже витает в воздухе» [Юнг 2021: 67]. Рассказы и спекуляции, устные и печатные, касавшиеся чертовщины в домах священников, функционировали вполне по Юнгу, то есть слагались в обсуждение ситуации, острая потребность истолковать которую существовала. В репортажах о чертовщине складывалась реальность особого рода, которая, как и особая реальность спиритических сеансов, снов или галлюцинаций, казалась абсурдной рациональному, бодрствующему сознанию. Не было совершенно никакой причины забивать печную трубу мехом и войлоком, засовывать одежду в горящую печь, бросать портфели в таз, ботинки — в сусек с мукой, часы — в кувшин с молоком, тесто — на пол, а куклы противоположного пола размещать рядом со спящими домочадцами. Но в альтернативной реальности чертовщины этот абсурд настоятельно требовал интерпретаций, и всегда двусмысленных.

Возможно, современники просто получали удовольствие, следя в прессе за репортажем о том, как фигура власти сражается с невидимым и неведомым противником. Для прихожан, может быть, обсуждение «беспорядков» в доме настоятеля было формой обретения некой власти над ним. Альтернативные объяснения содержали отсылки к магии или сверхъестественным существам; к примеру, ходили слухи, что на соловьевский дом была наведена порча или что там безобразничают бесы, домовой или духи из представлений спиритуалистов. Рассуждения о причинах таинственных событий позволяли выразить подозрение, что вещи не таковы, какими кажутся. Зловещий характер событий пробуждал сомнение в реальности, демонстрируя могущество психики [Фрейд 1995: 279]. В доме в Лыченцах в результате подобного сомнения на свет оказались выведены такие вещи, как чрезмерное потребление алкоголя, недостаток христианского милосердия, чувство вины, месть и вожделение. С этими обстоятельствами всегда намеками увязывались необычные состояния сознания (медиумизм, гипнотизм или слабость нервной системы), хотя между ними никогда не выстраивалась прямая причинная зависимость.

Выводы

Чертовщина в позднеимперской России — это пространство двусмысленности, эпистемологических разрывов и одновременности неодновременного (simultaneity of the un-simultaneous, Gleichzeitigkeit der Ungleichzeitigkeit). В случаях с чертовщиной невозможно было четко объяснить, что именно происходит в «непокойных домах» и по какой причине, однако необъяснимые явления можно было описать, причем так, что они начинали «выдавать» неудобную правду. Противоречия в рассказах о происшествиях были следствием разнородности культурного слоя, на котором они основывались. Сюда входили научные гипотезы, русский фольклор, христианское учение и спиритуализм. Эти компоненты составляли своего рода «культурное бессознательное» отчетов о чертовщине и влияли на их структуру и присутствующие в них мотивы. Но главным результатом становилась герменевтическая двусмысленность: при объяснении случаев чертовщины всегда сохранялась возможность другого их прочтения. Чертовщина ставила под вопрос контроль сознания над реальностью, показывая могущество скрытых психических или демонических сил. В случаях с чертовщиной явления и предметы, темпорально или концептуально отделенные друг от друга, причудливо соединялись. В рассказах о чертовщине присутствуют христианские бесы и фольклорные домовые, для многих современников бывшие пережитками языческих времен. Спиритуализм XIX века допускал, что здесь замешаны духи умерших, а медицинский дискурс предполагал совершенно другое объяснение. Такой интерпретативный бриколаж делал чертовщину поистине явлением модерна. Напротив, подобные традиционные фигуры, как бесы или домовой, на равных встретившись в популярной прессе с дискурсами спиритуалистов, медиков и ученых, сами обрели некую респектабельность и в значительной степени избавились от налета отсталости, с которой обычно их ассоциировали современники в других контекстах[53].

---

[53] Сочетание древней духовности с современной наукой также было популярно вне России, как видно на примере огромного энтузиазма по поводу кельтского наследия среди британских оккультистов [Owen 2004: 68–69; 168–169].

Чертовщина в поздней Российской империи предполагала тайну. Сама чертовщина представляла собой загадку, при этом она становилась общественным событием. Чертовщина заключала в себе жуткое во фрейдистском смысле, то есть открывала правду, которая некогда была слишком хорошо знакома, но впоследствии подавлена, поэтому в репортажах и рассказах о чертовщине так много намеков на то, что слуги, квартиранты, прихожане и читатели подозревали, но не могли или не смели высказать открыто. В рассказах о чертовщине можно было говорить о том, что в прочих публикациях не допустила бы цензура. Морин Перри отметила, что в царской России нельзя было публиковать сатирические народные сказки, направленные против духовенства; случаи чертовщины, в которых оно представало в самом забавном положении, напротив, становились предметом многотиражных публикаций [Perrie 1989: 124].

Чертовщина, по сути, могла предоставить повод выразить соображения, для которых иначе просто не нашлось бы нужного словаря. Крестьяне в Лыченцах и читатели в столицах знали по опыту, что жизнь домашней прислуги тяжела и что горничные часто подвергаются угнетению и насилию, то есть бессознательно признавали, что в устройстве общества в этом отношении существует глубокий изъян, но сообщить об этом не могли или не желали, иначе как передавая слухи о чертовщине или читая и пересказывая репортажи о ней[54]. Как показала Ребекка Спаньоло, борьба рабочего класса в то время не охватывала прислуги, поэтому язык требований был для нее недоступен [Spagnolo 2009]. Случаи чертовщины отражают эту вынужденную немоту. В происшествиях постоянно фигурируют предметы самого приземленного быта и еда; чертовщина имеет очень обыденный, тактильный характер: картошка, которая летает по комнате, — это та же картошка, которую едят за обедом; кирпичи и поленья оставляют реальные кровоподтеки; горящая в печке одежда наполняет комнату настоящим дымом. Но агенты, вызвавшие все

---

[54] Рут Харрис делает такое утверждение применительно к одержимым женщинам во французской провинции [Harris 1997].

это, оказываются еще неуловимее, чем те, которые действуют на спиритических сеансах. Их нельзя однозначно определить ни как домовых, ни как бесов, ни как умерших, ни как озлобленных обитателей дома, хотя характер «беспорядков» может указывать на любую из этих категорий как на виновников. В отличие от духов на сеансах, они не оставляли посланий и не материализовывались даже как эфемерные призраки. Значит, они не хотели или не могли ничего сообщить людям. Только появление после 1905 года профсоюзов, представляющих домашнюю прислугу, дало горничным возможность, пусть и ограниченную, заявлять свои требования и принуждать нанимателей договариваться с ними напрямую. Знаменательно, что после революционных событий начала XX века горничные стали реже фигурировать в случаях с чертовщиной [Spagnolo 2009].

С началом нового века увеличилось количество попыток рационально, научно объяснить случаи с чертовщиной. Однако это не означало, что прежние толкования были отброшены. Просто к уже существовавшему интерпретативному спектру был добавлен еще один компонент. Электричество, которое недавно вошло в жизнь горожан, теперь стали привлекать для трактовки необъяснимых происшествий. Джеффри Брукс заметил, что «наука часто привлекается тогда, когда читателю надо принять что-то чудесное и таинственное, но без помощи суеверия» [Brooks 2005: 259–260]. Научные разъяснения, такие как спекуляции на тему электричества, дополняли ассортимент истолкований непонятных явлений и способствовали еще большей гетерогенности эпистемологического поля вокруг случаев чертовщины. Пример того, как в подобных случаях для объяснения могла привлекаться наука, представлен в газете «Волынь» от 1911 года. Когда в Житомире в доме некоего Лысенко начали происходить странные вещи, тот предположил, что они могли быть вызваны пересечением двух трамвайных линий, которые проходили как раз рядом с домом: «В те дни, очевидно, было особое скопление электричества, которое и искало себе выход, а так как мой дом выше всех остальных в этой местности, электричество и устремилось на крышу, а оттуда его влияние распространилось и во внутренность дома» [Непокойные явления 1911: 6]. Однако, как и любые другие попытки объяснить чертовщину, научные пояснения тоже оказывались не вполне удовлетворительными. Г-ну Лысенко пришлось признать, что ни г-н Бекер, директор завода электроприборов в Житомире, ни ученый доктор Думаненский не нашли его теорию убедительной [Непокойные явления 1911: 6][55]. В случае с Арбузовой в Петербурге комиссия технических специалистов тоже предположила, что, возможно, «виною явлений была неправильная комбинация в прокладке соседних электрических проводов, причем каким-то странным образом все металлические предметы превратились во взаимно притягивающиеся электромагниты». Но это объяснение вскоре было отвергнуто, потому что оно не объясняло того, почему картонные коробки тоже вели себя странно [Вас. Б. 1908a: 7].

Был и другой способ дать феноменам научное разъяснение, не прибегая к сверхъестественным интерпретациям. Чертовщина могла быть объявлена следствием подстроенных трюков и мистификаций. Обвинения в том, что стуки, летающие предметы и прочее — это результат намеренного обмана, фигурировали в репортажах на протяжении всего рассматриваемого здесь периода. Еще в 1885 году, после начала казанской «эпидемии» чертовщины, «Волжский вестник» опубликовал письмо в редакцию от анонимного студента Казанского университета. Автор обвинял Суханова, у которого в доме после происшествий у Флоренцова началась чертовщина, в легковерии. Он утверждал, что Суханова одурачили слуги и сын. Таинственные происшествия были подстроены, утверждал аноним, с подачи служанки, которая воспользовалась «склонностью... старика преувеличивать» и его восприимчивостью к чужому мнению [Внимание «Ребуса» 1885]. Подобные же обвинения в отношении других семейств, где творилась чертовщина, появлялись на страницах «Петербургской газеты» и «Петербургского листка» [Прибытков

---

[55] Похожие научные объяснения см. [Данилевский 1904; Вас. Б. 1908a; М. Ф. 1911; Колошенская чертовщина 1916].

1894а; Мистификация 1901; Необыкновенное явление 1909].
В 1895 году «Новгородский телеграф» объявил, что Антонина Маляренко, служанка, при которой в доме ее нанимателя наблюдались «сверхъестественные» феномены, сама их и подстроила.
В 1904 году полицейский розыск и расследование одного физика показали, что происшествия во владикавказском доме, где служила Люба Морозова, тоже были результатом обмана с ее стороны [Кри-кри 1895; О владикавказском медиуме 1904]. Впрочем, никогда не говорилось, как именно слуги или дети домохозяев добивались таких впечатляющих результатов.

Таким образом, чертовщине по-прежнему нельзя было дать исчерпывающего объяснения. Репортажи о ней всегда были двусмысленны; как сны, они были насыщены волнующим смыслом, но оставались, в сущности, загадкой, несмотря на то что в разные периоды некоторые их объяснения оказывались популярнее других. Хотя поначалу идеи из области спиритуализма, потом психологические теории о гипнозе, наконец, наукообразные теории об электричестве заслонили дискурсы о домовых и — в меньшей степени — бесах, все эти объяснения в случаях с чертовщиной всегда оставались возможными. Чертовщина оказывалась сумеречной зоной, где сами противоречия в объяснениях создавали их гетерогенное единство.

Историку не следует пытаться давать однозначное объяснение этому царству двусмысленности. Чертовщину можно рассматривать как выражение тревог и желаний. Здесь сливались беспокойство о возможном протесте социальных низов, фрустрация от потери власти и влияния, растерянность перед лицом реальности, которая оказалась не такой, как ожидалось, и в которой святость могла обернуться пороком. Но также здесь осуществлялись утопические чаяния: слуги и простые прихожане оказывались в положении власти и авторитета. Кроме того, чертовщина давала выражение сексуальным фантазиям и страхам. В репортажах о чертовщине легко сочетались противоположные послания, так что они могли одновременно и вызывать тревогу, и доставлять удовольствие, поскольку эти нарративы имели огромную развлекательную ценность.

В повествованиях о соловьевском доме и о многих других, не менее востребованных публикой случаях вышучивалась духовная и светская власть, ставилась под сомнение всеобщность материалистических объяснений с точки зрения жестких причинно-следственных связей, высказывались теории о физических силах, сверхъестественных агентах и потенциале человеческой психики. Здесь заново поднимались вопросы о том, что такое святость и греховность, чем различаются видимая реальность и та, что скрывается за ней. В текстах о чертовщине вся эта неопределенность вызывает одновременно и беспокойство, и воодушевление, что и делает их ценным свидетельством опыта людей, оказавшихся в мире модерна: селян и горожан, журналистов и квартирантов, авторов и читателей. Все они вдруг обнаружили себя в мире, который нельзя было однозначно объяснить и даже описать, который состоял из компонентов, казавшихся несоединимыми. Именно в нем им предстояло жить. Он должен был стать их домом.

Глава 5

Популярный оккультизм и православная церковь

Адепты оккультных учений упорно раз за разом утверждали, что православная церковь ведет против них враждебную кампанию. Спиритуалисты говорили о предвзятом и недоброжелательном отношении к себе со стороны церкви и выставляли себя гонимыми вольнодумцами. К примеру, В. И. Прибытков, редактор «Ребуса», написал в своей истории русского спиритуализма: «Громадное большинство из них [служителей православной церкви]... убеждены, что спиритические явления исходят от злого духа» [Прибытков 1901: 53–54]. А. Н. Аксаков, его соратник, изображал спиритуалистов беззащитными жертвами могущественной институции в тесной связке с имперской администрацией. Подчеркивая тот факт, что все книги, где речь шла о духовных вопросах, подвергались в Российской империи церковной цензуре, Аксаков картинно сокрушался в сочинении, ориентированном на западную аудиторию: «Моя работа "Философия здравого смысла" подверглась яростному осуждению церковными цензорами, и запрещенным изданиям было суждено истребление огнем!» [Aksakov 1905, 1: XCII].

Оккультисты действительно иногда подпадали под определенные запреты. В 1883 году обер-прокурор Святейшего синода К. П. Победоносцев не разрешил химику-спиритуалисту А. М. Бутлерову выступать с публичной лекцией о спиритуализме. Победоносцев опасался: «Чтения г. Бутлерова возбудят, без сомнения, газетную полемику весьма соблазнительного свойства. Благоче-

стивые люди придут от этих чтений и полемики в немалый соблазн и станут роптать на правительство за допущение суеверия
в публичном оказательстве»[1].

Однако запрет публичной лекции — это еще не преследование.
Не изученным до сих пор оставался вопрос о том, как богословы
истолковывали модный оккультизм; совсем ничего не известно
о возможном взаимовлиянии оккультизма и богословия[2].
По настоящей причине официальную церковную позицию в этом
отношении обычно изображают как тотальное отрицание, поскольку до недавнего времени считалось, что российская православная церковь была косно привержена своим догматам
и с подозрением относилась к любым попыткам рационального
осмысления религиозной веры [Manchester 2008: 16].

Однако в реальности все было куда сложнее. Сейчас у нас нет
сведений о том, как именно священники взаимодействовали со
своими прихожанами-спиритуалистами. Нельзя отрицать, что
между ними могли возникать конфликты. Скорее всего, они
возникали; вероятно, спиритуалисты именно в такие моменты
наиболее остро ощущали себя гонимыми. Поскольку у нас нет
достоверных сведений о конфликтах подобного рода внутри
локальных сообществ, в настоящей главе вместо них будут рас-
сматриваться публичные дискуссии об оккультизме в богословской литературе и богословско-академической среде. Я утвер-

---

[1] РГИА. Ф. 797. Оп. 53. № 73; цит. по: [Быков Г. 1961: 162]. В своих сочинениях
Победоносцев вообще высказывался против свободы прессы на таких,
в частности, основаниях: «Но всего важнее то, что эта газета, обращаясь
ежедневно даже не к известному кругу людей, но ко всему люду, умеющему
лишь разбирать печатное, предлагает каждому готовые суждения обо всем
и таким образом, мало-помалу, силою привычки, отучает своих читателей
от желания и от всякого старания иметь свое мнение; иной не имеет возможности сам себе составить его и воспринимает механически мнение
своей газеты» [Победоносцев 1901: 75].

[2] В единственной книге, посвященной оккультизму в современной России
[Rosenthal 1997b], в указателе вообще не содержится таких позиций, как
«церковь», «православие» и «богословие». Только у Марии Карлсон можно
встретить беглое упоминание церковной реакции на теософию [Carlson
1993].

ждаю, что оккультизм не входил в число наиболее насущных проблем, которые волновали богословов. Когда в 1880-е годы популярность всего оккультного обратила на него внимание православных писателей, они вовсе не выработали единодушного последовательного взгляда на этот предмет, причем в их трактовках оккультизм далеко не всегда рассматривался как нечто однозначно враждебное церкви. Можно заметить, что в отношениях между популярным оккультизмом и православной церковью присутствовало как противостояние, так и взаимовлияние. Другой целью настоящей главы станет выяснение вопроса, оказывались ли оккультные учения и православная мысль сплетены друг с другом, или они всегда представляли собой отдельные области общественного сознания.

* * *

Православная церковь в поздней Российской империи находилась в щепетильном положении, что и определяло церковную реакцию на популярность оккультных учений и практик. Хотя церковь могла автономно распоряжаться в таких областях, как семейное право и — отчасти — церковная администрация, со времен Петра I она была глубоко включена в государственную бюрократию. С 1721 года во главе церкви стоял обер-прокурор, светский чиновник, назначаемый царем. Церковь была по закону обязана защищать самодержавие, донося, к примеру, о противных оному речах на исповеди, притом что к XIX веку духовенству стало ясно, что само государство мало печется о своей церкви. Постоянное вмешательство чиновников в церковные дела, использование религиозных обрядов в чисто политических целях, наступление на церковные праздники и отказ финансировать миссионерство — все это давало многим представителям духовенства основание считать, что государство недостаточно предано церкви, если церковь и вовсе не предана государством. В XIX веке среди духовного сословия зрела оппозиция, критически смотревшая на тесное административное взаимодействие между церковью и государством. Эта оппозиция считала, что

оно не давало церкви возможности для спасения душ, поэтому
призывала к церковному собору и восстановлению патриаршества. Многие русские люди и вправду не воспринимали церковь
как институт, способный удовлетворить духовные нужды православных верующих, пытавшихся осмыслить в контексте своей
религии болезненный опыт миграции, бедности, социальной
несправедливости, борьбы за политическое представительство
и появления новых объяснительных моделей, основанных на
науке. Кроме того, церковь ощущала себя в осаде интеллигенции,
которая подвергала ее изощренной критике. Некоторые из этих
интеллигентов публично заявляли о своих радикальных атеистических убеждениях, другие придерживались религиозных
взглядов, которые явно расходились с православными догматами. К тому же секты, сознательно поставившие себя вне государственной церкви, стали набирать все больше последователей
в низших слоях общества, что выглядело чрезвычайно угрожающе в глазах духовенства[3]. Помимо этого, православная церковь
ощущала, что с ней конкурируют другие религии многонациональной Российской империи, в особенности такие, как обладающие развитым академическим богословием лютеранство
и католицизм.

Но не только внешние силы представляли проблему для православной церкви — ее терзали и внутренние конфликты. Белое
духовенство было недовольно более высоким статусом черного
в церковной иерархии, реформисты ссорились с традиционалистами и сторонниками местных обычаев, бушевала полемика по
поводу церковного образования. С XVIII века некоторые представители черного духовенства были хорошо образованны
и прекрасно знали западную систематическую теологию. Реформисты надеялись, что Просвещение вдохнет новые силы в русское
богословие, а вместе с тем — и в православие как таковое. Фиксация догматов восточного православия, казалось, была способна поставить его наравне с западными конкурентами, но при этом

---

[3] О сектах см. [Бонч-Бруевич 1908; Эткинд 1998; Энгельштейн 2002; Herrlinger
2004; Breyfogle 2005; Колман 2024].

неизбежно приходилось опираться на западную церковную науку, что создавало новые проблемы. Саймон Диксон полагает, что институциональное и политическое давление, в условиях которого находилось русское духовенство, не позволяло ему выработать адекватный ответ на интеллектуальный вызов эпохи. Отчасти это также было связано с представлением «о предполагаемой неизменности традиции, которую русские [церковные] ученые стремились защищать и которую они парадоксальным образом были обязаны хотя бы отчасти воспроизвести» [Dixon 2006: 334]. Сама ученая православная среда была разделена на сторонников широкого богословского образования для всего духовенства и их критиков; со временем пропасть между богословски образованным духовенством и приходскими священниками, обладавшими лишь самыми необходимыми познаниями, только росла. Все эти факторы вместе создавали впечатление, что православие теснимо со всех сторон.

Таким образом, мода на оккультное была лишь одним из многих вызовов времени, требовавшим от церкви реакции. И последовал целый ряд таких реакций: желчная критика, равнодушие, прямые угрозы в адрес оккультистов и сложный богословский анализ гетеродоксальных практик. Удивительнее всего было то, насколько мало церковь реагировала на оккультные идеи в публичном пространстве. В оглавлениях богословских журналов тема оккультного почти отсутствует. «Богословский вестник», «Голос церкви», «Душеполезное чтение», «Христианское чтение», «Известия Санкт-Петербургской епархии», «Православное обозрение» и другие периодические издания уделяли большое внимание сектантским движениям, а после 1870 года (в меньшей степени) — и атеизму, но очень немногие из этих журналов печатали что-то специально посвященное оккультизму, спиритуализму или теософии[4]. То же касается учебных программ по богословию. Сту-

---

[4] В указателе Шахова шесть статей «Православного обозрения» за 16 лет (с 1871 по 1886 год) ведут речь о спиритуализме, но ни одна не обращается специально к теософии или оккультизму [Шахов 1887]. Однако лишь в четырех из шести статей речь идет о спиритуализме в России. Мой обзор богословской периодики и специальных указателей подталкивает к аналогич-

денты Казанской духовной академии писали многочисленные работы по фундаментальной теологии, церковной истории, русской литературе и истории, сектантским движениям и другим официально признанным в империи религиям, но очень редко касались оккультных движений [Попов 1985]. Видимо, их профессора не считали, что оккультизм — достаточно важная тема, чтобы студенты оттачивали на ней свою богословскую аргументацию, при этом будущие клирики проводили многие часы, упражняясь в полемике против сектантов. Если все-таки оккультные группы и фигурировали в этом контексте, они воспринимались как явление исключительно западное или ограниченное этническими меньшинствами Российской империи[5].

Лишь с начала 1880-х годов модный оккультизм стал темой, касающейся и русских верующих. В 1859 году в «Духовной беседе» спиритуализм изображался как западный и протестантский феномен. В 1871 году «Православное обозрение» писало, что в России он почти неизвестен [Осинин 1859; Новейший спиритизм 1871]. Десять лет спустя картина изменилась: теперь разгневанный «Сын Отечества» предостерегал против опасного влияния спиритуализма в России [Сын Отечества 1881]. Вскоре к нему присоединились другие авторы, писавшие о сеансах и прочих формах популярного оккультизма в русском обществе. Но модный оккультизм по-прежнему не был проблемой первостепенной важности. Публикации в церковных журналах и студенческие работы в духовных академиях показывают, что духовенство и богословы не удостаивали оккультизм чести называться особо «вредным» явлением — этот эпитет они приберегли для сектантов и радикальных марксистов[6]. Несмотря на то что полемика богословов против популярного оккультизма была относительно

ным выводам [Указатель 1861; Указатель 1865; Указатель 1870; Указатель 1876; Указатель 1877; Систематический указатель 1905–1915; Указатель 1910; Андреев 1998].

5 См., например: НАРТ. Ф. 10. Оп. 2. Д. 1121; Д. 518.

6 Это видно из рапорта 1901 года, поданного министерством внутренних дел петербургскому губернатору, где давалась характеристика вредоносности ересей и сект. Спиритуалисты и теософы в нем не появляются. Особо вред-

маргинальным явлением в церковной жизни, из нее следует, что духовенство, наблюдая современную жизнь, часто имело те же поводы для беспокойства, что и спиритуалисты или теософы.

Общие проблемы

Оглавления церковных журналов и темы студенческих работ показывают, что спиритуализм или теософия не вызывали серьезной реакции у богословов, однако клирики, судя по православной периодике, пристально наблюдали за духовной жизнью как в России, так и за рубежом. В «Богословском вестнике», который выпускала Московская духовная академия, часто появлялись обзоры иностранных богословских, философских и научных публикаций, а также анализ развития культуры в империи [По поводу неурожая 1892; Селиванов 1906][7]. В «Известиях Санкт-Петербургской епархии» возникали обзоры русской прессы и публикаций других церковных изданий. Анализ этих материалов дает основание утверждать, что авторов, писавших для богословской периодики, во многих отношениях беспокоили те же вопросы, которые подписчики «Ребуса» или «Изиды» могли встретить на страницах указанных журналов. Среди них были такие, как индивидуализм, безнравственность общества и чудеса, то есть непосредственное переживание сверхъестественного; самой главной темой, которую рассматривали как богословы, так и оккультисты, были отношения между религией и наукой.

Индивидуализм и бессмертие

Индивидуализм оказывался связан с вопросами об отношении человека к обществу, о духовном опыте и бессмертии души. Дискуссии о нем (как среди оккультистов, так и среди православ-

---

ными сектами считались те, чьи учения ставили под угрозу политическое положение дел и подрывали такие социальные институты, как брак (ЦГИА СПб. Ф. 19. Оп. 93. Д. 35).

[7] Подробнее см. ниже.

ных богословов) велись в контексте представлений о том, что социальные метаморфозы России разрывали традиционные общественные связи, взамен принося с собой анонимность, характерную для города, новую независимость индивида и необходимость во всем полагаться лишь на себя. Как и оккультные руководства, где говорилось, «как стать личностью», духовные журналы тоже обращали внимание на распад прежних социальных связей[8]. Оккультисты использовали популярный образ ницшеанского сверхчеловека, который вобрал в себя многие представления, характерные для магии. Так, ими давались практические указания, как подчинять других людей своей воле и таким способом достигать личных целей. Оккультный учитель Виктор Сегно приветствовал новые возможности, которые возраставший индивидуализм давал его читателям, при условии, что они овладеют его методом гипнотического влияния. Богословы были не столь расположены к перспективе автономии индивида. В статье, озаглавленной «Личность и общество», С. Левицкий в целом с одобрением отзывался об индивидуализме, поскольку считал, что он находится в согласии с замыслом Бога, творящего отдельных уникальных существ; однако также отмечал, что личные амбиции должны корректироваться заботой об общем благе [Левицкий 1900]. Он подчеркивал важность «прав человека» и «свободы», но отвергал вульгарное ницшеанство и заключал, что «спасти свою душу каждый может только путем самоотверженного служения обществу» [Левицкий 1900: 406]. Таким образом, для богослова Левицкого первостепенное значение имела нравственность, а для оккультиста Сегно — возможность влиять на других. Конечно, не все оккультисты обещали обучить приемам, которые позволят одному человеку достигать своих личных целей путем использования других. Для оккультных публикаций тоже были характерны призывы к филантропическим действиям, которые обосновывались долгом христианина. Однако куда больше выходило инструкций по достижению своих целей безо

---

[8]   Оккультные руководства по индивидуализации: [Белл 1906; Пероцкий 1907; Сегно 1912].

всякого учета возможного ограничения при этом свободы других людей[9]. Хотя некоторые спиритуалисты тоже видели в растущем индивидуализме угрозу, они редко говорили о его нравственных последствиях[10].

Ответственность индивида оккультисты и богословы воспринимали по-разному, в первую очередь потому, что для последних также был важен вопрос о человеческой гордыне. Согласно протоиерею Тимофею Буткевичу, рост индивидуализма вместе с возрастанием значения рационального мышления вел человека к тому, что тот надувался гордыней и впадал в заблуждение по вопросам веры [Буткевич 1915]. Традиционные христианские ценности, напротив, включали в себя кротость и подчинение верховной власти Бога [Глаголев 1899–1900]. Спиритические практики вроде вызывания духов, по утверждениям православных критиков, полностью исключали всякую кротость. Анонимный автор брошюры «С Афона о спиритизме» напоминал своим читателям, что молитва является единственным средством общения с Богом. В его глазах заявления спиритуалистов о том, что они контактируют с умершими, сидя в гостиной вокруг стола в обстановке, которая приводит на ум светские развлечения, а не благочестивые практики, — яркий пример духовной гордыни [С Афона 1867: 10–11; Непросвещенный 1904]. Анонимный автор «Православного обозрения» возводил истоки спиритуализма к эпохе Просвещения и характерной для Запада, в особенности для Франции, светской спеси. «И ужели в самом деле можно думать, — вопрошал он, — чтобы по одной прихоти, из-за одного праздного любопытства, в заранее определенное время, даже иногда на открываемых прямо с денежною целию сеансах, чистые духи из горнего мира являлись и сообщали людям свои откровения?» [Новейший спиритизм 1871: 240, 793–794]. Но наивысшей точки гордыня оккультистов, по мнению клириков, достигала

---

9   См., например, [Князь-Инок 1908; Оккультно-ментальная молитва 1908; Фанег 1908].

10 Обычно оккультисты обвиняли своих соперников-оккультистов в разжигании антиобщественных убеждений [Непросвещенный 1904].

в теософии, дерзавшей рассуждать о спасении. В православном учении спасение дается божественной благодатью, а теософы верили, что возвращение к Божеству — дело усилий самих людей [Carlson 1993: 145–146; Лодыженский 1916: 4]. Богословы были возмущены не только утверждениями оккультистов, что они могут вызывать и отпускать обитателей потустороннего мира, когда им вздумается, но и их убеждением, что ключ к духовному обновлению личности находится в руках самого человека.

Но, несмотря на разногласия по поводу ответственности индивида и его роли по отношению к обществу и Богу, большинство оккультистов и богословов разделяли некоторые общие представления, прежде всего о бессмертии и вечной жизни индивида. Вера в жизнь после смерти была одинаково распространена среди оккультистов и церковников, и с обеих сторон наблюдалось сильное стремление защитить бессмертие человека от любых оппонентов, утверждавших, что смерть полностью завершает его бытие. Необходимость подобной защиты стала особенно настоятельной с 1860-х годов, когда резко возросший авторитет науки и ее философских спутников, материализма и нигилизма, стал подрывать убежденность в существовании жизни после смерти, а также христианские понятия о нравственности, поскольку жизнь (следовательно, и ответственность индивида) прекращается вместе с остановкой его биологической жизнедеятельности. Как уже говорилось в других главах, отчасти популярность спиритуализма можно объяснить тем, что во время сеансов давались видимые «подтверждения» бессмертия личности, поэтому спиритуалисты подчеркивали, что их деятельность помогает защите христианского учения [Медиумические сеансы 1899]. Один из таких спиритуалистов утверждал: «Церковь может говорить все что угодно, но ничего не может доказать, [а спиритуализм] основан на фактах, которые не сможет опровергнуть соперничающая церковь»[11].

Богословы тоже пытались подкрепить христианское представление о личном бессмертии, но не прибегая при этом к спирити-

---

[11] Князь Эмиль Витгенштейн, адъютант царя, в письме Эмме Хардинг Бриттен. Цит. по: [Britten 1884: 351].

ческим сеансам. Н. П. Рождественский, профессор Санкт-Петербургской духовной академии, посвятил целую главу своего популярного учебника «Христианская апологетика» вопросу бессмертия личности, и казанские студенты приводили из него цитаты, когда должны были защищать бессмертие в своих курсовых сочинениях[12]. Эта защита строилась на двух различных основаниях. Рождественский и его читатели-студенты настаивали на том, что жизнь после смерти реальна, и подчеркивали, что человек сохраняет после смерти свои личностные черты. Теологический индивидуализм православия, таким образом, находился в согласии с представлениями спиритуалистов, учивших, что духи умерших сохраняют свою индивидуальность. Однако в этом вопросе как православные богословы, так и спиритуалисты резко открещивались от некоторых идей, характерных для оккультного мышления, которое испытало влияние со стороны буддизма, воспринятого через его теософскую переработку. Согласно последователям Е. П. Блаватской, человек представляет собой лишь временное выражение великого, всеобъемлющего мирового духа, с которым он сольется, достигнув нирваны [Аксаков 1910; Карабанович 1915]. Это теософское учение подвергали ожесточенной критике как богословы и их ученики, так и спиритуалисты[13]. Хотя оккультисты и богословы разделяли убеждение, что жизнь после смерти существует, разногласия по поводу того, что представляет собой эта жизнь, объединяли православных богословов со спиритуалистами против теософов.

Однако православные писатели и спиритуалисты расходились в своем обосновании бессмертия. Церковные публикации были обращены к широкой аудитории. Примером такой публикации может послужить сочинение монаха Митрофана «Как живут наши умершие и как будем жить и мы по смерти. По учению православной церкви, предчувствию общечеловеческого духа и выводам науки». Здесь в ярких и доступных образах защища-

---

[12] НАРТ. Ф. 10. Оп. 2. Д. 56; [Рождественский 1884: 411–435]; НАРТ. Ф. 10. Оп. 2. Д. 257; Д. 207; Д. 378.

[13] НАРТ. Ф. 10. Оп. 2. Д. 1326.

лась православная версия посмертия, которая вполне могла конкурировать с заманчивой картиной загробного существования, что рисовали спиритуалисты [Монах Митрофан 1897: XX][14]. Эта книга за короткий промежуток времени выдержала несколько изданий и рекламировалась Святейшим синодом как наиболее наглядное, яркое и всеобъемлющее описание жизни после смерти [Монах Митрофан 1897: IX]. Но, несмотря на такой успех, православные авторы сталкивались с трудностями при обосновании бессмертия, поскольку у них не было «доказательств», подобных тем, которые предоставляли спиритуалисты. Описания загробной жизни у Митрофана отличаются яркими образами, но он приводит примеры из Библии, не обладающие той непосредственностью, которую отличают описания посмертия, полученные от покойных друзей и родственников на спиритических сеансах.

Хотя писания Митрофана и других богословов для обоснования бессмертия практически исключительно опирались на красочные библейские тексты, другим распространенным аргументом в поддержку жизни после смерти, который можно обнаружить как в популярных публикациях, так и в трактатах, адресованных коллегам-богословам, было божественное правосудие. Об этом говорит анонимный автор статьи в «Духовной беседе», который ответил на риторический оборот «со смертью для него [человека] все кончится» так: «Ах, друг мой! Что был бы этот свет, если бы твоя мысль была справедлива? Он был бы вертепом разбойников. Тогда правда и неправда, добродетель и порок были бы в нем только пустыми словами» [Учение о воскресении мертвых 1859; Свечка во тьму и сумрак 1859: 162]. Необходимость бессмертия для божественного правосудия десятилетиями оставалась центральной темой в дискуссиях, участники которых стремились подкрепить реальность жизни после смерти; эта тема сохраняет

---

[14] Книга была напечатана церковными иерархами и пропагандировалась ими. В введении содержались намеки, что заголовок труда специально был сформулирован двусмысленно, чтобы потенциальные читатели могли перепутать его со спиритуалистским сочинением.

свою значимость в учебнике Рождественского 1884 года, ее избрал
для своего студенческого курсового сочинения Михаил Григорьев в 1901 году [Рождественский 1884: 411–421][15].

Однако богословы, писавшие для духовных лиц, трактовали
эту тему куда изощреннее, чем авторы популярных работ. Здесь
присутствовали более сложные аргументы, замысловатые и разнообразные умозаключения, но даже с их помощью авторы находили такое обоснование сложным. Рождественский потратил
немало усилий, показывая, что душа выше, чем тело, не только
потому, что она может подчинять его себе, как о том свидетельствуют аскетические подвиги и даже самоубийства, но и потому,
что душа переживет материальный состав тела. В конце концов,
хотя физический состав человека полностью меняется каждые
семь лет, человек сохраняет свою индивидуальность, поскольку
душа остается той же самой. Для Рождественского это обстоятельство, а также тот факт, что люди имеют представление
о будущем, доказывают существование бессмертной индивидуальной души [Рождественский 1884: 416–424].

В 1890-е годы и в начале XX века, однако, немногие богословы,
обосновывая бессмертие, ограничивали себя аргументами из
области библейской истории, учения о нравственности или духовной науки. Утверждая жизнь после смерти, многие церковники выражали взгляды, почти идентичные тем, которые форму-
лировали в 1870–1880-е годы спиритуалисты, и теперь аргументы содержали по большей части отсылки к наукам. Научная
аргументация представлялась настолько надежной, что лишь
немногие клирики отказывались от нее[16]. Спиритуалисты, конечно, с большим энтузиазмом смешивали науку и религию; они
прямо говорили, что спиритуализм «уживается со всяким веро-
учением, давая ему только опору в главном — в фактическом
доказательстве пакибытия» [Аксаков 1883а: 37]. Но, хотя большинство богословов критиковали эту материалистическую
ориентацию спиритуализма как чуждую религиозной вере,

---

[15] См. также: НАРТ. Ф. 10. Оп. 2. Д. 257.

[16] О смежной теме см. [Beer 2004].

многие из них в конце концов сами обращались к материалистическим аргументам. Их положения были почти теми же самыми, что и заявления оккультистов, учивших, что бессмертная душа состоит из тонких субстанций вроде эфира, который невозможно уловить при помощи чувств[17]. Студент Георгий Богоявленский, к примеру, начал свое курсовое сочинение с антропологического аргумента. Он отметил, что вера в бессмертие души общая для всех культур, заключая, что мнение атеистов, отвергающих эту веру, представляет собой позицию меньшинства, а потому может быть отвергнуто как ложное[18]. В заключение, однако, он не удержался от того, чтобы обосновать бессмертие отсылкой к физическим эманациям, которые продолжаются миллионы лет, что, как он предположил немного сумбурно, подтверждает бессмертие личности[19]. Такие аргументы могли использовать не только студенты-богословы. Читатели «Богословского вестника», например, сталкивались с героическими попытками обосновать бессмертие при помощи материальных явлений. В сентябрьском номере 1897 года Сергей Кулюкин выказал неожиданную терпимость по отношению к французскому автору Арману Сабатье, предположившему, что всякая материя, включая человеческое тело, наделена духом, который сохраняется после смерти в виде тонкой плазмы. Кулюкин заключил, что такие идеи недалеко отстоят от православного учения о душе, личности и воскресении [Кулюкин 1897]. Он даже пошел дальше, изобразив бессмертную душу как устройство, которое действует наподобие телеграфа, принимая информацию в виде волнообразных колебаний эфира [Кулюкин 1901][20]. Эта дискуссия была связана с богословским поиском места, где происходит жизнь после смерти, и в этом случае богословы и спиритуалисты тоже выдвигали очень похожие аргументы. Как уже было сказано в главе 2, спиритуалисты предполагали, что физическое пространство имеет четвертое

[17] См., например, [Фидлер 1888; Религия с философской точки зрения 1905].
[18] НАРТ. Ф. 10. Оп. 2. Д. 207. Л. 15.
[19] Там же. Л. 97 об.
[20] О спиритах и об эфире см. [Вик. П. 1893д].

измерение, область обитания духов. Цёлльнер и его трансцендентная физика отвергались некоторыми богословами, например Рождественским, утверждавшим, что нет основания предполагать, будто такое пространство действительно существует [Рождественский 1884: 166][21]. Тем не менее идеи, касающиеся четвертого измерения пространства, которое обычно ассоциировалось с неевклидовой геометрией, оказывали влияние на богословскую мысль. Философ А. И. Введенский пытался, как и Бутлеров, понять, какие последствия имеет неевклидова геометрия Лобачевского для веры [Evtuhov 1998][22]. В статье, напечатанной в «Богословском вестнике», Введенский бился над вопросом, действительно ли геометрия Лобачевского описывает пространство более корректно, чем Евклид [Введенский 1895]. В заключение Введенский предположил, что, «вероятно, для каждого из нас наступит некогда время», когда мы сможем превзойти наше нынешнее представление о пространстве: «Внешний мир явится пред нашим сознанием (после смерти) величиною уже не экстенсивною, а интенсивною» [Введенский 1895: 404]. Подобную мысль высказывал и Кулюкин, когда сравнивал душу с телеграфом. Он писал, что «наша душа имеет способность чувствовать и действовать на расстоянии, без необходимости непосредственного соприкосновения с предметом ощущаемым или воздействуемым» [Кулюкин 1901: 226]. Хотя ни Введенский, ни Кулюкин не упоминали в своих статьях Цёлльнера или Бутлерова, их идеи были очень сходны с заявлениями спиритуалистов, что у духов есть доступ к дополнительным измерениям пространства, не ограничивающий их лишь трехмерным миром.

Аргументы Богоявленского, Кулюкина и Введенского показывают, что, когда дело доходило до публичной защиты бессмертия, церковники, как и оккультисты, не могли противосто-

---

[21] Глаголев тоже отрицал положения Цёлльнера [Глаголев 1893].

[22] Судя по тому вниманию, которое Введенский оказывал кантианскому представлению о пространстве, автор статьи, которая здесь цитируется, видимо, Александр Иванович Введенский, а не Алексей Иванович, как указано в этой статье.

ять соблазну прибегнуть к научной аргументации[23]. Но, хотя богословы не могли оставаться последовательно верными духовному, антиматериалистическому подходу, их рассуждения представляют собой вполне действенную попытку в беспристрастной манере разобраться с вызовом, который бросали религии материализм и наука. Богословы, во многом подобно оккультистам, исследовали вопрос бессмертия, и в этом контексте они также вступали в полемику о том, как религия относится к научным открытиям.

С. С. Глаголев, выпускник Московской духовной академии, впоследствии профессор, был одним из тех авторов, чьи размышления об отношении религии и науки часто появлялись на страницах «Богословского вестника». В его текстах оккультные идеи играли важную роль, когда он пытался оценить научные учения с точки зрения богословия[24]. В 1897 году он написал 70-страничный обзор книги Т. Ортолана «Астрономия и теология», где французский автор выдвигал теорию множества обитаемых миров [Глаголев 1897]. Главный пункт теории Ортолана заключался в том, что другие планеты заселены разумными существами, более развитыми по сравнению с людьми, поскольку они представляют собой новые воплощения умерших землян, и что различные миры связаны друг с другом «взаимным притяжением» и «нравственной связью», в центре которой находится Бог, обитающий в Солнце. Такое положение дел, утверждал Ортолан, временно:

> Солнце угаснет, звезды рассеются во мраке, тогда наступит истинный конец мира, произойдет преобразование неба и земли, и вся Вселенная станет местом бессмертия. Миры тогда начнут устремляться к общему центру тяготения — к Богу, — и в этом центре они получат новый вид и новую форму, и там начнется новая жизнь [Глаголев 1897: 151].

---

[23] Утверждение Рождественского в 1884 году, что душа переживет материальную составляющую тела, — первый шаг к этим позднейшим, сугубо материалистическим положениям.

[24] См. [Глаголев 1893; Глаголев 1896; Глаголев 1897; Глаголев 1899–1900].

Идеи Ортолана были вдохновлены учениями французского спирита Аллана Кардека, чья теория, совмещающая реинкарнацию и прогресс, изумила астронома и мистика Камиля Фламмариона, которым, в свою очередь, вдохновлялся Ортолан [Monroe 2008]. Идеи Ортолана также были похожи на учение Елены Блаватской, основательницы теософии, утверждавшей, что Вселенная развивается циклично, как бы пульсируя, и ей управляет закон циклического роста и распада. Согласно Блаватской, история человечества тоже развивалась циклично. Люди эволюционировали из материального существования по направлению к духовному просвещению через процесс реинкарнации, переселяясь с планеты на планету. Такие мотивы можно было встретить повсюду в популярной российской оккультной прессе, где в художественных рассказах повествовалось о том, как умершие переселяются на другие планеты, и описывалась жизнь на Марсе [Зотов 1910]. В других нарративах подобного рода просветленные махатмы правили космическими кораблями и тоже путешествовали между планетами в поисках мудрости [Kryzhanovskaia 1998]. Пророчества о грядущем апокалипсисе обещали вечную жизнь в марсианских телах [Карышев 1906].

Глаголев очень детально изложил учение Ортолана, анализируя его научное обоснование. Он задавался вопросом, насколько вероятна жизнь на других планетах Солнечной системы, учитывая их температурные условия, отсутствие атмосферы, свойства эфира и его способности сохранять индивидуальность духов до воскресения мертвых. Статья Глаголева была напечатана в нескольких частях, и если читать только среднюю ее часть, то можно предположить, что оккультные взгляды Ортолана были санкционированы издателями «Богословского вестника». Однако в итоге Глаголев отверг гипотезу Ортолана по ряду оснований. Во-первых, он заявил, что это материалистический подход к смерти и воскресению. Он допускал, что на Земле может оказаться недостаточно материи, если верить в воскресение мертвых буквально. Однако богослов утверждал, что христианское обетование воскресения должно пониматься как тотальное обновление бытия, которое невозможно вообразить человеческому уму, а потому оно не зависит от достаточного количества физической материи или атомов. Во-вторых, Глаголев заключил, что люди не имеют свидетельств существования других обитаемых планет или альтернативных миров, именно поэтому неправильно и даже вредно пытаться их вообразить [Глаголев 1897]. Глаголев также критически высказывался о буквалистском прочтении отдельных фрагментов Библии Ортоланом; к примеру, он отверг библейское доказательство существования эфира. Библия, утверждал Глаголев, говорит на своем особенном языке, и этот текст нельзя использовать, чтобы достичь научных выводов[25]. Несмотря на такое заключение, знаменательно, что Глаголев и редакция журнала сочли необходимым уделить 75 страниц «Богословского вестника» серьезному теологическому анализу красочных идей Ортолана.

Статья Глаголева показывает, что православные авторы, как и их современники-оккультисты, стремились разобраться в последствиях возрастающей автономии личности. Обе группы разделяли глубокое убеждение в бессмертии человеческой души, но они различались представлением о том, как именно выглядит бессмертие. Духовенство и спиритуалисты сходились в том, что личность бессмертна, и отрицали теософские учения о всеобъемлющем мировом духе. Богословы, однако, отличались своим обоснованием бессмертия от всех оккультистов: обычно первые предпочитали нравственные и духовные аргументы материалистической риторике последних, хотя и богословы периодически упоминали излучение, телеграфные волны и множественные измерения, пытаясь аргументировать основы собственной веры.

Чудеса

Чудеса, как и бессмертие, поднимали вопросы об отношении между религией и наукой. Тема чудес очень интересовала оккультистов и занимала богословов. Однако если богословы реагиро-

---

[25] Глаголев даже утверждал, что язык Библии — это язык «простых людей», который описывает вещи такими, какими они кажутся, а вовсе не обязательно такими, каковы они на самом деле; например, говорится, что Солнце вращается вокруг Земли. Это смелое утверждение для богослова [Глаголев 1897: 169].

вали на сообщения о новых чудесах сдержанно, то оккультисты, напротив, откликались на них с большим энтузиазмом. Чудеса (по определению) — это события, в которых законы природы нарушаются или превозмогаются сверхъестественной силой. Оккультисты давали своим читателям примеры прямого сверхъестественного вмешательства в повседневную жизнь на сеансах, в рассказах о чертовщине в домах, видениях, о ментальных упражнениях и об исцелении духом. Их позиция по отношению к таким событиям, однако, была крайне двусмысленной.

Оккультная пресса смешивала чудеса, спиритические феномены и мистический опыт. Статьи в одном журнале нередко повествовали о таких разнородных предметах, как спиритические сеансы, случаи гипноза, чертовщина в домах, исцеления верой и примеры действенности молитвы. Православные и неправославные материалы здесь смешивались в одно большое оккультное целое. Сообщения о чудесных исцелениях, которые производил о. Иоанн Кронштадтский, ставили знаменитого священника на одну доску с оккультистами. В одной из статей рассказывалось, как Иоанн исцелил «непокойный» дом, который также исследовали Прибытков и Аксаков, изгнав из него духа, а в другой пространно описывалось, как он торжественно открыл гомеопатическую аптеку, похвально отзываясь о гомеопатии [Слово отца Иоанна Кронштадтского 1892; Прибытков 1894a].

Однако различные сверхъестественные случаи, о которых повествовали такие журналы, как «Ребус», были неравнозначны по своему весу. Хотя о традиционных православных чудесах заявлялось нередко, чаще всего такие сообщения были просто перепечатками из больших газет вроде «Петербургского листка», «Московских ведомостей» или «Гражданина» [Резанов 1885; Исцеление 1890; Два письма 1895]. Обычно это были небольшие заметки. Специальные журналистские расследования оккультных тем, напротив, были связаны главным образом со спиритическими сеансами и с их философским и научным значением; такие материалы часто бывали многостраничными, при этом у оккультистов не было полной ясности по вопросу, следует ли рассматривать такие чудеса, как исцеления Иоанна или излечивания от чудотворных икон (а иногда и от их фотографий), в качестве чудесных вмешательств другого мира. Некоторые выдающиеся спиритуалисты вроде Аксакова заявляли, что все таинственные происшествия можно объяснить научно, и, соответственно, отвергали «чудесность» таких происшествий. Однако на практике большинству оккультистов удавалось сочетать два противоположных взгляда: один подчеркивал объяснительную силу науки, а другой подразумевал таинственное качество оккультных сил.

Священники и богословы, напротив, использовали более узкое определение чудес и выражали куда больший скепсис по поводу сверхъестественного вмешательства, хотя, конечно, допускали его[26]. Один автор «Духовной беседы» задал риторический вопрос: «Отчего теперь не бывает чудес?» Но подчеркнул, что чудеса в современности все-таки происходят, указывая на многочисленные отчеты о них в духовной печати [Свечка во тьму и сумрак 1859: 515–523]. Православная и оккультная пресса часто давала репортажи об одних и тех же чудесах.

Как и журнал «Ребус», издатели которого перепечатывали статьи из мейнстримных газет, церковная периодика тоже делала выжимки из популярной прессы [Волков 1908; Волков 1909][27]. Издатели церковных и оккультных журналов в равной мере охотились за чудесами. Репортаж Глаголева об американском «больном целителе» эльзасского происхождения по фамилии Шлаттер был написан в ответ на статьи из ежедневников «Московские ведомости» и «Новое время», причем тем же языком и в том же стиле, какие использовали спиритуалисты [Глаголев 1896]. Впрочем, в отличие от газет и отчетов спиритуалистов, Глаголев был куда более критично настроен по отношению к предполагаемым чудесам «святого человека». В частности, его не убедил рассказ о том, что «один безногий стал ходить на глазах... чудотворца» [Глаголев 1896: 438]. Он подчеркивал, что подобные случаи поднимают серьезные религиозные вопросы,

---

[26] См., например, [Шевцова 2010].

[27] См. перепечатку из «Могилевских епархиальных ведомостей» [Явление умершего 1883], «Тверских епархиальных ведомостей» [Обалешева 1892].

намекая, что либо они были продуктом праздной сплетни, либо исцеления Шлаттера можно объяснить рационально. Глаголев полагал весьма маловероятным, что произошло подлинное чудо, и, приняв во внимание такие явления, как магнетизм, эфир, рентгеновское излучение и телепатия, заключил, что, скорее всего, Шлаттер исцелял своих пациентов электрическими импульсами, исходившими из его тела. Этот вывод православного апологета удивительно совпадал с тем, который предлагали авторы «Ребуса», причем почти в таких же словах. Подобные эпитеты, как «таинственный», «загадочный», «темно», и отсылки ко все объясняющей, но при этом таинственной силе («какая-то сила») были совершенно традиционны для оккультных репортажей об удивительных явлениях. Глаголев отличался лишь тем, что сравнивал случаи исцеления у Шлаттера с библейскими чудесами и допускал, что первые — подтасовка. Спиритуалисты, напротив, принимали достоверность подобных сообщений без особого скептицизма[28].

Если спиритуалисты с энтузиазмом сравнивали современные им чудеса, имеющие в их глазах научное объяснение, с библейскими, Глаголев настаивал, что подлинные чудеса относятся к совершенно другой категории[29]. Теолог утверждал, что они открывают высшую истину, а современные события, так же как их рациональные объяснения, — нет. Науки, таким образом, здесь «не дадут ничего нового», говорил Глаголев, поскольку ограниченность человеческого интеллекта состоит не только в том, что его знания неполны, но и, что важнее, в том, что они «не глубоки» и что «многое им совсем не может быть понятно», поэтому, за-

---

[28] В 1895 году «Ребус» сообщил своим читателям о чудесном исцелении в репортаже, перепечатанном из «Московских ведомостей». Издатели питали к этому случаю такой энтузиазм, что они даже сообщили о нем в Лондонское общество психических исследований [Доробец 1895; Случай исцеления 1895; A Recent Case of Faith Healing 1895].

[29] Это объясняет кажущееся противоречие в сочинениях Глаголева, где, с одной стороны, он критикует ученых за мировоззрение, согласно которому чудеса объяснимы (если не сейчас, то в будущем), с другой — пытается научно объяснить случай Шлаттера.

ключает богослов, «не все то, чего мы не умеем объяснить, есть чудо; но то, чего мы по своей природе не способны понять, есть чудо» [Глаголев 1893: 512–513].

Подлинные чудеса, таким образом, принципиально необъяснимы, и их не следует пытаться объяснить, прибегая к науке. Глаголев был убежден, что признание ограничений человеческого ума требует кротости, которой не могут допустить философы, ученые, а также оккультисты [Глаголев 1899–1900: 612]. Для богослова подчинение божественной мудрости было существенной частью религиозной жизни, и оно не ограничивало познания, а скорее помогало ему. Глаголев утверждал, что «отрицание чуда ведет к тому, что действительность является перед нами лишенным разумности хаосом». Он настаивал на том, что такое мировоззрение не отдает должного человеческой природе, поскольку «кроме веры человеку еще присуща надежда на чудо. Созерцая со скорбию зло, разливающееся в мире, человек ожидает спасения свыше» [Глаголев 1893: 514].

Понимание чудес у Рождественского было одновременно сложнее и красивее, чем у Глаголева, но оба богослова сходились на неприятии любых сверхъестественных происшествий как чудес. Согласно первому, не все, что вызывает у нас удивление и ощущение чуда, является в строгом смысле чудесным. Некоторые происшествия — это просто «поразительные явления природы» [Рождественский 1884: 160]. Далее он объясняет, что «к этой же категории должны быть отнесены и поразительные явления из области спиритических феноменов, если, конечно, верить в их реальность» [Рождественский 1884: 160]. Даже если мы считаем, что некоторые происшествия вызваны духами, продолжает он, это не делает их сверхъестественными, поскольку духи — это тоже часть естественного мира. «Сверхчувственное, — пишет он, — не есть еще сверхъестественное» (каковое для Рождественского, так же как и для Глаголева, имеет божественный характер). Если они существуют, духи, являющиеся на сеансах, таким образом, суть «сотворенные, ограниченные и конечные, принадлежат хотя к вышечувственному — не физическому, однако же к естественному, а не сверхъестественному порядку бытия, и сами по себе своей силой и властью не могут производить ничего истинно сверхъестественного» [Рождественский 1884: 160–161].

Для Рождественского различие между сверхчувственным и сверхъестественным было ключевым. Последнее для него связано с божественным откровением, дарующим людям новые и прежде для них неведомые истины, а сверхчувственные проявления Божественного провидения вызываются «через посредство естественных сил и законов природы, установленных Творцом» [Рождественский 1884: 111]. Однако, хотя Рождественский не наделял спиритические феномены статусом сверхъестественных чудес, являющихся частью откровения, он все же допускал, что они суть сверхчувственные манифестации, которые, по его определению, имеют божественную санкцию. Как мы увидим ниже, он существенно отличался собственной позитивной оценкой спиритических явлений от своих современников и коллег-богословов.

В том, что касалось подлинных чудес, Рождественский отрицал всякие попытки исследовать их методами научного познания. Он отвергал предположения «современных [ему] рационалистов», что для объяснения библейских чудес подойдет «дивная магнетическая сила» Иисуса или то обстоятельство, что «от одежд Спасителя струилось электричество» [Рождественский 1884: 165]. В равной степени предположение, что четвертое измерение пространства, «открытие которого принадлежит Цёлльнеру» [Рождественский 1884: 165], можно использовать для умножения хлеба и вина, чтобы накормить 5 000 человек, не удовлетворяло Рождественского: «Первое, что бросается в глаза при подобных объяснениях чудес, касается вопроса, на каких основаниях они покоятся, достаточно ли прочны и тверды эти основания» [Рождественский 1884: 166]. Кроме того, Рождественский настаивал, что рассказы о библейских чудесах в первую очередь имели целью «изобразить величие и силу чудотворца, а не удовлетворить любопытство читателей, доискивающихся подробностей дела» [Рождественский 1884: 166]. Когда заходит речь о чудесах, утверждал он, мы, люди, «никогда не можем найти и указать предел, где кончается действие сверхъестественной силы и где начинается действие естественных сил» [Рождественский 1884: 166]. Здесь он был солидарен с Глаголевым, так как они оба полагали, что человеческий разум просто не наделен возможностью рационально постигать чудеса. Объяснения, основанные только на спекуляции (к примеру, допущение существования недоступного для нас пространства), — это лишь подтверждение наших ограничений, а не рациональные аргументы.

Богословская критика оккультизма

Богословов и оккультистов занимали одинаковые темы, такие как индивидуализм, чудеса и наука, но это их не сближало. В нескольких текстах православных авторов, где напрямую заходит речь о модном оккультизме, богословы выражают крайнее пренебрежение к оккультным идеям и практикам. Главное, что отмечали эти авторы: в оккультных практиках не было ничего божественного.

Для анонимного автора, писавшего в «Православном обозрении», спиритуализм представлял собой, по сути, языческую магию, «видоизменение древнеязыческих волхвований, основанных на лжи и обмане», отличаясь от своих древних аналогов лишь современной терминологией [Новейший спиритизм 1871: 485]. Согласно Е. Тихомирову и И. Визеру, феномены, наблюдаемые во время сеансов, были вызваны бесами [Спиритизм и христианство 1881; Тихомиров 1884: 77]. Рождественский, напротив, полагал, что они — чисто естественные явления. Несмотря на такую разницу во взглядах на природу спиритического общения с духами, комментаторы в богословской прессе дружно порицали спиритуализм за то, что он не дает человечеству никаких истин, кроме расхожих штампов. Тихомиров отмечал, что послания, передаваемые из загробного мира, разочаровывают своей бездарностью, даже если они приписываются духам знаменитых людей [Тихомиров 1884: 75]. Описывая сеанс, на котором он присутствовал, «Сын Отечества» рассказывал, что оракулы от духов были вроде «тех ярлыков "счастия", какие вынимаются с фотографическими карточками фей нашего света у "раешников", обещающих вам по известной планете целую груду счастья во вторник или в среду и т. д.» [Сын Отечества 1881: 444].

Авторы духовной печати подчеркивали, что спиритуалисты не сформулировали никаких внятных богословских или философских представлений о божественном. Хотя сами спиритуалисты утверждали обратное, истины, которые они передавали, не несли ни малейшего следа откровения. Согласно церковным журналам, такая богословская бесплодность не была случайной. Одному из анонимных авторов казалось невообразимым, что божественное откровение могло быть получено от спиритуалистов, «большая часть» которых — «люди обыкновенные, среднего нравственного уровня, с обычными житейскими слабостями и недостатками», просто потому, что они отличались лишь «какими-либо... физиологическими особенностями — например, избытком в организме какого-либо особого магнетического или электрического тока» [Новейший спиритизм 1871: 793]. Этот автор был согласен с Рождественским, что спиритические феномены составляют часть естественного мира и не содержат никакого божественного откровения. Однако, в отличие от петербургского профессора, он не удостаивал эти феномены даже той долей божественности, которая присуща божьим творениям. Мышление спиритуалистов было лишено «философской глубины... оригинальности... научной доказательности... Спириты — мечтатели в науке, суеверы в философии и вольнодумцы в религии» [Новейший спиритизм 1871: 796].

Православные авторы писали, что неспособность спиритуалистов открыть человечеству какие-нибудь стоящие тайны происходит оттого, что они не пекутся о собственном спасении. Один анонимный автор, приветствуя критическую реакцию общества на материализм, критиковал спиритуализм как «болезненную реакцию», поскольку он есть «изнанка того же неверия и материализма». Хотя спиритуалисты заявляют, что они «верят в бытие духов и невидимого мира», они в точности такие же, как «неверующие и материалисты», которые «верят только тому и признают бытие только того, что можно видеть, слышать, ощущать». В конце концов, для их веры им необходимы «явления духов в материальной форме, в видимых, слышимых и осязаемых знаках» [Склонение 1893: 264][30].

Священник и философ П. А. Флоренский описывал спиритуализм как утонченную форму позитивизма в приложении к области метафизического. Вера спиритуалистов, утверждал он, тщетна, ибо в ней нет искупительной фигуры Христа, а потому на ее основе невозможно духовное развитие [Флоренский 1904]. В. С. Соловьев, философ и мистик позднеимперского периода, писал на страницах «Православного обозрения» в том же духе.

В 1875 году, когда разворачивался скандал вокруг менделеевской комиссии, Соловьев осторожно поддерживал спиритуализм. Но со временем философ усвоил критический взгляд на спиритуалистические учения, а также на теософскую доктрину[31]. Как и анонимный автор «Богословского вестника», Соловьев приветствовал любые подходы, имевшие целью пробиться через эпистемологические ограничения, которые своим чрезмерным вниманием к кругу «относительных поверхностных явлений или видимостей» наложил на ум материализм [Соловьев В. 1875: 197]. Он считал, что материалистский подход к познанию должен рано или поздно быть преодолен, поскольку он провозглашает невозможным «познание об истинно сущем или о безусловном» и таким способом оставляет без внимания «прирожденную метафизическую потребность человечества, составляющую его характеристическое отличие от животных и потому неискоренимую, пока человек остается человеком» [Соловьев В. 1875: 197]. Но несмотря на то, что оккультисты ставили своей целью как раз преодоление этих ограничений, они сами воздвигали препятствия

---

[30] См. также [Современный спиритизм 1912].

[31] В январе 1875 года Соловьев писал князю Д. Н. Цертелеву: «Я все более убеждаюсь в важности и даже необходимости спиритических явлений для установления настоящей метафизики, но пока не намерен высказывать этого открыто, потому что делу это пользы не принесет, а мне доставит плохую репутацию». Соловьев просил Цертелева кланяться Аксакову и поблагодарить его за экземпляр его «Psychische Studien», который он от него получил [Соловьев В. 1909: 225].

на пути духовного опыта. В статье, где говорилось о расколе в русском обществе, напечатанной в журнале «Русь» в 1883 году и в следующем году перепечатанной в «Православном обозрении», Соловьев выделяет три вида «свободного сектантства» в России [Соловьев В. 1883; Соловьев В. 1912]. Первый был представлен евангелическими группами, учившими, что они «нашли Христа», а потому снискали себе спасение. Вторую разновидность представляли собой морализирующие группы, то есть религиозные группы, убежденные, что сущность христианства заключается в его нравственных учениях, и отвергающие институции, обряды, догматы и таинства, поскольку те отвлекают людей от сущности религии. Третью категорию составляла «группа людей, связывающих религию прежде всего с *фактом* нашего бессмертия и фактическими отношениями между нами и невидимым миром духов». Это и были спиритуалисты, «которые не только признают действительность так называемых медиумических явлений, но и видят в них основание новой веры, долженствующей заменить собою христианство или по крайней мере радикально преобразовать его на новых основаниях» [Соловьев В. 1912: 277–278].

Все эти течения, утверждал Соловьев, подчеркивали важность одного из ключевых аспектов христианства: Христа как искупителя, праведную жизнь и общение с духовным миром. Однако каждое из этих учений заблуждается, поскольку не принимает христианства как целого. Заблуждением евангелистов, по мнению Соловьева, было не то, что они признавали важность веры, а то, что они отвергали значение земных дел; морализирующее сектантство справедливо отмечало необходимость нравственной убежденности духа, но обманывалось, пренебрегая «его положительными задачами в мире». Наконец, ошибка спиритуализма состояла «не в том, что он утверждает реальное общение двух миров, а в том, что он упускает из виду идеальные и нравственные условия для такого общения, основывая его не на вере и нравственном подвиге, а на внешнем и случайном факте» [Соловьев В. 1912: 278].

Такая однобокость, заключал Соловьев, и является причиной духовной нищеты спиритуализма. Поскольку все это движение основано на фактах, которые не заключают в себе «ничего такого, что было бы лучше и выше нас самих», от него не следует ожидать ничего, «что возвышало и делало бы нас лучшими». Более того, «в спиритических явлениях и откровениях мы сталкиваемся с тою же самою ограниченностью и несостоятельностью человеческою, которую мы находим в себе самих и от которой мы ищем убежища в религии» [Соловьев В. 1912: 279]. Вместо того чтобы сталкиваться с ограниченностью человеческой природы вновь и вновь, человек стремится к тому, «что увеличивает и возвышает его бытие, превращает его из отдельной ограниченной личности в неотъемлемое звено совершенного и безграничного целого, которому можно отдаться, ради которого стоит отказаться от своего эгоизма» [Соловьев В. 1912: 280].

Критикуя спиритуализм, Соловьев в равной степени негативно относился к теософии, которая хотя не так преуспела в массовой культуре, тем не менее повлияла на популярную литературу и была с энтузиазмом воспринята некоторыми интеллектуалами. Соловьев приветствовал Блаватскую за то, что она стремилась преодолеть «узкие воззрения материализма», поучая, к примеру, что человек состоит из разнородных составляющих, будучи, таким образом, чем-то большим, чем «физиологическая функция нервов» [Соловьев В. 1892б: 319]. Несмотря на «относительные истины», которые открывала теософия, Соловьев считал необходимым отвергнуть большую часть доктрины Блаватской. Его шокировала сумбурность ее писаний, нежелание сформулировать положения веры, которые опирались бы на философские принципы, и «язвительные» тирады в адрес научного мышления, не позволявшие вступать с ней в серьезные дебаты. Кроме того, Соловьев критиковал положение Блаватской о том, что Бог — это не личность, а просто абстракция; он полагал, что это утверждение основано на буддийском учении и делает религиозное откровение невозможным. Соловьев подвергал отдельные моменты учения Блаватской даже более яростной критике, чем Глаголев — Ортолана, а Рождественский — аргумент о четвертом измерении, утверждая, что для этого учения нет никаких оснований. Попросту нет никаких свидетельств о том, что тысячелетние гималайские мудрецы сохранили свою премудрость на пиках азиатских гор, периодически сообщая ее крупицы посредством ментальной силы всему миру. «Учение... которое *основывается* на каком-то предполагаемом, голословно утверждаемом *секрете*... никак не может быть признано искренним и серьезным учением», — писал Соловьев [Соловьев В. 1892б: 318]. Столь же безосновательно выглядят утверждения Блаватской о том, что человеческая природа состоит из семи компонентов.

> Ни малейшей попытки рационально объяснить седмичастность нашего существа мы здесь не находим. Нам просто сообщается, как важная и интересная новость, что мы состоим из семи ипостасей. <...> Почему этих элементов семь, а не больше или меньше, решительно неизвестно. Ведь мудреных санскритских слов и соответственных описаний [используемых Блаватской] легко могло бы хватить и на двадцать пять ипостасей... [Соловьев В. 1892б: 318].

Богословы, открыто обращавшиеся к разбору модного оккультизма, заключали, что он во многих важных аспектах не отличался от материализма, который сам стремился преодолеть. Однако в их глазах его наиболее предосудительными чертами были следующие: бездарность посланий, получаемых из потустороннего мира, и отсутствие божественного откровения. Оккультизм, утверждали они, не имел своей искупительной фигуры и не давал человеку возможности становиться лучше, преодолевая собственные земные недостатки.

Выводы

Публикации, санкционированные церковью, предоставляли авторам пространство для обсуждения вопросов, порой идентичных тем, которые занимали писателей-оккультистов, — таких как последствия возрастающего индивидуализма в обществе, бессмертие, чудеса, отношения между религией и наукой. Иногда выводы, к которым приходили представители обеих групп, в значительной степени совпадали. Православные мыслители не только обращались к тем же проблемам, но и напрямую анализировали спиритические и теософские учения. Православные тексты, рассмотренные в этой главе, однако, также демонстрируют те затруднения, с которыми многие богословы сталкивались тогда, когда им необходимо было излагать религиозные идеи для мирян. В этом отношении удивительнее всего разница между посланиями, которые адресовались собратьям-богословам или образованным читателям и простым верующим. Как показывают просто написанные дешевые брошюры, духовенство с крайним скепсисом относилось к интеллектуальным способностям своих читателей и их лояльности церкви, что и делало эти тексты такими полемичными и снисходительными по тону.

Публикации, рассчитанные на простого читателя, намеренно написанные простым слогом для облегчения понимания, гневно обличали спиритуализм и теософию или отдельные положения этих учений. Здесь нередко к читателям обращались со словами «дети» или «друг мой», как на проповеди с амвона перед верной паствой [Свечка во тьму и сумрак 1859; Поучение Алексия 1912]. В этих публикациях поминались величественные эпизоды истории православия. Яркий пример — брошюра «С Афона о спиритизме», где рассказывалось о независимой общине монахов в Северной Греции, имевшей огромное символическое и историческое значение для восточного христианства [С Афона 1867][32]. В этой брошюре спиритуалистам (и всем остальным) прямым текстом говорилось о реальной опасности лишиться божественной благодати и попасться в лапы дьяволу за увлечение оккультизмом. Другой тактикой было запугивание конспирологическими теориями, где спиритуализм представал частью сложного заговора, которым руководили «жидомасоны» или буддисты[33]. Здесь не делалось никаких попыток разобрать, почему именно альтернативные формы духовности вдруг стали популярны.

---

[32] Подобные брошюры: [Зайцев 1910; Современный спиритизм 1912; Лодыженский 1916].

[33] См., например, сочинение самопровозглашенного защитника православия: [Быков В. 1914].

Обращаясь к «народу», церковные писатели неизменно говорили о вере высокоэмоциональным языком и порицали попытки оккультистов описывать сверхъестественное через научные теории.

Публикации, которые были адресованы интеллигенции (к примеру, статьи в «Православном обозрении»), занимали промежуточную позицию между академической и популярной риторикой. Здесь оккультные сюжеты разбирались по-иному[34]. Журнал «Православное обозрение», учрежденный в эпоху Великих реформ с целью ввести в область светской дискуссии вопросы церкви и религии, имел свою журналистскую стратегию и «обсуждал проекты церковных реформ и нужды церкви, а также явления общественной жизни» [Энциклопедический словарь 1891–1904, 24: 928], поэтому здесь появлялось довольно много полемических статей, последовательно велась церковная критика спиритуализма. Однако в «Православном обозрении» также публиковались статьи с более глубоким анализом явления, например Соловьева. Именно «Православное обозрение», а также «Новый путь», тоже орган интеллигенции, или вполне светский журнал «Русь» печатали большую часть статей, в которых речь прямо заходила о модном оккультизме. Это показывает, насколько важен был спиритуализм для тех, кто обращался к анализу социальной жизни России, тогда как духовные академии преимущественно относились к нему с равнодушием.

Такие академические журналы, как «Богословский вестник», печатавшиеся учеными богословами для ученых же богословов, редко обращали внимание на оккультизм, а если и обращали, то говорили о нем вскользь; для профессиональных богословов были куда более важны другие вопросы. Однако некоторые ученые, писавшие в журналы, издаваемые высшими церковными учебными заведениями, обращались к тем же темам, которые обсуждались на страницах спиритуалистского еженедельника

---

[34] В 1896 году годовая подписка на «Богословский вестник» стоила 6 руб. (7 — с доставкой, 8 — для подписчиков за границей); кажется, отдельные выпуски не продавались. Его ученое содержание, обилие сносок, обзоры книг на иностранных языках — все это говорит о том, что на него были подписаны главным образом библиотеки.

«Ребус». Это говорит о том, что у богословов и оккультистов были похожие интересы. Первые также выражали довольно толерантные к оккультизму мнения, имели даже квазиоккультные взгляды по поводу спиритуализма и теософии, как показывает пример Рождественского, который в одном из наиболее используемых в России учебников по богословию обосновывал различие между сверхъестественным и сверхчувственным, или размышления Кулюкина в «Богословском вестнике» о том, что душа человеческая работает подобно телеграфу. Возможно, сам тот факт, что их читали только коллеги-богословы, давал Рождественскому, Кулюкину и им подобным свободу не вступать в публичную полемику и разрабатывать собственные взгляды на предмет, не опасаясь подорвать позиции православия.

Если говорить об академических дебатах, православная церковь была хорошо осведомлена о международном и российском контексте культурной, философской и религиозной жизни. Авторы, публиковавшиеся в академических православных журналах, компетентно рассуждали на эти темы, подвергая их взвешенному и аргументированному анализу. В сочинениях, адресованных богословской аудитории, или в курсовых сочинениях, которые писали студенты, рациональное и взвешенное исследование ценилось очень высоко.

Однако, несмотря на все это, богословы, по-видимому, не задавали полемике тона; скорее они сами следовали тем тенденциям и разрабатывали те вопросы, которые зарождались в других сферах общественной жизни. Примером тому служит вопрос о взаимоотношении науки и сверхъестественного . Если спиритуалисты еще с 1870-х годов постоянно прибегали в русской прессе к аргументам, отсылавшим к химии, математике или физике, богословы последовали их примеру лишь в 1890-е годы. Церковь, таким образом, только подхватывала общественные и культурные тренды, но не задавала их. Это хорошо видно по тому факту, что самый глубокий и фундированный анализ оккультизма был проведен такими православными писателями, как Соловьев, светскими мыслителями, которые сами порой находились в непростых отношениях с церковью. В результате влияние церковной полемики на общество в целом было, по-видимому, довольно ограниченным, и это объясняет, почему оккультисты, за исключением перепечатывания репортажей о чудесах, обращали мало внимания на тексты, исходившие из церковной среды. Неспособность богословов взять в свои руки инициативу в актуальных дискуссиях (например, об отношении науки и веры), возможно, даже способствовала росту популярности оккультизма: то, о чем не говорили православные писатели, можно было обсудить и испытать на спиритическом сеансе.

Церковная позиция не становилась слышнее в обществе и в тех случаях, когда церковь официально пыталась вмешиваться в публичные дискуссии между духовенством и светской интеллигенцией, опасаясь, что они выйдут из-под контроля. Таким был случай Религиозно-философского общества [Scherrer 1973]. В 1901–1903 годах поэт, критик и мыслитель Д. С. Мережковский и поэтесса З. Н. Гиппиус, его жена, организовывали регулярные встречи представителей интеллигенции и духовенства, на которых обсуждались вопросы веры, такие как значимость религии для искусства, культуры и семейной жизни, а также отношения между церковью, государством и обществом. Духовные лица, которые хотели выступить на этих собраниях, сначала должны были получить одобрение текстов своих выступлений у митрополита, а протоколы собраний с течением времени все более стали подвергаться церковной цензуре. В 1903 году обер-прокурор Святейшего синода вовсе запретил собрания. Как и в случае с брошюрами об оккультизме, адресованными широкой аудитории, высокопоставленные церковные чиновники решили, что православная церковь может утратить контроль над ситуацией, поэтому следует прибегнуть к прямым угрозам, не важно, вечного проклятия или наказания со стороны государства [Scherrer 1973: 126]. Высшее начальство в своей паранойе не принимало в расчет позицию значительной части православных богословов и писателей. Двадцать лет спустя после этого Соловьев сокрушался о том, что лекция Бутлерова о спиритуализме была запрещена обер-прокурором: «Некоторый запрет, тяготеющий у нас над спиритизмом, вдвойне вреден. Во-первых, он обрушивается главным образом на научное исследование спиритизма» (которое философ считал важным). Он полагал, что еще важнее, что настоящий запрет вреден, поскольку «представление об этом запрете значительно стесняет свободное противодействие тому, что А. Н. Аксаков называет исключением, увлечением и крайностью и что, однако, по существу дела никаким запретам подлежать не может» [В. С. 1883: 39].

Несмотря на пессимизм Соловьева, богословы могли пространно рассуждать о вопросах, имевших огромное значение для мирян, в том числе увлекающихся оккультизмом, но они не вели диалога с самими мирянами и даже церковью как таковой. Удивительно, что на страницах богословских журналов почти никогда не велось внутренней дискуссии; православные писатели критиковали философов, зарубежных богословов или спиритуалистов, но никогда не ополчались против других православных авторов. Хотя спиритуализм и теософия не были важными проблемами для церкви, поглощенной другими, более насущными вызовами, неверие церкви в собственных мирян и отказ духовенства открыто вступать с ними в диалог делали драматичные заявления Аксакова о церковном преследовании правдоподобными.

Глава 6
Оккультное перед судом

*Мария Пуаре и судьба оккультизма
в годы Первой мировой войны*

Осенью 1916 года внимание российской публики приковало скандальное судебное дело. Граф Алексей Орлов-Давыдов, богатый потомок знатнейшей аристократической фамилии, предприниматель, масон и член Думы, перед Санкт-Петербургским окружным судом обвинил свою вторую жену, актрису Марию Пуаре, в мошенническом обмане, связав его с занятиями Марии оккультизмом. Проступок его жены был так тяжек, уверял он судей, что ему следует дать развод. Пуаре, со своей стороны, выступая в качестве ответчика, отвергла обвинения в обмане и заявила, что они вместе с графом прибегали к духовным средствам достижения семейного счастья. Это дело сразу же получило широкую огласку, поскольку публика ожидала, что откроются тайны частной жизни известных богачей, где будут фигурировать такие вещи, как общение с духами, любовь, ревность, измена и секс. Каждый день пресса сообщала подробности разбирательства, и на эту тему даже вышла популярная повесть. Сверхъестественное сразу же приобрело огромное значение в подобных репортажах; к примеру, «Петроградский листок» выпускал статьи с названиями вроде «В царстве духов» [В царстве духов 1916a; В царстве духов 1916б; В царстве духов 1916в]. Известные свидетели со стороны обвинения и защиты рассказывали о самых разных оккультных практиках, которыми, как утверждалось, занимались у графа в доме. Судьи получили почти полный список практик, которые были популярны в предыдущие десятилетия. В 1916 году, впрочем, публика была уже далеко не так благоприятно настроена по отношению к оккультной деятельности, как в былые годы. Процесс Орлова-Давыдова против Пуаре разворачивался на фоне Первой мировой войны, которая резко изменила отношение общественности к сверхъестественным происшествиям и магическим практикам. С началом военных действий сверхъестественное оказалось (по крайней мере, на время) связано с кампанией патриотической мобилизации. По мере того как общество с лета 1915 года утрачивало иллюзии по поводу войны, отношение к оккультному вновь стало меняться, и оно уже не смогло вернуть себе довоенную популярность. В этой главе я прослеживаю, как оккультное сначала было частью патриотического подъема, а потом постепенно стало восприниматься как симптом вырождения общества.

Сверхъестественное становится патриотическим

Когда летом 1914 года начались боевые действия, война сразу же стала фигурировать в публикациях о сверхъестественном. В популярных газетах преобладали пророчества; они также выходили в виде брошюр, памфлетов и (с некоторым опозданием) статей в оккультных журналах. Однако вскоре в печати стали появляться и сообщения о сверхъестественных происшествиях на фронте. Благодаря этим публикациям произошла значительная метаморфоза в общественной дискуссии о сверхъестественном, поскольку теперь традиционные христианские мотивы и православные символы снова приобрели значительный вес, потеснив объяснительные модели, почерпнутые из оккультизма, и сведения, полученные при помощи спиритических сеансов[1].

---

[1] Та же тенденция наблюдалась 10 годами ранее во время Русско-японской войны. Однако по сравнению с войной 1914 года поражение, которое Россия потерпела от Японии, оказало меньшее влияние на восприятие сверхъестественного, и в 1904–1905 годах святые не стали важнее гетеродоксальных оккультных мотивов.

В первые месяцы войны ясновидящих можно было найти во всех социальных слоях, и рынок печатной продукции был буквально завален пророчествами. Многие утверждали, что предвидели войну еще до лета 1914 года. Символисты Андрей Белый, Александр Блок, Зинаида Гиппиус и Вячеслав Иванов толковали свои прежние тревожные предчувствия грядущих судьбоносных ужасов как пророчества о войне [Hellman 1995]. Они тем не менее приветствовали войну как начало новой эры духовного обновления. Другие пророки оказались более приземленными. В «Ребусе» писали, что английский медиум Альфред Вуд-Питерс (Wood-Peters) во время последнего посещения Москвы весной 1914 года ясно говорил о грядущей войне. Общаясь с духами, он рекомендовал русским учить немецкий; совет, который должен был пригодиться тем российским подданным, которых начало войны в августе 1914 года застало во время отдыха на курортах Германии [По пути 1914б]. Популярные брошюры были сосредоточены на ближайшем будущем, предрекая блестящую и скорую военную победу России над центральными державами. Такие пророчества, рассчитанные на массовую публику, выходили на дешевой бумаге с массой типографских и текстуальных ошибок, поскольку сдавались в печать впопыхах.

Согласно «Петроградскому листку», распространявшему, помимо иных пророчеств, предсказания некоей мадам де Тэб, война должна была продлиться 5 месяцев и 14 дней, после чего Германия должна была распасться, а Бавария — получить независимость [Кончина папы Пия X 1914][2]. Брошюра «Из тьмы веков: монах XVII века о войне XX века», напечатанная в 1915 году, сообщала, что некий монах предсказал русским победу в конце года [Иоганес 1915]. «Брат Иоганес», чье имя подсказывало, что он был немцем, также пророчествовал о торжестве россиян, причем это предсказание оказалось очень популярным (вероятно, потому, что национальность пророка сообщала ему видимость

---

[2] Пророчества мадам де Тэб см. также в [По пути 1914б].

беспристрастности, а стало быть, достоверности)[3]. В это время, когда общество, переживавшее интенсивные тревоги из-за неопределенности военного будущего страны, жаждало пророчеств, журнал «Ребус» с неохотой вынужден был пойти ему на уступки. Долгие годы издатели журнала позиционировали его как серьезный печатный орган, и даже в первые девять месяцев 1914 года в «Ребусе» главным образом выходили статьи о международных дебатах, связанных со спиритуализмом. Лишь в середине октября редакция сдалась и напечатала первое пророчество. Месяц спустя, как сообщалось, после множества писем от читателей, требовавших статей с предсказаниями будущего, «Ребус» перепечатал шесть популярнейших предсказаний, в том числе от «брата Иоганеса». Редакция, делая хорошую мину при плохой игре, даже пыталась найти в этом светлую сторону. В заметке сообщалось:

> Никогда и ни в какую войну не было извлечено из пыли архивов так много пророчеств, предсказаний и предвидений, которые печатаются теперь почти сотнями во всех органах прессы и жадно комментируются читателями без различия их убеждений, как материалистами, так и лицами, склонными к мистическому и спиритуалистическому истолкованию явлений жизни [По пути 1914a][4].

Пророчества и репортажи о сверхъестественных происшествиях на фронте уравнивали патриотизм с православием. Такова была и официальная позиция церкви и государства. В XIX веке патриотизм часто отождествлялся с верностью Российской православной церкви во время международных конфликтов, и в 1914 году подобные взгляды возродилось [Beyrau 2004; Norris 2006][5]. К тому же

---

[3] Иоганес также фигурировал в следующих пророчествах: [По пути 1914; Антихрист 1914a; Моранов 1915].

[4] См. также: [Содержание 1914].

[5] Бейрау утверждает, что настроение патриотической религиозности было лишь реализацией спущенной сверху пропагандистской программы, которая на деле не находила отклика у простого народа. Я не согласна с такой оценкой. Тиражи подобных памфлетов и их коммерческий успех говорят о том, что патриотические чувства были искренними, разделялись множеством читателей.

с началом великой войны популярные предсказания будущего часто включали исторические прецеденты русских побед. В январе 1915 года «Ребус» освещал «знаменательное небесное явление», которое наблюдали в Новом Петергофе: с 11 до 12 ч ночи в Рождество «на ясном горизонте... отчетливо выделялось крестообразное сияние», выглядевшее «как... два пресекающихся прожектора». Этому явлению, приводившему на ум современную технологию, впрочем, помогала сама природа, ибо «луна помещалась в центре этого сияния, и все оно замыкалось радугой, в которой преобладал красный цвет». Видение имело особую историческую значимость, поскольку «г. А. видел точно такое же явление в 1877 году, в сентябре, то есть в самом начале... турецкой кампании» [По пути 1915]. Чудо толковалось теми, кто был ему свидетелем, и, вероятно, теми, кто узнал о нем из «Ребуса», как божественное обещание победы для русских войск.

Многочисленные пророчества описывали Первую мировую войну как священную борьбу между христианством и врагами христианства. Такая характеристика полностью совпадала с официальными заявлениями православной церкви. Согласно «Петроградскому листку», мадам Ленорман, французская предсказательница, еще в XIX веке предрекла, что в 1914 году начнется война, причем Франция будет воевать в союзе с «одной из великих держав», которой суждено вернуть Константинополь христианам [Предсказание знаменитой Ленорман 1914]. В «Предсказании монаха Козьмы и аббата Иоанна о всемирной войне» приводилась похожая версия будущего: Козьма, который «предсказал изобретение телеграфа, телефона и автомобиля», также предрек, что «Турция падет, турки будут изгнаны из Европы, христианские цари вступят в Царьград» и восстановят крест на соборе Святой Софии [Моранов 1915].

В то время как российские газеты и журналы печатали и перепечатывали различные пророчества о судьбах страны, спрос на предсказания частных судеб отдельных индивидов также возрастал. В годы войны значительно увеличилось число объявлений в популярных газетах с рекламой предсказаний. Неудивительно, что многие личные предсказания подобного рода касались судеб мужей, братьев, отцов, ушедших на фронт. В 1914 году в бедных кварталах Москвы появилась цыганская пара, обещавшая рассказать тем, кто к ним обратится, о судьбе их родственников, находящихся на войне. За небольшую плату москвичи могли узнать, живы ли их родственники, здоровы они или ранены, находятся в германском плену или убиты. В услугу было включено (в качестве небольшого бонуса) пророчество о том, что Россия выиграет войну [Н. К. 1914][6].

В доходивших до обычных россиян новостях о событиях на полях сражений подчеркивалась важность сверхъестественных факторов в войне. Обязательной частью новостного потока были статьи о чудесах, происходящих на фронте. В подобных репортажах решающую роль играют святые, Матерь Божья, Христос, ангелы или такие священные предметы, как иконы и кресты. Эти рассказы печатались в этаких объемах, что книга, изданная Священным синодом, с изумлением сообщала: «...даже в издаваемых евреями или на еврейские деньги газетах стали серьезно отмечать эти случаи и явления» [Величайшая 1916: 4].

Помимо пророчеств, сулили русским победу и явления библейских персонажей. Как и в католической Франции, самым частым заступником за православное воинство оказывалась Богоматерь [Becker 1998: 75]. Именно ее явлению на поле брани приписывалась победа царских войск в 1914 году [Сверхнормальное 1914]. В 1916 году в сборнике рассказов о чудесах на фронте фигурирует похожая история. В ней солдаты видят «на небе Божию Матерь с Иисусом Христом на руках, а одной рукой указывает на Запад. <...> Потом это видение изменилось в большой крест и исчезло». В грядущей битве, как сообщает сборник, русское войско одержало победу [Величайшая 1916: 55]. Нередко рассказы о фронтовых чудесах были переработками традиционных православных нарративов, например истории о покрове Пресвятой Богородицы, который явился в видении во время осады Константинополя сарацинами в X веке, чтобы показать,

---

[6]   Некоторые предприимчивые гадалки намеренно использовали спрос на пророчества, чтобы выманивать деньги у клиентов [Колдунья 1915].

что город находится под божественной защитой. В «Воскресном листке», «Листке для народа» и «Новом времени» приводились слова, приписывавшиеся немецкому офицеру:

> Мы [немцы] не предполагали, что нам придется воевать не только с людьми, но и с духами. Когда наши войска начинают брать верх, над русскими войсками появляется видение — женщина в белом одеянии, прикрывающая русских громадным плащом, так что мы их перестаем видеть... А женщина глядит на нас огненными глазами... Ее взора никто выдержать не может... Как же мы можем победить, если русским помогают духи [?] [Величайшая 1916: 57][7].

Знаменательно, что здесь немецкий офицер не распознает видение как Богоматерь, называя ее духом. Русские читатели, конечно, прекрасно понимали, о ком идет речь, и это узнавание служило для них дополнительным подтверждением предстоящей победы; но также эта деталь показывает, что прежняя риторика спиритуалистов, говоривших о духах, теперь уступила традиционной вере.

Наряду с Богородицей русских солдат также защищали ангелы и Христос. В 1916 году «Петроградский листок» разместил на своих страницах картинку с композицией из двух частей: внизу мать молится за своего сына, сражающегося на фронте, а вверху ангел, занимающий большую часть изображения, спасает солдата среди взрывов и огня[8]. Изображения Христа на поле боя связывали войну не только со смертью, но и с воскресением. На Пасху 1915 года «Петроградский листок» напечатал картинку под названием «Христос воскрес на бранном поле», где Христос во славе изображается среди солдат [Христос воскрес 1915]. Почти такая же картинка появилась в следующем году [Воскресший Спаситель 1916].

Многочисленные сообщения о чудесах на фронте подчеркивали чудодейственную силу икон и крестов. Когда священники благословляли войска, на небе являлись кресты, это трактовалось

---

[7] См. также: Воскресный листок. 1914. № 2; Листок для народа. 1914. № 24; Новое время. 1914. № 14284.

[8] Петроградский листок. 1916. 4 февраля. С. 17.

как «знак милости Божией к... родине» [Чудесное явление 1915]. Во время канонады из земли взрывом выносило кресты или иконы. Они обретали особую значимость, поскольку в народе считается, что обретенные образа сами «приходят» к людям, поэтому они наделяются особыми чудесными свойствами[9]. Считалось, что подобные святыни спасали воинов от смертельных ранений. Сходная находка на поле боя, как вспоминал один солдат, произвела глубокое впечатление на всех них. «Это изображение благословляющего Спасителя теперь хранится как святыня» [Величайшая 1916: 16–17]. В. Ф. Шевцова показала, что отдельные верующие обычно связывали с воздействием похожих священных предметов не только свою судьбу, но и судьбу своего местного сообщества, собственного края или даже всего русского народа. Царь сам выказал себя приверженцем такой веры, когда приказал привезти в свою ставку чудотворную Владимирскую икону Богоматери [Шевцова 2010: 295].

Согласно другим сведениям с фронта, иконы защищали здания, в которых они находились. После бомбардировки все, что осталось от одного селения, — это стена, на которой висела икона. В другом случае гвоздь, на котором на стене висела икона, оказался расплавлен неприятельским огнем, однако само священное изображение не пострадало и впоследствии спасало солдат от ранений и смерти [Величайшая 1916: 15][10]. Иконы часто представлялись неуничтожимыми: «И в тот самый момент, когда произошел взрыв, все мы как один увидели, что икона сверху донизу раскололась надвое и Христос отделился от Богоматери. Еще мгновение — и обе половины иконы на наших глазах соединились» [Величайшая 1916: 44]. Кроме того, кресты, Библии и амулеты могли спасать жизни людей. «Петроградский листок» сообщал о солдате, носившем на груди образок святителя Николая, избавивший его от смертельного ранения: пуля попала в образок [Чудесное спасение 1914][11].

---

[9] О чудотворных иконах и об их обретении см. [Shevzov 1999].

[10] См. также [Чудесное на войне 1914]; Листок для народа. 1914. № 24.

[11] Аналогичная история: [Крест спас 1914].

Рис. 13. Кайзер Вильгельм часто ассоциировался с дьяволом
(из собрания Bayerische Staatsbibliothek, München)

Рис. 14. Антихрист: изумительное пророчество, сказанное 314 лет тому назад. Екатеринодар, 1914. Это одна из многих публикаций предсказания «брата Иоганеса»

Если святые охраняли Россию, а нательные крестики спасали солдат, для изображения врага служили демонические фигуры. Журнал «Вперед!» представлял кайзера рядом с огромным краснокрылым дьяволом, который (как разъяснялось рядом) «протянул крыло» над Германией, суля ей скорое поражение (рис. 13) [Вильгельм и дьявол 1915]. Кайзер Вильгельм II в пропаганде часто представал сообщником сатаны, причем не только в России. Как продемонстрировала Аннет Бекер, французы тоже считали правителя Германии «князем тьмы» [Becker 1998: 10]. В России Вильгельм чаще всего репрезентировался как антихрист[12]. Это перекликалось с апокалиптическими ожиданиями, распространенными в среде русской интеллигенции на рубеже XIX–XX веков и просочившимися также в популярную культуру[13]. Согласно памфлету «Антихрист: изумительное пророчество, сказанное 314 лет тому назад», «брат Иоганес» предсказал следующее: «Антихристом будет один из монархов, лютеранин» [Антихрист 1914a: 4]. В другой версии пророчества Иоганеса добавлялось: «Вильгельм II имеет нормальную руку правую, а левая у него недоразвита.. <...> Война даст ему предлог скинуть маску. <...> Он не будет знать жалости» [Моранов 1915]. На обложке этого памфлета было показано, чего Россия может ожидать от германского антихриста: здесь Вильгельм в пикельхельме и характерных усах летит на огромных нетопырьих крыльях над мирными русскими селениями и православными церквями, осыпая их бомбами, пригоршню которых держит в руках.

Иоганес был не единственным предсказателем, отождествившим кайзера с антихристом. То, что Вильгельм представляет собой нечистую силу, можно было определить с помощью каббалистики, то есть сложив числовое значение букв его имени. Согласно «Петроградскому листку», один православный старец

---

12 См. [По пути 1914a; Иоганес 1915].

13 См. [Беляев 1893]; НАРТ. Ф. 10. Оп. 2. Д. 230; [Бухарев 1914–1915; Bethea 1989; Hagemeister 1998; Hagemeister 2000]; о распространенных страхах см. [Якоби 1909]; ЦГИА СПб. Ф. 224. Оп. 1. Д. 852. Л. 386–387; [Антихрист 1914б; Гурьянова, Покровский 1988].

Ч	И	С	Л	О		К	Е	І	З	Е	Р	А		В	И	Л	Ь	Г	Е	Л	Ь	М	А		II
90	8	200	30	70		20	5	10	6	5	100	1		12	8	30	-	3	5	30	-	40	1		2

Рис. 15. «Число кайзера Вильгельма II»

вывел кайзера на чистую воду при помощи простых вычислений. Он сложил числовое значение букв во фразе «число кайзера Вильгельма II» (см. рис. 15). Результат подтвердил распространенное мнение: число кайзера Вильгельма составляло 666, число зверя[14]. Вильгельм изображался в виде антихриста на плакатах. Такую роль ему отводили в своих представлениях раешники и режиссеры в фильмах [Kampfer 1985: 15; Jahn 1995: 31]. В фильме Григория Либкена «Дыхание антихристово» Вильгельм ведет войну химическим оружием, уничтожая мирное польское село, а лента под названием «Антихрист» утверждала зрителей в распространенном представлении, что кайзер пьет человеческую кровь[15].

Выводя германского кайзера в роли антихриста из библейской книги Откровения, авторы статей, ярмарочные затейники, режиссеры-кинематографисты и их аудитория переводили великую войну в возвышенный нарратив о космической манихейской борьбе добра со злом (почти таким же образом, как и поэты-символисты). Во время этой борьбы должны были состояться великие и ужасные битвы, в которых против воинства тьмы сойдутся силы праведных, прежде чем наступят конец истории и воскре-

---

[14] Старец, впрочем, ошибся в подсчетах. Если сложить приведенные цифры, число кайзера Вильгельма больше числа зверя на 10, то есть равно 676. К тому же используются неправильные значения букв. В здесь имеет числовое значение 2, а не 12. Возможно, это ошибка печати, поскольку 12 дало бы искомую сумму, но 3 также приписано значение 7, а не 6 [Вильгельм-Антихрист 1914].

[15] Фильм «Антихрист», снятый на студии с характерным названием «Люцифер», был хитом 1915 года. В одном кинематографическом театре он шел без перерыва с 7 ч утра до 12 ч ночи [Jahn 1995: 166].

сение мертвых. Подобная демонизация врага отвечала линии официальной пропаганды, и в первый год войны, по-видимому, официальная позиция разделялась популярной культурой.

Примечательно, что в повествованиях о сверхъестественном, приходивших с фронта, преобладал христианский символизм: здесь на переднем плане фигурировали святые, их демонические противники и священные предметы. Даже те помощники из иного мира, которые не отличались святой жизнью, все равно изображались как ярые защитники веры. Знаменитый в XIX веке генерал М. Д. Скобелев, регулярно являвшийся в видениях солдатам в 1914 году, был героем Русско-турецкой войны 1877–1878 годов, которая считалась священным походом во имя православия[16]. Начало великой войны, таким образом, простимулировало демонстративную преданность народа традиционной вере. Даже спиритический журнал «Ребус» сообщал о явлениях Богоматери и святых. Подобные тенденции наблюдались в 1914 году во всех воюющих странах, и историки предложили этому несколько объяснений. С одной стороны, частое столкновение со смертью стало склонять людей к традиционным религиозным учениям в попытке справиться с ужасами войны. С другой, потребность в эмоциональном единстве с соотечественниками удовлетворялась путем разделяемых ими религиозных традиций. Кроме того, по словам Аннетт Бекер, «все войны суть войны религиозные», поскольку «вера в победу — это акт веры» [Becker 1998: 8][17].

В период, когда в тылу царило психологическое напряжение от неопределенности хода войны, а на фронте все затмевала эмоциональная перегрузка от военных действий, казалось, что патриотизм и православная вера затмили в глазах современников прежде привлекательные гетеродоксальные верования. Конечно, наиболее ревностные оккультисты оставались верными своим

---

[16] См. [Сверхнормальное 1914; Rogger 1976; Jahn 1995: 34; Norris 2006: 80–106]; об отношении к генералу символистов см. [Hellman 1995: 92].

[17] О вере русских солдат см. [Поршнева 2000: 222]. О похожих явлениях в традиционном духе см. [Alleged Visions 1915; An Enquiry 1915].

убеждениям (к примеру, автор из числа теософов, выполнивший перевод в 1916 году 167-страничного оккультного текста с немецкого), но увлечение оккультным в годы войны значительно снизилось в популярной культуре и в целом пропало из области публичного[18]. В особенности от настроений, воцарившихся в обществе с началом войны, пострадал спиритуализм. Историк Первой мировой войны Джей Винтер утверждал, что «война 1914–1918 годов стала апогеем спиритуализма в Европе» [Winter 1995: 76]. Мои исследования показывают, что дело обстояло прямо противоположным образом: война решительно вытеснила из общественного сознания верования и практики, связанные со спиритуализмом. В результате войны новую жизнь получила официальная религиозность, но также оказалось, что интегрировать спиритуализм в начавшуюся в это время духовную мобилизацию невозможно. Иностранное происхождение спиритуализма, интернационализм его самых известных в Российской империи представителей поставили все движение под подозрение в тот период, когда русские гибли в сражениях с иностранными армиями на фронте, а в тылу разыскивали предателей, в особенности среди немцев, евреев и мусульман. Критики спиритуализма уже давно подмечали его иноземную родословную, и даже фамилии виднейших российских апологетов спиритуализма звучали не по-русски: дальние предки Аксакова были татарами, Бутлерова — англичанами Батлерами, а Вагнер еще во время скандала 1875 года заслужил себе прозвище «профессор Вурст»[19]. Во время войны интернациональные связи спиритуалистов стали источником подозрения, что они недостаточно преданы империи. В 1915 году в русской прессе сообщалось, что германский генерал Гельмут фон Мольтке был спиритуалистом, так делался прозрачный намек на возможное участие спиритуалистов в заговоре против России [По пути 1915]. В памфлетах также утверждалось, что сам кайзер не чужд оккультному мышлению,

---

[18] ЦИАМ. Ф. 2355. Оп. 1. Ед. хр. 145.

[19] См., например, [Снегирев 1871; Толстой 1960–1965, 11: 199]. О «профессоре Вурсте» см. [Vinitsky 2008b: 96].

хотя в роли мистика Вильгельм, как правило, изображался в сатирическом ключе. В брошюре «Предсказания ясновидящей: что произойдет в Германии в конце войны 1914 года (сказочный сон)» высмеивались оккультные верования, хотя само произведение однозначно относилось к жанру предсказаний. Здесь сообщалось, что вскоре Вильгельм спрыгнет с цеппелина, чтобы покорить облако. Такое поведение, утверждала брошюра, будет связано с оккультной теорией о множественности пространств, что является несомненной отсылкой к характерным для спиритуализма представлениям о высших измерениях. Вильгельму приписывалась «мысль, что "пространство" состоит из бесчисленных "миров" разной плотности». Кайзер стремится основать «вновь завоеванную германскую колонию», водрузив германский флаг в одном из этих пространств [КБ 1914]. Знаменательно, что автор этого пророчества противопоставляет вражескому оккультизму патриотическое применение ясновидческих способностей.

Для самих спиритуалистов война стала временем фрустрации и разочарования. Еще до войны спиритическое сообщество постепенно теряло веру в себя, однако новая культура военного времени его и вовсе сломила. Как было показано в главе 3, диверсификация оккультного в 1905–1914 годах лишила спиритуализм положения, которым он прежде обладал в области гетеродоксальных верований. В это время также велись скандальные схватки между разными группами спиритуалистов, а В. П. Быков, главный редактор журнала «Спиритуалист», публично отрекся от спиритуализма и вернулся в лоно православия. Все это не способствовало сохранению оптимизма, которым прежде отличалось спиритическое сообщество [Быков В. 1912; Быков В. 1914]. Об уровне пессимизма, пришедшего ему на смену к 1914 году, говорит статья М. М. Петрово-Соловово, прежде неутомимого проповедника спиритуализма, которую тот написал для журнала Общества психических исследований. С 1889 года он опубликовал в этом журнале много статей, однако теперь со скорбью констатировал: «Я хотел бы потратить энергию, которую уделил области спиритизма, на какое-нибудь совершенно отличное от него дело. Я думаю, что в таком случае моя деятельность была бы более плодотворной» [Perovsky-Petrovo-Solovovo 1914: 185]. С началом войны подобные настроения лишь усилились.

Война не только поставила под сомнение патриотизм спиритуалистов и возвысила традиционные выражения православного благочестия, оттесняя альтернативные формы общения с духовным миром. Она также существенно изменила статус смерти в повседневной жизни, что оказалось очень важным для оккультных практик. Кажется, что новая ужасная роль, которую смерть приобрела в массовом опыте с начала войны, стала серьезнейшим испытанием для спиритуализма. В главе 1 я говорила, следуя Фрейду, что, поскольку современные общества стремятся изгнать смерть из повседневной жизни, она стала призываться «дозированно», в контролируемой обстановке спиритического сеанса, где она служила источником сильных эмоций и давала участникам остро почувствовать, что сами они живы [Фрейд 2008a]. Во время войны, когда смерть проникла повсюду, когда она стала являться людям в ужасных и уродливых обличьях, а официальная пропаганда стала ее прославлять как патриотическое самопожертвование или знак воинской доблести, былой, в значительной степени игровой подход к смерти, характерный для спиритического сеанса, оказался неуместен.

Отношение к смерти в контексте развлечения, отличавшее салонную культуру, стало невозможно в то время, когда миллионы мужчин в расцвете лет погибали на фронте. Спиритуалисты пытались приспособить сеансы к изменившимся обстоятельствам, но все их попытки только обнажали внутренний конфликт, с которым им пришлось столкнуться. В 1915 году «Ребус» сообщил, что группа спиритуалистов собралась на сеанс с павшими на фронте. Участники группы рассказали, что им трудно было установить связь, поскольку слишком много духов отчаянно стремилось говорить с ними. Павшие солдаты не понимали, что с ними произошло, и просили объяснений. Большинство из них погибли так неожиданно, что даже не могли вспомнить свои имена, зато живо интересовались ходом войны [А. и Б. 1915].

Поведение этих призраков военного времени очень отличалось от поведения, свойственного усопшим, с которыми спириты общались прежде. До войны духи часто не хотели вступать в разговоры с живыми; они выглядели всезнающими и регулярно снабжали участников сеансов нравоучениями, словами утешения и знанием прежде неведомых фактов. Теперь все стало по-другому. Живые едва успевали отвечать духам, желавшим с ними поговорить; участники сеансов утешали умерших, именно они обладали подлинно важной информацией о положении на фронте. Земная жизнь явно стала куда важнее вечного бытия за гробом. Больше уже нельзя было находить в жизни наслаждение, вызывать духов, как до войны. Возможно, мотивацию спиритуалистов также подрывала вина, свойственная во время военных действий тем, кто остается в тылу: у них была возможность с комфортом проводить сеансы в гостиной, а не отдавать жизнь за судьбу России. Теперь общение с духами уже не могло быть таким же непринужденным, как раньше.

«Ребус» не стал продолжать попытки помочь духам павших солдат. Вместо этого журнал в 1915 году запустил серию статей о бессмертии, причем связанном не с духовным миром за гробом, а с жизнью на земле. Это был еще один коренной перелом в спиритуалистской повестке [Карабанович 1915]. В статье «Новое учение о бессмертии» сообщалось об экспериментах со спермой или определенных бактериях, которые, будучи регулярно вводимы в кровеносные сосуды, были способны омолаживать человеческое тело. Под лозунгом «Смертные всех стран, соединяйтесь!» автор статьи Д. О. Карабанович также повествовал о попытках подвергнуть живые организмы глубокой заморозке, чтобы воскресить их после оттаивания. Хотя в статьях этого рода рассматривался и сценарий, когда человеческое тело превращается в невидимую бессмертную электромагнитную материю (программа, напоминавшая о прежнем настроении оккультной мысли, искавшей середину между материальным и духовным бессмертием), то обстоятельство, что «Ребус» стал задумываться о вечной жизни для человеческого тела, говорит о существенной перемене в приоритетах редакции. В то время, когда смерть ежедневно уносила невообразимое прежде число людей, трудно было писать о том, что замогильные пределы обещают духам более подлинный уровень существования. Спиритуалисты, как и их современники, стремились главным образом к гарантии физического выживания в этом мире. Такая метаморфоза спиритической культуры, а также возраставшие экономические трудности, из-за которых было сложно достать деньги на печать и бумагу, сильно сократили объемы выпусков «Ребуса», тогда как многие другие оккультные журналы вовсе прекратили свое существование[20].

Хотя в начале войны (в 1914 и в начале 1915 года) провозглашался своего рода «сверхъестественный» патриотизм, впоследствии ролевые модели, связанные с традиционной религией, стали редко появляться в публичной сфере. Однако это не означало возвращения в нее оккультного. Когда святые перестали господствовать над воображением публики, оккультизм оказался окрашен в цвета упадка.

Мария Пуаре и декадентский оккультизм

Спустя год с начала войны православные мотивы уже были не так заметны в рассказах о сверхъестественном. Богоматерь, Христос, святые и ангелы все реже стали фигурировать в газетных репортажах. К концу 1915 года они появлялись там только по большим церковным праздникам, на Пасху или Рождество, в остальное время редко выходя за круг церковных публикаций. Оптимистичные пророчества, в которых России уверенно предрекалась победа, исчезли из популярной культуры. Этот год стал «важной поворотной точкой» в самых разных отношениях [Norris 2006: 160]. Русские войска терпели тяжелые военные поражения, теряя живую силу и территории; в тылу ухудшалась экономическая ситуация, росло политическое недовольство. Соответственно, общество совсем по-другому стало относиться к войне. Энтузиазм, с которым российские подданные, преимущественно горожане,

---

[20] «Рассвет» и «Вопросы хиромантии и гипнотизма» перестали выходить в 1914 году, «Вестник оккультизма и спиритизма» — в 1915-м, «Изида» и «Вестник теософии» — в 1916-м, «Известия Российского теософического общества» — в начале 1917 года; см. [Беляева и др. 1958–1961; Carlson, Davis 1997: 423–435].

встретили начало военных действий, решительно снизился. Слабели шапкозакидательские настроения, зато возрастали сомнения в том, что царское правительство способно успешно вести войну, его негативное восприятие. Традиционные атрибуты царского режима (в первую очередь — православная церковь) теряли свою привлекательность. Сверхъестественный патриотизм в целом ушел из популярной культуры. Такие тенденции были свойственны не только России. Аннетт Бекер показала, что «христианский патриотизм», который в 1914 году спровоцировал католическое возрождение во Франции, сошел на нет к 1916 году [Becker 1998: 106].

Конец «сверхъестественного» патриотизма, однако, не означал, что интерес к оккультному вернулся на довоенные позиции. Как и прежде, популярные газеты наподобие «Петроградского листка» продолжали давать материалы о сверхъестественных происшествиях, которые не сопровождались ни рациональным, ни сверхъестественным объяснением, оставляя читателя в состоянии неопределенности. Кроме того, они продолжали сообщать об успехах Л. Л. Оноре, который исцелял раненых солдат гипнозом. В дешевых газетах печаталась реклама гадалок и руководств по магии[21]. Однако апогей интереса к сверхъестественному в популярной культуре все же прошел. О достижениях Оноре сообщалось тоном, который выдавал чуть ли не робость, а чертовщина в жилищах все реже беспокоила их обитателей. Вместе с тем в обществе все более распространялось специфическое отношение к оккультному как таковому.

Восприятие оккультного как запретного и опасного не было к 1915 году чем-то совершенно новым. Напротив, это восприятие лишь развивало определенные тенденции, которые стали явственными непосредственно перед войной. Однако именно она инициировала перемену в общественном мнении. В 1908–1913 годах оккультное все более воспринималось как угроза. В популярной прессе закрытые группы неизменно вызывали подозрение

---

[21] См. [Раненый герой 1915; Полная книга 1916; Знахарство 1916; Кто кого дурачит? 1916; На границе таинственного 1916].

в оккультном заговоре. В 1910 году ходили слухи о буддийских монахах, которые якобы планировали силой покорить Санкт-Петербург и всю Россию[22]. Три года спустя многие газеты и журналы перепечатывали алармистскую статью о том, что в высшие эшелоны российской власти внедрены иноземные сатанисты. Утверждалось, что эти оккультисты проводят черные мессы, в которых фигурируют «все аксессуары», нацеливаясь на овладение Россией, а потом и всем миром [Анатолий Б. 1913a][23]. Ползучая оккультная угроза исходила не только из-за рубежа Российской империи и не только от нерусских подданных царя. Казалось, она подобралась совсем близко. В 1912–1914 годах репортажи в прессе и одно скандальное судебное дело показали петербуржцам серьезность оккультной опасности. В деле Дарьи Смирновой, прозванной охтинской богородицей, фигурировала тайная секта, где духовная аскеза сочеталась с извращенными сексуальными практиками[24].

Война только усилила старые страхи. С 1915 года ксенофобия и паранойя охватили воображение общества, тут и там искавшего заговоры, которые объяснили бы военные и экономические неуспехи России [Колоницкий 2010: 220–240, 289–312, 355–361]. Оккультное всегда ассоциировалось с чем-то запретным, с тайными силами и со злыми намерениями, а потому отлично вписывалось в любую конспирологическую гипотезу. Но, несмотря на все это, приверженность к спиритуализму и похожим практикам начинала восприниматься в популярной культуре как заблуждение, которое должно вызывать скорее жалость, чем осуждение.

В 1916 году опасности, которые нес для современников спиритуализм, пространно обсуждались в центральных газетах, где сообщалось о знаменательном слушании в Петроградском окружном суде. Статья «Петроградского листка» под

---

[22] ЦГИА СПб. Ф. 224. Оп. 1. Д. 852. Л. 386–387.

[23] Переиздания статьи: [Петербургские «сатанисты» 1913; Анатолий Б. 1913б].

[24] См. [Дело «охтинской богородицы» 1912; Охтинская богородица 1913]; ЦГИА СПб. Ф. 569. Оп. 17. Д. 1527; [Дело «охтинской богородицы» 1914].

названием «В царстве духов» повествовала о скандальной драме в семье графа А. А. Орлова-Давыдова. Перед судом, на который собралась огромная аудитория (многие даже покупали билеты на слушания, которые на черном рынке стоили 50 руб.), аристократ обвинял в мошенничестве свою вторую жену — М. Я. Пуаре [В царстве духов 1916а; В царстве духов 1916б; В царстве духов 1916в][25]. В этом деле было все, чего только могла пожелать бульварная пресса: обманутый аристократ, актриса-парвеню с темным прошлым, секс, обман, жестокость, богатство, политика. И все это — в оккультных тонах. «Любовь, алчность, сыск, подкуп, потусторонний мир и всякая чертовщина в преступлении Пуаре», — восторженно объявляла «Маленькая газета» в своем первом репортаже [За графской короной 1916а]. Дело об этом домашнем разладе было настолько резонансным, что эта же газета посвятила ему еще семь статей, большинство которых занимали целую страницу [За графской короной 1916б; Мишурный блеск 1916а; Мишурный блеск 1916б; Зарин 1916а; Зарин 1916б; Зарин 1916в; Зарин 1916г]. Эта история напоминает мелодраму, когда воедино сплетаются любовь, карьеризм, гендерные проблемы и классовая борьба. Дело Пуаре «побило все рекорды продаж на рынке печати», когда Россия вела войну, и даже появилось на экране синематографа [Stites 1999: 11, 16].

Мария Яковлевна Пуаре была известной актрисой, граф Орлов-Давыдов — отпрыском одной из знатнейших аристократических фамилий Российской империи. Его предком был сам Григорий Орлов — прославленный генерал и любовник Екатерины Великой. Потомки Григория по-прежнему пребывали в высших эшелонах власти и культуры; сам Алексей Анатольевич был в числе богатейших людей страны. Он был депутатом Думы, где примыкал к прогрессивному блоку, председателем Калужского дворянского собрания, близким другом политика А. Ф. Керен-

---

[25] К сожалению, материалы окружного суда, хранящиеся в ЦГИА СПб, недоступны, поэтому мне пришлось полагаться на свидетельства прессы, а также на касающиеся Пуаре и Орлова-Давыдова документы из других архивов.

ского и великого князя Николая Михайловича, а последнему
русскому царю приходился двоюродным братом[26].

Граф познакомился с актрисой и певицей М. Я. Пуаре за 10 лет
до начала дела. Ее происхождение было скромным. Она родилась
в Москве в 1863 году в семье француза, пытавшегося устроить-
ся в России, преподавая гимнастику, плавание и фехтование[27].
Детство Марии было тяжелым. Она осиротела в 12 лет, а спустя
четыре года ее выдали замуж за мужчину значительно старше
ее. Несмотря на неудачи в личной жизни, Мария проявила талант
на сцене и окончила Московскую консерваторию. В 1880 году
она вошла в труппу антрепренера М. В. Лентовского и с 1890 года играла в Александринском театре, снискав большой успех как
«первая артистка водевиля и комедии»[28]. Пуаре писала стихи,
сочиняла музыку и даже прославилась своими романсами Когда
она встретила Орлова-Давыдова, ее звезда уже клонилась к за-
кату. В 1900 году она заболела пневмонией, переехала назад
в Москву, потеряла ангажемент в императорском театре и была
вынуждена гастролировать в провинции. Попытка создать свой
театр оказалась неудачной[29]. Несмотря на это, Орлов-Давыдов,
который был наслышан о Пуаре как об «артистке, пользующей-

---

[26] В его семейном архиве хранились письма от таких прославленных корре-
спондентов, как русская императрица Александра Федоровна, короли Сербии
и Италии, Даниэль Бернулли, Карл Линней, Леонард Эйлер (ОР РГБ. Ф. 219.
Оп. 219). Об А. А. Орлове-Давыдове см. [Карабчевский 1921: 41; Мансырев
1922: 17, 19; Берберова 1986: 7; Witte 1990: 70; Серков 2001].

[27] Архивно-рукописный отдел Театрального музея им. А. А. Бахрушина. Ф. 220.
Д. 26; [Уколова, Уколов 2002].

[28] Архивно-рукописный отдел Театрального музея им. А. А. Бахрушина. Ф. 220.
№ 26. Л. 4; [Уколова, Уколов 2002]; о популярных постановках Лентовского
см. [Swift 2002: 61–64].

[29] В конце 1920-х годов Пуаре писала советскому правительству письма с прось-
бами о пенсии, утверждая, что в 1905 году лишилась места из-за написанных
ею революционных стихов (Архивно-рукописный отдел Театрального музея
им. А. А. Бахрушина. Ф. 220. № 26. Л. 1, 13). Уколовы, однако, пишут, что она
покинула императорский театр по своей воле в 1895 году, не выдержав со-
перничества за главные роли с тогдашними звездами — Савиной и Комис-
саржевской [Уколова, Уколов 2002: 55].

ся большим успехом», еще в свои студенческие годы, увидел в ней независимую, успешную, знаменитую женщину и, по-видимому, был заинтригован ее достижениями [Шигалеев 1916a]. Дружба между ними быстро переросла в более интимные отношения, и граф даже развелся со своей первой женой, Феклой, урожденной баронессой фон Шталь, чтобы тайно обвенчаться с Пуаре 17 января 1914 года. Шафером на свадьбе был друг графа — Керенский.

Несмотря на счастливое завершение знакомства, отношения между актрисой и графом испортились еще до свадьбы. Кажется, Пуаре чувствовала, что постепенно теряет своего возлюбленного, и решила сделать так, чтобы у них появился ребенок, который не дал бы паре распасться. Макаров, близкий друг графа, в 1916 году сообщил суду, что Орлов-Давыдов женился на актрисе только потому, что Пуаре ожидала появления на свет ребенка [Шигалеев 1916в]. Однако «рождение» сына Алексея оказалось очень необычным. И не только потому, что его матери был 51 год. Пуаре знала, что не может иметь детей, и пережила воображаемую беременность, разрешившуюся столь же мнимыми родами, а младенец был взят в петербургских трущобах. События стали развиваться в более заурядном ключе, когда спустя некоторое время младенец Алексей был крещен в православие и записан как сын Орлова-Давыдова. По версии графа, произошел «подлог метрического свидетельства», что вкупе с обманом супруги заставило его обратиться в суд [Шигалеев 1916б].

Обман со стороны Пуаре, впрочем, был невозможен без содействия духов, и газеты, писавшие о деле, постоянно упирали на то значение, которое в разворачивающейся драме приобрело сверхъестественное. «Интерес процесса сосредоточен одновременно на всех действующих лицах, будто бы вращавшихся "в царстве таинственных духов"», — писал «Петроградский листок» еще за два дня до начала слушаний [В царстве духов 1916б]. Мария Пуаре не оспаривала, что Алексей не был ее или Орлова-Давыдова биологическим сыном, однако настаивала на том, что они были его духовными родителями. Согласно ее утверждению, граф был полностью в курсе обстоятельств «появления» Алексея и присутствовал при рождении младенца «в астральном теле» [Поддельный граф 1916б]. Газеты, а впоследствии и судьи разделяли версию событий, как их представляла Пуаре, даже если они не верили в существование астральных тел. «Может быть, оба находились в трансе», — предполагал «Петроградский листок» [Поддельный граф 1916в]. История взаимного влечения Пуаре и Орлова-Давыдова описывалась прессой как история общего интереса к миру духов. Согласно «Маленькой газете», именно на почве этого увлечения они и познакомились друг с другом. В 1906 году, когда граф узнал, что «артистка увлекается спиритизмом, гипнотизмом, хиромантией и прочими "гадальными науками", это настолько заинтересовало графа, отчасти и самого увлекающегося сверхъестественными делами, что он попросил у артистки Марии Пуаре поближе познакомиться с ее чародейскими занятиями» [За графской короной 1916а].

Вскоре новости о деле стали подаваться в виде каталога оккультных практик и верований, которые были популярны в 1877–1917 годах. С самого начала своего знакомства граф и актриса с энтузиазмом участвовали в спиритических сеансах; он также обращался к хиромантам, она — к графологу [Графолог 1916][30]. Они подвергались гипнозу и ходили к предсказателям. Во время совместных сеансов Пуаре впадала в транс, а граф открыл в ней «пассивные» медиумические способности [Поддельный граф 1916а]; «духи... творили чудеса в виде бросания камней, игры на арфе, гашения электричества и т. д.». Однажды знаменитый медиум, «сам Ян Гузик как-то [был] в гостях, так тогда даже искры с потолка сыпались, ширма на голову одному господину полетела. Было темно, жутко, интересно» [Графолог 1916]. Духи передавали послания, рекомендовавшие Пуаре и Орлову-Давыдову вступить в интимные отношения и произвести потомка для графского семейства [В погоне за миллионами 1916а]. Это предложение, написанное на бумаге плохим почерком, как утвержда-

---

[30] Обыкновенно графологи прочитывали по почерку характер, но в этой статье наименование профессии должно было вызвать ассоциации с графским титулом.

ли духи, исходило от покойной дочери графа, Ольги. Пуаре, следуя рекомендациям духов, с помощью магических ритуалов отыскала младенца Алексея.

В глазах свидетелей и комментаторов сеансы, которые проводила пара, и их готовность верить любым указаниям духов были связаны не с похвальным стремлением научно объяснить великие тайны человеческого бытия, не с духовным искательством, нацеленным на более глубокое постижение мира, и не с давней и почтенной традицией; здесь видели только эгоизм, характерный для знаменитых богачей, и обман Орлова-Давыдова хитрой женщиной. «Совсем как в "Плодах просвещения" в Александринке», — восклицала свидетельница Ушакова, имея в виду популярную антиспиритуалистскую пьесу Толстого, где слуги подстраивают явления духов, чтобы обмануть своего легковерного хозяина; знаменательно, что слава актрисы пришла к Пуаре именно на сцене Александринки [Графолог 1916; Толстой 1960–1965, 11: 119–228]. Как и Толстой в своей пьесе, газеты, печатавшие репортажи из Петроградского окружного суда, осуждали за интерес к сверхъестественному графа, а вместе с ним — и все высшие круги общества, видя в таком интересе симптом упадка и вырождения. Роль Пуаре в этом деле выглядела далеко не главной. «Этот процесс интересен тем, что поднял общественную муть и что мы видим во всей нравственной мерзости людей, которые вращаются в обществе с гордо поднятой головой и требуют к себе уважение» [Мишурный блеск 1916б].

Массовые издания, писавшие о деле, намекали на то, что беспутная жизнь Орлова-Давыдова и его одержимость оккультным были признаками нравственного падения. «Граф — занятой человек», — изливали желчь «Газета-копейка» и «Маленькая газета». «Утро он проводил у Марии Яковлевны, потом ехал к хироманту, затем занимался спиритизмом и вызывал духов, а в промежутке заезжал в Государственную думу» [М. Я. Пуаре 1916; Зарин 1916г]. Безответственное поведение графа, впрочем, было чертой характера, которую он разделял с прочими депутатами Думы, явившимися в суде как свидетели. «Исключительный подбор свидетелей (кого только нет!). Только духи не вызваны в качестве свидетелей!..» — восклицал на страницах «Газеты-копейки» Н. Шигалеев. Листок добросовестно отмечал, что суд намеревается допросить думских депутатов: Керенского и В. А. Маклакова, — а также актера Ю. В. Корвина-Круковского [Шигалеев 1916а].

Подчеркивая моральный упадок Орлова-Давыдова, «Ежедневная газета-копейка», «Газета-копейка» и «Петроградский листок» упирали на то, как часто тот обращался к гадателям всех мастей, в особенности — к загадочному хироманту Филимовичу [Графолог 1916; Шигалеев 1916б; В погоне за миллионами 1916а]. Этот хиромант в 1906 году опубликовал книгу о своем искусстве, а вплоть до 1915 года пытался выпускать три оккультных журнала, не имевших особого успеха. В суде он появился за день до того, как отправиться на армейскую службу по призыву, и подвергся перекрестному допросу по поводу своих отношений с Орловым-Давыдовым [Филимович 1906; Carlson, Davis 1997: 432–435]. Газеты сообщали, что граф и хиромант знали друг друга около 10 лет и что «граф часто обращался к нему за предсказаниями и всегда был ими доволен, так как все, что он предсказывал, осуществлялось» [В погоне за миллионами 1916а]. Репортеры пошли дальше, намекая, что между двумя мужчинами возникла непристойная привязанность. В газетах упоминалось, что Филимович также занимался запретной любовной магией, и подчеркивалось, что «случайное знакомство» между аристократом и предсказателем, который часто держал в своих ладонях руку графа, переросло в «дружеские отношения», поскольку Орлов-Давыдов был с Филимовичем на ты и называл его запросто — Славой [В погоне за миллионами 1916а]. Как писала «Маленькая газета», когда в суде стало известно, что граф отправлял хироманту цветы, по залу пробежал ропот негодования. «Какой кошмар, — комментировал это репортер. — Тайна закрытых дверей слегка обнажилась» [Мишурный блеск 1916а][31].

---

[31] Впрочем, газеты, клеймившие Филимовича и его искусство как величайший разврат, сами прежде размещали рекламу услуг его самого и его коллег, а в некоторых случаях продолжали рекламировать предсказателей [Хиромант 1909; Хиромантия 1910; Хиромант 1911].

Вскоре после процесса граф Амори, скандальный автор, специализировавшийся на описаниях личной и сексуальной жизни высших классов и зарубежной аристократии, опубликовал в виде романа жизнеописание Пуаре под заголовком «Графиня-артистка»[32]. В этой «сенсационной были наших дней» очень много внимания уделялось гомосексуальным наклонностям графа. Необычные для нравов того времени наклонности в описании Амори были тесно связаны с равно странным интересом к миру духов; как говорилось в романе, Орлов-Давыдов, «не окончивший никакого курса ни в одном учебном заведении», насыщал «свой ум либо оккультными науками, либо порнографией» [Рапгоф 1916: 39]. Гомосексуальность и бисексуальность после 1905 года стали в литературе и популярной печати важными темами. Неконвенциональная сексуальность обычно связывалась с декадансом в художественной культуре, биологическим вырождением и городским стилем жизни. Впрочем, главной целью таких текстов, которые часто маскировались под медицинские описания, было развлекать и будоражить широкие читательские круги [Healey 2001: 101–107]. Раздувая инсинуации в прессе, Амори рассматривал поведение графа в контексте развращенности, свойственной современности. По его версии, хиромант загипнотизировал Орлова-Давыдова, превратив его в своего послушного раба, настолько далеко зашла эта перверсия. В реальной жизни, как сообщала «Газета-копейка», адвокат графа, защищая своего клиента, сам утверждал что-то подобное [М. Я. Пуаре 1916; Рапгоф 1916: 50–51].

Граф Амори разрабатывал эту тему далее, говоря об одержимости Орлова-Давыдова как о своего рода биологическом вырождении, в духе теории, которая принималась большинством тогдашних ученых и социологов [Beer 2008]. Вслед за Жорисом-Карлом Гюисмансом, который вывел в романе «Наоборот», ставшем культовой книгой декаданса, антигероя Флоресса-

---

[32] Мария Яковлевна здесь превратилась в Марию Леопольдовну, граф Орлов — в графа Воронова, а Филимович — в Хохлемова [Рапгоф 1916]. Об Амори см. [Geldern, McReynolds 1998: 349]. Я благодарю Джеймса фон Гельдерна, переславшего мне ксерокопию этого романа.

са дез Эссента [Huysmans 2009: 3–4], Амори объяснял, что «когда-то знаменитый род» Орлова, «дававший государственных мужей, оскудел духовно... Дети, внуки и правнуки унаследовали громкое имя, знатность, миллионы, но искра божья их пращуров не освещала чела потомства» [Рапгоф 1916: 38–39]. Когда графа в книге Амори «незаметно для него» освидетельствуют врачи, они находят у него «типичные признаки вырождения» [Рапгоф 1916: 45]. Его товарищи-спиритуалисты описываются здесь как представители отживающего вида. Один из них — «выживший из ума старик О-в. Этот любопытный человек когда-то знавал Аксакова, Бутлерова, профессора Вагнера и многих истинных спиритов» [Рапгоф 1916: 51][33]. Увлечение оккультным превращается в симптом дегенерации элиты, ее ненадежности; отчасти такая позиция напоминает обвинения, выдвигавшиеся против спиритуалистов их критиками во время спора 1875 года о четырехмерных пространствах.

Если царская элита описывалась как вырожденцы, дегенераты и наивные простофили, те, кто водил их за нос, воспринимались в 1916 году как расчетливые и потенциально опасные для общества обманщики. «Петроградский листок» и «Маленькая газета» подозревали, что Пуаре завлекла Орлова-Давыдова к себе в апартаменты, обещая показать сверхъестественные явления, для того чтобы спровоцировать их с графом «бурный роман». Француженка и актриса, привыкшая к салонной жизни, она, говорилось в прессе, стремилась завладеть его состоянием [В погоне за миллионами 1916б]. Те же мотивы двигали Филимовичем, ясновидящими А. И. Чернявской, М. Погани и горничной-медиумом фрейлейн Боргарт. Действительно, в 1916 году Чернявская и Боргарт признались, что симулировали медиумические способности [Графолог 1916; В погоне за миллионами 1916а].

Тема обмана фигурировала и в других газетных статьях, не имевших отношения к процессу, но предостерегавших от мошен-

---

[33] «Петроградский листок» также утверждал, что у Орлова-Давыдова были контакты со спиритуалистами — с бывшими конфидентами Аксакова, Прибыткова, Петрово-Соловово, Крыжановской и пр. [Зарин 1916д].

ничества спиритуалистов. Под заголовком «Остерегайтесь спиритов» «Петроградский листок» предостерегал читателей от практик общения с потусторонним миром, позволявших плутам через поддельные векселя получать от своих клиентов значительные суммы [Остерегайтесь спиритов 1916]. Газеты также предупреждали об опасности гипноза в целом, поскольку он способен лишить жертву воли, как это произошло с Орловым-Давыдовым. Самоутверждение, которое в 1903–1913 годах обещали ученикам различные оккультные руководства, теперь показало свою темную сторону. Спиритуалисты обманывали доверчивых клиентов; хироманты при помощи гипноза обращали состоятельных и влиятельных мужчин в своих марионеток; циничные красавицы при помощи внушения, медиумизма и игры на сексуальном влечении обводили вокруг пальца потомков великого русского полководца.

На первый взгляд скандальное дело Пуаре было внутрисемейной тяжбой и не имело особого отношения к участию России в великой войне. Однако в публичных обсуждениях этого дела война тем не менее фигурировала. В газетах репортажи из петроградского суда соседствовали с фронтовыми сводками. Филимовича пришлось допрашивать раньше назначенного времени, поскольку он получил повестку и должен был отправиться на войну. Одно из показаний свидетеля зачитывалось в его отсутствие, поскольку он находился на фронте. Война воздействовала на само отношение к спиритуализму, коему припоминалось его заграничное происхождение. В деле постоянно упоминались иностранцы или люди с нерусскими фамилиями. Когда журналисты писали о мошенничестве Пуаре, Погани или Богарт, это могло восприниматься в контексте распространенного страха перед заговором и саботажем иностранцев, который охватил Россию в годы Первой мировой войны. Впрочем, важно отметить, что подозрения, которые публично пали на немку Боргарт, венгра Погани и француженку Пуаре, якобы замышлявших против думского депутата, а значит, против политического руководства России, соседствовали с негативными высказываниями о русских — Чернявской и Филимовиче, — в благонадежности которых тоже имелись сомнения.

Негативная оценка личности Орлова-Давдова сама по себе была симптоматична в свете критики скрывавшихся от войны в тылу привилегированных членов общества, которые вели жизнь в атмосфере роскоши и упадка, пока другие испытывали на фронте затруднения [Stites 1999: 24]. В репортажах из суда даже присутствовало завуалированное недоверие царскому правительству[34]. Антиправительственные настроения росли по мере того, как Россия терпела военные поражения. Как уже говорилось выше, газеты очень критически отзывались о поведении в зале суда думских депутатов, один из которых, В. А. Маклаков, был братом министра внутренних дел — Н. А. Маклакова. Таким образом, тень оказалась брошена не только на Думу, но и непосредственно на правительство. При освещении судебных дел газеты могли критически отзываться даже о высшей аристократии и высшем начальстве. Журналисты, будучи вполне в курсе пристрастия к мистицизму при дворе, описывали его как признак вырождения династии и ее сексуальной извращенности. Иные современники даже утверждали, что сам царь, как Орлов-Давдов, загипнотизирован оккультистами, утратил силу воли и девиантен в сексуальном плане [Колоницкий 2010: 359][35]. Кроме того, как отмечала тайная полиция, следившая за общественным мнением, подданные были убеждены, что царя дурачат его жена-иноземка, ее коварная подруга Анна Вырубова, хорошо известная своим пристрастием к мистицизму, и загадочный Распутин. Ходили даже слухи, что цесаревич Алексей, как и младенец Алексей Орлов-Давыдов, на самом деле не был сыном царя[36]. Эти спекуляции удивительным образом почти зеркально воспроизводили репортажи о деле Пуаре. Возможно, это дело послужило для современников поводом для критики начальства, которое

---

[34] Об этом деле в политическом контексте см. [Mannherz 2007].

[35] О распространенном представлении, что двор являл собой рассадник извращений, см. [Поршнева 2004: 107, 202].

[36] Некоторые современники утверждали, что у царицы был роман с А. А. Орловым, уланским офицером; таким образом, дело Пуаре еще более сближалось с настроениями в отношении императорской семьи [Колоницкий 2010: 147, 159, 319, 361].

огородило себя от народного недовольства цензурой и законода-
тельством о дискредитации власти. Порицание спиритуализма,
таким образом, также давало возможность выразить презрение
к выродившемуся, погрязшему в коррупции, некомпетентному
режиму, чьи провалы можно было объяснить только действием
враждебных оккультных сил[37]. Рассказы газет о Пуаре и роман
графа Амори предвосхитили шквал «распутиниады» — литературы, часто откровенно скабрезной, о сексуальных и конспиро-
логических проделках «безумного монаха», которая бытовала
подпольно в 1916 году, а после Февральской революции 1917 года стремительно вырвалась на поверхность общественного
внимания, став одним из главных компонентов революционной
массовой культуры [Колоницкий 2010: 352–374].

Публичное обсуждение Пуаре и ее жизни также задело другую
тему, ставшую актуальной в контексте войны, — гендера. Историки многократно отмечали тот факт, что во время войны происходят интенсивная деконструкция и реконструкция представлений, связанных с гендером [Higonnet 1987: 1–17]. Великая
война не является исключением. Женщины стали заниматься
делами, которые прежде отводились исключительно мужчинам,
работая на заводах в городах, выступая на крестьянских сходах
в деревнях и даже сражаясь на фронте. Постепенно происходила
дефеминизация женщин[38]. В то же самое время образы женственности, питающей заботы, семейного уюта эксплуатировались
пропагандой и культурой как противовес репрезентации насилия
и разрушений.

Диссонанс между дефеминизацией военного времени и стремлением к заботливой феминности порождал тревогу по поводу
отношений между гендерами. Эти волнения, в свою очередь,
стали отражаться на восприятии сверхъестественного. Как

---

[37] После революции ассоциация между спиритуализмом и крахом правительства стала штампом у мемуаристов. Витте даже упоминает в этом контексте
сеансы у Орлова-Давыдова [Pares 1939; Witte 1990: 70, 355–370, 362; Крюков
1997, 1: 245–294; Юсупов 2001].

[38] О ходе дефеминизации в России военного времени см. [Колоницкий 2010:
326–343]. О женщинах на фронте: [Stockdale 2004]. Общий обзор: [Meyer 1991].

я утверждала в главе 3, служанки и горничные прежде воспринимались как орудия духов, беспокоивших хозяев; однако здесь подчеркивалась пассивность женщин, которыми полностью распоряжались духи (или болезнь). В случае с Пуаре дело обстояло совсем иначе. Актриса и ее сообщницы-оккультистки описывались как сознательные манипуляторы потусторонним или, по крайней мере, как ловкие трюкачки, уверенно державшие в руках нити, дергая за которые они создавали впечатление деятельности сверхъестественных существ.

Неженская ассертивность Пуаре, контрастировавшая с ее женственной внешностью, возможно, стала причиной, по которой при обсуждении дела зашла речь о фертильности[39]. Пуаре, вопреки всему уверенно идущая к своей цели, не воспринималась как настоящая женщина, поскольку не могла иметь детей и должна была прибегать к «мистификации», чтобы стать духовной матерью младенца Алексея. В прессе муссировалась решимость Пуаре, ее темное прошлое, ее предыдущие любовные связи и тот факт, что задолго до того, как она встретила Орлова-Давыдова, она, как утверждалось, уже разыграла подобный трюк с доверчивым князем П. Д. Долгоруковым, с которым у нее была «дочь» Таня [В царстве духов 1916а; В погоне за миллионами 1916а; Процесс Пуаре 1916а; Зарин 1916б][40].

Газеты также намекали на то, что Пуаре сама была виновна в своей неспособности рожать, они предполагали, что это последствия сделанного ею аборта. Это преступное по российским законам действие представлялось как прямой результат ее безнравственной жизни и решения «не испортить себе фигуры»

---

[39] Линдал Ропер утверждает, что тревоги по поводу фертильности сыграли ключевую роль в отношении к ведовству в раннее Новое время. До войны эта тема в России в связи со сверхъестественным не поднималась [Roper 2004].

[40] В романе Амори Долгоруков стал «князем Долговым» [Рапгоф 1916: 32–37]. Уколов и Уколова, которые не принимают во внимание сверхъестественных увлечений Пуаре, даже не упоминают о том, что ее материнство по отношению к Тане было сомнительным, несмотря на то что сами цитируют ее обращение к присяжным, в котором она признается, что обманула Долгорукова [Уколова, Уколов 2002: 142–144].

[М. Я. Пуаре 1916]. Н. П. Карабчевский, один из известнейших российских адвокатов, представлявший в суде интересы Орлова-Давыдова, считал, что Пуаре таким способом сознательно отказалась от сущностного атрибута женственности. В своем заключительном слове он отметил, что Пуаре «не могла быть матерью. Она не рожала, она не покормила своим молоком ни одного ребенка, и нужно быть слишком великой артисткой, чтобы, не пережив всего этого, искренне разыграть роль матери» [Последний дебют 1916]. Карабчевский самоуверенно назначил себя судьей, определявшим, кто соответствует гендерным ролям, а кто нет, по той причине, что сам он, хотя тоже никогда не давал жизнь ребенку, отвечал всем критериям мужественности. Профессиональный успех и ассертивность женщин, таким образом, разрушали подлинную женственность и сказывались на функциях или дисфункциях женского тела.

Ремарки Карабчевского вполне отражали распространенные во время войны страхи последствий изменения женского поведения, что может привести к дезинтеграции семьи, да и в целом угрожает обществу [Meyer 1991: 216]. Но были и другие причины, почему Пуаре как нельзя лучше воплощала изменяющиеся гендерные нормы. В годы процветания коммерческого театра актрисы воплощали образ уверенной в себе женщины, которая также отличается вольными нравами и потаканием своим желаниям, бросая своим поведением вызов традиционным ролевым моделям [McReynolds 2003: 113–153]. В военное время такое неконвенциональное поведение стало особенно заметным.

В 1916 году гендерный кризис окрасил не только публичный образ Пуаре. Мужественность Орлова-Давыдова тоже оказалась под вопросом, как показывали инсинуации в адрес его нежной дружбы с Филимовичем. К тому же пассивное принятие графом посланий духов контрастировало с активностью Пуаре, ее деловитостью и ловкостью, как утверждалось, обмана. Как полагал «Петроградский листок», у графа отняли волю [Поддельный граф 1916a]. Он представлял собой совсем иную фигуру, чем стереотипный мужчина-оккультист довоенного времени: от ученых-исследователей Аксакова и Бутлерова и сознательно строящего свой образ модерниста Брюсова до знающих себе цену учеников, занимающихся по оккультным пособиям.

В 1916 году, однако, присяжные и судьи восстановили традиционные гендерные роли, оправдав Пуаре и осудив позицию Орлова-Давыдова. Приговор отразил версию защиты, в которой актриса описывалась как пассивная жертва неблагоприятных социальных условий, которые толкнули ее на связь с сильным и могущественным мужчиной, подавлявшим ее. Присяжные считали, что Орлов-Давыдов, со своей стороны, только притворялся легковерным, слабым и иррациональным. «Полная планомерность и желание освободиться от того, что ему не нужно, — цитировала «Петроградская газета» сказанное на суде. — Где эта зачарованность? Где это поклонение духам? Громадный сахарный завод, прекрасная свекловица. Неужели и там он справляется с [духами] и с их помощью вел миллионное предприятие?» [Процесс Пуаре 1916б]. Пресса с энтузиазмом одобряла вердикт суда. Газеты ликовали по поводу оправдания Пуаре: общественное мнение было склонно простить честолюбие, не подобающее женщине, если та согласна в других отношениях соответствовать гендерной парадигме слабого пола [М. Я. Пуаре 1916]. Но, несмотря на приговор, неопределенность в отношении гендера никуда не ушла из общественной повестки. Реагируя на дело Пуаре, «Газета-копейка» опубликовала статью с пламенным призывом реформировать семейное право [Гридина 1916]. Граф Амори завершил свое произведение открытым финалом, предполагавшим, что полная приключений жизнь актрисы еще продолжится. После того как она покидает суд в автомобиле, автор заключает: «Так окончилась глава романа Марии Леопольдовны. Теперь ее ждет новая жизнь, новые испытания» [Рапгоф 1916: 64].

* * *

Вновь дискуссия об оккультном вызвала к жизни высказывания, которые можно прочитать целым рядом способов: как скрытые попытки осудить изменение гендерных норм или осмыслить их, как обвинение царского правительства, как критику Орлова-Давыдова и его круга, как осуждение Пуаре, Богарт, Погани, Филимовича и их соратников-оккультистов, или — следуя Толстому с его «Плодами просвещения» — как стремление представить произошедшее как захватывающие и ловкие трюки умелых пройдох, обведших вокруг пальца вполне заслуживших это наивных аристократов. В газетных репортажах о деле можно найти все это. Оправдание Пуаре и утверждение традиционных ролевых моделей пресса, однако, приветствовала единодушно и с ощутимым облегчением. В статье «Маленькой газеты» даже промелькнуло знаменательное признание: «И, если уж говорить правду, она не лучше, но симпатичнее хироманта... графа и его свиты. Да, симпатичнее и вызывает к себе искреннее сочувствие» [Зарин 1916б].

Рассказ

Осенью 1916 года умы современников занимали Мария Пуаре и А. А. Орлов-Давыдов; они не сходили с газетных полос, а их бурный роман вдохновил графа Амори на сенсационный роман. Однако очень скоро их судебная тяжба, в которой большая роль отводилась духам, оказалась забыта. В революционной России скандал Пуаре стерся из памяти на фоне «откровений» о павшей династии Романовых и «распутиниады», захлестнувшей прессу спустя несколько месяцев после того, как этот знаменитый гедонист был убит в декабре 1916 года. Некоторые из тех, кто участвовал в деле Пуаре или внимательно следил за его ходом, впоследствии написали мемуары, но об этом случае в них едва упоминается.

Мемуаристы, особенно из числа тех, кто разделял с Орловым-Давыдовым политические убеждения или поддерживал с ним дружеские связи, впоследствии, как представляется, стеснялись его злоключений. Например, Карабчевский только однажды и в очень неуважительной форме отозвался об «оскандаленном графе», описывая политические маневры 1917 года, но ничего не сообщил о том, что сам выступал защитником Орлова-Давыдова, сыграв в скандале значительную роль [Карабчевский 1921]. Керенский вообще не упоминает в воспоминаниях Орлова-Давыдова, невзирая на то что они долгие годы были добрыми друзьями и в 1917 году вместе работали в политической сфере. По-видимому, для Керенского дружба с графом стала репутационной издержкой, и только враждебные ему наблюдатели, стремившиеся дискредитировать будущего главу Временного правительства, подчеркивали его близкие отношения с Орловым-Давдовым [Керенский 1993][41].

Скандал 1916 года определенно стал концом политической карьеры графа. В 1917 году Орлов-Давыдов эмигрировал во Францию, а в 1932 году переехал в пансион для русских эмигрантов в Сент-Женевьев-де-Буа, где вскоре скончался. Еще более горькая участь ожидала прежде знаменитую актрису Марию Пуаре. Во время революции она лишилась всего своего имущества и была вынуждена бороться за выживание до самой смерти. В 1919 году Пуаре жила в пансионе в Петрограде, а два года спустя переехала в коммунальную квартиру в Москве, где и умерла в 1933 году. На протяжении 1920-х годов она писала советскому правительству слезные прошения предоставить ей пенсию[42]. Никакие сведения о жизни Пуаре или Орлова-Давыдова после их скандального разрыва не дают оснований полагать, что они по-прежнему занимались оккультизмом, но от автобиографий, адресованных большевистскому начальству, вряд ли следует ожидать подобных свидетельств. Авторы апологетических биографий, написанных позднее на протяжении XX века, вроде мемуаров Карабчевского или Керенского, по-видимому, испытывали смущение от того факта, что их герои интересовались оккультизмом, и пытались скрыть этот интерес, хотя в свое время он имел первостепенное значение[43].

События 1917 года самыми разными способами повлияли на то, как очевидцы и позднейшие историки описывали отношение

---

[41] Керенский ссылается на Карабчевского и В. А. Маклакова [Карабчевский 1921; Мансырев 1922: 19; Берберова 1986: 7].

[42] Архивно-рукописный отдел Театрального музея им. А. А. Бахрушина. Ф. 220. № 26; [Уколова, Уколов 2002].

[43] Уколовы едва упоминают интерес к оккультному, утверждая, что, будучи глубоко православным человеком, Пуаре осуждала такие увлечения и принимала в них участие, чтобы угодить графу [Уколова, Уколов 2002: 106].

россиян к сверхъестественному в последние десятилетия существования империи. Во многих аспектах послереволюционный взгляд на оккультное в предреволюционной России коренится в его переоценке во время войны. В 1905–1914 годах чиновники и интеллектуалы объясняли популярность оккультного опытом войны, революционных событий и последующим разочарованием[44]. Кто-то заявлял, что интерес к оккультному был чем-то вроде душевной болезни, последствием эмоционального стресса. Однако великая война не вписывалась в их схему. Она не заставила публику еще глубже погрузиться в оккультное мышление; напротив, война очень подорвала популярность гетеродоксальных практик, которые были нацелены на установление контакта с другим миром. Когда на смену первоначальному патриотическому угару пришла ожесточенная критика царского правительства, монархисты, так же как пламенные противники Романовых, описывали увлечение представителей династии мистикой как упадок и вырождение. Занятия оккультизмом во дворце были для них явным признаком неспособности Николая править страной, поэтому критики стали изображать увлечение оккультным как типичную забаву элиты [Rosenthal 1997a; Beer 2008].

Вслед за писателями-символистами литературные критики утверждали, что в 1914–1918 годах русская культура была охвачена апокалиптическими настроениями и нетерпеливой надеждой на духовное возрождение [Rosenthal, Bohachevsky-Chomiak 1990; Hellman 1995; Hagemeister 2000]. Хотя такое настроение, конечно, присутствовало в литературных кругах, популярную культуру военного времени волновали вовсе не монументальные теории всеобщего духовного спасения, а вполне физические успехи русских сил на полях сражений. Когда в 1914 году началась война, массовая культура среагировала на это, снабдив потребителя дешевыми пророчествами, в которых говорилось о желанной русской победе, и репортажами с фронта, в коих святые и ангелы поддерживали дело русских сверхъестественными средствами. Когда в памфлетах появляется антихрист, его деяния, а также

---

[44] ГАРФ. Ф. 102. Оп. 119. Дел-во 4. № 398; НАРТ. Ф. 326. Оп. 1. Д. 516. Л. 35.

призывы одолеть главного противника Христа остаются полностью укоренены в посюстороннем мире[45]. Популярный оккультизм был практичен, и, когда святые заступались за русских солдат, они спасали от вражеского огня их тела, а не души.

В некотором роде такой «сверхъестественный» патриотизм создавал именно то чувство объединения, которое оккультисты стремились испытать через «оккультно-ментальные молитвы» после революции 1905 года. Однако, поскольку военного триумфа так и не случилось, это духовное единство распалось, и оценка сверхъестественного изменилась. Хотя в популярной прессе по-прежнему появлялись пророчества, а репортажи о «таинственных» событиях намекали на то, что сверхъестественные силы принимают участие в земной жизни людей, святые из этих материалов исчезли. Тем не менее возврата к довоенному оккультизму не произошло. Спиритуализм теперь все больше ассоциировался с обманом, заговором, декадентской и вырождающейся элитой, гендерными отношениями, которые переживали тревожащие метаморфозы. Новые описания оккультного опирались на те стратегии, которые уже были заметны до 1914 года, но оставались в тени. Наконец, кульминация нового взгляда на оккультное случилась в 1917 году в виде «распутиниады». Популярная культура и монархисты сходились в своей критической оценке привилегированных классов и их декадентского интереса к мистике. Последние считали, что в свержении царизма виноват Николай II, его личные недостатки, в том числе увлечение (его и жены) оккультизмом. Этот революционный консенсус полностью игнорировал то обстоятельство, что в последние десятилетия существования империи сверхъестественное привлекало не только аристократов и профессионалов, но и тех, кто мог лишь заплатить пару копеек за оккультное руководство, обещавшее научить контактировать с другим миром и обрести таким способом власть или знание.

---

[45] Это верно и применительно к годам перед наступлением XX века, когда популярная культура, в отличие от культуры элиты, была совершенно невосприимчива к возможному скорому концу света.

Заключение

Оккультное в России позднеимперской эпохи было широко распространено в обществе, многообразно, вызывало жаркие споры, бытовало вне институциональных рамок, апеллировало к самым разным группам и оставалось неразрывно связано с опытом модернизации. Оккультизм задавался насущными вопросами, но не давал на них однозначных ответов. В нем уживались элементы, которые, как казалось, принадлежали разным эпохам и различным интеллектуальным дисциплинам, и самые разнообразные противоречия оказывались здесь объединены в единое и противоречивое целое. В общественной сфере оккультизм, помимо всего прочего, претендовал на примирение религии и науки. Кроме того, оккультизм соединял высокое искусство и массовую культуру, перебрасывал мосты между периферией интеллектуальной жизни и культурным мейнстримом. Сновидческие рассказы о чертовщине имели многослойную интерпретативную структуру, которая отражала и преломляла противоречия, вызванные современной жизнью. Репортажи о «непокойных домах» демонстрировали, до какой степени православное богословие, русский фольклор и научные представления формировали объяснения, даваемые современниками непонятным событиям, но также они показывали границы убедительности этих разъяснений. Случаи чертовщины одновременно подрывали и утверждали традиционные роли власти и гендера, в то же самое время ставя под вопрос всесилие просвещения и рационального сознания. Но эти характеристики были присущи не только теориям о непостижимых явлениях; оккультные практики и ритуалы функционировали аналогичным образом. Например, гипноз мешал деревенские представления о фольклорных заговорах с современными физиологическими гипотезами, богословскими рассуждениями о библейских чудесах и спиритуалистскими идеями о ясновидении и общении с потусторонним. Помимо этого, в этой технике сошлись приемы любовной магии и общественные дискуссии о харизме и личной власти. Несмотря на ту важную роль, которую играл гипноз в культуре рубежа XIX–XX веков, оставалось непонятно, как же он работает. В значительной степени привлекательность этой темы заключалась именно в этой неопределенности и тех возможностях, которые она обещала.

Таким образом, оккультизм в культуре российского мейнстрима нарушал стандартные бинарные оппозиции. В их числе — противопоставление популярного и элитарного, науки и веры, частного и общественного, гетеродоксии и ортодоксии, города и деревни, политической оппозиции и политического конформизма, традиции и прогресса, материального и духовного, наконец, жизни и смерти. Хотя эти оппозиции по-прежнему присутствовали в культуре и были значимы для современников, они никогда не были совершенно статичными, а их влияние на умы — абсолютным.

Сверхъестественные явления не просто обнажали противоречия модернизации — оккультизм также давал современникам программу, с помощью которой они могли активно работать с этими противоречиями. Перед теми, кто следовал оккультным учениям, открывались возможности, которые им давала эпоха. Оккультисты ездили по железной дороге, говорили по телефону, передавали сообщения по телеграфу, печатали свои брошюры и пользовались механизмами капиталистического рынка, чтобы распространять собственные убеждения, рекламировать услуги и продавать публикации. Но оккультные практики также предоставляли стратегии, помогавшие справиться с практическими и эмоциональными вызовами быстро меняющейся социальной среды, с которыми обычные читатели печатной продукции сталкивались в повседневной жизни. Чертовщина и дискуссии вокруг нее позволяли современникам артикулировать проблемы, которые иначе не могли найти себе выражение, поэтому подобные явления могли производить терапевтический эффект. Оккультные техники давали читателям возможность исцелиться от алкоголизма, вырваться из нужды, защититься от несчастных случаев и победить апатию и житейскую дезориентацию. Публиковались упражнения для усиления воли, обретения власти над другими людьми и отыскания смысла жизни. Пособия говорили об опасностях не только сугубо механистического мировоззрения, но и пассивной веры. Что еще важнее, они учили читателей, как преодолевать препятствия, одновременно преображая внешний и внутренний мир.

Оккультное поведение создавало смысл, обращаясь к общественной сфере, но в то же время оставаясь в области частного и социально невидимого. Хотя здесь апеллировали к христианским ценностям и положениям науки, оккультное существовало в стороне от институтов церкви и высшего образования. В центр ставилась личность, человеческое «я» служило отправной точкой, и в этом область оккультного выступала как мир модерна. Не внешние ограничения, но внутреннее развитие мотивировало решения и выбор в этой сфере. Это приводило к тому, что в контексте оккультной практики представление о личности постоянно переосмысливалось и развивалось, поэтому неудивительно, что современники обращались к таким практикам, когда сознательно хотели так или иначе выстроить свою личность.

Попытки обрести власть над миром через знание и над собственной личностью через систему медитаций роднили оккультистов с их критиками в куда большей степени, чем те или другие готовы были признать. Оккультный опыт мог интерпретироваться как через признание реальности потусторонних существ, так и через восприятие необычных явлений и видений как психологических иллюзий. Те, кто отстаивал физическую реальность духов, хотя и пользовались научной аргументацией, стремились объяснить не эмпирическую реальность, но духовный мир. Даже утверждавшие, что призраки являются лишь продуктом психической деятельности тех, кто их видит, пытались понять мир незримого, то есть скрытых функций психики, анализируя визионерский опыт. Несмотря на свои различия, оба лагеря стремились расширить понимание человеком неосязаемых, ускользающих сил из области невидимого и контролировать их; оба лагеря полагали, что восприятие духов способно дать полезное озарение по поводу насущных проблем времени. Цели той и другой группы находились на разных концах единого спектра: первые были убеждены, что законы природы приложимы к каждому аспекту бытия, включая область духовного и нематериального, внешнюю по отношению к человеку и существующую где-то в эфире; вторые хотели описать тайные, возможно вытесненные иррациональные области человеческой души.

В своей глубокой увлеченности невидимыми силами и попытках понять, взять под контроль и использовать скрытые способности человека русские оккультисты были близки своим современникам на Западе в интеллектуальном и эмоциональном плане. Спиритуализм впервые проник в Россию в 1850-е годы как западный импорт, а его состоятельные российские последователи часто ездили за границу, где они тесно общались с единомышленниками из Франции, Германии, Британии, Италии и Соединенных Штатов. Они приглашали в Россию иностранных медиумов, публиковали свои изыскания не только в российской, но и в западной прессе. То же верно в отношении тех, кто интересовался тайными способностями человека, например исследователей гипноза, а также теософов и художников. Как и оккультисты, критики увлечения сверхъестественным тоже действовали на международной арене. Не только образованные и богатые участвовали в межнациональном обмене идеями и поисках смысла. В дешевых публикациях, которые читали менее состоятельные энтузиасты, печатались материалы о происшествиях за рубежом и переводы оккультных текстов, написанных вне России. В свою очередь, в зарубежной прессе освещались сверхъестественные события, происходившие в России, где их воспринимали простые люди, часто давая им объяснения, связанные с фольклорными представлениями. Увлечение оккультным в поздней Российской империи, таким образом, было частью мировой тенденции, и его интернациональный характер еще больше подчеркивает связь с модернизацией.

* * *

Некоторые историки интерпретировали оккультизм рубежа XIX–XX веков (в частности, спиритуализм) в качестве новой религии [Barrow 1986; Vinitsky 2009: 3][1]. Мое исследование, напротив, показывает, что оккультизм представлял собой очень личный и гибкий интеллектуальный и эмоциональный ответ на явления жизни, который, в отличие от религии, не принуждал оккультистов к принятию того или иного мировоззрения и не диктовал им норм поведения. Конечно, непосредственные личные контакты с миром сверхъестественного порой могли стать основанием для объяснений посмертного и посюстороннего бытия человека, и это роднит оккультные феномены с религиозной верой. Но, несмотря на свою смыслообразующую функцию, популярный оккультизм не стал полноценным религиозным движением. Современные социологические определения религии подчеркивают, что она всегда связана с верой, принадлежностью к группе и регуляцией поведения [Davie 2007]. Хотя оккультисты имели убеждения, которые отличали их от обычных православных верующих, ощущали солидарность с единомышленниками и участвовали в ритуалах, выделявших их среди других членов общества, ничто из этого не приводило к складыванию стабильной и различимой идентичности. Их оккультные верования постоянно менялись и могли быть примирены с положениями христианства, чувство принадлежности могло быть совмещено с традиционной идентичностью; оккультное поведение не следовало никакому набору моральных предписаний, который руководил бы повседневной жизнью.

Согласно Эмилю Дюркгейму, религии делят мир на сферы сакрального и профанного [Дюркгейм 2018]. В этом отношении оккультизм тоже отличался от традиционных систем верований. Оккультное мировоззрение воспринимало весь жизненный опыт как наделенный духовным значением, зачарованный, поэтому

---

[1] С точки зрения советской историографии оккультизм и православие были практически неразличимыми, поскольку они в равной степени считались «суевериями» [Быков Г. 1961: 160–164].

в оккультном мышлении не было совпадений и случайностей. Все могло быть объяснено: случайное улучшение финансовой ситуации, линии на ладони, возвращение солдата невредимым из боя. Все события могли быть интерпретированы оккультистами как пророческие знамения, указывающие на высшие истины[2], поэтому оккультизм давал дополнительное понимание мира, которое могло быть присоединено к другим убеждениям и идеологиям, будь они религиозными, научными, гражданскими или политическими. Однако это было важное дополнение. Оно обогащало эмоциональное восприятие повседневной жизни, напоминая последователям о том, что жизнь исполнена страшной и восхитительной тайны, и в конечном счете наделяя ее смыслом.

Оккультное понимание жизни, связанное с эмоциональными ощущениями благоговейного ужаса (awe) и откровения, однако, не предполагало лишь пассивного соучастия во всеобщей гармонии. Оккультная программа включала в себя действие и покорение. Практикам оккультизма обещалось доминантное положение в жизни — по отношению как к людям, так и к высшим силам. Оккультист мог достичь его посредством знаний о мире и о себе, через ментальное и психическое подчинение себе других. Попытки установить химический состав духов, дыхательные и медитативные упражнения с магическим зеркалом, тренировка воли и попытки поставить себе на службу силу духовных существ, курсы по самогипнозу и гипнотизированию других — все это служило цели самоутверждения оккультиста. Стремясь повелевать, оккультизм еще дальше уходил от традиционной религии, в которой люди остро чувствуют свою подчиненность высшим силам, во власти которых они находятся. Оккультисты смотрели на мир с благоговейным ужасом, но, в отличие от убежденных верующих, в то же самое время были наполнены уверенностью, что смогут контролировать сверхъестественные силы или, по крайней мере, смогут воспользоваться ими в собственных целях, поэтому оккультные практики предполагали автономных, ре-

---

[2] Об «устранении случайного» в оккультизме см. [Фрейд 2012: 308; Stenger 1993: 251].

флексирующих акторов, которые позиционировали себя как независимых личностей и вкладывались в развитие как своей духовности, так и личностной власти.

* * *

В России развитие оккультных идей и практик внутри культуры мейнстрима было тесно связано с расцветом культурного плюрализма. Комплексный образ русской культуры, возникающий в том случае, если принять во внимание оккультный опыт рубежа XIX–XX веков, позволяет нам переосмыслить обычную периодизацию российской истории, в которой эта пора обычно описывается как эпоха непримиримых конфликтов. Несмотря на ожесточенное противостояние различных групп, область оккультного оставалась пространством сосуществования противоположных взглядов, для которого была характерна определенная толерантность. То же можно сказать о той сфере культуры, внутри которой эти идеи находили выражение. Такие критики оккультизма извне, как православные богословы или сциентисты-ученые, оказались неспособными навязать этой сфере общественного сознания свою нормативную истину. Впрочем, нет даже достаточных оснований утверждать, что они всерьез пытались выстроить общую идеологию. Ниспровергатели могли не соглашаться с оккультистами, но они постепенно принимали то обстоятельство, что последние также имеют право публично высказывать свои взгляды. Таким образом, анализ оккультизма в России позднеимперского периода не позволяет говорить о ней как об обществе, которое необратимо разрывали на части доктринальные, идеологические, политические или социальные противоречия. Более того, непримиримые противники в полемике о спиритуализме (например, спиритуалист Вагнер и антиспиритуалист Достоевский) продолжали поддерживать друг друга эмоционально, несмотря на свои желчные выступления по поводу теории и практики сеансов[3].

---

[3] ОР РГБ. Ф. 93111. Карт. 2. Ед. хр. 2. В такой оценке общества поздней имперской России я согласна с [Dowler 2010].

В том числе благодаря присутствию оккультизма обществу позднеимперской России была присуща полифония голосов, и их эфемерный баланс подразумевал как несогласие, так и толерантность. Другими словами, популярный оккультизм способствовал развитию плюралистического мировоззрения и сам был знаком его складывания. Такое мировоззрение позволяло современникам видеть конфликт и диссонанс не такими угрожающими, какими они покажутся впоследствии. Что касается оккультизма, его способность объединять различное и выражать множество разных истин была бесповоротно подорвана во время Первой мировой войны. После 1915 года интерес к оккультному стал восприниматься как признак вырождения, упадка, легковерности, злонамеренных махинаций и ненадежности. В результате этой метаморфозы восприятия авторы XX века стремились отделить друг от друга такие явления эпохи, как спиритуализм, литература, видения, эстетика модерна, неевклидова геометрия и упражнения по медитации, изгоняя то, что казалось им неподобающим, из биографий выдающихся исторических персонажей. Однако для Брюсова и многих его современников все это было частью опыта жизни в России конца XIX — начала XX века.

Библиография

Архивы, библиотеки, музеи

Архивно-рукописный отдел Театрального музея им. А. А. Бахрушина
ГАРФ — Государственный архив Российской Федерации
Музей циркового искусства
НАРТ — Национальный архив Республики Татарстан
ОР РГБ — Отдел рукописей Российской государственной библиотеки
ОР РНБ — Отдел рукописей Российской национальной библиотеки
РГИА — Российский государственный исторический архив
РО ИРЛИ — Рукописный отдел Института русской литературы
(Пушкинский Дом)
ЦГИА СПб — Центральный государственный исторический архив
Санкт-Петербурга
ЦИАМ — Центральный исторический архив Москвы

Cambridge University Library
SPR Archive — Archive of the Society for Psychical Research

Источники

А. В. Г. 1879 — А. В. Г. Четвертое измерение и спиритизм // Вестник Европы. 1879. № 1–2. С. 253–271.

А. и Б. 1915 — А. и Б. Отголоски войны «в ином мире» // Ребус. 1915. Вып. 43. № 39–40. С. 8–10.

Аксаков 1870 — Аксаков А. Н. Евангелие по Сведенборгу: пять глав Евангелия от Иоанна с изложением и толкованием их духовного смысла по «науке о соответствиях». Лейпциг, 1870.

Аксаков 1872 — Аксаков А. Н. Спиритуализм и наука. СПб., 1872.

Аксаков 1883а — Аксаков А. Н. По поводу статьи В. С. Соловьева «О наших светских ересях» // Русь. 1883. № 9. С. 35–37.

Аксаков 1883б — Аксаков А. Н. Разоблачения: история медиумической комиссии Физического общества при С.-Петербургском университете с приложением всех протоколов и прочих документов. СПб.: Тип. В. Безобразова, 1883.

Аксаков 1910 — Аксаков А. Н. Анимизм и спиритизм: Критическое исследование медиумических явлений и их объяснения гипотезами «нервной силы», «галлюцинации» и «бессознательного». В ответ Э. ф. Гартману. 3-е изд. Уфа: Электрическая типография «Печать» Н. Ф. Делинского и Ко, 1910.

Александр Михайлович 1999 — Александр Михайлович, великий князь. Воспоминания: две книги в одном томе. М.: Захаров; АСТ, 1999.

Александр Николаевич Аксаков 1903а — Александр Николаевич Аксаков // Ребус. 1903. Вып. 22. № 3. С. 25–27.

Александр Николаевич Аксаков 1903б — Александр Николаевич Аксаков // Ребус. 1903. Вып. 22. № 5. С. 45–46.

Анатолий Б. 1913а — Анатолий Б. Петербургские «сатанисты» // Голос Москвы. 1913. 10 февраля. С. 4.

Анатолий Б. 1913б — Анатолий Б. Петербургские «сатанисты» // Ребус. 1913. Вып. 32. № 8. С. 4–5.

Андреев 1998 — Андреев Г. А. Христианская периодическая печать на русском языке, 1801–1917 гг.: биографический указатель: в 3 т. New York: N. Ross, 1998.

Анзимиров 1905 — Анзимиров В. Явления умерших, вещие сны // Ребус. 1905. Вып. 24. № 14. С. 4–5.

Антихрист 1914а — Антихрист: изумительное пророчество, сказанное 314 лет тому назад. Екатеринодар, 1914.

Антихрист 1914б — Антихрист: лекция епископа Алексия // Петербургский листок. 1914. 12 февраля.

Антоньева 1888 — Антоньева Н. Н. Излечение душевнобольной // Ребус. 1888. Вып. 7. № 35. С. 315.

А-р Михайлович 1906 — А-р Михайлович. Как я развил в себе духовное могущество // Спиритуалист. 1906. Т. 10. С. 475–576.

Байкова-Семигановская 1907 — Байкова-Семигановская В. В. Народные средства, заговоры, симпатические лечения // Голос всеобщей любви. 1907. Вып. 2.

Белл 1906 — Белл. Гипнотизм: курс практических методов укрепления в себе силы воли и духа для различного рода внушения // Спиритуалист. 1906. № 8. С. 365–374; № 9. С. 424–429; № 10. С. 469–476; № 11. С. 523–526; № 12. С. 584–587.

Белый 1912 — Белый А. Круговое движение // Труды и дни. 1912. Июль — октябрь. № 4–5. С. 12–22.

Белый 1981 — Белый А. Петербург: роман в восьми главах с прологом и эпилогом. М.: Наука, 1981.

Беляев 1893 — Беляев А. Происхождение антихриста // Богословский вестник. 1893. Октябрь. С. 21–40.

Беляева и др. 1958–1961 — Библиография периодических изданий России, 1901–1916 / сост. Л. Н. Беляева, В. М. Барашенков, М. К. Зиновьева и др. Л.: ГПБ, 1958–1961.

Бердяев 1918 — Бердяев Н. А. Кризис искусства. М.: Изд. Г. А. Лемана и С. И. Сахарова, 1918.

Бесплатная организация 1907 — Бесплатная организация оккультно-ментальной молитвы о благосостоянии каждого из участников // Спиритуалист. 1907. № 6. С. 295–296.

Бехтерев 1903 — Бехтерев В. Н. Внушение и его роль в общественной жизни. 2-е изд. СПб.: Изд. К. Л. Риккера, 1903.

Бехтерев 1913 — Бехтерев В. М. Бред гипнотического очарования, или Паранойя суггестиоделирия. СПб., 1913.

Бехтерев 1925 — Бехтерев В. М. Внушение и чудесные исцеления // Вестник знания. 1925. Вып. 5. С. 321–332.

Бехтерев 1926 — Бехтерев В. М. О лечении гипнозом // Вестник знания. 1926. Вып. 2. С. 85–96.

Битнер 1894 — Битнер В. Чудеса гипнотизма. СПб.: Тип. П. П. Сойкина, 1894.

Бобринская 1886 — Бобринская А. Jeu d'Amour: французская гадальная книга XV в. СПб.: Типография В. С. Балашева, 1886.

Боголюбов 1907 — Боголюбов Д. Из беседы с «ивановцами» (по дневнику миссионера) // Известия по С.-Петербургской епархии. 1907. Май. С. 12–21.

Богословский 1909 — Богословский Н. «Смертная казнь» со спиритуалистической точки зрения // Голос всеобщей любви. 1909. Вып. 4. С. 179–182.

Бонч-Бруевич 1908 — Материалы к истории и изучению русского сектантства и раскола / изд. В. Бонч-Бруевич. СПб., 1908.

Боянус 1907а — Боянус Н. К. Ментальная сила как путь духовного самосовершенствования // Спиритуалист. 1907. № 5. С. 231–234; № 6. С. 276–279.

Боянус 1907б — Боянус Н. К. Что такое теософия // Спиритуалист. 1907. № 2. С. 67–74.

Боянус 1908 — Боянус Н. К. Научная обоснованность гомеопатии с астральной точки зрения // Голос всеобщей любви. 1908. Вып. 3. № 5. С. 75–79.

Братья 1908 — Братья спиритуалисты! // Голос всеобщей любви. 1908. Вып. 3. № 51. С. 801.

Брокгауз и Ефрон 1911–1916 — Новый энциклопедический словарь: в 29 т. СПб.: Брокгауз — Ефрон, 1911–1916.

Бронштейн 1885 — Бронштейн И. Странный факт // Ребус. 1885. Вып. 4. № 12. С. 114–115.

Брусилов 1929 — Брусилов А. А. Мои воспоминания: посмертное издание. М.-Л.: Государственное издательство, отдел военной литературы, 1929.

Брусилов 1943 — Брусилов А. А. Мои воспоминания. М.: Воениздат, 1943.

Брусилов 2002 — Брусилов А. А. Мои воспоминания. Минск: Харвест, 2002.

Брюс 1904 — Брюс Я. В. Предсказания графа Брюса для каждого человека из его первобытного календаря, изданного при государе Петре I, с биографией графа Брюса. М.: К. Е. Киселев, 1904.

Брюсов 1927 — Брюсов В. Я. Дневники, 1891–1910. М.: Изд. М. и С. Сабашниковых, 1927.

Буткевич 1915 — Буткевич Т. И. Обзор русских сект и их толков с изложением их происхождения, распространения и вероучения и опровержением последнего. Изд. 2-е, испр. и значительно доп. Пг.: И. Л. Тузов, 1915.

Бутлеров 1875 — Бутлеров А. М. Медиумические явления // Русский вестник. 1875. № 120. С. 300–348.

Бутлеров 1878 — Бутлеров А. М. Четвертое измерение пространства и медиумизм // Русский вестник. 1878. Т. 133. № 2. С. 945–971.

Бутлеров 1879 — Бутлеров А. М. Эмпиризм и догматизм в области медиумизма // Русский вестник. 1879. Т. 40. № 4. С. 757–812; Т. 141. № 5. С. 5–47.

Бутлеров 1885а — Бутлеров А. Мысленное внушение и теория вероятностей // Ребус. 1885. Вып. 4. № 1. С. 1–2; № 2. С. 13–16; № 3. С. 25–28; № 4. С. 35–37; № 5. С. 45–47.

Бутлеров 1885б — Бутлеров А. Сеанс «мысленного внушения» в редакции «Ребуса» // Ребус. 1885. Вып. 4. № 6. С. 55–57.

Бухарев 1914–1915 — Бухарев А. М. Исследование апокалипсиса // Богословский вестник. 1914. Сентябрь. С. 337–342; Декабрь. С. 369–374; 1915. Май. С. 59–63; Август. С. 561–572; Сентябрь. С. 577–580.

Быков В. 1905 — Быков В. П. Молитва и значение ее на спиритических сеансах // Спиритуалист. 1905. Вып. 1. № 2. С. 60.

Быков В. 1907 — Быков В. П. Открытое письмо // Спиритуалист. 1907. № 9. С. 439–443.

Быков В. 1912 — Быков В. П. К чему мы пришли // Спиритуалист. 1912. Вып. 8. № 1. С. 1–16; № 3. С. 91–93.

Быков В. 1914 — Быков В. П. Спиритизм перед судом науки, общества и религии: лекции-беседы. М.: Изд. Е. И. Быковой, 1914.

В погоне за миллионами 1916а — В погоне за миллионами // Ежедневная газета-копейка. 1916. 22 сентября. С. 2–3.

В погоне за миллионами 1916б — В погоне за миллионами // Ежедневная газета копейка. 1916. 24 сентября. С. 1.

В царстве духов 1916а — В царстве духов // Петроградский листок. 1916. 16 сентября. С. 2.

В царстве духов 1916б — В царстве духов // Петроградский листок. 1916. 18 сентября. С. 2.

В царстве духов 1916в — В царстве духов // Петроградский листок. 1916. 19 сентября. С. 5.

В. 1869 — В. Два слова о спиритизме // Труды Киевской духовной академии. 1869. Апрель. С. 177–192.

В. А. С. 1888 — В. А. С. Ясновидящая: Мысли и факты. М., 1888.

В. И. Прибытков 1910 — В. И. Прибытков // Ребус. 1910. Вып. 29. № 44. С. 2–3.

В. С. 1883 — В. С. Примечание к статье А. Н. Аксакова // Русь. 1883. № 9. С. 37–39.

Вагнер 1875 — Вагнер Н. П. Письмо к редактору: по поводу спиритизма // Вестник Европы. 1875. Кн. 4. Апрель. С. 855–875.

Вас. Б. 1908а — Вас. Б. Непокойные дома в Петербурге и Москве // Ребус. 1908. Вып. 27. № 48–49. С. 7–8.

Вас. Б. 1908б — Вас. Б. Таинственные шутки духов на Лиговке: бенефис спиритов в столице // Петербургская газета. 1908. 21 января. С. 5.

Введенский 1895 — Введенский А. Учение Канта о пространстве // Богословский вестник. 1895. Июнь. С. 390–404.

Вегетарианец 1908 — Вегетарианец. Фрукты, орехи, овощи и их питательные свойства // Голос всеобщей любви. 1908. Вып. 3. № 17. С. 282–286.

Величайшая 1916 — Величайшая из великих войн с австро-немцами и турками за правду божию, свободу народов: чудесное на войне. Пг.: Синодальная тип., 1916.

Венгеров 1895 — Венгеров С. А. Вагнер Н. П. // Критико-биографический словарь русских писателей и ученых (от начала русской образованности до наших дней): в 6 т. / ред. С. А. Венгеров. Т. 4, отд. 2. СПб.: Тип. М. М. Стасюлевича, 1895. С. 19–24.

Вик. П. 1893а — Вик. П. Петербургские спириты I: у В. И. Прибыткова // Петербургская газета. 1893. 1 февраля. С. 2.

Вик. П. 1893б — Вик. П. Петербургские спириты II: у В. И. Крыжановской // Петербургская газета. 1893. 3 февраля. С. 2–3.

Вик. П. 1893в — Вик. П. Петербургские спириты III: у И. Х. Тани // Петербургская газета. 1893. 5 февраля. С. 2.

Вик. П. 1893г — Вик. П. Петербургские спириты IV: у С. И. Мережковского // Петербургская газета. 1893. 6 февраля. С. 3.

Вик. П. 1893д — Вик. П. Петербургские спириты V: у А. К. Бодиско // Петербургская газета. 1893. 9 февраля. С. 2.

Вик. П. 1893е — Вик. П. Петербургские спириты VI: у д-ра Л. Е. Бразол // Петербургская газета. 1893. 12 февраля. С. 2.

Вильгельм и дьявол 1915 — Вильгельм и дьявол // Вперед! Еженедельный юмористический журнал с картинками. 1915. Вып. 2. № 43. Обложка.

Вильгельм-антихрист 1914 — Вильгельм-антихрист // Петроградский листок. 1914. 21 декабря. С. 10.

Витте 1924 — Витте С. Ю. Воспоминания: царствование Николая II. Т. 1. Второе изд. Л.: Государственное издательство, 1924.

Внимание «Ребуса» 1885 — Внимание «Ребуса» и всех спиритов // Волжский вестник. 1885. 2 марта. С. 2.

Волков 1908 — Волков А. Таинственная история // Якутские епархиальные ведомости. 1908. Т. 22. № 17. С. 262–272.

Волков 1909 — Волков А. Таинственная история // Ребус. 1909. Вып. 28. № 18. С. 5–7; № 19. С. 4–6.

Волков-Давыдов 1907 — Волков-Давыдов С. Д. Среди загадок бытия: факты из жизни оккультиста: Спиритизм. Гипнотизм. Магнетизм. Ясновидение. Кристалломантия. Телепатия. Сновидения. Физиогномика. Графология. Хиромантия. М.: К. В. Ц., 1907.

Волшебное зеркало 1898 — Волшебное зеркало: новейший и более правдивый способ гадания посредством зеркала по способу древнерусского волхва и гадателя «Деда Всеведа». Не женитесь и не выходите замуж прежде, чем не погадаете чрез это чудодейственное и магическое зеркало. СПб., 1898.

Воскресные негативы 1888 — Воскресные негативы: Привидение в *** департаменте // Санкт-Петербургские ведомости. 1888. 8 мая. С. 2–3.

Воскресший Спаситель 1916 — Воскресший Спаситель: пасхальное видение // Петроградский листок. 1916. 19 апреля. С. 9.

Выдающийся случай 1901 — Выдающийся случай // Ребус. 1901. Вып. 20. № 28. С. 334–335.

Вяземский 1904 — Вяземский И. В. Очерк истории развития современного гипнотизма // Вестник психологии, криминальной антропологии и гипнотизма. 1904. Вып. 10. С. 737–762.

Гессен 1991–1993 — Гессен И. В. Архив русской революции: в 12 т. 6 кн. М.: Терра, 1991.

Гипноз на скамье подсудимых 1895 — Гипноз на скамье подсудимых // Ребус. 1895. Вып. 14. № 45. С. 411–413.

Гипнотизм и алкоголики 1900 — Гипнотизм и алкоголики // Петербургская газета. 1900. 8 октября. С. 2.

Гипнотическое преступление 1897 — Гипнотическое преступление // Ребус. 1897. Вып. 16. № 26. С. 219.

Глаголев 1893 — Глаголев С. Чудо и наука // Богословский вестник. 1893. Июнь. С. 477–514.

Глаголев 1896 — Глаголев С. Больной целитель // Богословский вестник. 1896. Т. 3. Июнь. С. 434–468.

Глаголев 1897 — Глаголев С. Астрономия и богословие // Богословский вестник. 1897. Сентябрь. С. 150–168; Ноябрь. С. 304–327.

Глаголев 1899–1900 — Глаголев С. Религия и наука в их взаимоотношении к наступающему ХХ столетию // Богословский вестник. 1899. Ноябрь. С. 359–385; Декабрь. С. 585–613; 1900. Январь. С. 37–74.

Головкинский 1878 — Головкинский Н. Заметка читателя на статью А. М. Бутлерова «Четвертое измерение и медиумизм» // Русский вестник. 1878. Т. 136. № 4. С. 448–472.

Графолог 1916 — Графолог о г-же Пуаре // Петроградский листок. 1916. 22 сентября. С. 2.

Гридина 1916 — Гридина О. Брачная цепь // Газета-копейка. 1916. 29 сентября. С. 3.

Даль 1996 — Даль В. И. О повериях, суевериях и предрассудках русского народа: материалы по русской демонологии. СПб.: Литера, 1996.

Даль 1998 — Даль В. И. Толковый словарь живого великорусского языка: в 4 т. М.: Русский язык, 1998.

Данилевский 1904 — Данилевский В. М. Телепатическое явление // Ребус. 1904. Вып. 23. № 23. С. 3–5.

Два письма 1895 — Два письма, помещенные в «Московских ведомостях» (№ 286) по поводу исцеления от сикоза молитвою // Ребус. 1895. Вып. 14. № 46. С. 422–423; № 47. С. 430–431.

Дело «охтинской богородицы» 1912 — Дело «охтинской богородицы» // Петербургский листок. 1912. 16 сентября. С. 3.

Дело «охтинской богородицы» 1914 — Дело «охтинской богородицы», «царя Соломона» и «апостола Петра» // Петербургский листок. 1914. 7 марта. С. 3; 9 марта. С. 9; 10 марта. С. 2; 11 марта. С. 4; 13 марта. С. 4; 14 марта. С. 2; 15 марта. С. 4; 17 марта. С. 3; 18 марта. С. 3.

Диальти 1915 — Диальти А. Н. Скрижали мага: руководство к развитию психических способностей человека. Лекция XI. Гипнотизм // Изида. 1915. № 5. С. 3–9.

Док 1908 — Док Ф. В. Вегетарианство как система жизни сообразно с законами природы // Голос всеобщей любви. 1908. Вып. 3. № 19. С. 299–303.

Доктор Сириас 1892 — Доктор Сириас. Значение слов, употребляемых в спиритуализме // Ребус. 1892. Вып. 11. № 18. С. 192–194.

Донарский 1893 — Донарский А. Непокойный дом в Тобольской губернии // Ребус. 1893. Вып. 12. № 45. С. 427–428.

Дон-Базилио 1901 — Дон-Базилио. Наваждение или действительность? Священник, пострадавший от бесов // Русский листок. 1901. 22–30 января. С. 3.

Доробец 1895 — Доробец К. Случай исцеления от сикоза молитвою // Ребус. 1895. Вып. 14. № 44. С. 401–402.

Достоевский 1879 — Достоевский Ф. М. Братья Карамазовы // Русский вестник. 1879. № 3.

Достоевский 1972–1990 — Достоевский Ф. М. Полн. собр. соч. и писем: в 30 т. Л.: Наука, 1972–1990.

Евгений К. 1887 — Евгений К. Что это такое? // Ребус. 1887. Вып. 6. № 11. С. 128–129.

Еще о чертовщине 1894 — Еще о чертовщине // Петербургский листок. 1894. 6 ноября. С. 4.

Еще об исцелении 1901 — Еще об исцелении в с. Кончанском // Ребус. 1901. Вып. 20. № 40. С. 353–354.

Женишек 1907 — Женишек И. Энергия мысли // Спиритуалист. 1907. № 8. С. 384–389.

Жертва гипноза 1901 — Жертва гипноза // Русский листок. 1901. 24 февраля. С. 3.

За графской короной 1916а — За графской короной и миллионами // Маленькая газета. 1916. 17 сентября. С. 3.

За графской короной 1916б — За графской короной и миллионами // Маленькая газета. 1916. 18 сентября. С. 3.

Загробное стихотворение 1899 — Загробное стихотворение А. Пушкина // Ребус. 1899. Вып. 18. № 22. Обложка.

Зайцев 1910 — Зайцев Ф. С. Как провести крестьянам зимние вечера. Котельнич: Тип. В. К. Шильникова, 1910.

Западов, Черпаков 1959 — Русская периодическая печать 1702–1894: справочник / сост. А. В. Западов, М. С. Черпаков. М.: Госполитиздат, 1959.

Зарин 1916а — Зарин А. Мишурный блеск // Маленькая газета. 1916. 24 сентября. С. 2.

Зарин 1916б — Зарин А. Мишурный блеск // Маленькая газета. 1916. 25 сентября. С. 2–3.

Зарин 1916в — Зарин А. Мишурный блеск // Маленькая газета. 1916. 26 сентября. С. 2.

Зарин 1916г — Зарин А. Мишурный блеск // Маленькая газета. 1916. 27 сентября. С. 2.

Зарин 1916д — Зарин А. Один из магов // Петроградский листок. 1916. 28 сентября.

Засядко 1909 — Засядко Е. Непокойные явления // Ребус. 1909. Вып. 28. № 35. С. 5–7.

Зеркало тайных наук 1911 — Зеркало тайных наук, или Отражение судьбы человека: полный курс гипнотизма. М.: Авиатор, 1911.

Зеркало тайных наук 1914 — Зеркало тайных наук, или Отражение судьбы человека: полный курс гипнотизма. М.: Авиатор, 1914.

Знахари и знахарство 1892 — Знахари и знахарство // Правда. 1892. № 67. С. 119–120.

Знахарство 1916 — Знахарство и народные заговоры // Петроградский листок. 1916. 9 марта. С. 1.

Зотов 1910 — Зотов М. Явление умершего мужа жене в сороковой день. М.: Ломоносов, 1910.

И. Л. 1910 — И. Л. К читателям «Ребуса» // Ребус. 1910. Вып. 29. № 2. С. 6–8.

Иванов Г. 1989 — Иванов Г. В. Стихотворения. Третий Рим (роман). Петербургские зимы. Мемуары. Китайские тени: литературные портреты. М.: Книга, 1989.

Иеромонах Вениамин 1911 — Иеромонах Вениамин. Подмена христианства: к спорам о Чурикове, «братцах», странниках и пр. СПб.: Изд. В. М. Скворцов, 1911.

Инцидент 1911 — Инцидент с Л. Л. Оноре // Петербургский листок. 1911. 8 августа. С. 4.

Иоганес 1915 — Иоганес. Из тьмы веков: монах XVII в. о войне XX в. Арзамас: Тип. Порошенкова, 1915.

Исцеление 1890 — Исцеление // Ребус. 1890. Вып. 9. № 2. С. 20.

К статье 1900 — К статье «Общение душ» (№ 36 «Ребуса») // Ребус. 1900. Вып. 19. № 45. С. 391.

Как устраивать 1906 — Как устраивать спиритические сеансы, коллективные и единоличные: для прямого и непосредственного общения с загробным миром. Около 100 рисунков, чертежей и спиритограмм в тексте. М., 1906.

Календарь для дам 1911 — Календарь для дам. [СПб.], 1911.

Карабанович 1915 — Карабанович Д. О. Новое учение о бессмертии // Ребус. 1915. Вып. 34. № 2–3. С. 4–5; № 4. С. 3–6; № 5. С. 1–3.

Карабчевский 1921 — Карабчевский Н. П. Что глаза мои видели. Т. 1. Революция и Россия. Берлин: Изд. О. Диаковой, 1921.

Картофельная канонада 1884 — Картофельная канонада // Волжский вестник. 1884. 16 декабря. С. 3.

Карышев 1906 — Карышев И. А. Рождение антихриста и обновление земли: медиумическое сообщение. СПб., 1906.

КБ 1914 — К. Б. Предсказания ясновидящей: Что произойдет в Германии в конце войны 1914 г. (сказочный сон): для чтения раненым и больным воинам (чистый доход в их пользу). Пг., 1914.

Керенский 1993 — Керенский А. Ф. Россия на историческом повороте: мемуары. М.: Республика, 1993.

КК 1897 — К. К. Самопроизвольные медиумические явления в Чернигове в 40-х гг. // Ребус. 1897. Вып. 16. № 4. С. 34–36.

Князь-Инок 1908 — Князь-Инок. Каковы должны быть наши тюрьмы // Голос всеобщей любви. 1908. Вып. 3. № 19. С. 290–293.

Колдунья 1915 — Колдунья и немецкий черт // Петроградский листок. 1915. 11 января. С. 3.

Колошенская чертовщина 1916 — Колошенская чертовщина // Петроградский листок. 1916. 14 января. С. 3.

Кони 2003 — Кони А. Ф. Петербург: воспоминания старожила. М.: Центрполиграф, 2003.

Кончина папы Пия X 1914 — Кончина папы Пия X и предсказание г-жи де Теб // Петроградский листок. 1914. 12 августа. С. 2.

Краткие заметки 1886 — Краткие заметки // Ребус. 1886. Вып. 5. № 6. С. 68.

Краткие заметки 1891 — Краткие заметки // Ребус. 1891. Вып. 10. № 24. С. 206.

Краткий очерк 1887 — Краткий очерк развития спиритуализма в России // Ребус. 1887. Вып. 6. № 20. С. 207–210.

Крест спас 1914 — Крест спас // Газета-копейка. 1914. 17 сентября. С. 4.

Кри-кри 1895 — Кри-кри. Из записной книжки // Новороссийский телеграф. 1895. 18 октября.

Крупенская 1905 — Крупенская Л. Курение на спиритических сеансах // Спиритуалист. 1905. Т. 1. № 2. С. 66.

Крюков 1997 — Григорий Распутин: сб. ист. мат.: в 4 т. / под ред. В. Крюкова. М.: Терра, 1997.

Кто кого дурачит? 1916 — Кто кого дурачит? // Петроградский листок. 1916. 16 сентября. С. 2.

Кулюкин 1897 — Кулюкин С. Л. Можно ли отрицать личное бессмертие с точки зрения науки? // Богословский вестник. 1897. Апрель. С. 154–165.

Кулюкин 1901 — Кулюкин С. Л. Явления телепатии и значение их в области основных психологических вопросов. По поводу сочинения Камилла Фламмариона «L'inconnu et les problemes psychiques». Paris, 1900. Библиография // Богословский вестник. 1901. Май. С. 200–227.

Курс лекций о гипнотизме 1911 — Курс лекций о гипнотизме // Лекции оккультных знаний. 1911. № 1. С. 1–48.

Л. Э. О. 1908 — Л. Э. О. Нечто о г. Чинском // Ребус. 1908. Вып. 27. № 26. С. 3–4.

Левицкий 1900 — Левицкий С. Личность и общество // Богословский вестник. 1900. Январь. С. 222–240; Июль. С. 385–407.

Лисенков 1981 — Лисенков Н. Непокойный дом в Ростове // Ребус. 1891. Вып. 10. № 19. С. 164.

Литвинов 1887 — Литвинов А. И. Практическое руководство к узнаванию человеческой судьбы с указанием правил чтения чужих мыслей, быть счастливым и любимым всеми. Харьков, 1887.

Лиханов 1913–1915 — Лиханов А. А. Скрижали мага: руководство к развитию психических способностей человека // Изида. 1913. № 1. С. 3–5; 1914. № 4. С. 3–7; № 5. С. 4–12; № 7. С. 3–7; № 8. С. 4–9; № 9–10. С. 5–9; № 11. С. 6–14; № 12. С. 3–7; 1915. № 6. С. 1–6.

Личное влияние 1909 — Личное влияние // Газета-копейка (Москва). 1909. 20 апреля. С. 6.

Лобачевский 1945 — Лобачевский Н. И. Геометрические исследования по теории параллельных линий / пер. с нем. В. Ф. Кагана. М.-Л.: Издательство АН СССР, 1945.

Лодыженский 1916 — Лодыженский М. В. Враги христианства: доклад, читанный в Петрограде на религиозном собрании в доме Е. Г. Шварц 28 декабря 1915 г. Пг., 1916.

М. Б...кин 1894 — М. Б...кин. Медиум Самбор в Петербурге: два сеанса // Ребус. 1894. Вып. 13. № 20. С. 199–200.

М. Ф. 1911 — М. Ф. Таинственная сила, исцеляющая больных // Петербургский листок. 1911. 11 июля. С. 3.

М. Я. Пуаре 1916 — М. Я. Пуаре оправдана // Газета-копейка. 1916. 27 сентября. С. 2.

Максимов 1903 — Максимов С. В. Нечистая, неведомая и крестная сила. СПб.: Тов. Р. Голике, А. Гильборг, 1903.

Максимов 2002 — Максимов С. В. Нечистая, неведомая и крестная сила // Русское колдовство. М.: Эксмо, 2002.

Мансырев 1922 — Мансырев С. П. Мои воспоминания о Государственной Думе (окончание) // Историк и современник. 1922. № 3. С. 3–44.

Марков 1878 — Марков Е. Литературная летопись // Голос. 1878. 6 апреля.

Маркс, Энгельс 1955 — Маркс К., Энгельс Ф. Манифест коммунистической партии // Маркс К., Энгельс Ф. Соч.: в 50 т. Изд. 2-е. Т. 4. М.: Государственное издательство политической литературы, 1955. С. 419–459.

Мартынов, Чистяков 1910 — Мартынов Н. Г., Чистяков П. Памяти В. И. Прибыткова // Ребус. 1910. Вып. 29. № 45. С. 4–5.

М. Б. 1885 — М. Б. Медиумические явления в Казани (корреспонденция «Ребуса») // Ребус. 1885. Вып. 4. № 3. С. 30.

Медиумические сеансы 1899 — Медиумические сеансы в Москве // Ребус. 1899. Вып. 8. № 25. С. 231–233.

Медиумы прогрессируют 1900 — Медиумы прогрессируют (Из беседы с г. Стано) // Петербургская газета. 1900. 22 ноября. С. 3.

Мельников 1906 — Мельников П. Непокойный дом в Томской губернии // Ребус. 1906. Вып. 25. № 45–46. С. 5–7.

Менделеев 1876 — Менделеев Д. И. Материалы для суждения о спиритизме. СПб.: Тип. Т-ва «Общественная польза», 1876.

Мистик 1908 — Мистик. Из моего дневника // Голос всеобщей любви. 1908. Вып. 3. № 2. С. 20–21.

Мистификация 1901 — Мистификация в таинственном доме // Петербургский листок. 1901. 1 июля. С. 4.

Мистические тайны 1907 — Мистические тайны: брошюра, указывающая источник интереснейших сведений, касающихся учения об оккультизме и о наиболее выдающихся проявлениях его. СПб.: Американская скоропечатня, 1907.

Михайловский 1896 — Михайловский Н. К. Герой и толпа // Михайловский Н. К. Соч.: в 6 т. Т. 1. СПб.: Ред. журнала «Русское богатство», 1896. С. 95–190.

Мишурный блеск 1916а — Мишурный блеск // Маленькая газета. 1916. 22 сентября. С. 2–3.

Мишурный блеск 1916б — Мишурный блеск // Маленькая газета. 1916. 23 сентября. С. 3.

Молдаванин Алхазар-Товий 1883 — Молдаванин Алхазар-Товий. Чрезвычайно интересная и необыкновенно забавная для семейных вечерних спиритических сеансов домашняя волшебная книжка: книжка волшебная, по которой можно показывать тени (привидения) желаемых лиц, хотя бы они во время сеанса были в отсутствии за несколько тысяч верст или уже умершие, узнать имена и лета совершенно незнакомых лиц; кроме того по этой книжке можно узнать, сколько кто имеет при себе в кармане денег или у себя в доме, несмотря уже и на то, что если бы такое лицо было от своего дома на расстоянии за несколько сот или тысяч верст. М., 1883.

Монах Митрофан 1897 — Монах Митрофан (Алексеев). Как живут наши умершие и как будем жить и мы по смерти: по учению православной церкви, предчувствию общечеловеческого духа и выводам науки. Т. 1. СПб.: И. Л. Тузов, 1897.

Моранов 1915 — Моранов П. М. Предсказания монаха Козьмы и аббата Иоанна о всемирной войне. Харьков, 1915.

Музыка 1909 — Музыка и медиумизм // Спиритуалист. 1909. № 2. С. 65–71.

Н. К. 1914 — Н. К. Ясновидение и война // Ребус. 1914. Вып. 33. № 32. С. 7–8.

Н. Х. 1892 — Н. Х. К вопросу о религиозных воззрениях крестьян Калужской губернии // Этнографическое обозрение. 1892. Т. 4. № 2–3. С. 213.

На границе таинственного 1916 — На границе таинственного // Петроградский листок. 1916. 9 октября. С. 2.

На злобу дня 1900 — На злобу дня: Во что скоро превратится «бюро для найма прислуги» // Петербургская газета: иллюстрированное приложение. 1900. 14 декабря. С. 409.

На сеансах 1914а — На сеансах у Л. Л. Оноре // Петербургский листок. 1914. 16 марта. С. 4.

На сеансах 1914б — На сеансах у Л. Л. Оноре // Петроградский листок. 1914. 30 октября. С. 14.

На сеансах 1915 — На сеансах у Л. Л. Оноре // Петроградский листок. 1915. 28 февраля. С. 5.

Надеждин 1908 — Надеждин. Каковы на самом деле наши тюрьмы // Голос всеобщей любви. 1908. Вып. 3. № 23. С. 355–361.

Научные новости 1901 — Научные новости // Новости и биржевая газета. 1901. 12 июня. С. 3.

Необыкновенное явление 1909 — Необыкновенное явление: от нашего московского корреспондента по телефону // Петербургский листок. 1909. 15 февраля. С. 6.

Необычайные явления 1900а — Необычайные явления // Владимирские епархиальные ведомости. 1900. № 24. С. 837–850.

Необычайные явления 1900б — Необычайные явления. Владимир, 1900.

Непокойные явления 1911 — Непокойные явления в Житомире // Ребус. 1911. Вып. 30. № 45. С. 5–6.

Непокойный дом 1893 — Непокойный дом // Ребус. 1893. Вып. 12. № 41. С. 393.

Непокойный дом 1899 — Непокойный дом: письма из Ланшевского уезда // Ребус. 1899. Вып. 18. № 32. С. 279–280; № 33. С. 289–290; № 34. С. 296–297; № 35. С. 303–304.

Непросвещенный 1904 — Непросвещенный. Что такое теософия // Ребус. 1904. Вып. 23. № 44–45. С. 9–10.

Новая книга 1911 — Новая книга «Знахарство», или Русские народные заговоры // Московская газета-копейка. 1911. 5 февраля. С. 5.

Новейший петербургский оракул 1893 — Новейший петербургский оракул: чуть не 1 000 интереснейших вопросов и ответов на петербургские злобы дня. СПб., 1893.

Новейший спиритизм 1871 — Новейший спиритизм и его связь с древними языческими суевериями и заблуждениями // Православное обозрение. 1871. № 8. С. 196–244; № 10. С. 456–485; № 11. С. 644–679; № 12. С. 781–807.

Новейший фокусник и чародей 1907 — Новейший фокусник и чародей: полное описание волшебства, фокусов, святочных гаданий и предсказаний судьбы каждого человека на новый год / сост. по Брюсу, девице Ленорман, Мартыну Задеке и др. СПб.: А. А. и М. И. Холмушины, 1907.

Новые реформаторы 1878 — Новые реформаторы о четырех измерениях в науке. Ревель: Типолит. Балт. ж. д., 1878.

Новые самопроизвольные 1901 — Новые самопроизвольные явления // Ребус. 1901. Вып. 20. № 8. С. 71.

Нормальный христианский взгляд 1906 — Нормальный христианский взгляд на Думу // Голос всеобщей любви. 1906. № 12. С. 92.

Нострадам 1893 — Нострадам // Петербургский листок. 1893. 14 сентября. С. 1.

О владикавказском медиуме 1904 — О владикавказском медиуме // Ребус. 1904. Вып. 23. № 25. С. 1–2; № 26–27. С. 1–2.

О лечении пьянства 1899 — О лечении пьянства гипнотическим внушением // Ребус. 1899. Вып. 18. № 17. С. 160–161; 1899. № 20. С. 186–187.

О членовредительных сеансах 1913 — О членовредительных сеансах: К заметке г-на Смоленского // Ребус. 1913. Вып. 32. № 10. С. 5.

Обалешева 1892 — Обалешева Л. Т. Русские телепатические случаи: явление присмертного призрака // Ребус. 1892. Вып. 11. № 18. С. 187–188.

Обновляйся 1908 — Обновляйся каждый день // Голос всеобщей любви. 1908. Вып. 3. № 4. С. 54–59.

Оболенский 2005 — Оболенский Д. А. Записки князя Д. А. Оболенского, 1855–1879. СПб.: Нестор-История, 2005.

Оккультно-ментальная молитва 1908 — Оккультно-ментальная молитва // Голос всеобщей любви. 1908. Вып. 3. № 4. С. 62.

Оккультно-ментальная организация 1909 — Оккультно-ментальная организация для новых подписчиков // Голос всеобщей любви. 1909. Вып. 4. № 3. С. 44–48.

Оккультно-ментальная организация 1910 — Оккультно-ментальная организация на 1910 г.: отдельный оттиск из журнала «Смелые мысли». М., 1910.

Оноре 1907 — Оноре Л. Л. Письмо Л. Л. Оноре и состоявшемуся в октябре месяце 1906 г. в г. Москве I Всероссийскому съезду спиритуалистов и лиц, интересующихся вопросами психизма, с ответным письмом. Красноярск: Тип. М. И. Абалакова, 1907.

Осинин 1859 — Осинин И. Шведенборг и его учение // Духовная беседа. 1859. Вып. 29. С. 80–94.

Остерегайтесь спиритов 1916 — Остерегайтесь спиритов // Петроградский листок. 1916. 20 сентября. С. 2.

От редакции 1909 — От редакции // Голос всеобщей любви. 1909. Вып. 4. № 27–28. С. 305.

Открытые письма 1909 — Открытые письма в оккультно-ментальную организацию // Голос всеобщей любви. 1909. Вып. 4. № 1. С. 16.

Откуда придет спасение 1906 — Откуда придет спасение // Голос всеобщей любви. 1906. № 36. С. 281–284.

Отшельник 1894 — Отшельник. Петербургские гадалки, знахари, юродивые и пр. СПб.: Тип. С. А. Коматовского, 1894.

Охтинская богородица 1913 — Охтинская богородица // Петербургский листок. 1913. 15 июня. С. 3; 16 июня. С. 3; 17 июня. С. 2.

П. М. 1907 — П. М. Из мира таинственного // Петербургский листок. 1907. 11 февраля. С. 5.

П. Ч. 1904 — П. Ч. О владикавказском медиуме // Ребус. 1904. Вып. 23. № 25–26. С. 1–2.

Певницкий 1904 — Певницкий А. А. К вопросу об яснослышании // Вестник психологии, криминальной антропологии и гипнотизма. 1904. Вып. 1. № 7. С. 449–456.

Пероцкий 1907 — Пероцкий В. Магическое влияние голоса // Голос всеобщей любви. 1907. Вып. 2. № 2. С. 76–78; № 3. С. 93–94.

Петербургские «сатанисты» 1913 — Петербургские «сатанисты» // Петербургский листок. 1913. 12 февраля. С. 3.

Петербуржец 1892 — Петербуржец. С некоторых пор // Новое время. 1892. 15 января. С. 3.

Петров 1901 — Петров М. Интересный факт // Ребус. 1901. Вып. 20. № 24. С. 223.

Петрово-Солово́во 1899а — Петрово-Солово́во М. Интересный случай на сеансе С. Ф. Самбора // Ребус. 1899. Вып. 8. № 11. С. 107–109.

Петрово-Солово́во 1899б — Петрово-Солово́во М. Сеанс Самбора // Ребус. 1899. Вып. 18. № 3. С. 31.

Плеханов 1928 — Плеханов Г. В. О так называемых религиозных исканиях в России // Плеханов Г. В. Соч. М.: Государственное издательство, 1928. Т. 17. С. 197–309.

По молитве 1893 — По молитве о. Иоанна Кронштадтского // Русский листок. 1893. 24 февраля. С. 2.

По поводу неурожая 1892 — По поводу неурожая // Богословский вестник. 1892. Январь. С. 121–126.

По пути 1914а — По пути // Ребус. 1914. Вып. 33. № 28. С. 3.

По пути 1914б — По пути // Ребус. 1914. Вып. 33. № 34. С. 3–4.

По пути 1915 — По пути (мысли, факты, заметки, слухи) // Ребус. 1915. Вып. 34. № 2–3. С. 3–4.

Победоносцев 1901 — Победоносцев К. П. Московский сборник. М.: Издание К. П. Победоносцева, 1901.

Повторение необъяснимых явлений 1886 — Повторение необъяснимых явлений // Ребус. 1886. Вып. 5. № 1. С. 7–8.

Погодин 1873 — Погодин М. П. Простая речь о мудреных вещах. М.: Тип. В. М. Фриш, 1873.

Погорельский 1898–1899 — Погорельский М. В. Письма о животном магнетизме // Ребус. 1898. Вып. 17. № 28; 1899. Вып. 18. № 7. С. 69–72.

Погорельский 1899 — Погорельский М. В. Электрофосфены и энергография как доказательство существования физиологической полярной энергии, или так называемого животного магнетизма, и их значение для медицины и естествознания. СПб.: В. В. Демакова, 1899.

Погорельский 1912 — Погорельский М. В. Электрофосфены и энергография. СПб., 1912.

Поддельный граф 1916а — Поддельный граф // Петроградский листок. 1916. 21 сентября. С. 2–3.

Поддельный граф 1916б — Поддельный граф // Петроградский листок. 1916. 22 сентября. С. 3.

Поддельный граф 1916в — Поддельный граф // Петроградский листок. 1916. 26 сентября. С. 2–3.

Подписка 1911 — Подписка на собр. соч. В. И. Крыжановской // Ребус. 1911. Вып. 30. № 46. С. 8.

Полная книга 1916 — Полная книга раскрытия тайн волшебства // Петроградский листок. 1916. 6 марта. С. 1.

Половцов 1896–1918 — Половцов А. А. Русский биографический словарь: в 25 т. СПб.: Типография И. Н. Скороходова, 1896–1918.

Поселянин 1905 — Поселянин Е. Русская церковь и русские подвижники XVIII в. СПб.: Издательство И. Л. Тузова, 1905.

Последний дебют 1916 — Последний дебют артистки М. Я. Пуаре // Газета-копейка. 1916. 26 сентября. С. 2.

Поучение Алексия 1912 — Поучение Алексия, митрополита Московского // Голос церкви. 1912. Февраль. С. 101–109.

Поход против гипнотизеров 1910 — Поход против гипнотизеров // Петербургский листок. 1910. 3 августа. С. 1.

ППБЭС 1913 — Полный православный богословский энциклопедический словарь: в 2 т. СПб.: П. П. Сойкин, 1913.

Предсказание знаменитой Ленорман 1914 — Предсказание знаменитой Ленорман // Петроградский листок. 1914. 11 августа. С. 3.

Предсказания судьбы 1905 — Предсказания судьбы человека по планетам. СПб., 1905.

Прибытков 1883 — Прибытков В. Из моих воспоминаний // Ребус. Вып. 2. № 3. 1883. С. 28.

Прибытков 1894a — Прибытков В. Еще непокойный дом в Петербурге // Ребус. 1894. Вып. 13. № 10. С. 105–106.

Прибытков 1894б — Прибытков В. Еще о непокойном доме на Васильевском острове // Ребус. 1894. Вып. 13. № 13. С. 135–136.

Прибытков 1896–1897 — Прибытков В. Медиумизм Е. Д. Прибытковой // Ребус. 1896. Вып. 15. № 45. С. 365–366; № 46. С. 381–382; № 47. С. 389–391; № 48. С. 401–402; № 49: 413–415; № 50. С. 425–426; № 51. С. 437–439; № 52. С. 449–452; 1897. Вып. 16. № 1. С. 4–6; № 2. С. 15–16; № 3. С. 23–25; № 4. С. 33–34.

Прибытков 1897 — Прибытков В. И. Медиумизм Е. Д. Прибытковой: воспоминания В. Прибыткова. СПб.: Ред. журнала «Ребус», 1897.

Прибытков 1900 — Прибытков В. Вопрос о спиритизме в России // Ребус. 1900. Вып. 19. № 14. С. 126–129; № 15. С. 134–136; № 16. С. 143–144; № 17. С. 151–153; № 20. С. 174–175; № 22. С. 191–192; № 23. С. 200–201; № 24. С. 206–208; № 26. С. 223–225; № 27. С. 230; № 28. С. 237–238; № 29. С. 248–249; № 30. С. 259; № 45. С. 387–388; № 46. С. 393–395; № 47. С. 405–406; № 52. С. 455–456.

Прибытков 1901 — Прибытков В. Вопрос о спиритизме в России // Ребус. 1901. Вып. 20. № 1. С. 4–6; № 2. С. 19–20; № 3. С. 30–31; № 4. С. 39–41; № 5. С. 45–47; № 6. С. 53–54; № 7. С. 61–62.

Прибытков и др. 1894 — Прибытков В. И. и др. Медиум Самбор в Петербурге // Ребус. 1894. Вып. 13. № 18. С. 179–180; № 19. С. 191–192; № 20. С. 199–200; № 23. С. 226–227; № 24. С. 234–235; № 27. С. 261–262; № 28. С. 270–271; № 29. С. 280–281; № 30. С. 294; № 32. С. 312–313; № 34. С. 328–329.

Притвиц 1896 — Притвиц А., бар. Самопроизвольные медиумические явления в д. Югантово Лужской волости Ямбургского уезда С.-Петербургской губернии // Ребус. 1896. Вып. 15. № 11. С. 88–89.

Проказы 1886 — Проказы варшавских чертей // Ребус. 1886. Вып. 5. № 46. С. 434–435.

Прокопов 2006 — Московский Парнас: кружки, салоны, журфиксы Серебряного века, 1890–1922 / сост., примеч., словарь кружков, указатель Т. Ф. Прокопова. М.: Интелвак, 2006.

Процесс Пуаре 1916а — Процесс Пуаре // Петроградская газета. 1916. 25 сентября. С. 4.

Процесс Пуаре 1916б — Процесс Пуаре // Петроградская газета. 1916. 29 сентября. С. 2.

Пушкин 1977–1979 — Пушкин А. С. Полн. собр. соч.: в 10 т. 4-е изд. Л.: Наука, 1977–1979.

Пясковский 1895 — Пясковский Н. Я. Пастер и Пирогов в области религии и кое-что об исцелении сикозиса // Московские ведомости. 1895. 17 октября. С. 2.

Раненый герой 1915 — Раненый герой у Л. Л. Оноре // Петроградский листок. 1915. 2 июня. С. 14.

Рапгоф 1916 — Рапгоф И. П. Графиня-артистка: сенсационная быль наших дней. М.: Тип. АО Моск. изд-во, 1916.

Рассказ сотрудника 1901 — Рассказ сотрудника «Русского листка» // Ребус. 1901. Вып. 20. № 10. С. 105–106; № 11. С. 117–118.

РБС 1896–1918 — Русский биографический словарь: в 25 т. СПб.: Типография И. Н. Скороходова, 1896–1918.

Р-ва 1906 — Р-ва. Два метода для самостоятельного развития ясновидения // Спиритуалист. 1906. № 2. С. 94–96.

Резанов 1885 — Резанов С. Чудесное исцеление // Ребус. 1885. Вып. 4. № 18. С. 167–168.

Религия с философской точки зрения 1905 — Религия с философской точки зрения и сопоставление учения христианской церкви с учением спиритизма // Спиритуалист. 1905. Т. 1. № 1. С. 42–47.

Рождественский 1884 — Рождественский Н. П. Христианская апологетика: курс основного богословия, читанный студентам Санкт-Петербургской духовной академии в 1881/82 учебном году. СПб.: И. Л. Тузов, 1884.

Розенбах 1893 — Розенбах П. Гипнотизм // Энциклопедический словарь. СПб., 1893. Т. 8А. С. 726–734.

С Афона 1867 — С Афона о спиритизме. СПб., 1867.

Самопроизвольное 1898 — Самопроизвольное явление // Ребус. 1898. Вып. 17. № 44. С. 376.

Самопроизвольные 1901 — Самопроизвольные медиумические явления // Ребус. 1901. Вып. 20. № 2. С. 21–22; № 6. С. 54–55.

Сбились 1906 — Сбились с пути // Голос всеобщей любви. 1906. № 4. С. 25–27.

Сверхнормальное 1914 — Сверхнормальное на войне // Ребус. 1914. Вып. 33. № 29. С. 3–4.

Сверхъестественный случай 1914 — Сверхъестественный случай // Газета-копейка. 1914. 16 апреля. С. 1.

Свет на пути 1916 — Свет на пути и карма: Пути достижения индийских йогов // Маленькая газета. 1916. 16 сентября. С. 1.

Свечка во тьму и сумрак 1859 — Свечка во тьму и сумрак // Духовная беседа. 1859. № 43. С. 117–123; № 44. С. 161–171; № 45. С. 201–209; № 46. С. 241–251; № 47. С. 282–294; № 48. С. 323–333; № 49. С. 367–373; № 52. С. 515–531.

Священник 1900 — Священник, пострадавший от бесов // Русский листок. 1900. 30 декабря. С. 3.

Священник Надежный 1884 — Священник Надежный. Факты прежних лет // Ребус. 1884. Вып. 3. № 11. С. 106–107.

Седир 1909 — Седир П. Индийский факиризм, или Практическая школа для развития психических способностей. С приложением словаря терминов индусского факиризма. СПб.: Типолит. И. Лурье, 1909.

Селиванов 1906 — Селиванов А. Оправдание науки. Теория познания В. Вундта // Богословский вестник. 1906. Февраль. С. 253–274.

Сегно 1912 — Сегно А. В. Закон ментализма: практическое научное объяснение мысли и душевной силы, закон, управляющий всеми мысленными и физическими действиями и явлениями, сущность жизни и смерти. М.: А. А. Левенсон, 1912.

СЗРИ 1842 — Свод законов Российской империи... Т. 15. Свод законов уголовных. СПб.: Тип. 2-го отделения, 1842.

Сила молитвы 1885 — Сила молитвы отца Иоанна // Ребус. 1885. Вып. 4. № 4. С. 311.

Систематический указатель 1905–1915 — Систематический указатель статей, помещенных в журнале «Труды Киевской духовной академии» за 1860–1904 гг.: в 2 т. Киев, 1905–1915.

Склонение 1893 — Склонение современного безбожия к упадку // Богословский вестник. 1893. Февраль. С. 246–283.

Скорее тушите 1906 — Скорее тушите // Голос всеобщей любви. 1906. Вып. 1. № 7. С. 49–50.

Слово отца Иоанна Кронштадтского 1892 — Слово отца Иоанна Кронштадтского // Ребус. 1892. Вып. 11. № 48. С. 474–475.

Случай исцеления 1895 — Случай исцеления от сикоза // Московские ведомости. 1895. 24 сентября. С. 3.

Случай самопроизвольных 1888 — Случай самопроизвольных медиумических явлений близ С.-Петербурга // Ребус. 1888. Вып. 7. № 15. С. 147–148.

Смоленский 1913 — Смоленский И. Л. Интересный юридический вопрос // Ребус. 1913. Вып. 32. № 10. С. 5–6.

Снегирев 1871 — Снегирев В. Спиритизм как философско-религиозная доктрина // Православный собеседник. 1871. Январь. С. 12–41; Апрель. С. 279–316.

Современный спиритизм 1912 — Современный спиритизм и мистицизм. Харьков: Тип. мин. труд., 1912.

Содержание 1914 — Содержание 1914 года // Ребус. 1914. Вып. 33. № 1. С. 3–4.

Соловьев В. 1875 — Соловьев В. С. Метафизика и положительная наука // Православное обозрение. 1875. Т. 1. Февраль. С. 197–206.

Соловьев В. 1883 — Соловьев В. Несколько слов о наших светских ересях и о сущности церкви // Русь. 1883. Т. 3. № 7. С. 13–19.

Соловьев В. 1892а — Соловьев В. С. Воля в психологии и философии // Энциклопедический словарь. Т. 7. СПб.: Брокгауз, Ефрон, 1892. С. 175–178.

Соловьев В. 1892б — Соловьев В. С. Е. П. Блаватская // Венгеров С. А. Критико-биографический словарь русских писателей и ученых: в 6 т. Т. 3. СПб., 1892. С. 315–319.

Соловьев В. 1909 — Соловьев В. С. Письма В. С. Соловьева. Т. 2 / под ред. Э. Л. Радлова. СПб.: Типография т-ва «Общественная польза», 1909.

Соловьев В. 1912 — Соловьев В. С. О расколе в русском народе и обществе, 1881–1883 // Соловьев В. С. Собр. соч.: в 10 т. 2-е изд. / ред. С. М. Соловьев, Е. Л. Радлов. Т. 3. СПб.: Просвещение, 1912. С. 245–280.

Соловьев И. 1901 — Соловьев И. Письмо о. Соловьева о явлениях, бывших в его доме // Ребус. 1901. Вып. 20. № 7. С. 62–63.

Сологуб 1991 — Сологуб Ф. Мелкий бес: роман; Заклинательница змей: роман; Рассказы. М.: Советская Россия, 1991.

Сон- 1907 — Сон- П. Из мира таинственного // Петербургский листок. 1907. 15 июня. С. 2.

Спиритизм 1905 — Спиритизм как средство общения с загробным миром (по исследованиям нашего времени). М.: Кардек, 1905.

Спиритизм и христианство 1881 — Спиритизм и христианство. Статья проф. И. Визера из Zeitschrift f. K. Theologie, 1880 // Православное обозрение. 1881. № 1. С. 129–146; № 2. С. 411–429.

Спиритуалист 1906 — Спиритуалист // Петербургский листок. 1906. 1 марта. С. 1.

Спиритуалист и современные события 1906 — Спиритуалист и современные события // Голос всеобщей любви. 1906. № 15. С. 113–115.

Стано 1899 — Стано О. Сеанс Янека в С.-Петербургском медиумическом кружке 24 марта // Ребус. 1899. Вып. 18. № 15. С. 139.

Старик 1908 — Старик. Кто виноват? // Голос всеобщей любви. 1908. Вып. 3. № 2. С. 17–20.

Старь и новь 1916 — Старь и новь: страшный дом // Петроградский листок. 1916. 30 октября. С. 12.

Строганова 1901 — Строганова. Еще об исцелении в с. Кончанском // Петербургская газета. 1901.

Стучит 1893 — Стучит! // Ребус. 1983. Вып. 12. № 11. С. 121.

Сухова-Осипова 1904 — Сухова-Осипова В. Гипнотизм // Вестник психологии, криминальной антропологии и гипнотизма. 1904. Т. 1. № 8. С. 614–616.

Сын Отечества 1881 — Сын Отечества. Сонм петербургских спиритов // Православное обозрение. 1881. Февраль. С. 442–445.

Таинственное явление 1892 — Таинственное явление // Ребус. 1892. Вып. 11. № 4. С. 43.

Титов 1903 — Титов А. А. Нечистая сила // Судебные драмы. 1903. Т. 7. № 4. С. 3–70.

Тихомиров 1884 — Тихомиров Е. Притча о богатом и Лазаре и спиритизм // Православное обозрение. 1884. № 1. С. 61–86.

Толстой 1960–1965 — Толстой Л. Н. Собр. соч.: в 20 т. М.: Художественная литература, 1960–1965.

Требник 1836 — Требник. М., 1836.

Троцкий 1924 — Троцкий Л. Д. Литература и революция. 2-е доп. изд. М.: Государственное издательство, 1924.

Труды 1906 — Труды I Всероссийского съезда спиритуалистов и лиц, интересующихся вопросами психизма и медиумизма, в Москве с 20 по 27 октября 1906 г. М.: Тип. К. Л. Меньшова, 1907.

Тургенев 2008 — Тургенев И. С. Отцы и дети. СПб.: Наука, 2008.

Тэффи 1998– — Тэффи Н. А. Собр. соч. М.: Лаком, 1998–.

У О. И. Фельдман 1893 — У О. И. Фельдман // Русский листок. 1893. 4 февраля. С. 3.

Указатель 1861 — Указатель соч., содержащихся во всех 88 ч. «Христианского чтения». СПб., 1861.

Указатель 1865 — Указатель статей, помещенных в журнале «Православный собеседник» за первые 10 лет издания его (с 1855 по 1864 г.). Казань, 1865.

Указатель 1870 — Указатель духовного учено-литературного журнала «Странник» за первое десятилетие его издания (1860–1869). СПб., 1870.

Указатель 1876 — Указатель статей «Православного собеседника», 1877–1891 гг. / сост. С. С. Е. Казань: Типография Императорского университета, 1876.

Указатель 1877 — Указатель к «Православному собеседнику». Т. 1. За 20 лет его издания с 1855 по 1876 г. / ред. В. Люстрицкий. Казань: Типография Императорского университета, 1877.

Указатель 1910 — Указатель к «Православному собеседнику» за 1892–1909 гг. Казань, 1910.

Успенский 2000 — Успенский П. Д. Новая модель Вселенной. М.: Гранд, 2000.

Учение о воскресении мертвых 1859 — Учение о воскресении мертвых, предложенное в 1-м послании св. апостола Павла к Коринфянам // Духовная беседа. 1859. № 29. С. 70–80.

Фанег 1908 — Фанег Г. О колдовстве // Голос всеобщей любви. 1908. Т. 3. № 2. С. 21–26; № 3. С. 41–46.

Фельдман 1897 — Фельдман О. И. Пьянство и гипнотическое внушение // Ребус. 1897. Вып. 16. № 37. С. 312–314.

Фельзер 1890 — Фельзер А. Письма в редакцию // Новости и биржевая газета. 1890. 23 мая. С. 3.

Фидлер 1888 — Фидлер М. Влияние света на материализацию // Ребус. 1888. Вып. 7. № 35. С. 315–317.

Филимович 1906 — Филимович В. Д. Чистая хиромантия: популярное руководство к ее изучению. СПб., 1906.

Флоренский 1904 — Флоренский П. А. Спиритизм как антихристианство. По поводу двух поэм: «Лествица» А. Л. Миропольского, 1902; А. Белый. «Северная симфония (1-я героическая)», 1903 // Новый путь. 1904. Июнь. С. 149–167.

Хиромант 1909 — Хиромант // Петербургский листок. 1909. 3 марта. С. 7.

Хиромант 1911 — Хиромант // Московская газета-копейка. 1911. 15 ноября. С. 6.

Хиромантия 1910 — Хиромантия // Московская газета-копейка. 1910. 3 июля. С. 5.

Хлопицкий 1897 — Хлопицкий В. Самопроизвольные медиумические явления в Варшаве // Ребус. 1897. Вып. 16. № 40. С. 335.

Ховрин 1898 — Ховрин А. Н. Редкая форма гиперэстезии высших органов чувств (Экспериментальные наблюдения над усиленной различительной способностью в одном случае большой истерии) // Вопросы нервно-психической медицины. 1898. Т. 3. № 2. С. 247–291; № 3. С. 441–475.

Храповицкий 1907 — Храповицкий А. Магнетическое письмо: популярный очерк и практические советы начинающим. М.: Тип. Мамонтова, 1907.

Христос воскрес 1915 — Христос воскрес на бранном поле (пасхальное видение) // Петроградский листок. 1915. 21 марта. С. 7.

Черти 1893 — Черти // Петербургский листок. 1893. 15 августа. С. 1–2.

Четырнадцатилетний медиум 1895 — Четырнадцатилетний медиум в Одессе // Ребус. 1895. Вып. 14. № 47. С. 428–429.

Чехов 1974–1983 — Чехов А. П. Полн. собр. соч. и писем: в 30 т. М.: Наука, 1974–1983.

Чистяков 1907 — Чистяков П. Открытое письмо г-ну Быкову // Ребус. 1907. Вып. 26. № 36–37. С. 6–7.

Чудесное на войне 1914 — Чудесное на войне // Ребус. 1914. Вып. 33. № 31. С. 6.

Чудесное спасение 1914 — Чудесное спасение от германского снаряда // Петроградский листок. 1914. 27 ноября. С. 2.

Чудесное явление 1915 — Чудесное явление креста // Петроградский листок. 1915. 15 марта. С. 8.

Шахов 1887 — Шахов В. В. Указатель к «Православному обозрению» за 1871–1886 гг. М.: Университетская типография, 1887.

Шванич 1905 — Шванич Н. О сеансах Я. Гузика в Москве // Ребус. 1905. Вып. 24. № 12. С. 3–5.

Шигалеев 1916а — Шигалеев Н. Последний дебют артистки М. Я. Пуаре // Газета-копейка. 1916. 20 сентября. С. 3.

Шигалеев 1916б — Шигалеев Н. Последний дебют артистки М. Я. Пуаре // Газета-копейка. 1916. 21 сентября. С. 3.

Шигалеев 1916в — Шигалеев Н. Последний дебют артистки М. Я. Пуаре // Газета-копейка. 1916. 22 сентября. С. 3.

Шиллер-Школьник 1910 — Шиллер-Школьник Х. М. Новый курс гипнотизма: наша сила внутри нас. Варшава: Г-жа Хассе, 1910.

Шмурло 1912 — Шмурло С. Е. Очерки оккультизма. М.: Возрождение духа, 1912.

Ш-н 1898 — Ш-н. Сеанс Самбора // Ребус. 1898. Вып. 17. № 23. С. 199–200.

Шопенгауэр 1999–2001 — Шопенгауэр А. Мир как воля и как представление / пер. с нем. // Шопенгауэр А. Собр. соч.: в 6 т. Т. 1–2. М.: Терра — Книжный клуб; Республика, 1999–2001.

Щавель 1912 — Щавель Ю. А. Оккультные науки: полный практический курс гипнотизма, личного магнетизма и внушения; телепатия (заочное внушение). СПб.: Тип. Р. В. Коротаевой, 1912.

Энгельс 1953 — Энгельс Ф. Диалектика природы. М.: Государственное издательство политической литературы, 1953.

Энциклопедический словарь 1891–1904 — Энциклопедический словарь. СПб.: Брокгауз — Ефрон, 1891–1904.

Юм 1906 — Юм. Беседы старого спирита: как вызывать духов // Спиритуалист. 1906. Т. 1. С. 5–12.

Юм 1908 — Юм. Психология «непокойных» домов и состояние «мятущихся» духов // Спиритуалист. 1908. Т. 9. С. 486–498.

Юсупов 2001 — Юсупов Ф. Ф. Мемуары: в 2 кн. М.: Захаров, 2001.

Явление умершего 1883 — Явление умершего // Ребус. 1883. Вып. 2. № 41. С. 366.

Якоби 1909 — Якоби П. И. Антихрист: судебно-психиатрический очерк // Современная психиатрия. 1909. Июнь. С. 288–230; Июль-август. С. 337–355.

Ярковский 1897 — Ярковский И. Медиумические явления вне сеанса в Петербурге // Ребус. 1897. Вып. 16. № 22. С. 187–188.

Ясновидящий 1895 — Ясновидящий. Петербургские спириты // Петербургский листок. 1895. 19 ноября. С. 7.

A Recent Case of Faith Healing 1895 — A Recent Case of Faith Healing (in Moscow) // Journal of the Society for Psychical Research. 1895. Vol. 7. P. 172–173.

A-Russian-Spiritualist 1887 — A-Russian-Spiritualist. The Growth of Spiritualism in Russia // Light: A Journal of Psychical, Occult, and Mystical Research. 1887. Vol. 7, № 326. P. 148–150.

Aksakov 1872 — Aksakov A. N. Der Spiritismus und die Wissenschaft: Experimentelle Untersuchungen über die psychische Kraft, von E. Crookes, Prüfungs-Sitzungen der Mr. D. D. Home mit den Gelehrten zu St. Petersburg und London. Leipzig: Wagner, 1872.

Aksakov 1874 — Aksakov A. N. Prospectus // Psychische Studien. 1874. Bd. 1, № 1.

Aksakov 1875 — Aksakov A. N. Emennung eines wissenschaftlichen Comites zu St. Petersburg zur Untersuchung mediumistischer Phänomene // Psychische Studien. 1875. Bd. 2, № 7. S. 322–323.

Aksakov 1876a — Aksakov A. N. Ablehnender Protest des Herausgebers an die Commission der physikalischen Gesellschaft der Universität zu St. Petersburg, emannt zur Untersuchung der mediumistischen Phänomene // Psychische Studien. 1876. Bd. 3, № 9. S. 385–393.

Aksakov 1876b — Aksakov A. N. Der Bericht des wissenschaftlichen Comite's zu St. Petersburg über seine Untersuchungen der mediumistischen Phänomene // Psychische Studien. 1876. Bd. 3, № 5. S. 193–202.

Aksakov 1876c — Aksakov A. N. Materialen zum Urtheile iiber den Spiritismus. Herausgegeben von D. Mendelejew // Psychische Studien. 1876. Bd. 3, № 9. S. 405–406.

Aksakov 1876d — Aksakov A. N. Wie das wissenschaftliche Comite zu St. Petersburg die mediumistischen Phänomene untersucht und was sich dabei ergeben hat // Psychische Studien. 1876. Bd. 3, № 4. S. 145–147.

Aksakov 1878 — Aksakov A. N. Dr. Slade's Seancen mit dem Grossfürsten Constantin in Petersburg // Psychische Studien. 1878. Bd. 5. S. 181.

Aksakov 1890 — Aksakov A. N. Animismus und Spiritismus: Versuch einer kritischen Prüfung der mediumistischen Phänomene mit besonderer Berücksichtigung der Hypothesen der Halluzination und des Unbewussten. Als Entgegnung auf Dr. E. v. Hartmanns Werk «Der Spiritismus»: 2 Bd. Leipzig: O. Mutze, 1890.

Aksakov 1894 — Aksakov A. N. Animismus und Spiritismus: Versuch einer kritischen Prüfung der mediumistischen Phänomene mit besonderer Berücksichtigung der Hypothesen der Hallucination und des Unbewussten. Als Entgegnung auf Dr. E. v. Hartmann's Werk: «Der Spiritismus». Leipzig: O. Mutze, 1894.

Aksakov 1896 — Aksakov A. N. Biographische Skizze des Herausgebers der «Psychischen Studien» des Herrn Alexander N. Aksakow, Kaiserlich Russischen Wirklichen Staatsraths zu St. Petersburg. Sonder-Abzug aus den «Psychischen Studien». Monatliche Zeitschrift vorzüglich der Untersuchung der wenig gekannten Phänomene des Seelenlebens gewidmet. Leipzig, 1896.

Aksakov 1905 — Aksakov A. N. Animismus und Spiritismus: Versuch einer kritischen Prüfung der mediumistischen Phänomene mit besonderer Berücksichtigung der Hypothesen der Hallucination und des Unbewussten. Als Entgegnung auf Dr. E. v. Hartmann's Werk: «Der Spiritismus». Leipzig: O. Mutze, 1905.

Aksakov, Butlerov 1876 — Aksakov A. N., Butlerov A. Erwiderung der Zeugen Herren Aksakow und Prof. Butlerow gegen den Bericht des wissenschaftlichen Comites zu St. Petersburg iiber dessen Untersuchung der mediumistischen Phänomene // Psychische Studien. 1876. Bd. 3, № 6. S. 241–244.

Alleged Visions 1915 — Alleged Visions on the Battlefield // Journal of the Society for Psychical Research. 1915. № 17. P. 95.

An Enquiry 1915 — An Enquiry Concerning the «Angels at Mons» // Journal of the Society for Psychical Research. 1915. № 17. P. 106–118.

Brusilov 1929 — Brusilov A. A. Memoires du general Broussilov: Guerre 1914–1918. Paris: Hachette, 1929.

Brusilov 1930 — Brusilov A. A. A Soldier's Notebook, 1914–1918. London: Macmillan, 1930.

Bryusov 1980 — The Diary of Valery Bryusov (1893–1905) / Ed. J. D. Grossman. Berkeley: University of California Press, 1980.

Butlerov 1874 — Butlerov A. Der russische Mathematiker M. W. Ostrogradsky als Spiritualist // Psychische Studien. 1874. Bd. 1, № 7. S. 300–307.

Butlerov 1875 — Butlerov A. Meine neuesten Erfahrungen im Gebiete des Mediumismus // Psychische Studien. 1875. Bd. 2, № 9. S. 385–399.

Der Spiritismus 1875 — Der Spiritismus in St. Petersburg // Psychische Studien. 1875. Bd. 2, № 5. S. 235.

Herr Staatsrath 1875 — Herr Staatsrath Aksakow in London // Psychische Studien. 1875. Bd. 2, № 10. S. 470.

Home 1877 — Home D. D. Light and Shadows of Spiritualism. New York: G. W. Carleton & Co., 1877.

Klein 1873 — Klein F. Ueber die sogennante Nicht-Euklidische Geometrie // Mathematische Annalen. 1873. № 6. S. 112–145.

Klein 1875 — Klein F. Über den Zusammenhang der Fliichen // Mathematische Annalen. 1875. № 9. S. 473–482.

Klein 1926 — Klein F. Vorlesungen über die Entwicklung der Mathematik im 19. Jahrhundert. Berlin: J. Springer, 1926.

Leaf 1895 — Leaf W. Predvestniki Spiritizma za poslednie 250 lyet (The Precursors of Spiritism for the Last 250 Years) by A. M. Aksakoff. St. Petersburg, 1895 // Proceedings of the Society for Psychical Research. 1896. Vol. 12. P. 319–330.

Leaf 1905 — Leaf M. Mr. Petrovo-Solovovo on Spiritism // Proceedings of the Society for Psychical Research. 1905. Vol. 19. P. 397–409.

Lobachevskii 1840 — Lobachevskii N. Geometrische Untersuchung zur Theorie der Parallellinien. Berlin: G. Fincke, 1840.

Milne Bramwell 1896 — Milne Bramwell J. James Braid: Surgeon, «Hypnotist» // Brain: A Journal of Neurology. 1896 (Spring). Vol. 73. P. 1–27.

Morton 1892 — Morton R. C. Record of a Haunted House // Proceedings of the Society for Psychical Research. 1892. Vol. 8. P. 311–332.

Nachricht 1876 — Nachricht für unsere russischen Abonnenten // Psychische Studien. 1876. Bd. 3, № 11. S. 526.

Olcott, Blavatsky 1875 — Olcott H. S., Blavatsky H. P. Zu dem russischen Aufruf an Medien // Psychische Studien. 1875. Bd. 2, № 9. S. 421–422.

Perovsky-Petrovo-Solovovo 1914 — Perovsky-Petrovo-Solovovo M. [Review]: Carrington H. Personal Experiences in Spiritualism (Including the Official Account and Record of the American Palladino Seances) // Proceedings of the Society for Psychical Research. 1914. Vol. 27.

Petrovo-Solovovo 1899 — Petrovo-Solovovo M. Account by Ivan Kupreyanoff of Tver // Journal of the Society for Psychical Research. 1899. Vol. 9. P. 58–60.

Petrovo-Solovovo 1903 — Petrovo-Solovovo M. Alexander Aksakov // Journal of the Society for Psychical Research. 1903. Vol. 11. P. 45–49; 57–58.

Professor Friedrich Zöllner 1878 — Professor Friedrich Zöllner in Leipzig über Mr. Slade's Mediumschaft // Psychische Studien. 1878. Bd. 5, № 2–3. S. 50–58; 101–108.

Protest 1876 — Protest des russischen Publikums zu St. Petersburg // Psychische Studien. 1876. Bd. 3, № 7. S. 293–296.

Riemann 1867 — Riemann B. Über die Hypothesen, welche der Geometrie zugrunde liegen. Göttingen: Dieterich, 1867.

Vagner 1875 — Vagner N. Uber die psychodynamischen Erscheinungen // Psychische Studien. 1875. Bd. 2, № 3. S. 97–106.

Vagner 1876a — Vagner N. Erwiderung des Zeugen H. Prof. Wagner gegen den Bericht des wissenschaftlichen Comite's zu St. Petersburg // Psychische Studien. 1876. Bd. 3, № 7. S. 289–293.

Vagner 1876b — Vagner N. Professor Wagner's ablehnender Protest // Psychische Studien. 1876. Bd. 3, № 9. S. 398–399.

Weber 1738 — Weber F. Ch. Das veränderte Russland, im welchem die jetzige Verfassung des Geist- und Weltlichen Regiments. Frankfurt: Bey Nicolai Fürsters und Sohnes, 1738.

Zöllner 1878a — Zöllner J. K. F. On Space of Four Dimensions // The Quarterly Journal of Science. 1878. № 8. P. 227–237.

Zöllner 1878b — Zöllner J. K. F. Wissenschaftliche Abhandlungen: 3 Bd. Leipzig: L. Staackmann, 1878.

Zöllner 1879 — Zöllner F. Die Transcendentale Physik und die sogenannte Philosophie: Eine deutsche Antwort auf eine «sogenannte wissenschaftliche Frage». Leipzig: Staackmann, 1879.

Литература

Адлер 2003 — Адлер А. Практика и теория индивидуальной психологии: [сборник] / пер. с нем. А. М. Боковикова. М. [и др.]: Питер, 2003.

Адлер 2021 — Адлер А. Понять природу человека / пер. с нем. Е. Цыпина. М.: АСТ, 2021.

Адорно 2022 — Адорно Т. В. Minima moralia: размышления из поврежденной жизни / пер. с нем. А. Белобратова. М.: Ad Marginem, 2022.

Аронсон, Рейсер 2001 — Аронсон М. И., Рейсер С. А. Литературные кружки и салоны. СПб.: Академический проект, 2001.

Берберова 1986 — Берберова Н. Н. Люди и ложи: русские масоны XX в. New York: Russica Publishers, 1986.

Богомолов 1999 — Богомолов Н. А. Русская литература начала XX в. и оккультизм: исследования и материалы. М.: НЛО, 1999.

Бодлер 1986 — Бодлер Ш. Поэт современной жизни // Ш. Бодлер об искусстве / пер. Н. И. Столяровой, Л. Д. Липман. М.: Искусство, 1986. С. 283–315.

Бойм 2019 — Бойм С. Будущее ностальгии / пер. с англ. А. Г. Стругача. М.: Новое литературное обозрение, 2019.

Брачев 2002 — Брачев В. С. Масоны в России: за кулисами видимой власти, 1731–2001. СПб.: Стомма, 2002.

Брэдли 2012 — Брэдли Дж. Общественные организации в царской России: наука, патриотизм и гражданское общество / пер. с англ. М. Н. Карпец. М.: Новый хронограф, 2012.

БСЭ 1926–1947 — Большая советская энциклопедия: в 65 т. / ред. О. Ю. Шмидт и др. М.: Советская энциклопедия, 1926–1947.

БСЭ 1950–1957 — Большая советская энциклопедия: в 50 т. / ред. О. Ю. Шмидт и др. М.: Советская энциклопедия, 1950–1957.

БСЭ 1970–1981 — Большая советская энциклопедия: в 50 т. 3-е изд. М.: 1970–1981.

Быков Г. 1961 — Быков Г. В. А. М. Бутлеров. М.: АН СССР, 1961.

Валицкий 2013 — Валицкий А. История русской мысли от Просвещения до марксизма. М.: Канон+, 2013.

Вебер 1990 — Вебер М. Наука как призвание и профессия / пер. с нем. А. Ф. Филиппова, П. П. Гайденко // Вебер М. Избр. произв. М.: Прогресс, 1990. С. 707–735.

Вернадский 1999 — Вернадский Г. В. Русское масонство в царствование Екатерины II. СПб.: Издательство им. Н. И. Новикова, 1999.

Вигзелл 2008 — Вигзелл Ф. Читая Фортуну: гадательные книги в России: Вторая половина XVIII–XX вв. / пер. с англ., предисл. и коммент. А. А. Панченко. М.: ОГИ, 2007.

Виноградова 1996 — Виноградова Л. Н. Сексуальные связи человека с демоническими существами // Секс и эротика в русской традиционной культуре / ред. А. Л. Топорков. М.: Ладомир, 1996. С. 207–224.

Воробец 2023 — Воробец К. Одержимые: женщины, ведьмы и демоны в царской России / пер. с англ. А. Фоменко. М.: Новое литературное обозрение, 2023.

Гурьянова, Покровский 1988 — Гурьянова Н. С., Покровский Н. Н. Крестьянский антимонархический протест в старообрядческой эсхатологической литературе периода позднего феодализма. Новосибирск: Наука, 1988.

Дарнтон 2024 — Дарнтон Р. Месмеризм и конец эпохи Просвещения во Франции / пер. Н. Михайлина, В. Михайлина, Е. Кузьмишина. М.: Новое литературное обозрение, 2024.

Деррида 2006 — Деррида Ж. Призраки Маркса. Государство долга, работа скорби и новый интернационал / пер. с фр. Б. Скуратова. М.: Logos-altera, «Ecce homo», 2006.

Дюркгейм 2018 — Дюркгейм Э. Элементарные формы религиозной жизни: тотемическая система в Австралии / пер. с фр. В. Земсковой. М.: Элементарные формы, 2018.

Елеонская 2002 — Елеонская Е. Н. Заговор и колдовство на Руси в XVII и XVIII в. // Русское колдовство / В. И. Даль и др. М.: ЭКСМО, 2002. С. 120–214.

Евтухова 2021 — Евтухова Е. Серп и крест: С. Булгаков и судьбы русской религиозной философии (1890–1920) / пер. с англ. И. Буровой. Бостон; СПб.: Academic Studies Press; Библиороссика, 2021.

Иванов 1994 — Иванов С. А. Византийское юродство. М.: Международные отношения, 1994.

Колман 2024 — Колман Х. Русские баптисты и духовная революция (1905–1929 гг.) / пер. с англ. Д. Гальцина. Бостон; СПб.: Academic Studies Press; Библиороссика, 2024.

Колоницкий 2010 — Колоницкий Б. И. «Трагическая эротика»: образы императорской семьи в годы Первой мировой войны. М.: НЛО, 2010.

Криничная 1993 — Криничная Н. А. Лесные наваждения: мифологические рассказы и поверья о духе — «хозяине» леса. Петрозаводск: Карельский научный центр РАН, 1993.

Криничная 2001 — Криничная Н. А. «В глуши далекой живут седые колдуны» // Живая старина: журнал о русском фольклоре и традиционной культуре. 2001. Вып. 3. С. 19–20.

Круз 2020 — Круз Р. За пророка и царя: ислам и империя в России и Центральной Азии / пер. с англ. Р. У. Ибатуллина. М.: Новое литературное обозрение, 2020.

Ланнан 1969 — Ланнан Е. К. А. В. Гадолин. М.: Наука, 1969.

Лебина, Шкаровский 1994 — Лебина Н. В., Шкаровский М. В. Проституция в Петербурге: 1840–1940-е гг. М.: Прогресс-Академия, 1994.

Леонов 2009 — Леонов М. М. Салон В. П. Мещерского: патронат и посредничество в России рубежа XIX–XX вв. Самара: Самарский научный центр РАН, 2009.

Малиновский 1998 — Малиновский Б. Магия. Наука. Религия / пер. с англ. А. П. Хомик; под ред. О. Ю. Артемовой. М.: Рефл-бук, 1998.

Масанов 1956–1960 — Масанов И. Ф. Словарь псевдонимов русских писателей, ученых и общественных деятелей: в 4 т. М.: Издательство Книжной палаты, 1956–1960.

Мосс 2000 — Мосс М. Социальные функции священного / пер. с фр. И. В. Утехина. СПб.: Евразия, 2000.

Померанцева 1975 — Померанцева Е. В. Мифологические персонажи в русском фольклоре. М.: Наука, 1975.

Попов 1985 — Попов П. П. Обзор фонда Казанской духовной академии (неопубликованная рукопись, 1985).

Поршнева 2000 — Поршнева О. С. Менталитет и социальное поведение рабочих, крестьян и солдат России в период Первой мировой войны: 1914 — март 1918 г. Екатеринбург: УрО РАН, 2000.

Поршнева 2004 — Поршнева О. С. Крестьяне, рабочие и солдаты России накануне и в годы Первой мировой войны. М.: РОССПЭН, 2004.

Райан 2006 — Райан В. Ф. Баня в полночь: исторический обзор магии и гаданий в России / пер. с англ. М.: Новое литературное обозрение, 2006.

Рейтблат 2001 — Рейтблат А. И. Как Пушкин вышел в гении: историко-социологические очерки о книжной культуре пушкинской эпохи. М.: НЛО, 2001.

Серков 2001 — Серков А. И. Русское масонство, 1731–2000: Энциклопедический словарь. М.: Росспэн, 2001.

Словарь языка 1956–1961 — Словарь языка Пушкина: в 4 т. / под ред. В. В. Виноградова и др. М.: Государственное издательство иностранных и национальных словарей, 1956–1961.

Смит 2006 — Смит Д. Работа над диким камнем: масонский орден и русское общество в XVIII в. / пер. с англ. К. Осповата, Д. Хитровой. М.: Новое литературное обозрение, 2006.

Стайтс 2004 — Стайтс Р. Женское освободительное движение в России: феминизм, нигилизм и большевизм, 1860–1930 / пер. с англ. И. А. Школьникова, О. В. Шныровой. М.: РОССПЭН, 2004.

Стейнберг 2022 — Стейнберг М. Д. Пролетарское воображение: личность, модерность, сакральное в России, 1910–1925 / пер. с англ. И. Климовицкой. Бостон; СПб.: Academic Studies Press; Библиороссика, 2022.

Уинтер 2023 — Уинтер Дж. Места памяти, места скорби: Первая мировая война в культурной истории Европы / пер. с англ. А. В. Глебовской. СПб.: Издательство Европейского университета в Санкт-Петербурге, 2023.

Уколова, Уколов 2002 — Уколова Е., Уколов В. Графиня Маруся: судьба артистки М. Пуаре. М.: Издательство международного фонда гуманитарных инициатив, 2002.

Фрейд 1995 — Фрейд З. Жуткое / пер. с нем. Р. Ф. Додельцева // Фрейд З. Художник и фантазирование (сб. раб.). М.: Республика, 1995. С. 265–281.

Фрейд 2008а — Фрейд З. В духе времени о войне и смерти / пер. с нем. А. М. Боковикова // Фрейд З. Собр. соч.: в 10 т. Т. 9. М.: ООО «Фирма СТД», 2008. С. 33–60.

Фрейд 2008б — Фрейд З. Толкование сновидений / пер. с нем. А. М. Боковикова // Фрейд З. Собр. соч.: в 10 т. Т. 2. М.: ООО «Фирма СТД», 2008.

Фрейд 2012 — Фрейд З. Психопатология обыденной жизни / пер. с нем. О. Медем // Фрейд З. Малое собр. соч. СПб.: Азбука, 2012. С. 5–150.

Фрейд 2020 — Фрейд З. Сновидения и оккультизм // Фрейд З. Введение в психоанализ: лекции / пер. с нем. Я. М. Когана. М.: Академический проект, 2020. С. 359–378.

Хабермас 2016 — Хабермас Ю. Структурное изменение публичной сферы: исследования относительно категории буржуазного общества / пер. с нем. В. В. Иванова. М.: Весь мир, 2016.

Холквист 2011 — Холквист С. Вычислить, изъять и истребить: статистика и политика населения в последние годы царской империи в Советской России // Государство наций: Империя и национальное строительство в эпоху Ленина и Сталина / под ред. Р. Г. Суни, Т. Мартина; пер. с англ. В. И. Матузовой. М.: РОССПЭН, 2001. С. 139–179.

Хэфнер 2002 — Хэфнер Л. Civil Society, Bürgertum и «местное общество»: в поисках аналитических категорий изучения общественной и социальной модернизации в позднеимперской России // Ab Imperio. 2002. Т. 3. № 3. С. 161–208.

Шевцова 2010 — Шевцова В. Ф. Православие в России накануне 1917 г. / пер. с англ. Е. Итэсь, В. Шевцовой. СПб.: Дмитрий Буланин, 2010.

Энгельштейн 1996 — Энгельштейн Л. Ключи счастья: секс и поиски путей обновления России на рубеже XIX–XX вв. / пер. с англ. В. Павлова. М.: Терра, 1996.

Энгельштейн 2002 — Энгельштейн Л. Скопцы и Царство Небесное: скопческий путь к искуплению / пер. с англ. В. Михайлина и др. М.: Новое литературное обозрение, 2002.

Эткинд 1994 — Эткинд А. М. Эрос невозможного: история психоанализа в России. М.: Гнозис; Прогресс-Комплекс, 1994.

Эткинд 1998 — Эткинд А. М. Хлыст: секты, литература и революция. М.: НЛО, 1998.

Юнг 2008 — Юнг Г. К. Структура и динамика психического / пер. с англ. В. В. Зеленского и др. М.: Когито-Центр, 2008.

Юнг 2021 — Юнг Г. К. Фрейд и психоанализ / пер. с нем. А. А. Чечиной. М.: АСТ, 2021.

Юнггрен А. 2006 — Юнггрен А. Поэзия Тютчева и салонная культура XIX в. М.: Наука, 2006.

Юнггрен М. 2001 — Юнггрен М. Русский Мефистофель: жизнь и творчество Э. Метнера / пер. с англ. А. В. Скидана, пер. с нем. Г. В. Снежинской. СПб.: Академический проект, 2001.

Aleksandrov 1982 — Aleksandrov V. E. Unicorn Impaling a Knight: The Transcendent and Man in Bely's Petersburg // Canadian-American Slavonic Studies. 1982. Vol. 16. P. 1–44.

Balzer 1996 — Russia's Missing Middle Class: The Professions in Russian History / Ed. by H. D. Balzer. Armonk, NY: M. E. Sharpe, 1996.

Barber 1988 — Barber P. Vampires, Burial, and Death: Folklore and Reality. New Haven: Yale University Press, 1988.

Barrett, Percival Keep et al. 1883 — Barrett W. F., Percival Keep A. P., et al. First Report of the Committee on Haunted Houses // Proceedings of the Society for Psychical Research. 1883. Vol. 1, № 2. P. 101–115.

Barrow 1986 — Barrow L. Independent Spirits: Spiritualism and English Plebeians, 1850–1910. London: Routledge & Kegan Paul, 1986.

Baudelaire 1964 — Baudelaire Ch. The Painter of Modern Life // The Painter of Modern Life and Other Essays / Ed. by J. Mayne. New York: Da Capo Press, 1964. P. 1–40.

Bauman 1991 — Bauman Z. Modernity and Ambivalence. Cambridge: Polity, 1991.

Becker 1998 — Becker A. War and Faith: The Religious Imagination in France, 1914–1930. Oxford: Berg, 1998.

Beer 2004 — Beer D. The Medicalization of Religious Deviance in the Russian Orthodox Church, 1880–1905 // Kritika. 2004. Vol. 5, № 3. P. 451–482.

Beer 2008 — Beer D. Renovating Russia: The Human Sciences and the Fate of Liberal Modernity, 1880–1930. Ithaca: Cornell University Press, 2008.

Bekhterev 1998 — Bekhterev V. M. Suggestion and Its Role in Social Life. New Brunswick, NJ: Transaction Publishers, 1998.

Benite, Bhambra et al. 2011 — Benite Z. B.-D., Bhambra G. K. et al. AHR Roundtable: Historians and the Question of «Modernity» // American Historical Review. 2011 (June). Vol. 116. P. 631–750.

Berger, Berger 1991 — Berger A. S., Berger J. The Encyclopaedia of Parapsychology and Psychical Research. New York: Paragon House, 1991.

Berman 1988 — Berman M. All That Is Solid Melts Into Air: The Experience of Modernity. New York: Viking Penguin, 1988.

Bernstein 1995 — Bernstein L. Sonia's Daughters: Prostitutes and Their Regulation in Imperial Russia. Berkeley: University of California Press, 1995.

Bernstein 1996 — Bernstein L. Women on the Verge of a New Language: Russian Salon Hostesses in the First Half of the Nineteenth Century // Russia, Women, Culture / Ed. by H. Goscilo, B. Holmgren. Indianapolis: Indiana University Press, 1996. P. 209–224.

Berry 1985 — Berry Th. E. Spiritualism in Tsarist Society and Literature. Baltimore: Edgar Allan Poe Society, 1985.

Bethea 1989 — Bethea D. M. The Shape of Apocalypse in Modern Russian Fiction. Princeton: Princeton University Press, 1989.

Beyrau 2004 — Beyrau D. Projektionen, Imaginationen und Visionen im Ersten Weltkrieg: Die orthodoxen Militärgeistlichen im Einsatz für Glauben, Zar und Vaterland // Jahrbücher für Geschichte Osteuropas. 2004. Bd. 52, № 3. S. 402–420.

Blackboum 1993 — Blackboum D. Marpingen: Apparitions of the Virgin Mary in Bismarckian Germany. Oxford: Oxford University Press, 1993.

Blaschke 2000 — Blaschke O. Das 19. Jahrhundert: Ein Zweites Konfessionelles Zeitalter? // Geschichte und Gesellschaft. 2000. Bd. 26. S. 39–75.

Boutry 2007 — Boutry P. Parler par spectres: Uberlegungen zur franzosischen Geschichte des 19. Jahrhunderts // Gespenster und Politik: 16. bis 21. Jahrhundert / Hg. von C. Gantet, F. D'Aimeida. Paderborn: Fink, 2007. S. 321–338.

Bradley 2002 — Bradley J. Subjects into Citizens: Societies, Civil Society, and Autocracy in Tsarist Russia // American Historical Review. 2002. Vol. 107, № 4. P. 1094–1123.

Bradley 2008 — Bradley J. Pictures at an Exhibition: Science, Patriotism, and Civil Society in Imperial Russia // Slavic Review. 2008. Vol. 67, № 4. P. 934–966.

Brang 2002 — Brang P. Ein unbekanntes Russland: Kulturgeschichte vegetarischer Lebensweisen von den Anfängen bis zur Gegenwart. Cologne: Bohlau, 2002.

Breyfogle 2005 — Breyfogle N. B. Heretics and Colonizers: Forging Russia's Empire in the South Caucasus. Ithaca: Cornell University Press, 2005.

Britten 1884 — Britten E. H. Nineteenth Century Miracles: Or Spirits and Their Work in Every Country of the Earth; A Complete Historical Compendium of the Great Movement Known as «Modern Spiritualism». London: E. W. Allen, 1884.

Brooks 1985 — Brooks J. When Russia Learned to Read: Literacy and Popular Literature, 1861–1917. Princeton: Princeton University Press, 1985.

Brooks 2005 — Brooks J. How Tolstoevskii Pleased Readers and Rewrote a Russian Myth // Slavic Review. 2005. Vol. 64. P. 538–559.

Brower 1990 — Brower D. R. The Russian City between Tradition and Modernity, 1850–1900. Berkeley: University of California Press, 1990.

Burton 1944 — Burton J. Heyday of a Wizard: Daniel Home, the Medium. New York: A. A. Knopf, 1944.

Buse, Stott 1999 — Ghosts: Deconstruction, Psychoanalysis, History / Ed. by P. Buse, A. Stott. Basingstoke: Macmillan, 1999.

Campbell 1972 — Campbell C. The Cult, the Cultic Milieu, and Secularization // A Sociological Yearbook of Religion in Britain. 1972. Vol. 5. P. 119–136.

Carlson 1993 — Carlson M. «No Religion Higher than Truth»: A History of the Theosophical Movement in Russia, 1875–1922. Princeton: Princeton University Press, 1993.

Carlson 1997 — Carlson M. Fashionable Occultism: Spiritualism, Theosophy, Freemasonry, and Hermeticism in Fin-de-Siecle Russia // The Occult in Soviet and Russian Culture / Ed. by B. G. Rosenthal. Ithaca: Cornell University Press, 1997. P. 135–152.

Carlson, Davis 1997 — Carlson M., Davis R. H. Jr. Russian Occult Journals and Newspapers // The Occult in Soviet and Russian Culture / Ed. by B. G. Rosenthal. Ithaca: Cornell University Press, 1997. P. 423–442.

Carroll 1997 — Carroll B. E. Spiritualism in Antebellum America. Bloomington: Indiana University Press, 1997.

Clements et al. 2002 — Russian Masculinities in History and Culture / Ed. by B. E. Clements, R. Riedman, D. Healey. Houndmills: Palgrave, 2002.

Clowes 1986 — Clowes E. W. Literary Reception as Vulgarization: Nietzsche's Idea of the Superman in Neo-Realist Fiction // Nietzsche in Russia / ed. by B. G. Rosenthal. Princeton: Princeton University Press, 1986. P. 315–330.

Compton 1976 — Compton S. P. Malevich's Suprematism — The Higher Intuition // The Burlington Magazine. 1976. Vol. 118, № 881. P. 577–585.

Daniels 1975 — Daniels N. Lobachevsky: Some Anticipations of Later Views on the Relation between Geometry and Physics // Isis. 1975. Vol. 66, № 1. P. 75–85.

Davidson 2000 — Davidson P. Russian Literature and Its Demons: Introductory Essay // Russian Literature and Its Demons / Ed. by P. Davidson. New York: Berghahn Books, 2000. P. 1–28.

Davie 2007 — Davie G. The Sociology of Religion. Los Angeles: Sage Publications, 2007.

Derrida 1994 — Derrida J. Specters of Marx: The State of Debt, the Work of Mourning, and the New International. New York: Routledge, 1994.

Deutsch Komblatt, Gustafson 1996 — Russian Religious Thought / Ed. by J. Deutsch Komblatt, R. F. Gustafson. Madison: University of Wisconsin Press, 1996.

Dixon 1991 — Dixon S. The Church's Social Role in St. Petersburg, 1880–1914 // Church, Nation, and State in Russia and Ukraine / Ed. by G. A. Hosking. New York: St. Martin's Press, 1991. P. 167–192.

Dixon 2006 — Dixon S. The Russian Orthodox Church in Imperial Russia, 1721–1917 // The Cambridge History of Christianity. Vol. 5. Eastern Christianity / Ed. by M. Angold. Cambridge: Cambridge University Press, 2006. P. 325–347.

Doering-Manteuffel 2008 — Doering-Manteuffel S. Das Okkulte: Eine Erfolgsgeschichte im Schatten der Aufklärung, von Gutenberg bis zum World Wide Web. München: Siedler, 2008.

Dowler 2010 — Dowler W. Russia in 1913. DeKalb: Northern Illinois University Press, 2010.

Edelstein 2006 — Edelstein D. Hyperborean Atlantis: Jean-Sylvain Bailly, Madame Blavatsky, and the Nazi Myth // Studies in Eighteenth Century Culture. 2006. Vol. 35. P. 267–291.

Engel 1994 — Engel B. A. Between the Fields and the City: Women, Work, and Family in Russia, 1861–1914. Cambridge: Cambridge University Press, 1994.

Engelstein, Sandler 2000 — Engelstein L., Sandler S. Introduction // Self and Story in Russian History / ed. by L. Engelstein, S. Sandler. Ithaca: Cornell University Press, 2000. P. 1–45.

Etkind 2003 — Etkind A. Whirling with the Other: Russian Populism and Religious Sects // The Russian Review. 2003 (October). Vol. 62. P. 565–588.

Etkind 2009 — Etkind A. Post-Soviet Hauntology: Cultural Memory of the Soviet Terror // Constellations. Vol. 16, № 1 (2009). P. 182–200.

Evans-Pritchard 1972 — Evans-Pritchard E. E. Witchcraft, Oracles, and Magic among the Azande. Oxford: Clarendon Press, 1972.

Evtuhov 1998 — Evtuhov C. An Unexpected Source of Russian Neo-Kantianism: Alexander Vvedensky and Lobachevsky's Geometry // Studies in East European Thought. 1998. Vol. 47. P. 245–258.

Faivre 2005 — Faivre A. Occultism // Encyclopedia of Religion / Ed. by L. Jones, M. Eliade, Ch. J. Adams. Detroit: Macmillan Reference USA, 2005. P. 6780–6783.

Figes, Kolonitskii 1999 — Figes O., Kolonitskii B. I. Interpreting the Russian Revolution: The Language and Symbols of 1917. New Haven: Yale University Press, 1999.

Foote 1991 — Foote I. P. The St. Petersburg Censorship Committee, 1828–1905 // Oxford Slavonic Papers. 1991. Vol. 24. P. 60–120.

Foote 1994 — Foote I. P. Counter-Censorship: Authors v. Censors in Nineteenth-Century Russia // Oxford Slavonic Papers. 1994. Vol. 27. P. 62–105.

Forest 1994 — Forest J. Holy Foolishness and the Russian Orthodox Church // Parabola: Myth, Tradition, and the Search for Meaning. 1994. Vol. 19, № 4.2. P. 22–28.

Frank, Steinberg 1994 — Cultures in Flux: Lower-Class Values, Practices, and Resistance in Late Imperial Russia / Ed. by S. P. Frank, M. D. Steinberg. Princeton: Princeton University Press, 1994.

Freeze 1983 — Freeze G. L. The Parish Clergy in Nineteenth-Century Russia: Crisis, Reform, Counter-Reform. Princeton: Princeton University Press, 1983.

Freeze 2006 — Freeze G. L. Russian Orthodoxy: Church, People, and Politics in Imperial Russia // The Cambridge History of Russia. Vol. 2. Imperial Russia / Ed. by D. Lieven, M. Perry, R. G. Suny. Cambridge: Cambridge University Press, 2006. P. 284–305.

Fülop-Miller 1927 — Fülop-Miller R. Der Heilige Teufel: Rasputin und die Frauen. Leipzig: Grethlein & Co., 1927.

Gantet, d'Almeida 2007 — Gespenster und Politik: 16. bis 21. Jahrhundert / Hg. von C. Gantet, F. d'Almeida. Paderborn: Fink, 2007.

Gauld 1995 — Gauld A. A History of Hypnotism. Cambridge: Cambridge University Press, 1995.

Gauld 2004 — Gauld A. Home, Daniel Dunglas (1833–1886) // Oxford Dictionary of National Biography / Ed. by H. G. C. Matthew, B. H. Harrison. Oxford: Oxford University Press, 2004. URL: http://www.oxforddnb.com/view/article/13638 (дата обращения: 27.11.2024).

Gay 1988 — Gay P. Freud: A Life for Our Time. New York: Norton, 1988.

Geldern, McReynolds 1998 — Entertaining Tsarist Russia: Tales, Songs, Plays, Movies, Jokes, Ads, and Images from Russian Urban Life, 1779–1917 / Ed. by J. von Geldern, L. McReynolds. Bloomington: Indiana University Press, 1998.

Gerlitz, Jansen 1995 — Gerlitz P., Jansen W. Okkultismus // Theologische Realenzyklopädie / Hg. von G. Krause, S. M. Schwertner. Berlin: W. de Gruyter, 1995. Bd. 25. S. 216–230.

Giddens 1991 — Giddens A. The Consequences of Modernity. Cambridge: Polity Press, 1991.

Gillespie 1970 — Dictionary of Scientific Biography / Ed. by Ch. C. Gillespie. New York: Scribner, 1970.

Gillespie 1970–1980 — Dictionary of Scientific Biography: 16 vols. / Ed. by Ch. C. Gillespie. New York: Scribner, 1970–1980.

Glickman 1986 — Glickman R. L. Russian Factory Women: Workplace and Society, 1880–1914. Berkeley: University of California Press, 1986.

Gluck 1993 — Gluck M. [Review:] Giddens A. Modernity and Self-Identity: Self and Modernity in the Late Modern Age // History and Theory. 1993. Vol. 32, № 2. P. 214–220.

Goodrick-Clarke 1985 — Goodrick-Clarke N. The Occult Roots of Nazism: The Ariosophists of Austria and Germany, 1890–1935. Wellingborough: Aquarian Press, 1985.

Gordin 2001 — Gordin M. D. Loose and Baggy Spirits: Reading Dostoevskii and Mendeleev // Slavic Review. 2001. Vol. 60, № 4. P. 756–780.

Gordin 2004 — Gordin M. A Well-Ordered Thing: Dmitrii Mendeleev and the Shadow of the Periodic Table. New York: Basic Books, 2004.

Grossman 1983 — Grossman J. D. Aleksandr Dobroliubov and the Invisible Book // Александр Добролюбов. Из книги невидимой. Berkeley: Berkeley Slavic Specialties, 1983. С. VII–XXV.

Grossman 1985 — Grossman J. D. Valery Bryusov and the Riddle of Russian Decadence. Berkeley: University of California Press, 1985.

Grossman 1995 — Grossman J. D. Alternate Beliefs: Spiritualism and Pantheism among the Early Modernists // Christianity and the Eastern Slavs. Vol. 3: Russian Literature in Modern Times / Ed. by B. Gasparov. Berkeley: University of California Press, 1995. P. 113–133.

Groys, Hagemeister 2005 — Die Neue Menschheit: Biopolitische Utopien in Russland zu Beginn des 20. Jahrhunderts / Hg. von B. Groys, M. Hagemeister. Frankfurt am Main: Suhrkamp, 2005.

Haase 1980 — Haase F. Volksglaube und Brauchtum der Ostslaven. Hildesheim: G. Olms, 1980.

Hachten 2002 — Hachten E. A. In Service to Science and Society: Scientists and the Public in Late Nineteenth-Century Russia // Osiris. 2002. Vol. 17. P. 171–209.

Hafner 2004 — Hafner L. Gesellschafl als lokale Veranstaltung: Die Wolgastädte Kazan' und Saratov, 1870–1914. Köln: Bohlau, 2004.

Hagemeister 1998 — Hagemeister M. Eine Apokalypse unserer Zeit: Die Prophezeihungen des heiligen Serafim von Sarov über das Kommen des Antichrist und das Ende der Welt // Finis Mundi: Endzeiten und Weltenden im ostlichen Europa; Festschrift für Hans Lemberg zum 65. Geburtstag / Hg. von J. Hosler, H. Lemberg, W. Kessler. Stuttgart: F. Steiner Verlag, 1998. S. 41–60.

Hagemeister 2000 — Hagemeister M. Vladimir Solov'ev and Sergej Nilus: Apocalypticism and Judeophobia // Vladimir Solov'ev: Reconciler and Polemicist / Ed. by W. Peter van den Bercken, M. de Courten, E. van der Zweerde. Leuven: Peeters, 2000. P. 287–296.

Hagen 1982 — Hagen M. Die Entfaltung politischer Öffentlichkeit in Russland, 1906–1914. Wiesbaden: Steiner, 1982. S. 144–148.

Hanegraaff 1996 — Hanegraaff W. J. New Age Religion and Western Culture: Esotericism in the Mirror of Secular Thought. Leiden: Brill, 1996.

Harris 1989 — Harris R. Murders and Madness: Medicine, Law, and Society in the Fin de Siecle. Oxford: Clarendon Press, 1989.

Harris 1997 — Harris R. Possession on the Borders: The «Mal de Morzine» in Nineteenth-Century France // The Journal of Modern History. 1997 (September). Vol. 69. P. 451–478.

Harris 2000 — Harris R. Lourdes: Body and Spirit in the Secular Age. London: Penguin, 2000.

Harris 2010 — Harris R. The Man on Devils Island: Alfred Dreyfus and the Affair that Divided France. London: Allen Lane, 2010.

Harvey 2005 — Harvey D. A. Beyond Enlightenment: Occultism and Politics in Modern France. DeKalb: Northern Illinois University Press, 2005.

Healey 2001 — Healey D. Homosexual Desire in Revolutionary Russia: The Regulation of Sexual and Gender Dissent. Chicago: University of Chicago Press, 2001.

Hellman 1995 — Hellman B. Poets of Hope and Despair: The Russian Symbolists in War and Revolution, 1914–1918. Helsinki: Institute for Russian and East European Studies, 1995.

Henderson 1978 — Henderson L. D. The Merging of Time and Space: The «Fourth Dimension» in Russia from Ouspensky to Malevich // Soviet Union/ Union Sovietique. 1978. Vol. 5, № 2. P. 171–203.

Henderson 1983 — Henderson L. D. The Fourth Dimension and Non-Euclidean Geometry in Modern Art. Princeton: Princeton University Press, 1983.

Heretz 2008 — Heretz L. Russia on the Eve of Modernity: Popular Religion and Traditional Culture under the Last Tsars. Cambridge: Cambridge University Press, 2008.

Herlihy 2002 — Herlihy P. The Alcoholic Empire: Vodka and Politics in Late Imperial Russia. Oxford: Oxford University Press, 2002.

Herrlinger 2004 — Herrlinger P. Raising Lazarus: Orthodoxy and the Factory Narod in St. Petersburg, 1905–1914 // Jahrbücher für Geschichte Osteuropas. 2004. Bd. 52. S. 341–354.

Higonnet 1987 — Behind the Lines: Gender and the Two World Wars / Ed. by M. R. Higonnet. New Haven: Yale University Press, 1987.

Hildermeier 2002 — Hildermeier M. Bildungsqualifikationen und bürgerliche Gesellschaft // Cahiers du monde russe. 2002. T. 43, № 4. P. 591–600.

Hufford 1982 — Hufford D. J. The Terror That Comes in the Night: An Experience-Centered Study of Supernatural Assault Traditions. Philadelphia: University of Pennsylvania Press, 1982.

Hufford 1995 — Hufford D. J. Beings Without Bodies: An Experience-Centered Theory of the Belief in Spirits // Out of the Ordinary: Folklore and the Supernatural / Ed. by B. Walker. Logan: Utah State University Press, 1995. P. 11–45.

Huysmans 2009 — Huysmans J.-K. Against Nature / Transl. by M. Mauldon. Oxford: Oxford University Press, 2009.

Ivanits 1992 — Ivanits L. Russian Folk Belief. Armonk, NY: M. E. Sharpe, 1992.

Jahn 1995 — Jahn H. F. Patriotic Culture in Russia during World War I. Ithaca: Cornell University Press, 1995.

Joravsky 1989 — Joravsky D. Russian Psychology: A Critical History. Oxford: Blackwell, 1989.

Jung 1961 — Jung C. G. The Collected Works of C. G. Jung: 20 vols. London: Routledge & Kegan Paul, 1961.

Jung 2008 — Jung C. G. Psychology and the Occult. London: Routledge, 2008.

Kampfer 1985 — Kampfer F. «Der rote Keil»: Das politische Plakat; Theorie und Geschichte. Berlin: Mann, 1985.

Kant 1998 — Kant I. Kritik der reinen Vernunft: Nach der ersten und zweiten Originalausgabe. Hamburg: F. Meiner, 1998.

Keller, Sharandak 2003 — Keller U., Sharandak N. Abende nicht von dieser Welt: St. Petersburger Salondamen und Künstlerinnen des Silbernen Zeitalters. Berlin: Grambin Aviva, 2003.

Kelly 2002 — Kelly C. The Education of the Will: Advice Literature, Zakal, and Manliness in Early Twentieth-Century Russia // Russian Masculinities in History and Culture / Ed. B. E. Clements, R. Friedman, D. Healy. Houndmills: Palgrave, 2002. P. 131–151.

Kitaev 2007 — Kitaev V. A. The Unique Liberalism of Vestnik Evropy (1870–1890) // Russian Studies in History. 2007. Vol. 46, № 1. P. 43–61.

Kizenko 2000 — Kizenko N. A Prodigal Saint: Father John of Kronstadt and the Russian People. University Park: Pennsylvania State University Press, 2000.

Koblitz 1988 — Koblitz A. H. Science, Women, and the Russian Intelligentsia: The Generation of the 1860s // Isis. 1988. Vol. 79, № 2. P. 208–226.

Kornblatt 2009 — Kornblatt J. D. Divine Sophia: The Wisdom Writings of Vladimir Solovyov. Ithaca: Cornell University Press, 2009.

Kryzhanovskaia 1998 — Kryzhanovskaia V. I. The Wrath of God: A Novel of the Occult // Entertaining Tsarist Russia: Tales, Songs, Plays, Movies, Jokes, Ads, and Images from Russian Urban Life, 1779–1917 / Ed. by J. von Geldern, L. McReynolds. Bloomington: Indiana University Press, 1998. P. 299–306.

Laqueur 2006 — Laqueur T. Why the Margins Matter: Occultism and the Making of Modernity // Modern Intellectual History. 2006. Vol. 3, № 1. P. 111–135.

Leatherbarrow 2000 — Leatherbarrow W. J. The Devil's Vaudeville: «Decoding» the Demonic in Dostoevsky's The Devils // Russian Literature and Its Demons / Ed. by P. Davidson. New York: Berghahn Books, 2000. P. 279–306.

Lewis 1978 — Lewis I. M. Ecstatic Religion: An Anthropological Study of Spirit Possession and Shamanism. Harmondsworth: Penguin, 1978.

Lexikon 2002 — Lexikon der russischen Kultur / Hg. von N. Franz. Darmstadt: Primus, 2002.

Ljunggren 1994 — Ljunggren M. The Russian Mephisto: A Study of the Life and Work of Emilii Medtner. Stockholm: Almqvist & Wiksell, 1994.

Luckhurst 1999 — Luckhurst R. «Something Tremendous, Something Elemental»: On the Ghostly Origins of Psychoanalysis // Ghosts: Deconstruction, Psychoanalysis, History / Ed. by P. Buse, A. Stott. Basingstoke: Macmillan, 1999. P. 50–71.

Maguire, Malmstad 1987 — Maguire R. A., Malmstad J. E. Petersburg // Andrey Bely: Spirit of Symbolism / Ed. by J. E. Malmstad. Ithaca: Cornell University Press, 1987. P. 96–144.

Manchester 2008 — Manchester L. Holy Fathers, Secular Sons: Clergy, Intelligentsia, and the Modern Self in Revolutionary Russia. DeKalb: Northern Illinois University Press, 2008.

Mannherz 2007 — Mannherz J. Die Geister und der Dumaabgeordnete Graf Orlov-Davydov: Gespenster und Politik im Zarenreich // Gespenster und Politik: 16. bis 21. Jahrhundert / Hg. von C. Gantet, F. d'Almeida. Paderborn: Fink, 2007. S. 235–252.

Mannherz 2012 — Mannherz J. The Occult and Popular Entertainment in Late Imperial Russia // Russia's New Age / Ed. by M. Hagemeister, B. Menzel, B. G. Rosenthal. Munich: Kubon & Sagner, 2012. P. 19–42.

Matossian 1989 — Matossian M. A. K. Poisons of the Past: Molds, Epidemics, and History. New Haven: Yale University Press, 1989.

Maydell 2005 — Maydell R. von. Vor dem Thore: Ein Vierteljahrhundert Anthroposophie in Russland. Freiburg: Projekt Verlag, 2005.

Mayer 2002 — Mayer A. Mikroskopie der Psyche: Die Anfiinge der Psychoanalyse im Hypnose-Labor. Göttingen: Wallstein Verlag, 2002.

McCannon 2001 — McCannon J. Searching for Shambhala: The Mystical Art and Epic Journeys of Nikolai Roerich // Russian Life. 2001. Vol. 44, № 1. P. 48–56.

McReynolds 1991 — McReynolds L. The News under Russia's Old Regime: The Development of a Mass-Circulation Press. Princeton: Princeton University Press, 1991.

McReynolds 2003 — McReynolds L. Russia at Play: Leisure Activities at the End of the Tsarist Era. Ithaca: Cornell University Press, 2003.

McReynolds 2009 — McReynolds L. The Murderer in the City: Narratives of Urbanism // The Cultures of the Cities of the Russian Empire at the Turn of the Twentieth Century / Ed. B. Kolonitskii, M. Steinberg. St. Petersburg: Evropeiskii dom, 2009. P. 310–322.

Meyer 1991 — Meyer A. G. The Impact of World War I on Russian Women's Lives // Russia s Women: Accommodation, Resistance, Transformation / Ed. by B. E. Clements, B. A. Engel, Ch. Worobec. Berkeley: University of California Press, 1991. P. 208–224.

Meyers 1908 — Meyers H. J. Meyers Grosses Konversations-Lexikon: Ein Nachschlagewerk des allgemeinen Wissens. Bd. 20. Leipzig: Bibliographisches Institut, 1908.

Miller 1998 — Miller M. A. Freud and the Bolsheviks: Psychoanalysis in Imperial Russia and the Soviet Union. New Haven: Yale University Press, 1998.

Misler 1996 — Misler N. Toward an Exact Aesthetics: Pavel Florensky and the Russian Academy of Artistic Sciences // Laboratory of Dreams: The Russian Avant-Garde and Cultural Experiment / Ed. by J. E. Bowlt, O. Matich. Stanford: Stanford University Press, 1996. P. 118–132.

Monroe 2008 — Monroe J. W. Laboratories of Faith: Mesmerism, Spiritism, and Occultism in Modern France. Ithaca: Cornell University Press, 2008.

Moore 1972 — Moore R. L. Spiritualism and Science: Reflections on the First Decade of Spirit Rappings // American Quarterly. 1972. Vol. 24. P. 474–500.

Moore 1977 — Moore R. L. In Search of White Crows: Spiritualism, Parapsychology, and American Culture. New York: Oxford University Press, 1977.

Morrissey 2007 — Morrissey S. K. Suicide and the Body Politic in Imperial Russia. Cambridge: Cambridge University Press, 2007.

Nelson 1969 — Nelson G. K. Spiritualism and Society. London: Routledge & Kegan Paul, 1969.

Neuberger 1993 — Neuberger J. Hooliganism: Crime, Culture, and Power in St. Petersburg, 1900–1914. Berkeley: University of California Press, 1993.

Niederbudde 2006 — Niederbudde A. Mathematische Konzeptionen in der russischen Moderne: Florenskij, Chlebnikov, Charms. Munich: Sagner, 2006.

Noakes 1999 — Noakes R. J. Telegraphy Is an Occult Art: Cromwell Fleetwood Varley and the Diffusion of Electricity to the Other World // British Journal for the History of Science. 1999. Vol. 32. P. 421–459.

Norris 2006 — Norris S. M. A War of Images: Russian Popular Prints, Wartime Culture, and National Identity, 1812–1945. DeKalb: Northern Illinois University Press, 2006.

Oinas 1985 — Oinas F. J. Essays on Russian Folklore and Mythology. Columbus, OH: Slavica Publishers, 1985.

Oppenheim 1985 — Oppenheim J. The Other World: Spiritualism and Psychical Research in England, 1850–1914. Cambridge: Cambridge University Press, 1985.

Owen 1989 — Owen A. The Darkened Room: Women, Power, and Spiritualism in Late Nineteenth-Century England. London: Virago, 1989.

Owen 2004 — Owen A. The Place of Enchantment: British Occultism and the Culture of the Modern. Chicago: University of Chicago Press, 2004.

Paert 2010 — Paert I. Spiritual Elders: Charisma and Tradition in Russian Orthodoxy. DeKalb: Northern Illinois University Press, 2010.

Paperno 2006 — Paperno I. Dreams of Terror: Dreams from Stalinist Russia as a Historical Source // Kritika. 2006. Vol. 7, № 4. P. 793–824.

Pares 1939 — Pares B. The Fall of the Russian Monarchy: A Study of the Evidence. London: J. Cape, 1939.

Parssinen 1979 — Parssinen T. M. Professional Deviants and the History of Medicine: Medical Mesmerists in Victorian Britain // On the Margins of Science: The Social Construction of Rejected Knowledge / Ed. by R. Wallis. Keele: University of Keele, 1979. P. 103–120.

Parton 1993 — Parton A. Mikhail Larionov and the Russian Avant-Garde. London: Thames and Hudson, 1993.

Pasi 2006 — Pasi M. Occultism // The Brill Dictionary of Religion / Ed. by K. von Stuckrad. Leiden: Brill, 2006. Vol. 3. P. 1364–1368.

Perrie 1989 — Perrie M. Folklore as Evidence of Peasant Mentalité, Social Attitudes, and Values in Russian Popular Culture // The Russian Review. 1989. Vol. 48, № 2. P. 119–143.

Pick, Roper 2004 — Dreams and History: The Interpretation of Dreams from Ancient Greece to Modern Psychoanalysis / Ed. by D. Pick, L. Roper. New York: Routledge, 2004.

Pytlik 2005 — Pytlik P. Okkultismus und Moderne: Ein kulturhistorisches Phänomen und seine Bedeutung for die Literatur um 1900. Paderborn: Schoningh, 2005.

Rawson 1978 — Rawson D. C. Mendeleev and the Scientific Claims of Spiritualism // Proceedings of the American Philosophical Society. 1978. Vol. 122, № 1. P. 1–8.

Richards 1988 — Richards J. L. Mathematical Visions: The Pursuit of Geometry in Victorian England. Boston: Academic Press, 1988.

Rigberg 1965 — Rigberg B. The Tsarist Press Law, 1894–1905 // Jahrbücher for Geschichte Osteuropas. 1965. Bd. 13. S. 331–343.

Rogger 1976 — Rogger H. The Skobelev Phenomenon: The Hero and His Worship // Oxford Slavonic Papers. 1976. Vol. 9. P. 46–78.

Roper 2004 — Roper L. Witch Craze: Terror and Fantasy in Baroque Germany. New Haven: Yale University Press, 2004.

Rosenthal 1986 — Nietzsche in Russia / Ed. by B. G. Rosenthal. Princeton: Princeton University Press, 1986.

Rosenthal 1994 — Nietzsche and Soviet Culture: Ally and Adversary / Ed. by B. G. Rosenthal. Cambridge: Cambridge University Press, 1994.

Rosenthal 1997a — Rosenthal B. G. Political Implications of the Early Twentieth-Century Occult Revival // The Occult in Russian and Soviet Culture / Ed. by B. G. Rosenthal. Ithaca: Cornell University Press, 1997. P. 379–418.

Rosenthal 1997b — The Occult in Russian and Soviet Culture / Ed. by B. G. Rosenthal. Ithaca: Cornell University Press, 1997.

Rosenthal, Bohachevsky-Chomiak 1990 — A Revolution of the Spirit: Crisis of Value in Russia, 1890–1924 / Ed. by B. G. Rosenthal, M. Bohachevsky-Chomiak. New York: Fordham University Press, 1990.

Russo 1983 — Russo P. A. Golas and the Censorship, 1879–1883 // Slavonic and East European Review. 1983. Vol. 61, № 2. P. 226–237.

Rustemeyer 1996 — Rustemeyer A. Dienstboten in Petersburg und Moskau, 1861–1917: Hintergrund, Alltag, soziale Rolle. Stuttgart: F. Steiner, 1996.

Sabaneev 1961 — Sabaneev L. Pavel Florensky: Priest, Scientist, and Mystic // Russian Review. 1961. Vol. 20, № 4. P. 312–325.

Sawicki 2002 — Sawicki D. Leben mit den Toten: Geisterglauben und die Entstehung des Spiritismus in Deutschland, 1770–1900. Paderborn: Schöningh, 2002.

Scherrer 1973 — Scherrer J. Die Petersburger religiös-philosophischen Vereinigungen: Die Entwicklung des religiosen Selbstverständnisses ihrer Intelligencija-Mitglieder, 1901–1917. Wiesbaden: Harrassowitz, 1973.

Schlögel 2002 — Schlögel K. Petersburg: Das Laboratorium der Moderne, 1909–1921. Munich: Hanser, 2002.

Schorske 1981 — Schorske C. E. Fin-de-Siecle Vienna: Politics and Culture. New York: Vintage Books, 1981.

Shevzov 1999 — Shevzov V. Miracle-Working Icons, Laity, and Authority in the Russian Orthodox Church, 1861–1917 // The Russian Review. Vol. 58. 1999 (January). P. 26–48.

Simmel 1964 — Simmel G. The Metropolis and Mental Life // The Sociology of Georg Simmel / Ed. by K. Wolff. London: The Free Press of Glencoe, 1964. P. 409–424.

Smith D. 1999 — Smith D. Working the Rough Stone: Freemasonry and Society in Eighteenth Century Russia. DeKalb: Northern Illinois University Press, 1999.

Smith N. 1968 — Smith N. The Role of Russian Freemasonry in the February Revolution: Another Scrap of Evidence // Slavic Review. 1968. Vol. 27, № 4. P. 604–608.

Smith N. 1985 — Smith N. Political Freemasonry in Russia, 1906–1918 // The Russian Review. 1985. Vol. 44. P. 157–171.

Smith S. 2008a — Smith S. Fear and Rumor in the People's Republic of China in the 1950s // Cultural and Social History. 2008. Vol. 5, № 3. P. 269–288.

Smith S. 2008b — Smith S. A. The Religion of Fools? Introduction // Past and Present. 2008. Vol. 199, № 3. P. 7–55.

Spagnolo 2009 — Spagnolo R. Serving the Household, Asserting the Self: Urban Domestic Servant Activism, 1900–1917 // The Human Tradition in imperial Russia / Ed. by Ch. D. Worobec. Lanham, MD: Rowman & Littlefield Publishers, 2009. P. 141–154.

Staudenmaier 2009 — Staudenmaier P. Occultism, Race, and Politics in German-Speaking Europe, 1880–1940: A Survey of the Historical Literature // European History Quarterly. 2009. Vol. 39, № 1. P. 47–70.

Steinberg 2004 — Steinberg M. D. «Black Masks»: Performance, Image, and Identity on the Streets of the City. Paper presented at the conference «Cultures of the Russian City», St. Petersburg, June 2004.

Steinberg, Coleman 2007 — Sacred Stories: Religion and Spirituality in Modern Russia / Ed. by M. D. Steinberg, H. J. Coleman. Bloomington: Indiana University Press, 2007.

Stenger 1993 — Stenger H. Die soziale Konstruktion okkulter Wirklichkeit: Eine Soziologie des «New Age». Opladen: Leske+Budrich, 1993.

Stites 1999 — Stites R. Days and Nights in Wartime Russia: Cultural Life, 1914–1917 // European Culture in the Great War: The Arts, Entertainment, and Propaganda, 1914–1918 / Ed. by A. Roshwald, R. Stites. Cambridge: Cambridge University Press, 1999. P. 8–31.

Stockdale 2004 — Stockdale M. K. «My Death for the Motherland Is Happiness»: Women, Patriotism, and Soldiering in Russia's Great War, 1915–1917 // American Historical Review. 2004. Vol. 109, № 1. P. 78–116.

Stromberg 1989 — Stromberg W. H. Helmholtz and Zoellner: Nineteenth-Century Empiricism, Spiritism, and the Theory of Space Perception // Journal of the History of the Behavioral Sciences. 1989. № 25. P. 371–383.

Swift 2002 — Swift E. A. Popular Theatre and Society in Tsarist Russia. Berkeley: University of California Press, 2002.

Thomas 1991 — Thomas K. Religion and the Decline of Magic: Studies in Popular Beliefs in Sixteenth- and Seventeenth-Century England. London: Penguin Books, 1991.

Thompson 1987 — Thompson E. M. Understanding Russia: The Holy Fool in Russian Culture. Lanham, MD: University Press of America, 1987.

Todes 1984 — Todes D. P. Biological Psychology and the Tsarist Censor: The Dilemma of Scientific Development // Bulletin of the History of Medicine. 1984. Vol. 58, № 4. P. 529–544.

Treitel 2004 — Treitel C. A Science for the Soul: Occultism and the Genesis of the German Modern. Baltimore: Johns Hopkins University Press, 2004.

Tulaev 1993 — Tulaev P. Sobor and Sobornost': The Russian Orthodox Church and Spiritual Unity of the Russian People // Russian Studies in Philosophy. 1993. Vol. 31, № 4. P. 25–53.

Vinitsky 2008a — Vinitsky I. Amor Hereos, or How One Brother Was Visited by an Invisible Being // Kritika. 2008. Vol. 9, № 2. P. 291–315.

Vinitsky 2008b — Vinitsky I. Table Talks: The Spiritualist Controversy of the 1870s and Dostoevsky // The Russian Review. 2008. Vol. 67, № 1. P. 88–109.

Vinitsky 2009 — Vinitsky I. Ghostly Paradoxes: Modern Spiritualism and Russian Culture in the Age of Realism. Toronto: University of Toronto Press, 2009.

Vucinich 1962 — Vucinich A. Nikolai Ivanovich Lobachevskii: The Man Behind the First Non-Euclidean Geometry // Isis. 1962. № 53. P. 465–481.

Vucinich 1970 — Vucinich A. Science in Russian Culture, 1861–1917. Stanford: Stanford University Press, 1970.

Vyse 1997 — Vyse S. A. Believing in Magic: The Psychology of Superstition. Oxford: Oxford University Press, 1997.

Warner 2000 — Warner E. A. Russian Peasant Beliefs and Practices Concerning Death and the Supernatural Collected in Novoskol'niki Region, Pskov Province, Russia, 1995; Part I: The Restless Dead, Wizards, and Spirit Beings // Folklore. 2000. Vol. 111. P. 67–90.

Webb 1976 — Webb J. The Occult Establishment. La Salle, IL: Open Court Publishing, 1976.

Weiner 1998 — Weiner A. By Authors Possessed: The Demonic Novel in Russia. Evanston, IL: Northwestern University Press, 1998.

Weyant 1980 — Weyant R. G. Protoscience, Pseudoscience, Metaphors, and Animal Magnetism // Science, Pseudo-Science, and Society / Ed. by M. P. Hanen, M. J. Osler, P. Thagard, R. G. Weyant. Waterloo, ON: Wilfrid Laurier University Press, 1980. P. 77–114.

White 2006 — White A. R. Stanislavsky and Ramacharaka: The Influence of Yoga and Turn-of-the-Century Occultism on the System // Theatre Survey. 2006. Vol. 47, № 1. P. 73–92.

Wicks 2009 — Wicks R. Arthur Schopenhauer // The Stanford Encyclopedia of Philosophy (Fall 2009 Edition) / Ed. by E. N. Zalta. URL: https://plato.stanford.edu/archives/fall2009/entries/schopenhauer/ (дата обращения: 01.12.2024).

Wigzell 2000 — Wigzell F. The Russian Folk Devil and His Literary Reflections // Russian Literature and Its Demons / Ed. by P. Davidson. New York: Berghahn Books, 2000. P. 59–86.

Winter 1998 — Winter A. Mesmerized: Powers of Mind in Victorian Britain. Chicago: University of Chicago Press, 1998.

Witte 1990 — Witte S. I. The Memoirs of Count Witte. Armonk, NY: M. E. Sharpe, 1990.

Worobec 2001 — Worobec Ch. D. Possessed: Women, Witches, and Demons in Imperial Russia. DeKalb: Northern Illinois University Press, 2001.

Worobec 2007 — Worobec C. D. Miraculous Healings // Sacred Stories: Religion and Spirituality in Modern Russia / Ed. M. D. Steinberg, H. J. Coleman. Bloomington: Indiana University Press, 2007. P. 22–43.

Zander 2007 — Zander H. Anthroposophie in Deutschland: Theosophische Weltanschauung und gesellschaftliche Praxis, 1884–1945. Gottingen: Vandenhoeck & Ruprecht, 2007.

Zielinski 1968 — Zielinski L. Hypnotism in Russia, 1800–1900 // Abnormal Hypnotic Phenomena: A Survey of Nineteenth-Century Cases: 4 vols. Vol. 3 / Ed. E. J. Dingwall. London: Churchill, 1968.

Zizek 1994 — Zizek S. The Spectre of Ideology // Mapping Ideology. London: Verso, 1994. P. 1–33.

Zorin 2009 — Zorin A. The Perception of Emotional Coldness in Andrei Turgenev's Diaries // Slavic Review. 2009. Vol. 68, № 2. P. 238–258.

Zweerde 2001 — Zweerde van der E. Sobornost' als Gesellschaftsideal bei Vladimir Solov'ev und Pavel Florenskij // Pavel Florenskij — Tradition und Moderne: Beitrage zum Internationalen Symposium an der Universität Potsdam / Hg. von N. Franz, M. Hagemeister, F. Haney. Frankfurt am Main: Lang, 2001. S. 225–246.

Предметно-именной указатель

Адлер Альфред 167

Адорно Теодор 28, 160

архимандрит Черниговский отец Адриан 200, 203

Аксаков Александр Николаевич 10, 11, 15, 20, 25, 42–52, 54, 58, 60, 61, 63–65, 68, 69, 75, 76, 90, 91, 95, 104, 108–110, 120, 122, 138, 139, 155, 213, 223, 225, 231, 232, 238, 246, 260, 274, 279
  Psychische Studien, журнал 43, 48, 51, 54, 238
  Анимизм и спиритизм 109, 138
  и Брюсов 10, 11, 20, 60, 69, 75
  и гипноз 20, 104, 108, 110, 120, 122, 231
  и Ливчак 90, 91
  и менделеевская комиссия 49–51
  и Погодин М. П. 44, 45, 61, 63, 65, 68
  и *Ребус* 10, 15, 52, 54, 108, 213
  и Соловьев В. С. 44, 65, 155, 238, 246
  и спиритуализм 10, 15, 20, 42–46, 48, 49, 54, 58, 63, 69, 75, 76, 213, 225, 246, 260
  и татарские предки 260
  и Шопенгауэр 138, 139
  научные амбиции 44
  о враждебности со стороны церкви 213, 246
  о физических силах 63, 68, 110
  о чудесах 110, 231, 232
  Спиритуализм и наука 42, 44

Аксаков Константин Сергеевич 42, 155

актрисы 27, 36, 247, 267–271, 274, 278–280, 282; см. также Пуаре

Александр II, император 40, 66, 92

Александра Федоровна, императрица 268

Александринский театр 268, 271

ангелы 101, 157, 181, 252, 253, 264, 283

Андропова, жена банкира 70

антихрист 257, 258, 283

Антихрист: изумительное пророчество, сказанное 314 лет тому назад 250, 256, 257

Антихрист, фильм 258

апокалипсис 229; см. также антихрист

Арбузова Пелагея 184, 189, 210
Арцыбашев Михаил Петрович 140

Батурин Виктор Павлович 113
безумие 190
Белый Андрей (Бугаев Борис Николаевич) 78, 101–105, 157, 249
  и Первая мировая война 249
  и Египет 157
  и четвертое измерение 101–103
  Петербург 78, 101, 103, 104, 157
Бердяев Николай Александрович 103, 104
Бернхейм Ипполит 107
бессмертие 12, 19, 67, 68, 219, 222–228, 230, 239, 241, 263; см. также смерть
бесы 180–183, 185, 189, 192, 197, 199, 201, 203, 204, 206, 207, 209, 211, 236
Бехтерев Владимир Михайлович 107, 112–116, 119, 120, 149, 150
Битнер Вильгельм Вильгельмович 6, 118
Блаватская Елена Петровна 160, 223, 229, 240, 241
Блок Александр Александрович 249
Бобрина Александра Ивановна 60, 130
Бог 19, 97, 98, 112, 151, 152, 161, 189, 220–222, 228, 240; см. также Иисус Христос
Богоматерь 252–254, 259, 264
Богородица 252, 253

Богословский вестник, журнал 217, 219, 226–230, 238, 243, 244
Богоявленский Георгий, студент 226, 227
Бойяи Янош 83, 84
Боргарт, горничная-медиум 274, 275
брат Иоганес 249, 250, 256, 257
Бредиф Камиль 47
Брейд Джеймс 106
Британия 27, 38, 49, 166, 183, 288
Брусилов Алексей Алексеевич 27
Брюсов Валерий Яковлевич 8–11, 20, 26, 27, 36, 60, 61, 63, 69, 72–75, 124, 140, 165, 280, 292
  и Аксаков 10, 11, 20, 60, 69, 75
  и декаданс 26
  и иррациональность 11, 69
  и Ланг (Миропольский) 8, 26, 72–75
  и Маслова Елена 26, 73
  и посмертная цензура оккультных увлечений 26, 27
  и Прибытков 9–11, 20, 60
  и спиритические сеансы 8–11, 26, 60, 61, 63, 69, 72–75, 165
  и различные оккультные интересы 8–11, 20, 26, 36, 74, 124, 140, 165, 280, 292
буддизм 14, 159, 223, 240, 242, 266
буддисты 242
Буткевич Тимофей протоиерей 97, 221
Бутлеров Александр Михайлович 13, 20, 27, 42, 43, 46–51, 62, 63, 79, 80, 82, 83, 85–93, 95, 98–100, 102–105, 108, 110, 120, 122, 123, 138, 213, 227, 245, 260, 274, 279

запрещенная лекция
213, 245
и Аксаков 20, 42, 43, 46–51, 63,
90, 91, 95 104, 108, 110, 120,
122, 260, 274, 279
и английские предки 260
и Вагнер 13, 46–51, 90, 95, 108,
260, 274
и *Вестник Европы* 48, 79,
89, 99
и гипноз 13, 20, 104, 105, 108,
122, 123
и Ливчак 90, 91, 103
и последующие поколения
о его спиритуалистских
интересах 87
и спиритуализм 20, 27, 46, 48,
49, 87, 213, 245, 260
и четвертое измерение 79, 82,
86, 89, 100, 103, 104, 108, 227
и Юм 42, 46, 47, 62, 63
Быков Виктор Павлович 52, 109,
111, 132, 133, 153, 242, 261

Вагнер Николай Петрович 13,
46–51, 64, 78, 90, 95, 108, 119,
260, 274, 291
и Бутлеров 13, 46–51, 90, 95,
108, 260, 274
и *Вестник Европы* 48
и гипноз 13, 108, 119
и Достоевский 50, 90, 95, 291
и Ливчак 90
и немецкие предки 260
и спиритуализма 46, 48, 49,
260, 291
Введенский Александр Иванович
100, 227
Вебер Макс 22, 23, 31

Вербицкая Анастасия Алексеев-
на 140
Веселовский Павел, священник 171
Вестник Европы, журнал 48, 79,
89, 99
Вестник оккультных наук,
журнал 13
*Вестник психологии, криминаль-
ной антропологии и гипнотизма*, журнал 116
видения 25, 32, 47, 57, 58, 145,
146, 157, 231, 251–253, 259, 287,
292; см. также духи
Вильгельм II кайзер 255, 257,
258, 261
*Владимирские епархиальные
ведомости*, газета 172, 183
внушение, суггестия 105–107,
110, 113, 117, 118, 127, 129, 136,
143, 144, 146, 149, 150, 156, 160,
275; см. гипноз
Волжский вестник, газета
185, 210
Волынь, газета 209
воля, сила воли 28, 110, 114, 116,
117, 131, 137–141, 143, 146,
148–150, 155, 164, 204, 275, 276,
279, 287, 290
Воскресный листок, газета 253
Вуд-Питерс Альфред 249
Вундт Вильгельм 66
вырождение 34, 36, 140, 248, 271,
273, 274, 276, 283, 292
Вырубова Анна Александровна 276

Гадолин Аксель Вильгельмович
(А. В. Г.) 79, 87–89, 93, 95, 99, 104

и отношение математики
к пространству 89
Газета-копейка 128, 132, 271–
273, 280
Гаусс Карл Фридрих 83, 84
гендер 24, 148, 197, 198, 267, 277,
279, 280, 284, 285
и чертовщина в домах 197,
198, 267, 285
и самоучители 148
и Пуаре 267, 277, 279, 280
в оккультизме 148, 267, 279,
284, 285
геометрия Евклида 83–87, 89,
227; см. также четвертое
измерение
топология 91
Германия (немцы) 27, 28, 82, 249,
257, 261, 288
и оккультное в истории
Германии 28
и русский спиритуализм 288
и Первая мировая война 249,
257, 261
гипноз 6, 9, 11–16, 20, 72, 79,
104–123, 125, 127, 129, 131, 133,
135–138, 140–142, 145–151,
154, 155, 164, 167, 175, 191,
204–206, 211, 220, 231, 264, 265,
270, 273, 275, 276, 285, 286,
288, 290
в массовых публикациях 110,
111, 125, 127, 164, 220, 288
и власть 111, 117, 127, 137, 138,
141, 146, 148, 150, 206, 285,
286, 290
и гендер 148, 285
и личность 127, 137, 140,
148–151, 155, 205, 220, 276

и магия 79, 110, 112, 113, 118,
137, 142, 145, 147, 164, 167, 206,
220, 265, 286, 290
и медицина 105, 107, 110, 114,
116, 117, 119, 273
и православная церковь
111–113
и преступление 114, 117
и психика 107, 110, 204–206
и российское право 117, 118
и самовнушение 145
и сверхчеловек 220
и фольклор 15, 164, 285,
286, 288
и чертовщина 175, 191, 204,
205, 211, 231, 265, 285
и чудеса 105, 108, 110–113, 118,
131, 164, 231, 270, 286
как оккультная наука 13, 79,
104–123, 129, 133, 135, 136, 273
как средство против обще-
ственных проблем 123
руководства по овладению
гипнозом 151, 167, 275
Гиппиус Зинаида Николаевна
245, 249
Глаголев Сергей Сергеевич 96,
221, 227–230, 232–234, 236, 240
Глумилина Юлия 42
Головкинский Николай Алексеевич 79, 86, 89, 90, 99, 104
Голос, газета 80
Голос всеобщей любви, журнал
125, 126, 132, 133, 144, 145,
151–154, 161, 163
гомосексуальность 273
Гончарова Наталья Сергеев-
на 101
Горький Максим 179

граф Амори, псевдоним Ипполита Павловича Рапгофа 273, 274, 277, 278, 280, 281
графология 113, 270
Григорьев Михаил 225
Гузик Ян 70, 76, 270
Гюисманс Карл-Жорис 273

Даль Владимир Иванович 137, 178–180, 197, 199
двусмысленность 18, 24, 68, 77, 123, 175, 193, 206, 207, 211, 224, 231
    гипноза 123, 175, 211
    и оккультизм 18, 123, 231
    чертовщина в домах 18, 175, 193, 206, 207, 211, 231
декаданс 26, 273; см. также упадок
Деррида Жак 17, 25, 177, 178, 188, 189, 193
Добролюбов Александр Михайлович 140
Долгоруков Павел Дмитриевич 278
домовой 173, 178–183, 197, 199, 206, 207, 209, 211
Дон-Базилио (Генрих Иосифович Клепацкий) 172, 186, 192, 197, 203–205
Достоевский Федор Михайлович 50, 52, 68, 80, 90, 95–97, 99, 103, 104, 162, 179, 182, 189, 291
    дух Достоевского 162
    и Вагнер 50, 90, 95, 291
    и Ливчак 90, 103
    и спиритуализм 52, 68, 291
    и четвертое измерение 90, 103
    о бесах 182, 189
    о домовых 179, 182

Бесы 182, 189
Братья Карамазовы 52, 80, 96
Дневник писателя 52
Дума 36, 247, 267, 271, 276
духи 9, *passim*
    и современность 25, 76, 77, 162, 273
    и психология 32, 33, 287
    и Пуаре 247, 267, 269–271, 273, 278–281
    на спиритических сеансах 9, 12, 32, 33, 38–40, 52, 58, 63, 65, 66, 68–71, 73, 74, 76, 77, 80, 82, 87, 100, 138, 162, 173, 190, 209, 213, 221, 223, 231, 234, 236, 262, 263, 270, 271
    и четвертое измерение 82, 100, 226, 227
    на войне 35, 249, 262, 263, 267, 283
    занятия в посмертии 224, 289
Духовная беседа, журнал 224, 232
дьявол 189, 242, 255, 257

Египет 157
Ежедневная газета-копейка 272

животный магнетизм 105, 106, 109; см. гипноз

заговор 28, 105, 242, 260, 266, 275, 284, 286
звезда Давида 157
Зиммель Георг 148
знахарство 112, 113, 123, 128, 265

Иванов Вячеслав Иванович 155, 249
Из мрака к свету, альманах 134

Изида, ежемесячный журнал 133, 136, 137, 141, 143, 146, 219, 264,
Иисус Христос 252
иконы 111, 152, 156, 171, 184, 232, 252–254
индивидуализм 19, 140, 154, 155, 219–221, 223, 236, 241
Иоанн Кронштадтский 111, 171, 181, 197, 231
иррациональность 11, 19, 23, 32, 69, 75, 139, 158, 160, 191, 280, 288
исихазм 145
истерия 71, 107, 137, 150, 201
иудаизм, евреи 14, 140, 157, 252, 260

Кавелин Константин Дмитрие-вич 44
Казань 6, 115, 183, 185, 189
Казанская духовная акаде-мия 218
Казначеев Петр Михайлович 157–159
Кант Иммануил 83
Карабчевский Николай Платоно-вич 268, 279, 281, 282
Кардек Аллан (псевдоним Ипполита Ривеля) 39, 229
Керенский Александр Федоро-вич 150, 269, 272, 281, 282
Кинематограф: еженедельный иллюстрированный журнал тайн и ужасов 134
Кинематограф: сенсационный еженедельный иллюстрирован-ный журнал 134, 135
Кляйн Феликс 89, 91
Кони Анатолий Федорович 39

Константин Николаевич, великий князь 92
Константинополь 251, 252
Корвин-Круковский Юрий Васильевич 272
Корнух Анна Емельяновна 200
кресты 171, 251–254, 257
Кролль Александра 40
Крукс Уильям 13, 48
Крыжановская Вера Ивановна 157, 274
Кулюкин Сергей 226, 227, 244

Ланг Александр Александрович (псевдоним — Миропольский) 8, 26, 72–75
Ларионов Михаил Федорович 101
Ларионова Марфа Тимофеевна 170, 186, 197, 202
Левицкий С. 220
Лекции оккультных наук, журнал 134, 136, 157
Ленин Владимир Ильич 150
Ленорман, французская предска-зательница 251
Лентовский Михаил Валентино-вич 268
Лесков Николай Семенович 44
Ливчак Иосиф Николаевич 90, 91, 103
Листок для народа, газета 253, 254
Лобачевский Николай Иванович 83–86, 88, 89
геометрия 83–86, 88, 89, 94, 100, 227
Лыченцы, село 169, 171, 172, 174, 177, 180, 183, 193–195, 198, 201–206, 208

Маг: ежемесячный журнал оккультизма 134

Маг: журнал оккультных наук 13

магия 29, 79, 112, 113, 118, 121, 137, 138, 142, 143, 147, 151, 156, 158, 160, 164, 166, 167, 196, 206, 220, 236, 248, 265, 271, 272, 286

  в оккультизме 29, 35, 118, 121, 137, 138, 145, 151, 156, 157, 160, 164, 166, 167, 220, 248265, 272

  и гипноз 79, 112, 113, 118, 142, 265, 286

  и Орлов-Давыдов 248, 272

  и психология 160

  и сверхчеловек 220

  и фольклор 29, 164, 286

  и Пуаре 248, 271

  любовная 272, 286

магическое зеркало 142, 143, 156, 290

Маклаков Василий Алексеевич 272, 276, 282

Маклаков Николай Алексеевич 276

Малевич Казимир Северинович 101

Маленькая газета 128, 267, 270–272, 274, 281

Маляренко Антонина 211

Марков Евгений Львович 50, 79, 80, 92, 95, 96, 99, 104

Маркс Карл 23, 162

Маслова Елена Андреевна 26, 73

масонство 21, 28, 59, 60, 157, 247

  и заговор 28

  и Орлов-Давыдов 247

  и популярный оккультизм в России 21, 28, 157, 247

  символизм 157

математика 11, 12, 48, 78–80, 82–84, 86, 88–91, 93, 94, 99, 100, 103, 104, 109, 110, 158, 244; см. также геометрия

материализация 47, 52, 63, 68; см. также духи; видения

Мёбес Григорий Оттонович 157–160, 164

медиум 38–40, 42, 49, 50, 52, 61, 66, 69–72, 74, 76, 80, 82, 95, 108, 117, 120, 135, 147, 182, 185, 190, 211, 249, 270, 274, 288

  и болезнь 74, 190, 205

  и спиритический сеанс 38, 40, 42, 50, 52, 61, 66, 69–72, 74, 76, 80, 82, 108, 135, 190, 222, 270

  и транс 74, 108, 270

  разоблачение 38

Метнер Эмилий Карлович 140

Менделеев Дмитрий Иванович 49–52, 54, 90, 95

менделеевская комиссия 49, 51, 78, 238

Менайлов Иоанн Герасимович 200, 202, 203

Мережковский Дмитрий Сергеевич 245

Месмер Франц Антон 105, 106

месмеризм 105, 106, 109; см. гипноз

Микешин Михаил Осипович 44

Министерство внутренних дел 159, 218

Минцлова Анна Рудольфовна 135, 150

Митрофан, монах 223, 224

Михайлов Иван 199

Михайловский Николай Константинович 138

Мольтке Гельмут фон 260
Морозова Люба 70, 211
Москва 5, 6, 9, 43, 115, 132, 169,
    249, 252, 268, 282
    и Лыченцы 169
    и печать 9, 132, 249
    и Пуаре 268, 282
Московская духовная академия
    219, 228
Московские ведомости, газета
    231–233
Московский вестник, журнал 44
Мосс Марсель 137, 167
Мошенничество 33, 50, 95, 247,
    267, 275
мусульмане 260
Мыш Владимир Михайлович 119

наука 9, 12–15, 18, 19, 24, 42–45,
    47, 54, 65, 75, 78–123, 126, 127,
    129, 131, 133–137, 151, 152, 157,
    158, 207, 209, 216, 217, 219, 222,
    223, 225, 228, 230, 323–234, 236,
    237, 241, 244, 245, 270, 273,
    285–287; см. также гипноз;
    математика; оккультизм
    и чертовщина в домах 18, 209,
    211, 285
    и гипноз 9, 13, 14, 79, 104–106,
    108, 109, 115, 117–119, 121–123,
    127, 129, 131, 133, 135, 136,
    211, 285
    и оккультно-ментальная
    молитва 131, 151, 152
    и православие 19, 92, 96, 151,
    152, 216, 217, 219, 223, 236, 241,
    244, 245, 285
    и спиритуализм 12, 42, 44, 45,
    65, 75, 87, 211, 219, 222, 225

роль в обществе 19
неевклидова геометрия 12, 26,
    83–89, 93, 94, 100, 119, 227, 292;
    см. четвертое измерение;
    геометрия; бессмертие;
    математика
нервная болезнь 74, 190; см.
    также безумие; сознание
Никитина Евдокия 198, 199
Николай I 68
Николай II 28, 283, 284
Николай Михайлович, великий
    князь 268
Ницше Фридрих 138–140
Новое время, газета 90, 99, 188,
    232, 253, 278
Новгородский телеграф, газе-
    та 211
Новости и биржевая газета 100,
    114, 115
*Новые реформаторы о четырех
    измерениях в религии и науке*,
    статья 79, 86, 90, 93–95,
    97, 104
Новый путь, газета 243
Ножевникова Александра
    Петровна 198

Общество психических исследо-
    ваний 39, 44, 261
оккультизм 7, *passim*
    в частной жизни 34–36
    и декаданс 25, 28, 140, 264,
    273, 284
    и искусство 18, 25, 159, 245,
    272, 284
    и наука 9, 12–14, 18, 19, 78–123,
    127, 129, 131, 133–137, 151, 152,
    157, 158, 207, 219, 222, 228, 230,

232, 234, 236, 241, 244, 245, 273, 285–287
и опасность 167, 242, 266, 275, 287
и отсутствие божественного 237
и политика 35, 36, 138, 267
и рационализм 158, 163
и русское православие 18–20, 29, 36, 133, 136, 151, 152, 213–246, 259, 261, 262, 285, 289, 291
и современность 22–25, 162, 166, 232, 273
и социальные элиты 29, 30, 35, 36, 129, 149, 174, 274, 283, 284, 286
и тело 25, 106, 109, 125, 141, 155, 156, 161, 165, 226, 229, 233, 263, 270
и фольклор 15, 18, 29, 164, 285, 288
и царское государство 11–22
и экзотика 157, 158, 164, 23
и эклектизм 14, 15, 163, 165
и эмоции 16, 22, 127, 156, 159, 160, 162–165, 243, 259, 262, 283, 286, 288–291
определение 11, 22
упадок во время Первой мировой войны 35, 248, 259–262, 264–267, 283, 292
оккультное сообщество 20, 151–156
оккультно-ментальная молитва 16, 127, 131, 151–156, 164, 221, 284
Оноре Л. Л. 108, 111, 115, 118–121, 265

Орлов-Давыдов Алексей Алексеевич, сын Алексея Анатольевича 269, 276
Орлов-Давыдов Алексей Анатольевич, граф 36, 247, 248, 267–282
Ортолан Теодор 228–230, 240
  Астрономия и теология 228
Остроградский Михаил Васильевич 48
Оуэн Роберт 69, 94

Паладино Эусапиа 38
Папюс (Анкосс Жерар) 125, 158
патриотизм *сверхъестественный* 35, 248–265, 284
Певницкий Алексей Александрович 32, 119, 120
Первая мировая война 27, 35, 248, 251, 260, 275, 292
Петрово-Соловово Михаил Михайлович 70–72, 261, 274
Петербургская газета (с августа 1914 года — *Петроградская газета*) 9, 10, 117, 210, 280
Петербургский листок (с августа 1914 года — *Петроградский листок*) 117, 118, 128, 210, 231, 247, 249, 251, 253, 254, 257, 265, 266, 269–272, 274, 275, 279
  реклама оккультных пособий 128, 265
  о чертовщине 210, 265
  о гипнозе 117, 118, 265, 275
  о деле Пуаре 247, 269, 270, 274, 279
Петр I 58, 129, 215
Петроградский окружной суд 266, 271

планеты 228–230, 237

плюрализм в русском обществе 98, 99, 122, 163, 165, 166, 291, 292

Победоносцев Константин Петрович 93, 213, 214

Погани М. 274, 275, 281

Погорельский М. В. 109

пособия, самоучители 15, 17, 18, 30, 60, 113, 118, 128, 130, 136–138, 140, 141, 148–151, 156, 167, 168, 280, 287

Правда, газета 112

православная церковь 19, 180–182, 213–246, 265
  и чертовщина 180, 181, 194, 197
  и миряне 194, 246
  и оккультизм как незначительная проблема 217, 219, 243–246
  и критика оккультизма 236–241
  и общество 19, 215, 216, 218, 219, 222, 243–245, 264
  и государство 194, 215, 216, 245
  и патриотизм военного времени 265
  критика оккультного 19, 97, 213–246

православное духовенство 18, 192, 194, 216–218, 230, 242, 245, 246

Православное обозрение, журнал 217, 218, 221, 236, 238, 239, 243

Прибытков Виктор Иванович 9–11, 13, 20, 42, 46, 47, 51, 52, 54, 55, 60, 70, 71, 109, 210, 213, 231, 274

  и Брюсов 9–11, 20, 60
  и спиритуализма 10, 20, 52, 54, 70, 213
  издатель *Ребуса* 10, 13, 52, 54, 55, 70, 210, 213
  о враждебности со стороны церкви 213
  регулярные спиритические сеансы, проводимые им 9, 11, 52, 54, 55, 60, 70, 71, 213, 231

Прибыткова Елизавета Дмитриевна 52, 70

призраки, привидения 9, 25, 31, 32, 65, 72, 172, 173, 176, 178, 180, 188, 189, 209, 262, 287; см. духи

пророчество 130, 163, 229, 248–252, 256, 257, 261, 264, 283, 284

психоанализ 32, 167, 205; см. также Адлер Альфред; Фрейд Зигмунд; Юнг Карл Густав

психология 32, 33, 46, 107, 108, 116, 139, 160, 168, 174, 177, 193, 205, 211, 259, 287

Пуаре Мария Яковлевна 27, 36, 246, 247, 264–282

Пушкин Александр Сергеевич 66, 179, 203

Распутин Григорий Ефимович 150, 276, 277,

Ребус, журнал 10, 13, 15, 39, 52–58, 62, 70, 108, 118, 120, 130, 132, 135, 153, 157, 162, 163, 172, 177, 210, 213, 219, 231–233, 244, 249–251, 259, 262–264
  и другие оккультные журналы 13, 130, 132, 135, 153

и оккультно-ментальная
молитва 153
и Первая мировая война
249–251, 262–264
и христианские персона-
жи 259
издание *Ребуса* 54–57
о смешении ценностей 163
о чертовщине в Лыченцах 172,
177, 210
о чудесах 231–233
позитивизм и мистицизм
Ребуса 57
символизм в *Ребусе*
57, 157
слава журнала 10
революция 24, 25, 28, 35, 36, 43,
66, 108, 133, 135, 150, 166, 168,
187, 209, 277, 281–284
и позднеимперская историография 24
и оккультное 36, 133, 138,
150, 166
и Распутин 277, 281, 284
реинкарнация 9, 39, 229
Религиозно-философское
общество 245
Риман Бернгард 85, 86, 91
ритуал 9, 11, 21, 38, 58, 60, 65, 66,
74, 98, 110, 127, 128, 142,
152–154, 156–158, 160, 164, 168,
171, 181, 271, 285, 289
Рождественский Николай
Павлович 223, 225, 227, 228,
234–237, 240, 244
Розенбах Павел Яковлевич 116,
117, 120
Русский вестник, журнал 48, 79,
82, 86, 91, 96, 99,

Русский листок, газета 110, 115,
172, 177, 197, 203
Русско-турецкая война 1877–
1878 годов 251, 259
Русь, журнал 239, 243
Рязанцева Наталья 189, 198–200

С Афона о спиритизме, брошюра
221, 242
салон 10, 12, 14, 40, 58–61, 77, 262,
274; см. также сеанс спиритический
Самбор Стефан Фомич 70–
72, 117
Санкт-Петербург, Петроград 5, 6,
42, 46, 47, 49, 50, 60, 64, 71, 78,
84, 90, 102, 103, 111, 115,
133–136, 153, 184, 189, 210, 251,
266, 282
заговор в 260, 266, 275
и Вагнер 13, 46–51, 64, 78, 90,
95, 108, 119, 260, 274, 291
и Пуаре 36, 246, 247, 264–282
и четвертое измерение 15, 78,
79, 82, 86–104, 116, 227, 235
оккультное сообщество
151–156
Санкт-Петербургская духовная
академия 223
Сарохтин Дмитрий 187
сатанисты 114, 266
Сведенборг Эммануил 42, 94
Святейший синод 93, 213, 224,
245, 252
сеанс спиритический 8, *passim*;
см. спиритуализм
и банальность 65, 66
и Брюсов 8–11, 26, 60, 61, 63,
69, 72–75, 165

и гипноз 108, 109
и иррациональное 11, 75
и математика 48, 78–86,
100, 122
и Первая мировая война
262, 263
и салонная культура 58–61
и сексуальные приключения
26, 69, 71–74
и создание имиджа 69, 74, 76
игровой характер сеанса 60, 61
как устроен сеанс 61–66
феномены на сеансе 12, 13, 15,
42, 46–48, 61–63, 65, 68, 71,
78–80, 88, 100, 104, 109, 122,
124, 131, 138, 236
эгалитарный характер
сеанса 61
секты 21, 34, 96, 97, 114, 216–219,
239, 266
и гипноз 114
и оккультизм 21, 217, 218, 266
и опасность 114, 218, 266
и православная церковь 97,
216–218
и спиритуализм 96, 97, 217, 239
Семенова Мария 184
Сегно Виктор 129, 146–148, 164,
168, 220
Скалдин Алексей Дмитриевич 74
Скобелев Михаил Дмитрие-
вич 259
Слейд Генри 80–82, 90, 92
слуги 169, 176, 182, 183, 185–192,
195, 196, 198, 199, 201, 204,
208–211, 271
смерть 12, 14, 44, 58, 65–68, 84, 98,
115, 222–227, 229, 253, 254, 259,
262, 263, 282, 286

соборность 154–156, 164
современность 22–25, 77, 98, 162,
165, 166, 232, 273
и оккультизм 22–25
и спиритизм 77, 98
и чертовщина 18, 33, 172, 174,
178, 202, 207
сознание 21, 28, 31, 72, 74, 75, 101,
107, 118, 139, 158, 161, 176, 177,
191, 194, 205–207, 215, 227, 269,
285, 291; см. также безумие;
психология
и власть 206
и демоны 207
и грех 204
тайные пределы 12, 13, 174
Соловьев Владимир Сергеевич
44, 65, 66, 68, 139, 155, 157, 160,
238–241, 243–246
и Аксаков 44, 238
и Египет 157
и спиритические сеансы 65, 66
и спиритуализм 66, 68,
238–240, 244–246
критика оккультного Соловьевым 240
о воле 139
о соборности 155
Соловьев Иоанн 169–172, 177,
178, 180–182, 186, 189, 192, 193,
195–198, 202–205
Соловьева Дарья Васильевна 169,
198, 201
Сологуб Федор (Тетерников
Фёдор Кузьмич) 182
спиритуализм, спиритизм 7, 8,
10–12, 15, 20–22, 26, 27, 37–83,
86–88, 90–101, 104, 108–110,
113, 118, 125, 132, 135, 136, 138,

163, 182, 204, 207, 211, 213,
217–219, 221, 222, 225, 236–240,
242–246, 250, 260–262, 266, 270,
271, 275, 277, 284, 288, 289, 291
и безумие
и гипноз 20, 79, 104, 108, 109,
113, 118–120, 123
и декаданс 26, 69, 74, 75
и литература 52, 100, 116, 240
и наука 15, 42–45, 75, 79–99,
108–110, 118–120, 122, 123, 225,
244, 245
и опасность 242
и отсутствие божественно-
го 237
и религия 95–97, 213–246
и смерть 12, 58, 65, 67, 68, 98,
222–224, 226, 227
и социальные элиты
274, 284
и упадок во время Первой
мировой войны 262, 263
и фольклор 286, 288
и чертовщина в домах 18, 175,
193, 206, 207, 211, 231
и чудеса 62, 231–235
интернационализм спиритуализма 260
использование термина 8,
37, 38
как западная мода 37, 40,
218, 288
как празднование жизни 40
как угроза обществу 95
отношение к оккультизму
популярность в России
124–168
убожество спиритических
откровений 240

Спиритуалист, журнал 130–134,
137, 140–142, 144–146, 153, 156,
158, 161, 163, 261
Станиславский Константин
Сергеевич 140

Тани Д. 113, 115
Теб де, предсказательница 249
теософия 11, 21, 124, 132, 133,
154–156, 164, 214, 217–219, 222,
223, 229, 230, 238, 240, 242, 244,
246, 260, 288
в прессе 132, 133, 153, 154, 164, 217
о бессмертии 230
православная критика
теософии 222, 223, 230
и популярный оккультизм 11,
21, 124
Титов А. А. 172, 190, 200, 205
Тихомиров Е. 236
Толстой Лев Николаевич 30, 52,
100, 115, 116, 260, 271, 281
и спиритуализм в Анне
Карениной 52
и спиритуализм в Плодах
просвещения 100, 115, 116
и Фельдман 115, 116
транс 71, 108, 165, 190, 191, 270
требник 171, 181

тревоги, тревожность 154, 168,
177, 178, 188, 211, 243, 249, 277,
278; см. также заговор
и оккультизм 154, 168
и слуги 188
Тургенев Иван Сергеевич 22,
52, 68
Тэффи (Лохвицкая Надежда
Александровна) 179

упадок 35, 69, 167, 179, 264, 271,
    272, 276, 283, 292
Успенский Петр Демьянович
    100, 101

Фельдман Осип Ильич 110–113,
    115, 116, 119–121, 136
Фельзер Г. А. 114, 115, 120
Филимович Вячеслав Дмитрие-
    вич 13, 113, 135, 272–275,
    279, 281
Фламмарион Камиль 47, 229
Флоренский Павел Александро-
    вич 100, 238
Флоренцов, отставной офицер
    185, 186, 210
Фокс Кейт и Маргарет 38
фольклор 15, 18, 29, 164,
    178–182, 193, 197, 207, 285,
    286, 288
Франция, французы 25, 27, 28,
    39, 47, 106, 107, 158, 166, 221,
    226, 228, 229, 251, 252, 257, 265,
    268, 274, 275, 282, 288
    и Орлов-Давыдов 268
    и русские спиритуалисты 288
    в Первую мировую войну 251
    оккультное в истории Фран-
    ции 28
Фрейд Зигмунд 32, 33, 55, 67, 76,
    175–177, 192, 201, 206, 262, 290;
    см. также психоанализ
    о бессознательном 67, 76,
    176, 177
    о жутком 177
    о ребусах 55
    о смерти 67, 262
    о снах 176, 192
    об оккультном 290

Фролов Сергей Петрович 66, 162
Хомяков Алексей Степано-
    вич 155
Храповицкий А. 41, 113, 118, 119,
    127, 128, 137, 158, 159
    Магнетическое письмо 118,
    127, 159

Цёлльнер Карл Фридрих 13, 48,
    80, 82, 83, 87, 90, 91, 93–96, 100,
    102, 108, 116, 227, 235
    в русской теологии
    227, 235
    и гипноз 13, 108
    и научность спиритуализма
    13, 48, 87, 91
    обвинение в безумии 94
    *Wissenschaftliche Abhandlun-
    gen / Научные трактаты*
    82, 108

Чернявская Анна Ивановна
    274, 275
чертовщина 17, 18, 33, 172–212,
    231, 265, 267, 285
    в Британии 180
    в домах 18, 175, 193, 206, 207,
    211, 231
    и аморальное поведение 195
    и армия 185
    и бунт 190, 191
    и нарратив 175, 176, 179,
    183, 193
    и нервная болезнь 190, 204,
    205, 208
    и печь 180, 185, 189, 197, 198
    и подлог 195, 210
    и полиция 18, 190, 191
    и сексуальность 200–202, 211

и слуги 176, 183–192, 195, 198, 204, 209
и сны 18, 175, 191, 206, 211
и фольклор 18, 180, 189, 193, 207, 285
научные объяснения чертовщины 204
неоднозначность чертовщины 18, 208, 211, 211
популярность репортажей о 172, 177, 206, 208, 267
четвертое измерение 15, 79, 82, 86–104, 116, 227, 235, 240
в литературе, философии и искусстве 100–104
и безумие 108
и бессмертие 98, 230
и библейские чудеса 235
и спиритические феномены 85–99
Чехов Антон Павлович 179
Чистяков Петр Александрович 52, 132, 133

чудеса 19, 61, 62, 105, 108, 110–113, 118, 131, 164, 209, 219, 230–236, 241, 245, 252–254, 270, 286
Чуриков Иоанн 112

Шарко Жан-Мари 107
Шаховская Ольга Семеновна 87
Шмурло Сергей Евгеньевич 100
Шопенгауэр Артур 138, 139
Штайнер Рудольф 101

экзорцизм 192
Энгельс Фридрих 23, 28, 162

Юм Дэниэл Данглас 17, 39, 40, 42, 45–47, 52, 61–63, 173
Юнг Карл Густав 32, 176, 177, 205, 206; см. также психоанализ
юродивые 190
Юсупов Феликс Феликсович 20, 28, 125, 140, 277

ясновидение 11, 15, 17, 35, 125, 131, 143, 147, 163, 165, 205, 286

Оглавление

Благодарности 5

Введение 8

Глава 1. Лаборатория в гостиной. Как в Россию пришел
спиритуализм 37

Глава 2. Оккультная наука и русская публика 78

Глава 3. Оккультный метрополис. Как найти
практическое применение сокрытому 124

Глава 4. Священники, слуги и «непокойные» дома 169

Глава 5. Популярный оккультизм и православная
церковь 213

Глава 6. Оккультное перед судом. Мария Пуаре
и судьба оккультизма в годы Первой мировой войны ... 247

Заключение 285

Библиография 293
Предметно-именной указатель 341

Научное издание

Юлия Маннхерц

**ОККУЛЬТИЗМ В ПОСЛЕДНИЕ ДЕСЯТИЛЕТИЯ
РОССИЙСКОЙ ИМПЕРИИ**

Директор издательства *И. В. Немировский*
Ответственный редактор *И. Белецкий*
Куратор серии *С. Козин*
Заведующий редакцией *А. Наседкин*

Дизайн *И. Граве*
Редактор *Р. Рудницкий*
Корректоры *Н. Занозина, А. Филимонова*
Верстка *Е. Падалки*

Подписано в печать 28.02.2025.
Формат издания 60 × 90 $^1/_{16}$. Усл. печ. л. 22,4.
Тираж 200 экз.

Academic Studies Press
1577 Beacon Street, Brookline, MA 02446 USA
https://www.academicstudiespress.com

ООО «Библиороссика».
198207, г. Санкт-Петербург, а/я № 8

Эксклюзивные дистрибьюторы:
ООО «Караван»
ООО «КНИЖНЫЙ КЛУБ 36.6»
http://www.club366.ru
Тел./факс: 8(495)9264544
e-mail: club366@club366.ru

Книги издательства можно купить
в интернет-магазине: www.bibliorossicapress.com
e-mail: sales@bibliorossicapress.ru

12+

*Знак информационной продукции согласно
Федеральному закону от 29.12.2010 № 436-ФЗ*